"十四五"数智化人才培养课程

数字化与数字经济

■ 秦永彬 林川 张波 │主编

许华容 章杰 梅娟 罗媛 郭剑 │编著

DIGITIZATION AND DIGITAL ECONOMY

人民邮电出版社

北京

图书在版编目（CIP）数据

数字化与数字经济 / 秦永彬，林川，张波主编；许华容等编著. -- 北京 : 人民邮电出版社，2025.

ISBN 978-7-115-66427-3

Ⅰ. F492

中国国家版本馆 CIP 数据核字第 2025RD2186 号

内 容 提 要

在这个飞速发展的时代，数字化与数字经济已经成为推动社会进步和经济发展的新引擎。本书旨在深入分析数字化如何影响各行各业，并为读者提供一个全面了解数字经济的框架。全书共 11 章，主要包括数字经济的兴起与发展、数字经济相关理论、数字化技术与基础设施、数字产业化和产业数字化、数字农业、数字工业、数字服务业、智慧城市、智慧教育、数据要素及数据治理、贵州省的数字化实践。本书内容新颖、丰富，叙述清晰，体系合理，通俗易懂，并结合网络教学平台的新形态构建形式，提供大量扩展知识的视频资料和在线实践练习。本书适合作为高等院校数字经济全校通识类课程教材，也可作为高等院校经济管理类、信息科学类等相关专业学生的教材，还可作为参考读物供从事数字化转型、数字经济研究与实践的企业管理人员、政府工作人员，以及其他对数字化与数字经济感兴趣的社会各界人士参考。

◆ 主　　编　秦永彬　林　川　张　波
　　编　　著　许华容　章　杰　梅　娟　罗　媛　郭　剑
　　责任编辑　唐名威
　　责任印制　马振武

◆ 人民邮电出版社出版发行　　北京市丰台区成寿寺路 11 号
　　邮编　100164　电子邮件　315@ptpress.com.cn
　　网址　https://www.ptpress.com.cn
　　固安县铭成印刷有限公司印刷

◆ 开本：787×1092　1/16
　　印张：15.75　　　　　　　　　　　　2025 年 2 月第 1 版
　　字数：383 千字　　　　　　　　2025 年 4 月河北第 2 次印刷

定价：49.80 元

读者服务热线：(010)53913866　印装质量热线：(010)81055316
反盗版热线：(010)81055315

前　言

当今时代，数字化浪潮正以前所未有的速度席卷全球，深刻重塑经济格局、社会结构与人们的生活方式，数字经济也随之蓬勃兴起，成为驱动世界发展的关键力量。数字经济是以数字化的知识和信息为关键生产要素，以数字技术创新为核心驱动力，以现代信息网络为重要载体，通过将数字技术与实体经济深度融合，不断推进数字产业化和产业数字化，实现治理数字化和数据价值化，加速重构社会经济体系的一种新型经济形态。数字化不仅是技术的革新，更是一种全新的思维方式和商业模式。从互联网的普及到人工智能的崛起，从大数据的分析到区块链技术的应用，数字化正在渗透到社会的每一个角落。数字经济作为数字化的产物，正在改变着全球的经济格局，创造着新的经济增长点和就业机会。本书旨在为广大读者系统且全面地阐释数字化与数字经济的核心要义、内在逻辑及深远影响，助力其深入理解并积极投身于这一伟大的时代变革浪潮。

本书主要包含以下 11 章内容。

第 1 章介绍了数字经济的兴起与发展，包括社会生产力发展概述、数字经济的产生背景、我国数字经济的发展成就与政策体系、《"十四五"数字经济发展规划》解读等。

第 2 章介绍了数字经济相关理论。作为一种全新的经济形态，数字经济具有鲜明的特征与深远的意义。其特征在于数据成为关键生产要素，生产方式发生网络化、智能化变革，展现出数字化、网络化、智能化的发展趋势。数字经济的意义则体现在推动经济社会发展、重塑经济社会生态等多个方面。

第 3 章介绍了芯片与算力、物联网、移动通信技术、云计算与数据中心等数字化基础设施，还介绍了大数据、人工智能、区块链等新一代数字化技术，最后简要介绍了量子计算、星际互联网、数基生命等未来数字化技术。

第 4 章介绍了数字产业化及产业数字化的定义、特征与现状，数字产业化对经济发展的作用机理及效果，产业数字化对经济发展的作用机理及效果，以及数字产业化及产业数字化应用。

第 5 章介绍了数字农业的概念、技术应用、国内外发展现状，以及面临的挑战和未来趋势，强调了数字技术在提高农业生产效率、优化资源利用、改善生态环境和提升农民生活质量方面的重要性。同时，本章展望了智慧农业的发展方向，指出了农业数字化在提升全球竞争力和优化全球供应链中的关键作用。

第 6 章介绍了数字工业的定义、关键特征和技术应用，强调了工业数字化在提升生产效率、优化资源配置、推动创新和增强全球竞争力方面的重要性。同时，本章展望了工业数字化的未来趋势，包括移动工业互联网平台的普及、全栈工业 AI 能力的建设、数字工厂中枢平台的崛起及供应链和产品的深度脱碳，这些趋势将共同推动工业领域的持续创新和转型升级。

第 7 章介绍了数字服务业的概念、发展现状及未来趋势。本章从数字生活、数字商业和数字文娱 3 个方面介绍了数字技术对服务业数字化改造的行业变革及效率提升，还提供了丰富的案例，展示数字服务业在各个领域中的广泛应用。数字服务业为经济和社会发展注入了新的活力。

第 8 章从智慧城市的概念、发展历程回顾、国内实践案例及未来趋势预测等方面，为大家介绍智慧城市的建设。21 世纪，城市建设开始朝着数字化方向发展，智慧城市成为城市发展的全新模式。

第 9 章介绍了智慧教育的概念、我国教育信息化与智慧教育的发展过程、我国智慧教育的探索过程、教育数字化转型的挑战与发展趋势，通过相关案例展示智慧教育在智慧课堂、智慧学习系统、智能教育辅助工具及智慧校园管理等多个方面的具体实施场景，展现了智慧教育在提高教学质量和效率、促进教育资源的优化配置和教育公平的实现方面的重要作用。

第 10 章从数据要素的概念、特征、数据要素市场化、数据治理，以及数字政府的建设等方面介绍了"数据"这一数字经济时代的重要生产要素。

第 11 章介绍了贵州省的数字化实践。从建设首个国家大数据综合试验区，到成为全国十大数据中心集群之一，贵州省的大数据与实体经济深度融合发展水平持续提高，大数据等新一代信息技术在赋能各行各业转型升级和高质量发展中的成效持续凸显。

本书在编写过程中着重体现数字经济的发展规律和特点，结合最新的数字化技术，对相关知识进行了详细的介绍。本书具有以下显著特点。

其一，体系完整，内容全面。本书从数字化的基础理论与技术原理出发，逐步深入数字经济的各个层面，包括数字经济的产业体系、商业模式、创新机制、治理框架等，同时对数字经济与实体经济的融合发展、数字贸易、数字金融等热点领域进行了详细阐述，为读者呈现出一幅清晰、完整的数字化与数字经济全景图。

其二，理论与实践相结合。在阐述数字化与数字经济相关理论知识的同时，本书注重引入大量实际案例，通过对国内外知名企业在数字化转型、数字经济创新实践中的成功经验与典型做法进行深入剖析，使读者能够更好地理解理论知识在实际中的应用，增强对数字化与数字经济的感性认识，提升实践能力。

其三，前瞻性与引领性。本书紧密关注数字化与数字经济领域的前沿动态与最新发展趋势，对人工智能、大数据、区块链、云计算等新兴技术在数字经济中的应用前景进行了前瞻性探讨，同时对数字经济发展过程中可能面临的挑战与问题进行了深入分析，并提出了相应的应对策略与思考方向，旨在培养读者的前瞻性思维与创新意识，使其能够更好地适应未来数字经济时代的发展需求。

其四，适用范围广泛。本书主要为高校数字经济全校通识类课程编写，也可作为高等院校经济管理类、信息科学类等相关专业学生的教材，还可作为参考读物供从事数字化转型、数字经济研究与实践的企业管理人员、政府工作人员，以及其他对数字化与数字经济感兴趣的社会各界人士参考，具有较强的通用性与可读性。

其五，形式新颖独特，内容丰富多彩。与本书配套的还有编写组开发的在线网络教学平台，该平台将在线阅读、知识检索、学习导航、学习跟踪、虚拟实验和在线测评等多种功能进行有机整合，为读者提供了更加便捷的学习途径，能够满足读者多样化的学习需求。特别是对于一些复杂的场景和操作变化过程，"图书+数字化平台"可以通过虚拟仿真和模拟软件为读者提供场景在线模拟，增强读者对知识和技能的感知能力。

本书由秦永彬、林川与张波主持编写，参加编写的还有许华容、章杰、梅娟、罗媛和郭剑。在此，向所有参与教材编写的人员表示衷心的感谢！

本书在编写的过程中，参考了大量文献，在此对各文献的作者表示衷心的感谢！由于作者水平有限，书中难免存在一些疏漏和错误，殷切希望同行专家和广大读者批评指正。

秦永彬

2024 年 12 月 23 日

目 录

第**1**章

数字经济的兴起与发展

当前，全球新一轮科技革命和产业变革方兴未艾，数字化浪潮风起云涌，从互联网到移动互联网，从 2G 到 5G，从大数据（Big Data）、云计算（Cloud Computing）到人工智能（Artificial Intelligence，AI）和区块链（Blockchain），从虚拟现实到元宇宙（Metaverse），数字技术正以前所未有的力量驱动各行各业的数字化转型，加速人类社会的演化进程。数字经济已成为当前全球创新发展的时代趋势，深刻影响着全球的科技创新版图、产业生态格局和经济发展走向。

1.1 时代的变革点

人类自诞生以来，历经百万年的进化与演变，不断地实现自我的再造以及对世界的再造。尤其是近代以来，工业革命的兴起极大地推动和影响了人类社会的发展。在人类历史长河中，技术革新一直是社会进步的重要推动力。从石器时代的简单工具，到工业革命的蒸汽机、电力和内燃机，再到今天的数字技术，每一次技术飞跃都标志着人类文明的巨大进步。

1.1.1 人类进化与演变的启示

人类的发展与地球的演变紧密相连。地球自诞生以来，经历了漫长而复杂的演变过程，最终形成了适宜人类生存的环境。

按照达尔文生物进化论的观点，人类是生物进化的产物，由古猿演化而来。从古猿转变为古人类，是人类历史上的第一次再造过程。在这一过程中，人类学会了制造工具，人类大脑实现了变革式的进化，它标志着人类发展进入了"完全形成的人"的阶段。

火的发现和使用是人类历史上的第二次重大转变，它不仅为人类带来了光明和温暖，还使人类能够烧烤食物、驱赶野兽，帮助人类改变了生活方式，有效保障了族群的安全，促进了人脑和体质的进化，提高了人类的生存能力。

随着原始农业生产的发展，人类开始从事农耕和畜牧。种植业和畜牧业的产生是人类发展史上的第三次重大转变。这一转变使食物的来源变得更加稳定，为人类文明的诞生与发展奠定了基础。

在农耕文明时代，人类逐渐产生了文字、文化、文明，而我国是全球唯一没有中断文化传统和文明体系的文明古国。我国的四大发明——火药、指南针、造纸术、印刷术，极大地推动了人类文明的发展和演进，为人类社会的发展作出了卓越的贡献。

回顾人类的发展历程，人类对自然界的认知和生产工具的发明是推动社会进步的重要动力。从狩猎工具到农耕工具，从灌溉工具到纺织工具，从冶炼技术到制陶技术，从造纸技术到印刷技术，人类总是在认识自然的过程中改造自然，在改造自然的过程中认识自然。

1.1.2　第一次工业革命

18世纪60年代，英国率先在原有蒸汽机的基础上进行改良，发明了现代意义上的工业蒸汽机，标志着人类社会全面迈入蒸汽时代，并由此拉开了第一次工业革命（史称"蒸汽革命"）的序幕。

从采矿到冶炼，从纺织到机器制造，蒸汽机的广泛应用如同一股不可阻挡的洪流，迅速席卷了各个行业。它以强大的动力，彻底改变了传统手工劳动的面貌，实现了生产方式的机械化演进。作为工业革命的先驱，纺织业率先感受到了这股变革的力量。传统的手工纺织被高效、自动化的机械纺织所取代，一台蒸汽驱动的新型纺织机能够替代成百上千名纺织工人，这一转变不仅极大地提升了生产效率，也深刻地影响了社会结构和就业形态。

随着生产效率的飞速提升，交通运输需求激增，促使人类发明了蒸汽火车这一划时代的陆路交通工具。1814年，斯蒂芬森亲手打造的"布鲁克"号蒸汽机车轰鸣着驶出，标志着"火车时代"的到来。蒸汽火车的出现极大地拓展了人类的活动半径，缩短了地域间的通行时间，加速了社会信息的流通与文化的交融。

蒸汽机的广泛应用，不仅是生产工具的重大变革，更是能源利用的深刻革命。它推动了化石能源的广泛使用，使人类认识自然和改造自然的能力迈上了新的台阶。在这场能源革命中，蒸汽机扮演了核心角色，它以强大的动力推动了工业化进程的加速发展。

第一次工业革命是人类发展史上的第四次再造过程，它对人类社会的再造和变革是全方位的、深层次的。它不仅改变了人类的生产、生活方式，更深刻影响了社会结构、经济格局，还极大地促进了城市化进程，推动了人类从农耕文化向城市文化的转变。

1.1.3　第二次工业革命

19世纪，随着资本主义经济的快速发展，自然科学研究取得了重大进展。1866年，德国人西门子制成了发电机，这一划时代的发明标志着以电驱动的机器开始广泛应用，传统机器逐渐被替代，电灯、电车、电影放映机等新技术和新发明相继问世，极大地促进了经济的进一步发展。第二次工业革命蓬勃兴起，人类进入了电气时代，史称"电气革命"。

发电机的研制和逐渐应用为电的广泛渗透和应用创造了有利的条件。电力作为一种优良而价廉的新能源，推动了电力工业和电器制造业等一系列新兴工业的迅速发展。随后，电动机的发明使电能转化为机械能，电力开始用于带动机器，成为补充和取代蒸汽动力的新能源。

作为代表性发明，电灯不仅改变了人类的照明方式，使人们的生活更加丰富多彩，还提高了生产效率，推动了工业和服务业的发展。

交通工具的变革也是第二次工业革命的重要成果。19 世纪 80 年代中期，德国发明家卡尔·本茨提出了轻内燃发动机的设计，以内燃机为动力的汽车、远洋轮船、飞机等交通工具不断涌现，引起了交通运输领域的革命性变革。1903 年，美国的莱特兄弟制造的飞机试飞成功，实现了人类翱翔天空的梦想，开启了航空工业的新纪元。

第二次工业革命期间，化学工业也取得了显著进步。19 世纪 60—70 年代，新的化学工业生产方法的出现，使化学工业的基本原料的综合利用得到迅速发展。新技术的应用，如塑料和人造纤维的发明，极大地丰富了人们的生活。化学工业的发展不仅满足了人们日常生活的需求，也为其他工业部门提供了重要的原料和支撑。同时，石油作为一种新的化石能源开始被广泛使用，内燃机的发明推动了石油开采业和石油化学工业的发展，人类开始了第三次能源革命。

电气革命的深入推进和电的广泛应用，也推动了钢铁工业的发展。19 世纪下半叶，由于西门子、托马斯等人在钢铁冶炼技术方面的贡献，钢得以大量生产且质量大幅度提高。钢开始逐渐替代熟铁，成为机械制造、铁路建设、房屋桥梁建筑等方面的重要材料。钢铁工业的发展如日中天，重工业在工业中的比重直线上升，这一时期史称"钢铁时代"。

第二次工业革命使人类生产力显著提升，资本主义经济开始发生重大的变化。科学技术的新成果被迅速应用于工业生产，使生产规模越来越大，集中程度越来越高。在资本主义制度下，科学技术和生产力的发展使大量的社会财富日益集中到少数大资本家手中。生产资料和资本的高度集中产生了垄断，垄断组织的出现正是生产力发展的结果。随着各国垄断组织的出现，国内市场变得相对狭小，垄断资本家极力到全球各地争夺商品市场、原料产地和投资场所，形成了国际垄断集团。

第二次工业革命推进了科学与技术的深刻发展。在第一次工业革命时期，许多技术发明来源于工匠的实践经验，科学与技术尚未真正结合。而在第二次工业革命时期，自然科学取得新发展，自然科学的成果与工业生产实现了紧密结合，科学与技术的融合发展使科学成为推动生产力发展的一个重要因素。人类历史上第一次出现了科学与技术交互发展的局面，科学成为技术的先导。

第二次工业革命对社会各个阶层产生了更加深刻的影响。19 世纪晚期，主要资本主义国家出现了垄断组织，垄断资本家逐渐掌控了国家经济命脉，加剧了对无产阶级的掠夺，引发无产阶级反抗运动，工人阶级开始作为一股强大的力量登上历史舞台，促进了工人运动和社会主义运动的发展。进入电气自动化阶段，工人的劳动效率显著提升，同时劳动强度也显著增大，工人必须接受专业的、系统化的学习和培训，才能适应现代化工业生产的需要，工业领域逐渐衍生出了技术人员、管理人员、科研人员等新的岗位。现代大学的作用越来越明显，其不断地培养各个领域的科研人员、专业技术人员或工程师。随着工业革命的深入推进，科学与技术深入人心，推动了人类社会的发展和城市化进程，人们的生活方式发生了翻天覆地的变化。

第二次工业革命是人类发展史上的第五次再造过程，也是人类认识自然和利用自然的重大突破，它深刻改变了人类社会的历史进程、政治经济格局以及人们的生活方式，推动了科学技术与生产力的飞跃式发展。

1.1.4　第三次工业革命

随着第二次工业革命的深入发展，世界各国逐渐认识到科技的力量，开始大力发展科技。科学与技术的交替发展推动了新的行业的诞生，推动了已有行业的更新迭代，推动了各行各业乃至人类社会的深刻变革。西方帝国主义国家之间为了抢夺势力范围，引发了第二次世界大战。在这个过程中，发生了几件具有历史决定性意义的事件，这些事件预示着第三次工业革命的到来。

一是电子管的发明推动了电子时代的到来。1904 年，英国物理学家弗莱明发明了世界上第一只电子管，这一创举标志着人类正式迈入电子时代。电子管的诞生，不仅推动了技术应用向更微观的领域迈进，更为后续一系列电子器件的发展奠定了坚实基础。早期的电报机、收音机、电视机等设备的广泛应用，无一不受益于电子管的革命性贡献。

二是原子弹的诞生。1939 年，德国科学家发现了铀原子核裂变现象，随后，美国启动了庞大的"曼哈顿计划"，成功研制出原子弹，并在第二次世界大战末期投向日本，彻底结束了第二次世界大战。原子弹的出现，不仅标志着人类掌握了毁灭性的核力量，也推动了核能技术的快速发展，为后续的核能和平利用奠定了基础。

三是电子计算机的发明。1946 年，世界上第一台电子计算机 ENIAC 在美国宾夕法尼亚大学诞生，这一里程碑式的发明标志着人类计算能力的飞跃。随着晶体管、集成电路、大规模集成电路和微集成电路等技术的不断革新，电子计算机的性能不断提升，应用领域日益广泛，为信息时代的到来奠定了坚实的硬件基础。电子计算机是人类有史以来伟大的发明之一，其深刻改变了人类社会的发展进程。

从二十世纪四五十年代开始，第三次科技革命以原子能技术、航天技术、电子计算机技术的应用为代表，全面爆发。原子能的应用推动了核能发电、核医疗等领域的革新；电子计算机技术则引领了信息技术的发展潮流，推动了网络、移动通信等技术的广泛应用；航天技术的突破则开启了人类探索宇宙的新篇章。另外，分子生物学、生物工程、基因工程等领域也得到了长足的发展和突破，人类的科学技术研究进入前所未有的境地，人类认识和改造世界的力量显著增强。

以电子信息为代表的第三次工业革命是人类发展史上的第六次再造过程，不仅推进了生产工具和社会各领域的重大变革，也深刻改变了人类社会的历史进程，加速了人类社会的演进与发展，并改变了当时的世界政治格局、经济格局。

第三次工业革命对全球经济格局产生了深远影响。一方面，它加速了全球经济的融合与发展，推动了国际贸易的繁荣；另一方面，它加剧了国家之间的竞争与合作，形成了错综复杂的国际经济关系。在这场科技竞赛中，各国纷纷加大科技投入，提升自主创新能力，以期在全球经济版图中占据有利位置。

第三次工业革命不仅推动了经济的快速发展，也带来了社会阶层的深刻变革。随着科技的不断进步和产业的不断升级换代，新兴职业不断涌现，传统职业则逐渐衰退甚至消失。这一过程中，资产阶级与无产阶级的矛盾与冲突日益凸显，但同时也为中产阶级等新兴社会阶层的崛起提供了契机。社会阶层的分化与重组成为第三次工业革命不可回避的社会现实。

在第三次工业革命的挂动下，科技与人文日益融合共生。科技的发展不仅为人类提供了更加便捷高效的生产生活方式，也为人类文化的传承与创新提供了更加广阔的空间。人们开始更加注重精神层面的追求与满足，科技与人文的有机结合成为推动社会进步的重要力量。

对于我国而言，第三次工业革命不仅是一次科技革命，更是一次国家崛起的机遇。新中国成立后，我国政府高度重视科技发展，通过社会主义改造和改革开放等举措，逐步构建了门类齐全的工业体系。在第三次工业革命的推动下，我国大力发展高新技术产业，实现了经济的快速增长和社会的全面进步。

1.1.5 第四次工业革命

继机械化、电气化、自动化等工业革命浪潮之后，世界正处于以智能化为突出特征的第四次工业革命中。

1. 数字化的到来

在第三次工业革命末期，科学技术的飞速发展推动了电子信息技术的显著进步。这一时期的两大突破尤为显著：一是计算机的普及与互联网的广泛应用，个人计算机开始全面接入国际互联网，形成了广泛的互联网络，彻底改变了信息的传递和交互方式，开启了数字化沟通与交流的新时代；二是移动电话的普及，这使人们的通信手段从传统电报和有线电话快速过渡到无线电话，便捷式无线通话成为日常沟通交流的核心工具。互联网和移动通信的普及为人类社会的新一轮科技革命和工业革命的开启奠定了坚实基础。自 2008 年以来，人类社会进入了一个全新的历史发展阶段，其间有几个关键节点尤为重要。

一是智能手机的全面推广和应用。2008 年，苹果公司推出 iPhone 3G 智能手机，同时谷歌公司免费开源了安卓（Android）智能操作系统，推动了智能手机的广泛应用。历经十余年发展，Android 系统逐渐扩展到平板电脑、互联网电视、数码相机、游戏机、智能手表等多个领域，构建了全新的操作系统生态和移动终端生态。

二是移动互联网的诞生。智能手机与移动互联网的结合实现了互联网技术与移动通信技术的融合，推动了社会的全面数字化。随着 3G、4G 移动网络的部署，移动互联网获得广泛发展，形成了兼具移动与互联特性的新型网络体系，推动了人类社会的再造与技术迭代。

三是大数据与人工智能等新兴信息技术的崛起与应用。互联网和移动互联网的飞速发展促使数据量指数级增长，大数据、人工智能、云计算、区块链、虚拟现实等新兴信息技术得到广泛应用。这些技术不仅推动了社会各领域的数字化进程，还深刻改变了人类社会的发展趋势。

四是以工业领域为代表的各领域智能化改造全面开启。在完成信息化积累后，工业领域开始全面向智能化转变。生产过程、决策分析、产业链协同等方面均实现了智能化升级。同时，无人驾驶汽车产业也在蓬勃发展，以人工智能技术为核心的无人驾驶技术正在逐步取代传统驾驶员。

智能手机、移动互联网、大数据、人工智能及工业智能化推动了以万物互联、数据支撑、智能化为核心的数字化发展大潮，引领了第四次工业革命。第四次工业革命是人类历史上的第七次再造过程。它以互联网产业化、工业智能化、社会一体化为代表，依赖大数据、人工智能、虚拟现实、无人控制、量子信息等核心技术，以万物互联、机器智能、数字孪生为显著特征，通过数字化、互联化、智能化推动社会各行业数字化转型，并促进新材料、基因工程、生物技术等多领域的全面发展。

2. 时局之变

第四次工业革命的核心历史背景就是"百年未有之大变局"。"百年未有之大变局"的世界变局在于世界范围内全面开启的从第三次工业革命向第四次工业革命的深刻过渡，全球化与逆全球化思潮并存，中美贸易战、科技战等问题，世界范围内的局势动荡等。国内的变局在于，在中国共产党的领导下，我国深入实施供给侧结构性改革，发展数字经济，实施产业转型升级，推进国内国际双循环，实现了第一个百年奋斗目标，正走在实现中华民族伟大复兴的康庄大道上。

与以往三次工业革命不同，第四次工业革命是由我国和美国并驾齐驱地引领的。这意味着人类社会生产力布局将发生重大变化，我国有望在部分领域领先西方国家。

（1）对社会的影响

第四次工业革命将深刻改变人类的生产、生活方式。生产方式将由电子信息驱动的机械自动化向智能化驱动的无人化转变，智能化流水线将广泛替代人力劳动，进一步提高劳动生产率。同时，数字经济与实体经济的融合发展正在推动世界经济重组与变革。大数据、人工智能等技术的广泛应用，使生产、生活、工作等各种应用场景的智能化成为可能，人类社会将进入一个更高级的智能化时代。

（2）对我国的影响

我国在数字经济发展领域取得了显著成就。支付宝、微信支付等即时支付方式推动我国成为世界第一移动支付大国；淘宝、京东等电商平台使我国成为电子商务第一大国。华为技术有限公司在 5G 研究与应用方面的领先地位也使我国在全球科技竞争中占据了有利地位。此外，共享单车、共享电动车等新型交通方式的出现，有效推进了我国共享交通的发展。

自 2012 年以来，我国数字经济的发展迅速缩小了我国与美国等西方国家的技术差距。以大数据、人工智能、工业互联网等为代表的数字经济的发展有效推动了我国传统产业的转型升级，实现了经济社会各领域的全面进步。

（3）对不同阶层的影响

第四次工业革命给社会各个阶层带来的冲击是巨大的。智能化技术的广泛应用将使众多行业领域受到强烈冲击，更大范围的"洗牌"和再造正在袭来。社会财富将进一步集中，掌握更多资本和科技的人将获取更多社会资源，这将加剧社会阶层的分化。

从行业领域来看，无人驾驶技术的普及将取代大量驾驶员岗位，如出租车司机、地铁司机、火车司机等。同时，数字化金融和智能化机器的应用也将改变传统的工作模式，催生新的职业岗位，如智能设备维护工程师和算法工程师等。

（4）时代变革点

第四次工业革命是当今时代的变革点，它将以万物互联、数据支撑、智能化为核心，推动社会各个领域的再造与变革。随着这一革命的深入发展，人类将创造一个"虚实结合的新世界"，物质世界向"数据世界"的映射和演进正在加速。

工业革命的发展历程如图 1.1 所示。

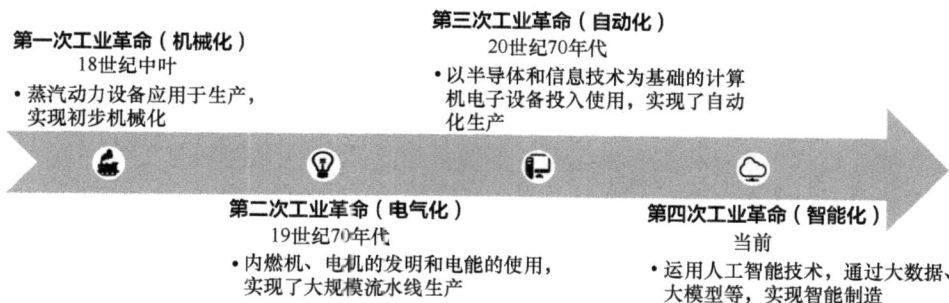

図 1.1　工业革命的发展历程

1.2　数字经济的发展

当前，人类社会正经历着一场前所未有的技术与社会变革。随着云计算、大数据、人工智能等新一代信息技术的飞速发展和广泛应用，数字经济逐渐崛起，成为当前全球经济的新引擎。数字经济是信息技术发展的必然产物，是人类社会继农业经济、工业经济之后的一种新型经济形态，其影响渗透至经济社会的各个方面，带动经济社会高质量发展。

1.2.1　数字经济的产生背景

数字经济，作为 21 世纪最显著的经济现象之一，其产生并非一蹴而就的，而是有着深厚的历史背景和技术支撑。知识社会的到来、现代信息技术的革新以及互联网的普及和应用，都是推动数字经济迅猛发展的重要力量。

1. 知识社会

知识社会的到来是现代社会转变的重要特征之一。20 世纪 90 年代末，人类社会进入了一个信息知识大爆发的时代，知识作为核心生产要素的地位愈发凸显，其特有的正循环增加效应也加速了知识社会的进程。

知识具有两个属性，即需求导向的信息提炼（应用性）和知识本身的能动性（创新性）。这两个属性之间具有普遍意义的循环增加效应。随着信息技术的不断革新和广泛应用，知识的正循环增加效应得到了明显增强：一方面，计算机和相关软件极大地提升了人类处理和应用数据与信息的能力；另一方面，互联网的普及降低了知识获取的成本，促进了资源的共享和知识的流动与创新。这种循环增加效应使知识的总量剧增，使知识的效用不断提升。例如，科学刊物的数量从 20 世纪初的约 1 万种迅速增长到 20 世纪 90 年代的近 10 万种，这充分反映了知识生产的加速和知识总量的爆炸式增长。

与此同时，知识社会的到来也加速了知识型劳动者的涌现。在信息技术的推动下，知识的传输、获得、积累和分享变得更加高效，这促使劳动者不断学习和更新知识，以适应快速变化的工作环境。知识型劳动者的出现，不仅代表着社会对知识的重视和追求，也为数字经济的兴起提供了必要的人才支撑。

2．现代信息技术

自 20 世纪 60 年代以来，信息技术革命给人类社会带来了日新月异的技术进步。随着信息技术融合趋势逐步增强，以微电子、计算机和通信为基础的现代信息技术驱动着数字经济的兴起与发展。现代信息技术的革新为数字经济奠定了必要的技术基础。

作为现代信息技术的基础，微电子技术经历了从分立元件到超大规模集成电路的跨越，这种革新发展显著提高了线路的集成度，大大缩小了元件的体积，同时使电子设备的性能更加卓越，成本更加低廉。半导体存储器的普及也大幅提升了存储容量，为数字信息的海量存储提供了可能。

计算机技术也不断更新迭代，从最初的电子管计算机到如今的微型计算机，其体积不断缩小，功能日益强大，应用范围逐渐扩大，更使中央处理器的运算和数据处理速度飙升，为各类复杂计算提供了强大的支持。

现代通信技术，尤其是光纤通信技术的出现和发展，极大地提高了信息传输的速度和容量。同时，通信技术与计算机技术的深度融合，使通信网络更加智能化和高效化。这些技术的进步不仅改变了人们的工作方式和生活方式，也为数字经济的产生和发展提供了必要的硬件和软件支持。

现代信息技术的革新是数字经济时代的重要推动力量，为数字经济的发展提供了必要的技术支持和源源不断的创新动力。

3．互联网的普及和应用

现代信息技术的发展推动了互联网的普及和应用。互联网的出现，打破了信息传递的时空限制，使全球范围内的信息交流和资源共享成为可能，且极大地降低了人们获取知识的成本，加速了知识的流动与创新，为数字经济的发展提供了广阔的空间和无限的可能性。

自 20 世纪 90 年代以来，随着互联网技术的飞速发展，全球范围内的互联网用户数量急剧增加，互联网已成为现代社会的基础设施之一。互联网的普及使信息的获取和传播变得前所未有的便捷和高效。用户只需轻点鼠标或滑动屏幕，即可随时随地访问全球范围内的信息资源。这种信息的即时性和广泛性为数字经济的发展提供了丰富的数据基础。同时，互联网还推动了电子商务、在线支付、互联网+等新兴业态的兴起和发展，这些新兴业态充分利用了互联网的技术优势，为消费者提供了更加便捷、高效、个性化的服务体验，也为数字经济的发展注入了新的活力。

此外，互联网还促进了数据资源的深度挖掘和利用。随着大数据技术的不断发展，企业可以通过互联网收集、整理和分析海量数据，洞察市场趋势和消费者需求，从而制定出更加精准的市场策略和营销方案。这种基于数据的决策方式不仅提高了企业的运营效率和市场竞争力，也为数字经济的发展提供了有力的支撑。

互联网的普及与应用是数字经济产生的重要驱动力之一。它不仅改变了人们的生活方式，也为数字经济的发展提供了广阔的空间和强大的动力。随着互联网技术的不断创新和发展，数字经济将会迎来更加广阔的发展前景。

数字经济的产生背景是多方面的，既包括知识社会的到来和知识的爆炸式增长，也包括现代信息技术的革新和互联网的广泛应用。这些因素相互交织、相互促进，共同推动了数字经济的迅猛发展。

1.2.2 世界主要国家和经济体数字经济的发展情况

数字经济已成为引领世界经济发展的新动力，世界各主要国家和经济体在数字经济领域积极布局，力争抢占未来发展的制高点。在国家顶层设计之下，各个国家纷纷出台具体措施，助力数字经济繁荣发展。

1. 美国

美国是全球数字经济第一大国，凭借技术创新突出优势，美国的数字经济发展一直走在世界前列。根据中国信息通信研究院发布的《全球数字经济白皮书（2023 年）》，2022 年美国数字经济规模蝉联世界第一，达到 17.2 万亿美元，数字经济占 GDP 比重超过 65%，排名世界第三。美国在产业规模、产业链完整度、数字技术研发实力和数字企业全球竞争力等方面均位居世界前列。

美国数字经济的发展得益于国家长期的政策支持和技术创新。自 20 世纪 80 年代初美国副总统阿尔·戈尔提出"信息高速公路"和"数字地球"概念以来，美国政府便正式揭开了数字经济的大幕。多年来，美国通过出台一系列政策法规和相关措施，如《浮现中的数字经济》、《数字国家》战略、《创新战略 2011》、《数字政府战略》、《数字经济议程》、《5G 安全国家战略》、《2021 创新与竞争法案》等，不断引领数字经济的发展潮流。特别是在现代信息技术的发展与创新上，美国致力于推进"先进制造伙伴关系计划"和"先进制造业"等，以科技驱动数字经济发展，持续巩固其在全球数字经济中的领先地位。2022 年美国推出《国家先进制造业战略》，主要着力于推进供应链数字化转型创新，实现关键部门的生产全链路数字化高速联通。美国完备的政策体系，为数字经济的持续繁荣提供了有力保障，使美国成为全球数字经济领导者。

2. 欧盟

作为全球经济体之一，欧盟一直致力于推动数字经济的发展。欧盟具有优秀的科技和创新资源，凭借其在数字治理上的领先，形成与中美两国优势互补的第三极。

欧盟的数字经济发展极其注重循序渐进的战略部署和系统科学的保障措施。自 2011 年起，欧盟在数字经济领域相继发布了《网络空间安全战略》《网络安全战略》《欧盟人工智能战略》《通用数据保护条例》《非个人数据在欧盟境内自由流动框架条例》《促进人工智能在欧洲发展和应用的协调行动计划》《可信赖的人工智能道德准则草案》等一系列政策，旨在通过支持高新技术产业发展、保障数据信息安全流通，带动数字经济发展。这些政策的实施不仅提升了欧盟在全球数字经济领域的竞争力，也为欧洲企业提供了更加安全、稳定的经营环境。此外，欧盟还在数字支付、共享经济等领域推出了一系列政策和法规，以促进数字经济的发展。这些政策为创业者和企业家提供了创新支持、融资途径和市场准入等方面的优势，进一步推动了数字经济的繁荣。

2021 年，欧盟委员会发布了《2030 年数字化指南针：欧洲数字化十年之路》，旨在从技能、基础设施、企业和治理 4 个方面设定 2030 年的数字化战略目标，并提出了相应的数字化战略指南。2022 年《数字市场法案》《数字服务法案》《人工智能法案》的出台均旨在加强其在数字经济领域的竞争力。

3. 英国

英国是全球数字经济和数字贸易大国，也是当今欧洲数字经济的领头羊。2022 年英国数字经济规模和数字经济占 GDP 比重分别排名世界第五位和第一位；在第一产业和第三产业数字化方面，英国的数字经济渗透率分别超过了 30%和 70%，均排名世界第一。由此可见，英国数字经济的规模和数字经济对经济发展的贡献率都是极大的。数字经济规模不断扩大，为英国经济发展带来新动力。

英国提出建立"数字国家"这一概念比美国还要早一年。2009 年，英国提出建设"数字英国"后，相继发布了《信息经济战略 2013》《2015—2018 数字经济战略》《英国数字化战略》《数字经济法案》和《数字宪章》，为数字经济的发展提供了明确的政策指导，同时走上了战略与法律保障并行的道路，这条道路也成为英国数字经济发展的快车道。2017 年，英国政府将文化、传媒和体育部（Department for Culture, Media and Sport）更名为数字、文化、传媒和体育部（Department for Digital, Culture, Media and Sport），加入了"Digital"，标志着数字化取得了与传统文化、体育等领域同等重要甚至更突出的发展与决策地位。

2022 年 6 月，英国数字、文化、传媒和体育部发布了新版《英国数字战略》，意在通过强化数字技术创新，构建更具包容性、竞争力和创新性的数字经济，以使英国成为实施数字经济创新的全球最佳场所，同时提高英国在数字经济领域的国际地位。

英国政府还注重推动数字技术的应用和创新，通过政策引导和资金支持，鼓励企业加大对数字技术研发投入，提升产业数字化水平。同时，英国还加强了数字基础设施建设，为数字经济的发展提供了坚实的物质基础。

4．日本

2022 年日本数字经济规模为 2.37 万亿美元，全球排名第四，数字经济占 GDP 比重为56.0%。数字经济保持增长势头，为日本的经济稳定提供了有力支撑。日本作为数字经济规模全球排名第四的国家，具有较强劲的数字竞争实力。

日本的数字经济发展着力于自上而下的政策引导。2009 年日本政府制定了"i-Japan 战略2015"后，数字化革新首先由政府部门开始；2012 年制定了"电子行政开放资料战略"，推行电子政务、开放政府数据；随后，2013 年发布的《创建最尖端 IT 国家宣言》，明确了日本在2013—2020 年期间，以开放公共数据资源、深化大数据应用为核心，全面推进信息化战略。

2018 年和 2019 年日本相继发布"第 2 期战略性创新推进计划"和《科学技术创新综合战略 2019》，提出发展人工智能技术及建立"超智能社会"，推动数字经济向智能化发展。2021 年 9 月，日本政府特别成立了"数字厅"，并宣布了其数字化战略，希望通过数字化升级将日本加速转型为数字驱动的高收入国家和数字经济的区域领导者。数字厅对日本推动人工智能等数字产业及产业数字化转型起到极大作用。

从政府部门率先进行的数字化革新，到大数据在农业、医疗等领域的广泛应用，再到人工智能技术及"超智能社会"的构建，日本政府不断推动数字经济向更广阔的领域、更深的层次发展。

1.2.3　我国数字经济发展情况

近年来，我国数字经济蓬勃发展，从 20 世纪 90 年代的萌芽阶段，到如今的成熟阶段，我国数字经济以惊人的速度和规模，成为全球数字经济领域的佼佼者。

1．我国数字经济的发展历程

结合我国数字经济历史发展情况及相关政策措施，我国数字经济的发展可分为 3 个阶段。

（1）萌芽阶段（1994—2002 年）

1993 年，我国启动了"三金"工程，与美国"信息高速公路"战略几乎同步。该工程最初包含金桥工程、金卡工程和金关工程 3 项子工程，后扩展为十二金工程，包含金信工程、金桥工程、金税工程、金智工程、金交工程、金旅工程、金盾工程、金卡工程、金农工程、金企工程、金宏工程、金关工程，旨在建设"中国信息准高速国道"并实现电子化政府的重大电子信息工程。2002 年我国又出台了《国家信息化领导小组关于我国电子政务建设指导意见》，在已有电子化政府发展基础上开始全面推行电子政务，提高数字化治理能力。

1994 年我国正式接入国际互联网，标志着我国进入了互联网时代。伴随着国家层面对电子信息技术和信息互联网络的重视，以新浪、搜狐、百度等为代表的互联网新闻网站和搜索引擎相继成立，催生了数字产业化，标志着我国数字经济开始萌芽。

（2）高速发展期（2003—2014 年）

继电子政务之后，2005 年我国发布了《国务院办公厅关于加快电子商务发展的若干意见》，开始全面发展电子商务。随后，2006 年和 2007 年，我国又分别在《2006—2020 年国家信息化发展战略》和党的十七大报告中提出了"信息化"和"两化融合"发展战略，着力于进一步发展数字产业，以及推动传统行业与数字技术相结合，实现产业数字化。

在这一阶段，我国诞生了一批以微博、微信、淘宝网、京东商城等为代表的电子商务和社交网络平台，也催生了一系列传统行业与数字技术相结合的产业数字化新模式、新业态，我国数字经济进入了高速发展阶段。

（3）成熟阶段（2015 年至今）

2014 年，在中央网络安全和信息化领导小组（2018 年改为中央网络安全和信息化委员会）第一次会议上，习近平总书记首次提出了"信息经济"。2015 年，我国发布了《国务院关于积极推进"互联网+"行动的指导意见》及《促进大数据发展行动纲要》，标志着我国已深刻意识到数字经济时代关键生产要素（数据）、互联网络载体及信息技术手段的重要作用，并已开启全面利用数据资源的大数据时代，以及各行业与互联网、信息技术深度融合的"互联网+"时代。

紧接着，2015 年 12 月，在第二届世界互联网大会开幕式上，习近平总书记首次提出了"数字经济""数字中国"概念，标志着"信息经济"作为一个过渡提法迅速让位于"数字经济"。随后我国数字经济概念及发展战略、措施不断完善，2016 年 G20 杭州峰会上，我国正式确立数字经济的提法及定义；2016 年 11 月，中央网络安全和信息化委员会办公室、国家发展和改革委员会批复浙江省建设首个国家信息经济示范区；2017 年党的十九大报告及 2018 年的《政府工作报告》中进一步阐述了"数字经济""数字中国"发展思路和发展情况，并于 2018 年 8 月正式出台了《数字经济发展战略纲要》，标志着我国不论从发展实际还是发展理念上，均已进入数字经济发展时代。

在这一阶段，以滴滴、美团、饿了么等为代表的一批以"互联网+"、大数据、人工智能为主的共享经济平台蓬勃发展；同时，以高端制造业、数字农业、数字工业、数字服务业、数字医疗、数字交通、智慧物流、智慧教育为代表的全产业数字化也在迅猛发展，我国数字经济逐渐走向成熟。

2．我国数字经济的发展成就

在全球经济格局深度变革的背景下，我国数字经济以其独特的魅力和强劲的动力，正日益成为推动我国经济高质量发展的新引擎。我国数字经济起步较晚，但追赶迅速，经历多年的快速发展，我国数字经济在规模、结构、技术创新、产业数字化转型等方面取得了令人瞩目的成就。结合《国务院关于数字经济发展情况的报告》，我国数字经济的发展成就可以概括为以下几个方面。

（1）数字经济规模与速度显著增长

近年来，我国的数字经济规模迅速扩张。中国信息通信研究院最新发布的《中国数字经济发展研究报告（2024 年）》显示，截至 2023 年，我国数字经济规模从 2012 年的 11 万亿元增长到 53.9 万亿元（2022 年我国数字经济规模总量居世界第二），数字经济占 GDP 比重提升至 42.8%。数字经济同比增长 7.39%，高于 GDP 增速 2.75 个百分点（2023 年，我国 GDP 增速为 4.64%）。这一增长速度在全球范围都是领先的，显示了数字经济带动经济发展的巨大活力与潜力，以及我国数字经济强大的发展势头。具体情况如图 1.2、图 1.3、图 1.4 所示。

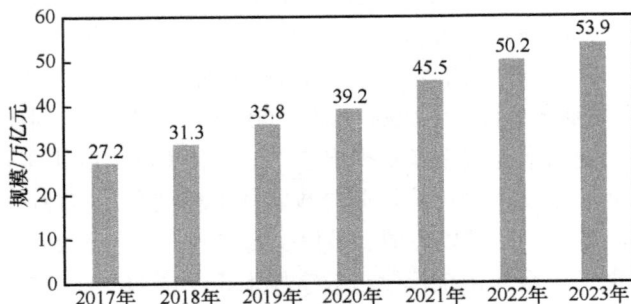

图 1.2　我国数字经济的规模

资料来源：中国信息通信研究院《中国数字经济发展研究报告（2024 年）》

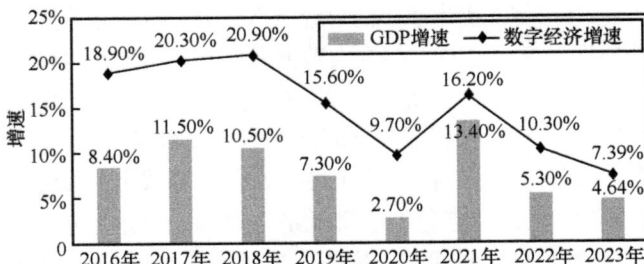

图 1.3　我国数字经济与 GDP 的增速

资料来源：中国信息通信研究院《中国数字经济发展研究报告（2024 年）》

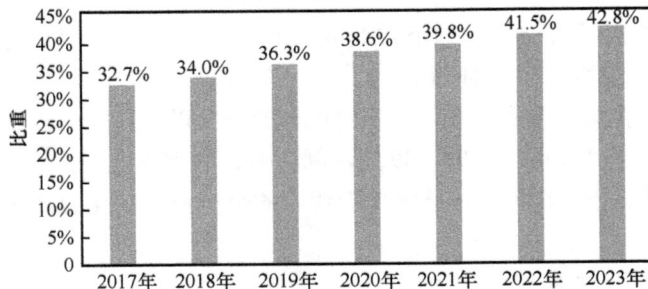

图 1.4　我国数字经济占 GDP 的比重

资料来源：中国信息通信研究院《中国数字经济发展研究报告（2024 年）》

（2）数字经济结构比较稳定

数字产业化和产业数字化是数字经济的两大产业结构，《中国数字经济发展研究报告（2024 年）》显示，2023 年，我国数字产业化规模达到了 10.09 万亿元，同比增长 9.57%，占数字经济比重为 18.7%。我国数字产业化实力日益增强，数字技术催生的新业态蓬勃发展，大数据、云计算、人工智能等领域的企业不断创新，推动产业生产体系更加完备，正向全球产业链的中高端跃进。

同时，产业数字化依然保持领导地位，产业数字化在数字经济中的占比维持在 82%左右，数字经济的二八比例结构比较稳定。截至 2023 年，我国产业数字化规模达到了 43.84 万亿元，同比增长 6.90%，占 GDP 比重为 34.77%，占数字经济比重为 81.3%，这一数据展示了产业数字化在推动我国数字经济增长中的主引擎作用，并且这种作用正变得愈发凸显，我国产业数字化发展正步入高质量发展的攻坚期。具体情况如图 1.5 所示。

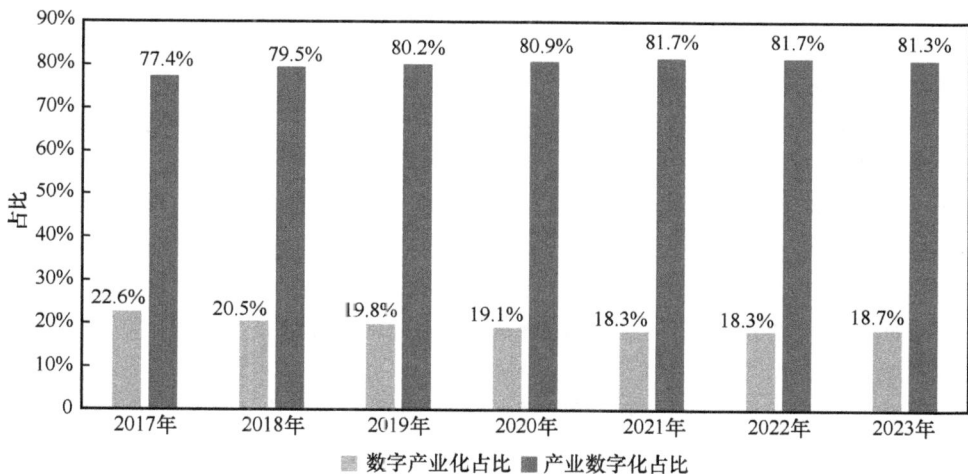

图 1.5　我国数字经济内部结构

资料来源：中国信息通信研究院《中国数字经济发展研究报告（2024 年）》

目前，在我国数字经济规模中，产业数字化占比远高于数字产业化占比，这表明数字技术、产品、服务正在加速向各行各业融合渗透，对其他产业产出增长和效率提升的拉动作用不断增强。

（3）数字基础设施跨越式发展

近年来，我国数字基础设施的建设取得了显著进展。首先，信息通信网络建设规模全球领先。国家深入实施"宽带中国"战略，所有地级市全面建成光网城市行政村，实现宽带网络全覆盖，建成全球最大的光纤和移动宽带网络。同时，工业互联网创新发展战略的实施，使网络、平台、安全体系以及工业互联网标识解析体系基本建成，为产业数字化转型提供了有力支撑。

在信息通信服务能力方面，我国实现了从"3G 突破"到"4G 同步"再到"5G 引领"的跨越，互联网普及率大幅提高。根据国家数据局发布的《数字中国发展报告（2023 年）》，截至 2023 年年底，我国开通 5G 基站数达到 337.7 万个，同比增长 46.1%；5G 移动电话用户数达 8.05 亿户，在移动电话用户中占比 46.6%；5G 虚拟专网数量超 3 万个。基础电信企业 IP 骨干网、城域网、接入网 IPv6 改造全面完成，全国网络基础设施已全面支持 IPv6。截至 2023 年年底，蜂窝物联网终端用户数达 23.32 亿户，同比增长 26.4%；IPv6 活跃用户数达到 7.78 亿，移动网络 IPv6 流量占比达到 60.88%。

数据资源方面，2023 年我国数据生产总量达到 32.85ZB，同比增长 22.44%，数据存储总量达到 1.73ZB，数据资源加速释放。算力基础设施方面，在用数据中心算力总规模达到 230EFLOPS，居全球第二位，算力基础设施达到世界领先水平，全国一体化大数据中心体系基本构建完成，"东数西算"工程加快实施。同时，我国还建成了一批国家新一代人工智能公共算力开放创新平台，以低成本算力服务支撑中小企业发展需求。算力供给结构逐步优化，包括超算中心、数据中心、智算中心等多种类型。截至 2023 年年底，智能算力规模达到 70EFLOPS，增速超过 70%。全国累计建成国家级超算中心 14 个，全国在用大型和超大型数据中心达 633 个、智算中心达 60 个（AI 卡 500 张以上），智能算力占比超 30%[1]。

（4）数字产业创新能力加速提升

我国数字产业创新能力显著提升，为数字经济的可持续发展提供了强大动力。首先，关键核心技术取得突破。在数字技术研发投入逐年上升的背景下，我国在量子计算原型机、类脑计算芯片、碳基集成电路等基础前沿领域取得原创性突破，在人工智能、区块链、物联网等新兴领域形成一批自主底层软硬件平台和开源社区，关键产品技术创新能力大幅提升。

其次，产业创新活力不断提升。我国数字经济核心产业发明专利授权量持续增长，关键数字技术中人工智能、物联网、量子信息领域发明专利授权量居世界首位。金融支持数字经济发展的作用日益显现，通过深化股票发行注册制改革，为数字经济相关企业提供了更多融资渠道。同时，扩大数字经济产业中长期贷款投放，支持计算机、通信和其他电子设备制造业等关键领域的发展。

在数字产业快速成长方面，数字经济核心产业规模加快增长。截至 2023 年，数字经济核心产业增加值超过 12 万亿元，占 GDP 比重 10% 左右。其中电信业务收入为 1.68 万亿元，同比增长 6.2%；互联网业务收入为 1.75 万亿元，同比增长 6.8%；软件业务收入为 12.33 万亿元，同比增长 13.4%。这些成绩充分展示了我国数字产业强大的发展潜力和创新能力。

（5）产业数字化转型提档加速

我国深入推进产业数字化转型，加快推动工业互联网、数字商务、智慧农业发展，促进传统产业全方位、全链条转型升级。首先，制造业数字化转型持续深化。信息化和工业化融合不断走深向实，企业数字技术应用水平显著提升。工业企业关键工序数控化率和数字化研发设计工具普及率大幅提高，形成了一系列新场景、新模式、新业态。

其次，在工业互联网领域，我国通过实施"5G+工业互联网"建设项目，推动了制造业与互联网的深度融合。这些项目不仅提高了生产效率和产品质量，还降低了能耗和碳排放量，推动了制造业的绿色可持续发展。

在数字商务和智慧农业方面，我国也取得了显著进展。网络零售市场规模稳居世界首位，电子商务交易额持续增长，电子商务、移动支付规模全球领先，网约车、网上外卖、数字文化、智慧旅游等市场规模不断扩大。同时，智慧农业的建设也取得了积极成效，物联网、大数据等数字技术提高了农业生产效率和农产品质量，促进了农业可持续发展。

---

1 数据来源：工业和信息化部。

（6）公共服务数字化深入推进

我国正深入推进公共服务数字化，并取得了显著成效。在政务服务领域，"互联网+"模式广泛实践，我国已基本建成全国一体化政务服务平台，办事效率大幅提升，电子政务在线服务指数排名全球前列；数字惠民成果丰硕，教育、医疗、社保等领域数字化服务日益完善，居民生活更加便捷；数字城乡建设加速，智慧城市、数字乡村建设取得极大进展，助力城乡发展一体化，特别是在抗击疫情期间，线上服务有效保障了居民需求；全国行政村实现"村村通宽带"，乡村治理数字化水平提升，信息服务体系健全，农产品网络销售蓬勃发展，带动农民增收。公共服务数字化正成为推动社会进步、改善民生福祉的重要力量。

（7）网络安全保障和数字经济治理水平持续提升

我国网络安全保障和数字经济治理水平稳步提升。在法律层面，多项法律法规的出台和修订为网络安全和数字经济发展提供了坚实的法治保障。在网络安全防护方面，我国通过建立健全监测预警机制、加强态势感知和应急处置能力，有效确保了国家网络安全和数据安全。在数字经济治理方面，跨部门协调机制的建立和信息化水平的提升，推动了智慧监管和新型监管机制的探索。这些举措共同促进了数字经济高质量发展，为构建安全、高效、可持续的数字经济体系奠定了坚实基础。

（8）数字经济国际合作行稳致远

数字经济国际合作正稳步向前，我国在其中发挥了关键作用。习近平总书记提出的"构建网络空间命运共同体"理念得到广泛响应，我国积极申请加入《数字经济伙伴关系协定》，展现出开放姿态，同时致力于推进"一带一路"高质量共建，深化网络基础设施、数字产业及安全合作，共享数字经济发展成果。我国倡议共建和平、安全、开放、合作的网络空间，与多国签署合作备忘录，建立合作机制；通过主办国际会议，搭建交流合作平台，推动网络互联互通，助力全球中小企业发展。同时，我国还积极提供国际治理方案，深度参与数字经济合作，推动构建公平数字营商环境，促进数字创新及转型，引领包容性规则制定，为全球数字经济发展贡献中国智慧与力量。

总之，我国数字经济在各方面都取得了显著成就，为全球数字经济的发展作出了重要贡献。未来，我国将继续加强数字经济的创新和发展，推动数字经济与实体经济深度融合，为构建数字中国、实现高质量发展提供有力支撑。

1.2.4 我国数字经济的政策体系

1. 我国数字经济的政策体系建立历程

数字经济的发展离不开国家层面的顶层设计和政策支持。自 1997 年以来，为营造适合数字经济发展的政策环境，我国陆续出台了上百份与数字经济相关的政策文件和发展规划，逐步构建了完善的数字经济政策体系，为数字经济的快速腾飞奠定了良好的政策体系基础。按照几个五年规划的时间节点，我国数字经济政策体系的建立可分为 3 个阶段。

（1）信息化时期（"九五"至"十二五"）

在信息化时期，我国主要聚焦于信息基础设施的建设和信息技术的发展。1997 年，我国启动了"三金"工程，旨在构建国家共用经济信息网、国家外贸企业信息系统实联网和货币电子化工程，为我国数字经济发展打下了良好的信息化先期基础。

进入"十五"时期，我国出台了《国民经济和社会发展第十个五年计划信息化发展重点专项规划》，明确了信息化在国民经济和社会发展中的重要地位，并提出了具体的发展目标和任务举措。为配合该规划目标任务达成，我国又发布了《国务院办公厅转发国家计委等部门关于促进我国国家空间信息基础设施建设和应用若干意见的通知》《国家信息化领导小组关于我国电子政务建设指导意见》《关于加强信息资源开发利用工作的若干意见》，从数字产业化角度提出发展以地理空间信息为代表的现代信息技术、基础设施，相关产业从数字化治理角度提出了以电子政务为代表的政务信息化发展策略，从数据价值化角度提出要重视信息资源的供给与利用，扶持信息资源产业，保障信息资源安全，促进信息资源市场繁荣和产业发展。

"十一五"期间，我国继续加大信息产业的投入，发布了《2006—2020年国家信息化发展战略》《信息产业科技发展"十一五"规划和2020年中长期规划纲要》《中华人民共和国国民经济和社会发展第十一个五年规划纲要》3项中长期规划，明确了信息化发展的长期战略目标和重点，包括推进国民经济信息化、电子政务、社会信息化等，指出了要以信息技术创新助力信息产业发展，以及要在"十一五"期间打牢信息技术、信息基础设施、信息人才基础，并做大做强信息产业。基于上述中长期规划，我国出台了大量与信息产业及上述文件中提到的信息技术密切相关的政策文件，如《信息产业"十一五"规划》《集成电路产业"十一五"专项规划》《软件产业"十一五"专项规划》等。同时，也有部分文件涉及产业数字化及数字化治理相关政务信息化领域，如《信息技术改造提升传统产业"十一五"专项规划》等。

"十二五"时期，我国继续推动数字产业化和数字化治理，并开始向产业数字化领域扩展，发布了《信息化发展规划》，提出了数字产业化、产业数字化及数字化治理的发展目标。为了配合这一规划的实施，国家出台了一系列针对性的政策措施和专项规划，包括《物联网"十二五"发展规划》《国家宽带网络科技发展"十二五"专项规划》《国务院关于推进物联网有序健康发展的指导意见》《物联网发展专项行动计划》《工业和信息化部2014年物联网工作要点》《电子商务"十二五"发展规划》《软件和信息技术服务业"十二五"发展规划》《互联网行业"十二五"发展规划》《信息化和工业化深度融合专项行动计划（2013—2018年）》，旨在推动物联网、宽带网络、电子商务等领域的快速发展，为后续的"互联网+"时代以及"十四五"时期的数字经济繁荣打下了坚实的基础。同时，为了加强信息安全和数字化治理，我国还发布了《国务院关于大力推进信息化发展和切实保障信息安全的若干意见》等文件，确保数字经济发展的同时，信息安全得到充分保障。

（2）"互联网+"时期（"十三五"）

在"十三五"期间，我国数字经济政策体系在"互联网+"的推动下，实现了从战略规划到具体实施的全面升级，旨在加快信息技术与经济社会各领域的深度融合，推动经济结构优化升级，提升国家竞争力。

2016年，中共中央办公厅、国务院办公厅联合印发了《国家信息化发展战略纲要》，标志着我国在"十三五"期间对数字经济发展的战略导向和政策布局进入新阶段。随后，国务院发布了《"十三五"国家信息化规划》，明确了"数字中国"建设的具体要求，即信息化发展水平大幅跃升，信息化能力显著增强，信息经济全面发展，信息化发展环境优化。

在"互联网+"行动的背景下，一系列与之直接相关的政策文件密集出台，如《国务院关于深化制造业与互联网融合发展的指导意见》《国务院关于深化"互联网+先进制造业"发展工业互联网的指导意见》等，旨在深化制造业与互联网的融合，推动制造业数字化转型，加快工业互联网建设，促进产业数字化和数字产业化。同时，针对数据要素价值的挖掘和利用，我国还发布了《推进互联网协议第六版（IPv6）规模部署行动计划》《"互联网+"知识产权保护工作方案》等，以及与之关联的《国家发展改革委办公厅关于组织实施促进大数据发展重大工程的通知》《关于加快构建全国一体化大数据中心协同创新体系的指导意见》等，这些文件旨在促进大数据的开发与应用，构建数据要素市场体系，推动数据资源的有效供给与利用，向数据价值化阶段深入迈进。

着眼于技术创新和新兴产业的培育，我国还出台了《云计算发展三年行动计划（2017—2019年）》《新一代人工智能发展规划》《工业互联网APP培育工程实施方案（2018—2020年）》等一系列政策，旨在加速云计算、人工智能、工业互联网等前沿技术的研发与应用，推动产业的智能化升级。《电子商务"十三五"发展规划》《促进新一代人工智能产业发展三年行动计划（2018—2020年）》等文件，则进一步明确了电子商务、人工智能等数字经济核心领域的具体发展路径，推动了数字产业化和产业数字化的同步发展。

数字化治理也是"十三五"期间政策体系的重点，体现在《"互联网+政务服务"技术体系建设指南》《关于加强互联网信息服务算法综合治理的指导意见》等文件中，强调了政府服务的数字化转型，推动了政务公开、服务便利化，同时加强了对互联网信息服务算法的监管，确保数字生态的健康有序发展。在网络安全方面，《工业互联网综合标准化体系建设指南》《区块链信息服务管理规定》等政策的出台，构建了数字安全的防护网，为数字经济的稳定发展提供了坚实的保障。

（3）数字经济时期（"十四五"）

"十四五"期间，我国数字经济政策体系迈入了全新发展阶段，政策重心转向深化应用、规范发展与普惠共享，旨在构建数字经济全面扩展的新格局。这一时期，政策设计紧密围绕着数据要素的核心作用、数字化转型的深度推进，以及数字产业与实体经济的深度融合，力求实现经济结构优化、智能化水平提升与国家竞争力的稳步增强。

2021年，我国相继出台了一系列关键政策文件，如《"双千兆"网络协同发展行动计划（2021—2023年）》《全国一体化大数据中心协同创新体系算力枢纽实施方案》《新型数据中心发展三年行动计划（2021—2023年）》等，目的是在巩固"十三五"成果的基础上，进一步优化升级数字基础设施，推进IPv6规模部署和应用，加强互联网信息服务算法综合治理，为数字经济发展提供坚实的硬件和制度保障。

同年，我国正式发布《数字经济及其核心产业统计分类（2021）》，明确了数字经济的定义、产业范围与核心产业的界定，为数字经济的统计监测提供了科学依据；同时，发布《数字乡村建设指南1.0》，针对数字乡村建设提出了全面的参考架构，覆盖信息基础设施、公共支撑平台、数字应用场景等多个方面，强调了数字技术在农业、生态、文化、治理等领域的应用，体现了我国在推动数字经济向更广阔领域拓展的决心。

2022年，国务院发布的《"十四五"数字经济发展规划》是这一时期政策体系的集大成者，不仅重申了数字经济发展的紧迫性和重要性，还明确了"四化"体系的全面发展任务，即优化升级数字基础设施、充分发挥数据要素作用、大力推进产业数字化转型、加快推动数字产业化、持续提升公共服务数字化水平、健全完善数字经济治理体系、着力强化数字经济安全体系、有效拓展数字经济国际合作。

2023 年国务院发布了《数字中国建设整体布局规划》，国家发展和改革委员会、国家数据局发布《数字经济促进共同富裕实施方案》，旨在推动数字技术和实体经济深度融合，不断做强做优做大我国数字经济，通过数字化手段促进解决发展不平衡不充分问题，推进全体人民共享数字时代发展红利，助力在高质量发展中实现共同富裕。

2. 贵州省数字经济相关政策

贵州省是我国最早发展大数据的省份，也是我国首个国家大数据综合试验区。自 2014 年以来，为支持数字经济的发展，贵州省相继出台了一系列相关政策和地方性法规，形成了比较完备的政策体系，为数字经济的发展提供了有力保障。

自 2014 年起，贵州省政府及人大发布了一系列重要文件，如《关于加快大数据产业发展应用若干政策的意见》《贵州省大数据产业发展应用规划纲要（2014—2020 年）》《贵州省大数据发展应用促进条例》等，不仅明确了数字经济发展的目标和路径，还将大数据产业纳入法治轨道。之后贵州省不断完善数字经济政策体系，从《贵州省数字经济发展规划（2017—2020 年）》到《贵州省"十四五"数字经济发展规划》，逐步构建起覆盖数字经济多个维度的政策框架。

这些政策不仅聚焦于大数据、云计算、人工智能等前沿技术的创新应用，还积极推动数字政府与数字社会的建设，如《贵州省政务数据资源管理暂行办法》《贵州省政府数据共享开放条例》等文件的出台，有效提升了政府数据资源的治理能力和开放水平。此外，贵州省还高度重视数据流通交易与数据要素市场化配置，通过《贵州省数据流通交易管理办法（试行）》《贵州省数据流通交易促进条例》等法规，为数据要素市场的健康发展提供了有力保障。

在数字经济与实体经济融合方面，贵州省实施了"万企融合"大行动，旨在通过大数据赋能传统产业，提升企业的生产效率和创新能力。此外，贵州省还出台了《贵州省大数据与实体经济深度融合实施指南》，为企业提供了具体的融合路径和操作方法。

贵州省还积极促进算力网络建设，出台了一系列激励政策，致力于打造面向全国的算力保障基地。这些举措不仅提升了贵州省数字经济的核心竞争力，也为全国其他地区的数字经济发展提供了宝贵经验和借鉴。贵州省关于数字经济发展的主要政策和法规见表 1.1。

表 1.1　贵州省关于数字经济发展的主要政策和法规

序号	发布时间	文件名称	发布机关
1	2014 年 2 月	《关于加快大数据产业发展应用若干政策的意见》	贵州省人民政府
2	2014 年 2 月	《贵州省大数据产业发展应用规划纲要（2014—2020 年）》	贵州省人民政府
3	2014 年 3 月	《贵州省信息基础设施条例》	贵州省人民代表大会常务委员会
4	2016 年 1 月	《贵州省大数据发展应用促进条例》	贵州省人民代表大会常务委员会
5	2017 年 2 月	《贵州省数字经济发展规划（2017—2020 年）》	贵州省人民政府
6	2018 年 2 月	《贵州省实施"万企融合"大行动打好"数字经济"攻坚战方案》	贵州省人民政府
7	2019 年 8 月	《贵州省大数据安全保障条例》	贵州省人民代表大会常务委员会
8	2020 年 6 月	《贵州省大数据融合创新发展工程专项行动方案》	贵州省人民政府
9	2020 年 9 月	《贵州省政府数据共享开放条例》	贵州省人民代表大会常务委员会
10	2021 年 12 月	《贵州省"十四五"数字经济发展规划》	贵州省大数据发展领导小组

序号	发布时间	文件名称	发布机关
11	2021 年 12 月	《国家大数据（贵州）综合试验区"十四五"建设规划》	贵州省大数据发展领导小组
12	2022 年 12 月	《贵州省数据流通交易管理办法(试行)》	贵州省大数据发展管理局
13	2023 年 6 月	《贵州省政务数据资源管理办法》	贵州省人民政府
14	2023 年 8 月	《贵州省数据要素市场化配置改革实施方案》	中共贵州省委贵州省人民政府
15	2023 年 12 月	《贵州省关于加强数字政府建设实施方案》	贵州省人民政府
16	2024 年 7 月	《贵州省数据流通交易促进条例》	贵州省人民代表大会常务委员会

1.2.5 《"十四五"数字经济发展规划》解读

在全球经济曲折复苏的大环境下，数字经济以数据带动高水平融合，以创新驱动数字化转型，以智能引领高质量发展，成为撬动经济增长的新杠杆，成为各国抢占未来发展主动权的关键选择。党中央、国务院高度重视数字经济发展，习近平总书记多次强调要加快数字化发展，打造数字经济新优势，促进数字技术与实体经济深度融合，赋能传统产业转型升级，催生新产业新业态新模式，不断做强做优做大我国数字经济。"十四五"时期是我国数字经济转向高质量发展的新阶段，要素链、产业链、价值链、制度链在相互作用中走向深度耦合。

在此背景下，2022 年 1 月 12 日，国务院印发了《"十四五"数字经济发展规划》，在总结"十三五"时期我国数字经济发展成效、分析存在问题和研判形势要求的基础上，提出了我国数字经济发展的总体要求、主要任务、重点工程和保障措施，为"十四五"时期各地区、各部门推进数字经济发展提供了行动指南。

1. 数字经济的概念

《"十四五"数字经济发展规划》（以下简称《规划》）是我国在数字经济领域的首部国家级专项规划，同时也是首次在国家级文件中针对数字经济的概念进行界定。

《规划》在开篇就提出了数字经济的概念，即："数字经济是继农业经济、工业经济之后的主要经济形态，是以数据资源为关键要素，以现代信息网络为主要载体，以信息通信技术融合应用、全要素数字化转型为重要推动力，促进公平与效率更加统一的新经济形态"。

《规划》中对数字经济的定义，更多强调了将数据资源作为关键要素的重要性，呼应了数据要素正式被纳入生产要素的政策；同时着重提出了数字经济具有"融合应用"和"全要素数字化转型"的特征，数字经济需要与实体经济进行融合，带动实体经济的数字化转型，提升公平性和效率。这是我国首次在规划文件中提出数字经济的重要概念内涵，并将数字经济提升到与农业经济和工业经济等同的地位，在后续谋划落实数字经济工作、推动数字经济相关研究、更准确深刻理解和把握数字经济发展规律等方面具有重要意义。

2. "十四五"数字经济发展目标

《规划》提出，到 2025 年我国数字经济将迈向全面扩展期，明确了 2025 年的发展目标，并提出了预期性指标，包括数字经济核心产业增加值占 GDP 比重达到 10%，IPv6 活跃用户数达到 8 亿户，千兆宽带用户数达到 6000 万户，软件和信息技术服务业规模达到 14 万亿元，工业互联网平台应用普及率达到 45%，全国网上零售额达到 17 万亿元，电子商务交易规模达到 46 万亿元，在线政务服务实名用户规模达到 8 亿户。

到 2035 年，数字经济迈向繁荣成熟期，力争形成统一公平、竞争有序、成熟完备的现代市场体系，数字经济发展基础、产业体系发展水平位居世界前列。

3. "十四五"数字经济的重点任务和重点工程

《规划》紧扣数字经济高质量发展要求，围绕数字基础设施、数据要素、产业数字化转型、数字产业化、公共服务数字化、数字经济治理体系、安全体系、国际合作等方面提出了"十四五"时期的重点任务和重点工程。

（1）优化升级数字基础设施

一是要加快建设高速泛在、天地一体、云网融合、智能敏捷、绿色低碳、安全可控的智能化综合性数字信息基础设施。《规划》设立了"信息网络基础设施优化升级工程"，包括推进光纤网络扩容提速、加快 5G 网络规模化部署、推进 IPv6 规模部署应用和加速空间信息基础设施升级等项目。二是加快构建算力、算法、数据、应用资源协同的全国一体化大数据中心体系。三是稳步构建智能高效的融合基础设施，高效布局人工智能基础设施。

（2）充分发挥数据要素作用

一是要实施"数据质量提升工程"，提升数据资源质量、培育数据服务商、推动数据资源标准化，促进数据要素高质量供给。二是要实施"数据要素市场培育试点工程"，开展数据确权及定价服务试验，推动数字技术在数据流通中的应用，培育发展数据交易平台，加快数据要素市场化流通。三是要适应不同类型数据的特点，以实际应用需求为导向，鼓励市场主体挖掘商业数据价值，鼓励重点行业创新数据开发利用模式，鼓励更多社会力量对有经济和社会价值、允许加工利用的政务数据和公共数据进行增值开发利用，不断创新数据要素开发利用机制。

（3）大力推进产业数字化转型

一是要引导企业增强数字化思维，支持有条件的大型企业打造一体化数字平台，实施中小企业数字化赋能专项行动，加快企业数字化转型升级。二是要加快实施"重点行业数字化转型提升工程"，推动传统产业全方位、全链条数字化转型，全面深化重点产业数字化转型，提高全要素生产率。三是引导产业园区加快数字基础设施建设，利用数字技术提升园区管理和服务能力，推动产业园区和产业集群数字化转型。四是要实施"数字化转型支撑服务生态培育工程"，培育一批数字化解决方案供应商，推动建设数字化转型促进中心，构建融合技术、资本、人才、数据等多要素的转型支撑服务生态，解决企业"不会转""不能转""不敢转"的难题。

（4）加快推动数字产业化

一是瞄准传感器、量子信息、网络通信、集成电路、关键软件、人工智能、区块链等新技术，加大基础研究和关键核心技术攻关力度，加快实施"数字技术创新突破工程"，增强关键技术创新能力。二是要强化关键产品自给保障能力，开展产业链强链补链行动，深化新一代信息技术集成创新和融合应用，提升核心产业竞争力。三是要实施"数字经济新业态培育工程"，大力推广协同办公、远程医疗等在线服务模式，深化共享经济应用，引导发展智能经济和新个体经济，加快培育新业态新模式。四是要加强资源共享和数据开放，鼓励新型协作平台发展，强化产业创新优势资源汇聚，营造繁荣有序的产业创新生态。

（5）持续提升公共服务数字化水平

一是要持续优化全国一体化政务服务平台功能，推动政务服务线上线下融合，加大政务数据共享和创新应用力度，提高"互联网+政务服务"效能。二是要实施推进"社会服务数字化提升工程"，加快推动公共服务资源数字化供给和网络化服务，大力开展数字帮扶，助力基本公共服务均等化，提升社会服务数字化普惠水平。三是要加快实施"新型智慧城市和数字乡村建设工程"，统筹推进新型智慧城市和数字乡村建设，推动数字城乡融合发展。四是要着力提升住宅和小区设施数字化、智能化水平，创新发展"云生活"服务，提升场景消费体验，打造智慧共享的新型数字生活。

（6）健全完善数字经济治理体系

一是要探索建立与数字经济持续健康发展相适应的治理方式，加快建立全方位、多层次、立体化监管体系，强化协同治理和监管机制。二是要加快实施"数字经济治理能力提升工程"，强化政府数字化治理和服务能力建设，加强数字经济统计监测和决策分析，强化重大问题研判和风险预警，推动线上线下监管有效衔接，提升政府数字化治理能力。三是要实施推进"多元协同治理能力提升工程"，建立完善政府、平台、企业、行业组织和社会公众参与、有效协同的数字经济多元治理新格局，形成治理合力，鼓励良性竞争，维护公平有效市场。

（7）着力强化数字经济安全体系

一是要加强网络安全基础设施建设，提升网络安全应急处置能力，增强设施网络安全防护能力，支持网络安全保护技术和产品研发应用。二是要建立健全数据安全治理体系，建立数据分类分级保护制度，健全完善数据跨境流动安全管理相关制度规范，强化个人信息保护，提升数据安全保障水平。三是要强化数字经济安全风险综合研判，健全完善数字经济重要领域产业安全态势监测预警机制，引寻企业完善自律机制，切实有效防范各类风险。

（8）有效拓展数字经济国际合作

一是要完善数字贸易促进政策，加大服务业开放力度，大力发展跨境电商和海外仓，打造跨境电商产业链和生态圈，加快贸易数字化发展。二是要推动已有信息枢纽和合作机制高质量建设，支持和鼓励我国数字技术、产品和服务优势企业"走出去"，推动"数字丝绸之路"深入发展，深化与"一带一路"国家的数字经济合作。三是要倡导构建和平、安全、开放、合作的网络空间命运共同体，开展数字经济标准国际交流与合作，深化政府间数字经济政策交流、建设性对话和技术合作，积极构建良好的国际合作环境。

4. 保障措施

《规划》从加强统筹协调和组织实施、加大资金支持力度、提升全民数字素养和技能、实施试点示范、强化监测评估等方面保障实施，确保目标任务落到实处。

第 **2** 章

数字经济相关理论

随着数字技术的不断创新和应用，数字经济作为全新的人类经济模式正在快速发展壮大，成为全球经济发展的重要趋势。早在 20 世纪 90 年代，被誉为"数字经济之父"的著名新经济学家、商业策略大师和国际未来学家唐·塔普斯科特（Don Tapscott）就提出了数字经济的概念。他在其专著《数字经济》中指出数字经济是由可互动的多媒体、信息高速公路以及互联网所推动的、以人类智慧网络化为基础的新型经济形态。他对数字经济的深入研究和前瞻性思考，使他被誉为"数字经济之父"。中国也是数字经济发展的重要推动国之一，拥有众多数字经济的领军企业，如阿里巴巴、京东、腾讯等，为数字经济的全球发展作出了积极贡献。

2.1 数字经济的概念与内涵

1. 数字经济的概念

什么是数字经济？当前比较一致的观点是：数字经济是继农业经济、工业经济之后的主要经济形态，是以数据资源为关键要素，以现代信息网络为主要载体，以信息通信技术融合应用、全要素数字化转型为重要推动力，促进公平与效率更加统一的新经济形态。数字经济通过数字技术与实体经济深度融合，不断提高传统产业数字化、智能化水平，加速重构经济发展与政府治理模式。

数字经济具有高效、便捷、开放、共享等特性，可以推动传统产业的转型升级，提高生产效率和经济效益。同时，数字经济也是全球经济发展的重要引擎，正在深刻改变着人类的生产和生活方式。

我国数字经济概念成型于 2016 年 9 月 G20 杭州峰会发布的《二十国集团领导人杭州峰会公报》，明确于 2022 年发布的《"十四五"数字经济发展规划》。另外，随着近年来数字技术与产业深度融合，数字经济的概念也在不断丰富，衍生出"数字经济 2.0"和"数字新经济"等新概念。

数字经济是指以使用数字化的知识和信息为关键生产要素、以现代信息网络为重要载体、以信息通信技术的有效使用为效率提升和经济结构优化的重要推动力的一系列经济活动。

——2016 年 G20 杭州峰会《二十国集团数字经济发展与合作倡议》

人们一般认为数字经济的发展经历了两个阶段，一是所谓的数字经济 1.0 阶段，这个阶段是基于互联网技术的数字经济发展初级阶段。在这个阶段，电子商务逐渐兴起，为数字经济的发展奠定了基础。数字经济 1.0 阶段以"数字化"为主要驱动力，更多地关注将传统产业进行数字化改造和升级。二是数字经济 2.0 阶段，数字经济 2.0 是基于现代信息技术和互联网的数字经济模式的进一步发展。它充分利用大数据、人工智能、云计算等新技术，构建数字化企业和市场，实现数字货币、数字资产、数字服务和数字市场的自动化交易。数字经济 2.0 阶段以"数据化"为主要驱动力，旨在改变传统经济的结构，使其更加灵活、可持续，并能够更好地适应变化的社会经济体系。在这个阶段，互联网将资源广泛分布到整个网络的末端，使每一个在网络末端的个体也能得到发展机会，因此数字经济 2.0 具有很强的普惠意义。

2017 年，时任凤凰网财经研究院高级研究员、中国投资有限责任公司董事、总经理的马文彦在他的著作《数字经济 2.0》中提出，在数字经济 1.0 的基础上，随着以互联网产业化、工业智能化、工业一体化为代表的第四次工业革命的深入发展，数字经济商业生态出现了云计算、大数据治理、人工智能、物联网和区块链等融合升级，数字经济 2.0 时代以数据化为标志，深刻影响新零售、新实体经济、信息消费、互联网+电影等新兴业态，重塑商业模式，革新行业面貌，为数字经济注入新的驱动力。

以人工智能（Artifical Intelligence，AI）为代表的数字经济 2.0 是在以信息通信技术（Information and Communications Technology，ICT）为代表的数字经济 1.0 的基础上，突破了数字经济 1.0 "人–机–机–人"的局部性"连接"，实现了"人–机–物–机–物–人"的更大范围的互联和深度运算；突破了数字经济 1.0 影响行业过于狭窄（集中于以金融业为代表的服务业）的局限，使移动互联从消费领域拓展到生产领域，从智能消费、智能流通拓展到以智能制造为代表的智能生产领域，带动制造业等各行业生产率提升及经济结构整体转型升级，创造更强、更持久和更大范围的经济增长效能的数字经济新形态。

数字经济的技术基础是数字技术，它以数据为关键要素，通过大数据的识别、选择、过滤、存储和使用，引导资源的优化配置和再生，实现经济的高质量发展。数字经济不仅包括电子商务、移动支付、人工智能、云计算、物联网等新兴领域，还涵盖了传统产业的数字化转型，如"新零售""新制造"等。

数字经济的核心在于数字化技术和数据的应用。在技术层面，数字经济的实现依赖于大数据、云计算、物联网、区块链、人工智能和 5G 通信等新兴技术。这些技术的应用使数据的处理、分析和传输变得更加高效和便捷，从而促进了数字经济的发展。

数字经济的特点包括网络化、智能化和个性化。通过网络化，数据可以在全球范围内自由流动，实现资源的全球优化配置；通过智能化，数据可以自动处理和分析，实现生产和服务的高效运行；通过个性化，数据可以更好地满足消费者的个性化需求，提升市场效率和消费者满意度。

数字经济对社会经济产生了深远的影响。它推动了传统产业的升级转型，创造了新的就业机会，提升了生产效率和服务质量。同时，数字经济也带来了新的挑战，如数据安全和隐私保护、数字鸿沟等问题。因此，在发展数字经济的同时，需要加强对其负面影响的管理和应对。

总的来说，数字经济是一种基于数字技术的经济形态，其发展离不开数字化技术和数据的应用。随着技术的不断进步和应用领域的不断拓展，数字经济将继续保持快速发展的趋势，成为未来全球经济发展的重要引擎。

2．数字经济的内涵

数字经济的内涵包括以下 3 个方面。

（1）数据成为关键生产要素

人类社会利用实时获取的海量数据，包括主体数据、行为数据、交易数据和通信数据等，组织社会生产、销售、流通、消费等行为，使数据成为经济活动的关键生产要素和数字经济的第一要素。

首先，数据具有极高的价值。在数字经济时代，数据被视为一种新型的资源，具有极高的商业价值和社会价值。通过对数据的收集、分析和利用，企业可以更好地了解市场需求、优化产品设计、提高生产效率，从而创造更高的商业价值。同时，数据还可以用于社会治理、公共服务等领域，推动社会进步和发展。

在数字经济中，企业越来越依赖于数据进行决策，数据驱动决策成为常态。通过数据分析，企业可以更加准确地把握市场趋势，预测未来走向，从而制定更加科学合理的战略和计划。这种数据驱动的决策方式大大提高了决策的准确性和效率，有助于企业在激烈的市场竞争中脱颖而出。

同时，数据还极大地促进了创新。在数字经济中，数据的共享和开放使创新变得更加容易。企业可以通过获取和分析大量数据，发现新的商业模式，开发新的技术应用，从而推动产品和服务的创新。这种创新不仅有助于提升企业的竞争力，也有助于推动整个行业的发展和进步。

最后，数据推动了数字经济的发展。随着大数据、云计算、人工智能等技术的不断发展，数据的收集、存储、分析和利用能力不断提升，为数字经济的发展提供了强大的技术支撑。同时，政府也在积极推动数据产业的发展，出台了一系列政策措施，鼓励企业加大数据投入，推动数据资源的开发和利用。

总的来说，数据已经成为数字经济中的关键生产要素。在未来的发展中，随着技术的不断进步和应用场景的不断拓展，数据的价值将进一步体现和发挥。

（2）互联网与信息技术成为基础架构

数字经济迅猛发展的技术基础条件是互联网技术和信息技术产业的迅猛发展，互联网是其基础载体，信息技术是其重要手段。

在数字经济中，互联网与信息技术作为基础架构，为数字经济的发展提供了强大的支撑。

首先，互联网作为数字经济的核心基础设施，实现了信息的快速传播和资源的广泛连接。通过互联网，人们可以跨越地域界限，实现远程交流、合作和交易，极大地促进了经济的全球化和一体化。同时，互联网也为各类创新应用提供了平台，如云计算、大数据、物联网等，这些技术为数字经济的发展提供了丰富的工具和手段。

信息技术的发展为数字经济提供了强大的动力。随着云计算、人工智能、区块链等新兴技术的不断涌现，数字经济的内涵和外延不断拓展。这些技术不仅提高了数据处理和分析的能力，还推动了商业模式的创新和生产方式的变革。例如，通过大数据分析，企业可以更加精准地把握市场需求，优化产品设计方案；通过人工智能技术的应用，可以实现生产过程的智能化和自动化，提高生产效率。

同时我们也看到，互联网与信息技术的融合也为数字经济带来了前所未有的发展机遇。在数字化、网络化、智能化的趋势下，传统产业与互联网的深度融合正在加速推进，形成了许多新的业态和模式。比如，数字化转型成为企业发展的重要战略，智能制造、工业互联网等新兴领域蓬勃发展，为经济增长注入了新的活力。

（3）人工智能成为生产力发展的重要推动力

数字经济时代，人工智能的广泛应用和深度发展正在深刻地改变着各个行业和领域，从而推动整个社会生产力的提升。

在数字经济的数字化阶段，人工智能可以为数据的收集、存储、分析和处理提供强大的支持。大量的数据可以通过人工智能技术被自动采集、整理和分析，这不仅提高了数据的准确性和可靠性，还大大提升了各个领域的效率和精确度。例如，在电子商务领域，人工智能可以根据消费者的历史购买记录和偏好，智能推荐相关产品，从而优化用户体验，提高销售业绩。

在数字经济的联通阶段，人工智能在推动智能化和自动化的进程中发挥着关键作用。通过人工智能技术，设备之间可以实现无缝连接和通信，从而构建智能化的数字经济生态系统。例如，在智能城市建设中，人工智能可以通过物联网设备和传感器的联通以及数据分析，提供智能交通、智能安防、智能环境等解决方案，从而提升城市管理水平和居民生活质量。

此外，人工智能还在其他很多领域发挥着重要作用，比如能源资源及工业行业。在这些领域中，人工智能的应用可以助力解决能源安全、经济承受能力、盈利能力以及向更环保和可持续的未来转型等关键问题。将生成式 AI 融入这些行业，可以实现更高效、环保和可持续的生产方式。

由此可见，人工智能作为数字经济中的重要技术，正在以其独特的方式推动着生产力的发展。随着技术的不断进步和应用场景的不断拓展，人工智能在数字经济中的作用将越来越重要，其推动力也将越来越强大。

3．"十四五"时期数字经济新内涵

结合我国"十四五"发展前景，"十四五"时期数字经济新内涵包括以下 3 个方面。

一是"十四五"时期对数字经济发展的新要求。"十四五"时期是我国经济发展从高增速转向高质量的关键时期，数字经济对推动我国经济结构升级、效率变革和动能转换具有重要意义。因此，数字经济比重已成为"十四五"时期经济社会发展的主要指标之一。加快数字发展，建设数字中国，推进网络强国建设，加快数字经济、数字社会、数字政府建设，推动生产方式转变及生活方式和治理模式的数字化转型成为《中华人民共和国国民经济和社会发展第十四个五年规划和 2035 年远景目标纲要》（简称"十四五"规划）的重要内容。加强核心技术自主创新，促进数字技术与实体经济融合发展，赋能传统产业转型升级，推动新产业、新业态、新模式的发展，构建促进数字经济健康发展的监管体系和公共政策，符合习近平总书记在中共中央政治局第三十四次集体学习上有关数字经济发展 22 个"要"讲话的重要精神。

二是数字经济新定义与新分类。2021 年 6 月，国家统计局发布了《数字经济及其核心产业统计分类（2021）》，延续了"十四五"规划对数字经济发展的核心要求，为我国数字经济提供了统一可比的统计标准、口径和范围。其中，对数字经济的定义为"以数据资源为关键生产要素、以现代信息网络为重要载体、以信息通信技术的有效使用为效率提升和经济结构优化的重要推动力的一系列经济活动"。遵循这一概念，国家统计局从"数字产业化"和"产业数字化"两个方面明确了数字经济的基本范围。数字产业化包括数字产品制造业、数字产品服务业、数字技术应用业和数字要素驱动业；产业数字化包括数字化效率提升业，并将数字产业化确定为数字经济的核心产业，是数字经济发展的基础。

三是数字经济发展面临的挑战。我国数字经济规模与发达国家相比仍有差距，现阶段存在着发展不平衡、不充分的问题。目前，从底层支撑薄弱到关键要素作用受限都是限制数字经济结构优化和规模增长的重要因素，我国数字经济发展面临着新型基础设施智能化程度不高、数据要素价值未完全发挥、数据安全问题凸显、数字经济低碳化转型和科创体系不完善等诸多挑战，需在"十四五"时期着力解决。

2.2 数字经济的特征与意义

2.2.1 数字经济的特征

相对于人类历史上的其他经济模式，数字经济是完全不同的、全新的经济形态，它具有有别于其他经济模式的全新的运行和发展特征。

1. 数字经济的变革特征

第一，生产要素变革。数据要素取代土地、资本、劳动力等传统要素成为数字经济时代典型的生产要素，具有3个条件：一是生产成本迅速下降；二是接近无限量供给；三是应用前景的普及性。

第二，生产方式变革。数字技术促使生产主体多元化、微粒化，大幅降低了生产过程的门槛和成本；数字技术使生产组织平台化、网络化；数字技术使生产过程个性化、模块化；数字技术使生产关系虚拟化、垄断化。

2. 数字经济的发展特征

一是数字化。数字化就是将社会经济活动通过信息系统、物联传感、机器视觉等各类数字化方式进行抽象，形成可记录、可存储、可交互的数据、信息和知识。

二是网络化。网络化就是让这些已经抽象的数据、信息和知识，通过互联网、物联网等网络载体自由流动、无缝对接和全面融合，从而改变传统生产关系。

三是智能化。智能化就是利用网络、大数据、云计算、人工智能等先进的信息技术，使数据处理更加高效，实现数据处理的自动化、智能化，让社会经济活动效率得到快速提升，社会生产力得到极大增强。

3. 数字经济自身构成特征

一是数字经济的构成特征。数字经济包括数字产业化、产业数字化、数字化治理、数据价值化4个方面。数字产业化指数字技术带来的产品和服务。数字产业化是数字经济的基础部分，更是数字经济的核心驱动。产业数字化指传统产业应用数字技术，增加产量、提高效率。数字化治理指结合数字技术和社会管理，推动治理系统向更高水平发展，加快国家治理系统和治理能力现代化。数字价值化指数据作为数字经济关键生产要素，贯穿数字经济发展的所有过程，与其他生产要素不断组合重复，交叉融合，引起生产要素多领域、多维度、系统性、革命性的突破。

二是数字经济的技术特征。其以网络技术为媒体，以信息技术为手段。

三是数字经济代表的经济发展阶段特征。数据替代以前的农业经济时代、工业经济时代的主要生产要素，具有不同的经济基础设施要求，有完全不同的劳动力技能要求，低技能的工作逐渐被人工智能等数字技术替代，某些环节的成本大幅降低。

2.2.2　数字经济的意义

当下，世界经济进入深度调整阶段，新旧经济交叠的景象波澜壮阔，数字经济对经济社会发展具有以下 5 个重要意义。

（1）数字经济能够贯彻新发展理念（创新、协调、绿色、开放、共享）

发展数字经济是贯彻"创新、协调、绿色、开放、共享"新发展理念的集中体现。

数字经济本身就是新技术革命的产物，是一种新的经济形态、新的资源配置方式，集中体现了创新的内在要求。数字经济减少了信息流动障碍，加速了资源要素流动，提高了供需匹配效率，有助于实现城乡之间、区域之间的协调发展。数字经济能够极大地提升资源的利用率，是绿色发展的最佳体现。数字经济的最大特点就是基于互联网，而互联网的特性就是开放共享。数字经济为落后地区、低收入人群创造了更多的参与经济活动、共享发展成果的机会。

（2）数字经济能够有效推进供给侧结构性改革

数字经济能够有效推进供给侧结构性改革，主要表现在以下 5 个方面。

- 数字经济培育新动能：数字经济的发展推动了新业态、新模式的出现，如电子商务、智能制造、虚拟现实等，这些新兴产业为供给侧结构性改革提供了新的动力。
- 数字经济优化供给结构：数字技术的应用提高了生产效率，降低了生产成本，进而优化了供给结构，使供给更加精准地满足市场需求。
- 数字经济促进创新：数字经济的发展激发了企业创新活力，推动了技术创新、业态创新和管理创新，为供给侧结构性改革提供了新的思路和方法。
- 数字经济提高供需匹配效率：数字经济的发展促进了信息的流通和共享，提高了供需匹配效率，从而优化了资源配置，进一步推动了供给侧结构性改革。
- 数字经济完善供给环境：数字经济的发展推动了基础设施的建设和完善，如互联网、物联网、云计算等，这些基础设施的完善为供给侧结构性改革提供了良好的环境。

总之，数字经济在供给侧结构性改革中发挥了重要作用，推动了经济的发展和转型升级。未来，随着数字技术的不断创新和应用，数字经济将继续发挥其优势和作用，为供给侧结构性改革注入新的动力和活力。

（3）数字经济能够贯彻落实创新驱动发展战略

数字经济是创新驱动发展的重要推动力量。它能够促进技术的创新、应用和扩散，推动产业升级和经济发展。

首先，数字经济通过大数据、云计算、人工智能等技术的应用，提高了生产效率和服务质量，为企业提供了更广阔的市场和更多的商业机会。

其次，数字经济能够推动传统产业转型升级。通过数字化转型，企业可以实现个性化、智能化的生产和服务，提高生产效率、降低成本、增强竞争力。

此外，数字经济还能够促进创新创业。数字经济的快速发展为创新创业提供了广阔的空间和更多的机会，许多初创企业通过数字经济的模式和平台获得了成功。

因此，数字经济能够贯彻落实创新驱动发展战略，推动经济高质量发展。

（4）数字经济能够构建信息时代国家竞争新优势

数字经济对构建信息时代国家竞争新优势具有重要意义。随着信息技术的快速发展，数据已经成为新的生产要素，数字经济的崛起为经济增长提供了新的动力。数字经济的发展可以促进产业升级和转型，提高生产效率，推动经济高质量发展。

此外，数字经济还能够提升国家竞争力。数字经济的快速发展需要先进的技术和基础设施支持，这些技术和设施的建设需要大量的资金和人力资源投入。因此，数字经济的发展水平已经成为衡量一个国家综合实力的重要指标。数字经济的发展可以提升国家的创新能力、科技实力和国际竞争力。

但是，发展数字经济也面临着一些挑战。例如，数据安全和隐私保护问题、数字鸿沟问题等都需要得到解决。因此，在发展数字经济的同时，需要加强政策引导和技术支持，促进数字经济的可持续发展。

总之，数字经济是信息时代国家竞争的新优势，数字经济的发展可以促进经济增长、提升国家竞争力。因此，政府和企业应该加强合作，推动数字经济快速发展。

（5）数字经济能够重塑经济社会生态

数字经济对经济社会生态的重塑主要体现在以下10个方面。

- 提升效率：数字经济的核心是数据，数据的有效利用可以实现生产、消费、服务等各环节的高效对接，提升资源配置效率。
- 促进创新：数字经济鼓励技术和业务模式的创新，为新业态、新模式的发展提供了广阔的空间。
- 优化消费体验：数字经济通过个性化推荐、虚拟现实等技术，改善了消费者的购物体验，使消费更加便捷、舒适。
- 改变就业结构：随着数字经济的发展，传统的就业结构正在发生变化，越来越多的人从事与数据、技术相关的工作，推动了灵活就业、远程办公等新模式的兴起。
- 增强社会透明度：数字经济使信息传播更加迅速和广泛，提高了社会的透明度，有助于减少信息不对称带来的问题。
- 促进可持续发展：数字经济的快速发展减少了社会进步对物质资源的依赖，有助于实现资源的节约和环境的保护，促进经济的可持续发展。
- 优化公共服务：通过数字化手段，公共服务提供者可以更精准地了解用户需求，提供更人性化的服务，提高公共服务的整体水平。
- 提升城市治理水平：数字经济为城市治理提供了新的工具和手段，有助于提高城市治理的智能化、精细化水平。
- 增强金融普惠性：数字金融的发展使更多人能够享受到便捷的金融服务，增强了金融服务的普惠性。
- 促进全球互联互通：数字经济的跨国性特点有助于打破地域限制，促进全球的经济交流与合作。

数字经济正深刻地改变着我们的经济、社会生态，重塑生产、消费、服务、治理等各个领域。面对这一变革，我们需要不断学习、适应并积极利用数字经济带来的机遇，以实现更好的发展。

2.2.3　数字经济的基本组成

从整体上看，数字经济是由所谓"4 化"构成的，即数字产业化、产业数字化、数据价值化、数字化治理。在数字经济中，数字产业化是随着数字经济的发展而逐渐发展、壮大的新兴行业，是"增量"产业，也是数字经济的支柱产业；产业数字化聚焦传统行业的数字化转型改造，是"存量"产业，同样也是数字经济不可或缺的支柱产业；数据价值化是数字经济的关键推动力，是数字经济的核心要素和重要基础；而数字化治理则是将数字技术应用到社会管理、政府服务、企业提质增效等领域的技术保障。

1. 数字产业化

数字产业化也被称为数字经济基础部分，主要涵盖信息产业，具体业态包括电子信息制造业、信息通信业、软件服务业等。这些产业是数字经济发展的重要支撑，可为其他产业的数字化转型提供基础技术、产品和服务。数字产业化是数字经济发展的基础和动力源泉，通过技术创新和应用，推动产业结构的优化升级。

2. 产业数字化

产业数字化也被称为数字经济融合部分，涉及传统产业应用数字技术所带来的生产数量和生产效率的提升。产业数字化应用领域广泛，涵盖制造业、军工、汽车、能源、金融、消费等多个领域，传统产业通过数字化转型极大地提升了产业竞争力。对于传统产业的数字化转型而言，产业数字化是一个全方位、多角度、全链条的改造提升过程，数据集成、平台赋能成为推动产业数字化进程的关键。

3. 数据价值化

数据价值化是指通过数据采集、数据标准、数据确权、数据标注、数据定价、数据交易、数据流转、数据保护等手段，将数据转化为有价值的资产。在数字经济时代，数据已成为重要的生产要素和战略资源，数据的重要性日益凸显，数据价值化对于推动数据资源的有效利用和经济发展具有重要意义。

4. 数字化治理

数字化治理是以"数字技术+治理"的方式实现数字化公共服务，包括多主体参与的多元治理和数字化公共服务等。在具体实践中，数字化治理在政府、企业、社会等多个领域有广泛应用，如数字政府建设、智慧城市管理、企业数字化转型等。在数字经济时代，数字化治理是提升治理能力现代化水平的重要手段，对于推动数字经济发展和社会进步具有重要意义。

总而言之，数字经济的基本组成包括数字产业化、产业数字化、数据价值化和数字化治理 4 个部分。这 4 个部分相互关联、相互促进，共同构成了一个完整的数字经济体系。在这个体系中，数字产业化为数字经济发展提供基础支撑和动力源泉；产业数字化推动传统产业转型升级和提质增效；数据价值化将数据转化为有价值的资产和资源；数字化治理则提升治理能力现代化水平和社会整体运行效率。

2.3 数字经济的多模态体现与特征

根据经济社会的发展历程、研究的历史沿革，以及研究涉及的生产要素、活动载体、技术支持等具体内容差异，数字经济又涉及信息经济、网络经济、知识经济、平台经济、共享经济等与之密切相关的理论，如图 2.1 所示。

不同时期，不同角度的数字经济
在不同时期，人们从不同的角度对数字经济有阶段性的认识

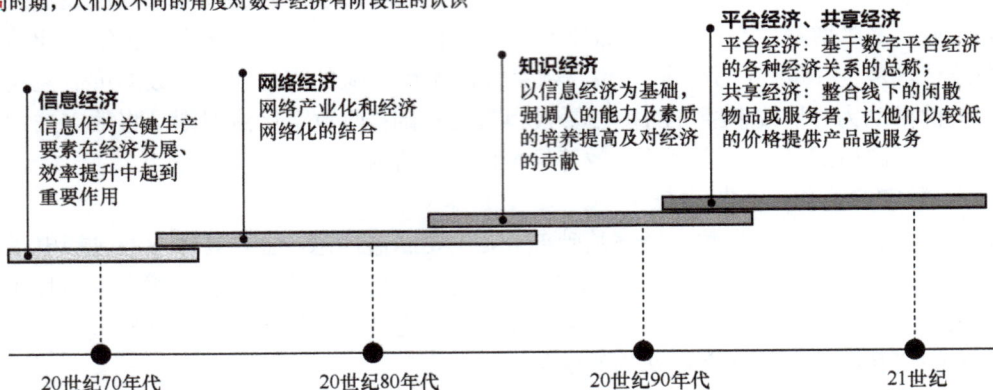

信息经济
信息作为关键生产要素在经济发展、效率提升中起到重要作用

网络经济
网络产业化和经济网络化的结合

知识经济
以信息经济为基础，强调人的能力及素质的培养提高及对经济的贡献

平台经济、共享经济
平台经济：基于数字平台经济的各种经济关系的总称；
共享经济：整合线下的闲散物品或服务者，让他们以较低的价格提供产品或服务

20世纪70年代　　20世纪80年代　　20世纪90年代　　21世纪

图 2.1　数字经济与其他经济理论的关系

2.3.1 信息经济

1．信息经济的概念

信息经济是指基于信息技术的互联网向经济、社会、生活各领域渗透形成的，以信息产业为主导，以信息产品生产和信息服务为主体的经济模式。信息经济最重要的成分是服务。随着云计算、物联网、3D 技术的进步，信息产品越来越融入信息服务之中。

在更广泛的定义上，信息经济的基本概念涉及信息作为一种重要的经济资源，其获取、处理、传递和利用成为生产、消费和交换活动中重要的经济活动之一，并对经济活动产生重大影响。这包括信息资源的价值、信息获取和处理的重要性，以及通过信息利用实现经济效益的目标。

20 世纪 80 年代，美国经济学家保尔·霍肯在《未来的经济》中明确提出"信息经济"的概念，并将信息经济解释为一种以新技术、新知识和新技能贯穿整个社会活动的新型经济形式。保尔·霍肯认为信息经济最重要的特征是经济运行过程中信息成分大于物质成分而占主导地位，信息要素对经济发展的贡献不断加大。

信息经济强调作为关键生产要素的信息在经济发展、效率提升中的作用。其更倾向于通过信息网络建设、信息技术应用，促进作为主导产业的信息产业优先发展，为信息要素打造来源广泛、内容准确、获取便利、存储加工专业、传递快捷、受众多元的产服系统，从而引导资源配置优化、经济效率提升，推动传统产业信息化及融合性产业形成，从而促进经济结

构优化和经济社会可持续发展。

2．信息经济的特征

作为一种新型经济模式，信息经济具有以下特征。

（1）技术范式突破

信息经济带来的传感器、物联网、机器人、人机交互、通信网络、计算机网络等新技术范式全面扩展和深化了人与人、人与物、物与物的联系。

确实，信息经济的发展推动了新技术的涌现，这些新技术在传感器、物联网、机器人和人机交互等领域带来了显著的创新。

- 传感器技术：随着信息经济的发展，传感器变得越来越小型化、智能化和高效化。它们能够收集各种数据，从温度、湿度、压力到更复杂的生物识别信息，如指纹和面部特征。这些数据被广泛用于各种应用。
- 物联网技术：物联网使万物互联成为可能，它构建了一个广阔的网络，连接了各种设备和传感器，从而可以实现实时数据交换和远程控制。这大大提高了效率，便利了人们的生活，并为各种行业提供了新的商业模式和机会。
- 机器人技术：随着信息经济的发展，机器人技术也在不断进步。现在的机器人不仅在制造业中发挥着越来越重要的作用，而且在服务业、医疗保健、农业等领域也出现了越来越多的应用。它们提高了生产效率，减少了人力成本，并且在某些高风险或精密的工作中，机器人展现出了超越人类的优势。
- 人机交互技术：随着人工智能和机器学习的发展，人机交互技术也在不断演进。现在的人机交互更加自然和直观，比如可通过语音识别、手势控制、情感计算等方式实现。这不仅改善了用户体验，还开辟了新的应用领域，如虚拟现实、增强现实等。

信息经济下的新技术突破为人们的生活和工作带来许多积极的影响，改变了人们对科技的理解和利用方式。未来，随着这些技术的进一步发展，我们可以期待更多的创新和便利。

（2）经济社会发展形态更新

经济社会发展形态的更新就是信息通信技术在经济社会各领域的深度应用。

信息通信技术的深度应用确实在推动经济社会发展形态的更新中起着至关重要的作用。随着新一代通信、数据中心、人工智能、卫星互联网等信息基础设施的建设，产业发展、社会治理、公共服务都正在经历数字化转型。这种转型不仅提高了效率，也带来了新的发展模式和商业模式。

首先，信息通信技术的应用在产业发展中发挥着关键作用。例如，5G 技术为医疗、教育、旅游等行业提供了新的可能性。在医疗领域，5G 技术结合人工智能，实现了远程医疗，让医疗服务更加普及和高效。在教育领域，通过线上教育平台，学生和教师可以远程互动，打破了地理限制，让优质教育资源得以共享。在旅游领域，5G 技术提升了网络质量，提供了更流畅的在线旅游体验。

其次，信息通信技术也在推动社会治理的数字化。例如，通过大数据分析，政府可以更准确地了解社会需求和问题，从而制定更有效的政策。同时，公民也可以通过数字化平台参与社会治理，实现更广泛的民主参与。

最后，信息通信技术也在助力公共服务数字化。例如，电子政务使公民可以更方便地办理各项业务，提高了公共服务效率。智慧城市的建设则通过数字化手段改善了城市居民的生活环境。

信息通信技术的深度应用正在推动经济社会的发展,形成了新的发展形态。未来,随着技术的不断进步和应用领域的拓展,经济社会的发展将更加繁荣和高效。

(3)信息化发展路径和手段创新

信息经济首先注重移动互联网、云计算、大数据、物联网等新技术的应用,并视其为信息化发展的基础和创新驱动力;同时,信息经济注重不同组织、行业和地区之间的连接和信息交流,以实现更广泛的信息流动和资源共享;再则,信息经济重视数据平台的建设和应用,通过对数据进行深度分析和利用,挖掘出有价值的信息和知识;最后,信息经济强调不同领域之间的跨界融合,以推动经济、社会和制度层面的深刻变革,构建新型的生产关系。

2.3.2　网络经济

1．网络经济的概念

网络经济是指建立在计算机网络(特别是互联网)基础之上,以现代信息技术为核心的经济形态。20 世纪 80 年代,商业、运输业、金融业等服务产业均依托各自网络发展,人们将服务产业形成的服务经济称为网络经济。中国信息通信研究院发布的《2015 中国信息经济研究报告》中提出,真正的现代"网络经济"概念的提出与 20 世纪 90 年代网络设施建设发展和互联网运用兴起有着密切联系。因此,网络经济又被称为互联网经济。

总之,从其概念的发展历程来看,网络经济的本质在于电子网络的连接性。网络经济更倾向于通过网络设施建设、信息技术运用,促进网络相关信息技术产业和信息服务产业率先发展,打造广泛、稳定、高效、直接、快捷的互联网络,并以此促进作为关键生产要素的数字化知识、信息(数据)在整个网络中的传递膨胀、按需提取、专业化处理、多边性多元化影响,创造并展示以信息服务、电子商务、在线交易等为代表的信息网络与传统产业的融合契机和必要性。

2．网络经济的特征

网络经济作为一种新型的经济形态,具有一系列鲜明的特征,主要体现在以下 8 个方面。

(1)快捷性

网络经济具有显著的快捷性。这主要体现在信息传输和经济往来的时间上。由于网络突破了时空的限制,人们可以随时随地进行交流,使信息传输更迅速,经济往来也能在更小的时间跨度内完成。此外,网络经济从本质上讲是一种全球化经济,信息网络使整个世界变成了一个"地球村",地理距离变得无关紧要,整个经济的全球化进程大大加快。

(2)高渗透性

网络经济具有高渗透性。迅速发展的信息技术、网络技术具有极高的渗透性功能,使信息服务业能够迅速向第一产业、第二产业扩张,使三大产业之间的界限变得模糊,出现了产业融合的趋势。

(3)虚拟性

网络经济具有虚拟性。这主要体现在网络经济的大部分活动在虚拟环境中进行,与现实经济相比,网络经济的风险相对较高。但这也为网络经济的发展带来了无限的可能和创新空间。

（4）创新性

网络经济具有创新性。这种创新性不仅体现在技术创新上，还体现在组织创新、制度创新以及观念创新上。网络经济以知识为核心资源，知识的创新成为网络经济增长的重要动力。

（5）边际收益递增的特征

网络经济具有边际收益递增的特征。随着入网人数的不断增加，网络经济的边际成本呈现减少趋势，而信息网络收益则出现增长态势。这种特征使网络经济具有强大的发展潜力和可持续性。

（6）外部经济性

网络经济通过规模效应实现了外部经济性。随着网络规模的扩大，更多的用户可以享受到网络服务带来的便利，从而提高了整个社会的经济效益；网络平台能够让不同的企业、个人之间实现快速、高效的信息交流与合作，促进了资源的优化配置和市场的有效竞争；网络环境下的知识共享能够加速知识的传播和创新，提高整个社会的知识水平和创新能力；网络经济的发展打破了地域限制，促进了全球范围内的经济发展和贸易往来，提高了整个世界的经济效益。

（7）可持续性

网络经济的发展主要依赖的是信息、知识和创意等非物质资源，这些资源的消耗速度远低于传统物质资源，因此有利于实现可持续发展的目标；网络经济通过不断的创新和变革来驱动自身的发展，这种创新不仅体现在技术和产品的不断更新上，也体现在商业模式和业态的创新上；网络经济的发展模式符合绿色环保的理念，它减少了物质资源的消耗和废弃物的产生，同时也降低了能源消耗量和碳排放量，有利于推动经济社会可持续发展；网络经济注重用户的参与和体验，通过用户的反馈和需求来推动产品和服务的改进和创新，这种以用户为中心的模式有利于实现经济和社会的可持续发展。

（8）直接性

在网络经济中，生产者可以直接接触到消费者，了解他们的需求和期望，并根据这些需求进行产品设计和改进。这避免了传统市场中通过中间环节才能接触到消费者的状况，降低了不必要的成本。在网络经济中，中间环节的减少使交易成本降低，提高了交易效率；同时，这也使生产者能够更好地控制产品质量和交货时间，提高了运营效率。网络经济的发展使信息传递变得更加快速和便捷，消费者可以通过网络平台获取到更多、更全面的商品和服务信息，生产者也可以快速地获取消费者反馈，及时调整产品和服务。网络经济的发展使交易活动不再受地域限制，无论消费者身处何地，只要有网络连接，就可以通过网络平台进行交易，这为生产者开拓市场提供了更多机会。网络经济的发展使个性化需求得到了更好的满足，消费者可以根据自己的需求定制商品或服务，这种定制化的服务满足了消费者的个性化需求，同时也提高了生产者的销售业绩。

2.3.3 知识经济

1. 知识经济的概念

一般认为，"知识经济"是经济合作与发展组织在《1996 年科学、技术和产业展望年度报告》中提出的，是"以知识为基础的经济"，是与农业经济、工业经济相对应的概念，是一种新型的富有生命力的经济形态。这里的"以知识为基础的经济"是相对于现行的"以物质为基础的经济"而言的。现行的工业经济和农业经济，虽然也离不开知识，但总的说来，经济的增长依赖于能源、原材料和劳动力，即以物质为基础。

传统的经济理论认为生产要素包括劳动力、土地、材料、能源和资本，而现代经济理论已把知识列为重要的生产要素，因为知识投资具有越来越高的回报率。知识经济是建立在知识的生产、分配和使用基础之上的经济，按其本来意义而言，知识生产也就是知识创新，这是指新知识的产生过程。知识产生于人们的社会生产和生活实践之中，新的知识产生后又因为社会生产和生活的不同需要而分配于各个领域。

知识经济是以知识为基础的经济，直接依赖于知识和信息的生产、传播和应用。从生产要素的角度来看，知识要素对经济增长的贡献高于土地、劳动力、资本等，因而"知识经济"是一种以知识为基础要素和增长驱动器的经济模式。特别是随着现代信息通信技术的发展，知识和信息的传播和应用达到了空前规模，知识对经济增长的影响更加明显，已成为提高劳动生产率和实现经济增长的重要引擎。

2．知识经济与信息经济

知识经济与信息经济之间存在着密切的关系，它们既相互区别，又相互联系。

首先，从定义上来看，信息经济是指基于信息技术的互联网向经济、社会、生活各领域渗透形成的，以信息产业为主导，以信息产品生产和信息服务为主体的经济模式。而知识经济则是以知识为基础、以脑力劳动为主体的经济模式，是与农业经济、工业经济相对应的概念，其核心在于知识的生产、分配和使用。

其次，从特征上来看，信息经济和知识经济都强调信息技术和知识的重要性。信息经济以现代信息技术等高科技为物质基础，信息产业起主导作用，而知识经济则以知识为基础，强调知识在经济发展中的核心作用。同时，两者都表现出对高素质人力资源的依赖，以及对创新精神的重视。然而，信息经济和知识经济在侧重点和发展阶段上有所不同。信息经济更侧重于信息技术的应用和信息产业的发展，而知识经济则更强调知识的创造、传播和应用。在发展阶段上，信息经济可以被看作知识经济的先导和基础，它为知识经济的发展提供了必要的信息技术支撑。随着信息技术的不断发展和普及，知识经济逐渐兴起并占据主导地位。

此外，信息经济和知识经济在相互关系上也表现出一定的互动性和互补性。信息技术的发展和应用为知识的创造、传播和应用提供了更加高效、便捷的手段，推动了知识经济的发展。同时，知识经济的兴起也进一步促进了信息技术的创新和应用，推动了信息经济的深入发展。

总而言之，信息经济为知识经济的发展提供了必要的技术支撑和基础，而知识经济的发展则进一步推动了信息技术的创新和应用。两者相互依存、相互促进，共同推动了经济的持续发展和创新。

3．知识经济的特征

知识经济具有以下 6 个特征：

- 知识是经济活动的核心要素；
- 知识创新是经济增长的主要动力；
- 信息技术与数字化是知识经济发展的技术基础；
- 教育发展为知识经济的中心；

- 高新技术产业发展为支柱产业；
- 知识经济促进可持续发展。

知识是最主要的生产要素。在知识经济中，知识成为最主要的生产要素，这也是知识经济的核心。知识的创造、传播和应用成为经济增长和发展的重要基础。

知识经济的劳动主体是有知识的人。在知识经济中，知识的创造、传播和应用都需要依靠人才。因此，知识经济的劳动主体是有知识的人，他们通过掌握和运用知识，不断创新和发展。

知识经济以智力为支撑。在知识经济中，智力是最重要的资源。知识的创造、传播和应用都需要依靠智力，因此，智力资源的占有、配置、生产、分配和使用成为经济发展的重要因素。

知识经济的内在动力是提升知识和技术领域的创造力。在知识经济中，知识和技术的不断创新和发展是经济发展的内在动力。只有不断提升知识和技术领域的创造力，才能保持经济的持续发展。

知识经济的价值取向是崇尚能力本位。在知识经济中，价值取向从传统的物质本位转向能力本位，强调人的能力和素质的重要性，推崇创新精神和实践能力。

此外，知识经济还具有信息化、网络化、智能化、创新性、可持续发展等特征。这些特征表明，知识经济是一种以知识和信息为生产要素的经济形态，是一种以智力资源为基础的经济形态，是一种崇尚能力本位的经济形态。

2.3.4　平台经济

1．平台经济的概念

生活中，有很多平台企业，从搜狐、百度等门户网站，到淘宝、京东等电商平台，再到腾讯、Steam 等社交、游戏平台，平台经济随着平台企业的发展而兴起。

平台经济是一种依托本身并不生产产品的"平台"，通过促成双方或多方供求之间的交易，收取恰当的费用或赚取差价而获得收益的商业模式。在平台经济中，平台的价格结构将影响交易量，因此平台可以通过设置合理的价格结构调整交易量，提升竞争力。

2．平台经济的特征

作为基于数字技术、以互联网平台为依托的新型经济形态，平台经济的特征主要表现为以下 5 个方面。

- 双边市场性：平台经济具有典型的双边市场特征。平台企业一侧面对消费者，一侧面对商家，这个平台上的众多参与者有明确的分工，平台运营商负责聚集社会资源和合作伙伴，通过聚集交易，扩大用户规模，使参与各方受益，达到平台价值、客户价值和服务价值最大化。
- 规模经济性：平台经济存在较强的规模经济性。如果某一平台企业率先进入一个领域，或者由于技术、营销优势占据这一领域较大的市场份额，由于交叉网络外部效应和锚定效应的存在，这家企业就会越来越大，出现强者愈强的局面。同时，市场集中度高有利于降低商家和消费者的交易成本，平台企业往往具有较强的规模经济性。
- 开放性：平台经济具有开放性特征。平台上聚集了海量且多门类的主体，有买方和卖方，有生产运营商和受众，有产品信息、价格信息和商业动态信息，更有复杂的人际关系和社会资源。平台经济可以促使众多参与者形成明确合理的分工，协作共赢。

- 类公共属性：平台经济具备一定的类公共属性。当前平台经济涉及领域多为事关人们衣食住行的民生领域，公共服务提供者的属性特征突出。平台还具有非排他性和非竞争性，呈现出一定的公共基础设施属性。
- 数据要素的重要性：平台经济根植于互联网，是在新一代信息技术高速发展的基础上、以数据为生产要素或有价值的资产进行资源配置的一种新的经济模式。平台企业之间的竞争越来越多表现为数据资源与算力算法的竞争。

总的来说，平台经济是一种基于数字技术的新型经济形态，具有双边市场性、规模经济性、开放性、类公共属性和数据要素的重要性等特征。这些特征使平台经济在促进经济发展、提高资源配置效率、推动创新等方面具有重要作用。

2.3.5 共享经济

1．共享经济的概念

共享经济是指拥有闲置资源的机构或个人有偿让渡资源使用权给他人，让渡者获取回报，通过分享自己的闲置资源创造价值的经济模式。共享经济是一种优化资源配置的经济模式，是基于互联网等现代信息技术支撑，由资源供给方通过技术平台将暂时闲置的资源（或技能服务）有偿提供给资源的需求方使用，需求方获得资源的使用权（或享受服务），而供给方则获得相应报酬的市场化模式。通过技术平台的整合，共享经济实现了资源有效配置、城市有效治理、市民更方便地获得城市社会服务的目标。

共享经济有 5 个特点：一是以互联网、物联网、大数据、云计算、人工智能等技术为支撑；二是广泛的数据应用；三是通过共享实现海量、分散、闲置资源的优化配置；四是以市场化方式高效提供社会服务，满足多样化的社会需求；五是具有准公共产品的特征。

共享经济的本质是整合线下的闲散物品、劳动力、教育医疗资源，使人们公平享有社会资源，各自以不同的方式付出和受益，共同获得经济红利，此种共享更多的是通过将互联网作为媒介来实现的。共享经济牵扯到三大主体，即商品或服务的需求方、供给方和共享经济平台。共享经济的发展是去中介化和再中介化的过程。去中介化意味着共享经济的出现打破了劳动者对商业组织的依附，他们可以直接向最终用户提供服务或产品；再中介化则是指个体服务者虽然脱离商业组织，但为了更广泛地接触需求方，他们接入互联网的共享经济平台。

2．共享经济的基本特征

（1）将网络作为信息平台

通过公共网络平台，人们对企业数据采取的是一种个人终端访问的形式。员工不仅能访问企业内部数据，还可将个人计算机、电话、网络平台全部连通，让办公更便捷。智能终端便携易用、性能越来越强大，用户使用这些设备来处理工作的意愿越来越明显。例如，房屋出租网架起了旅游人士和家有空房出租的房主间的合作桥梁，用户可通过网络或手机应用程序搜索度假房屋租赁信息并完成在线预订。

（2）以闲置资源使用权的暂时性转移为本质

共享经济将个体所拥有的作为一种沉没成本的闲置资源进行了社会化利用。更通俗的说法是，分享型经济倡导"租"而不是"买"。需求者通过共享平台暂时性地从供给者那里获得物品或服务的使用权，以相对于购置而言较低的成本使用后，再将使用权移转给其所有者。

（3）以物品的重复交易和高效利用为表现形式

共享经济的核心是将所有者的闲置资源重复性地转让给其他社会成员使用，这种"网络串联"形成的分享模式把被浪费的资源利用起来，从而提升资源利用率，实现社会的可持续发展。

练习与思考

1. 数字经济的概念是什么？
2. 简述数字经济的发展历程。
3. 数字经济在生活中的主要体现有哪些？
4. 数字经济对社会经济产生了哪些主要影响？
5. 简述数字经济的发展趋向特征。
6. 简述数字经济的特征。
7. 简述知识经济的概念及其与信息经济的区别。

第3章

数字化技术与基础设施

数字化这个概念早已存在。随着数字化技术的演进和发展，云计算、大数据、人工智能、区块链等新兴技术涌现，这些技术的发展依赖于数据中心、5G 等数据信息设施的建造。在我国，我们称之为新型基础设施建设，简称"新基建"。如今，"新基建"已成为数字经济时代各国争先发展的重要方面。

3.1 数字化基础设施

3.1.1 芯片与算力

1. 芯片

芯片，即集成电路（Integrated Circuit，IC），是将电路中的元器件及其连线集成于一块半导体基片上的微型电子器件。从个人计算机和智能手机，到汽车、医疗设备乃至军事装备，它们的存在几乎涵盖了所有现代科技产品。

在威廉·肖克莱（William Shockley）发明锗三极管的几年后，人们发现硅更加适合生产晶体管。此后，科学家开始逐步发现、认识和研究了半导体，出现了电子管、晶体管、集成电路、以光刻为核心的硅平面加工技术、CMOS（Complementary Metal-Oxide-Semiconductor）电路、非挥发存储器、单管动态随机存储器（Dynamic Random Access Memory，DRAM）等重大发明。这些发明为芯片技术的快速发展打下了基础，为芯片技术沿着摩尔定律前行铺平了道路。

芯片的出现带来了计算的飞跃、存储的革新，从个人计算机到超级计算机，芯片的性能决定了这些设备的计算能力和响应速度。DRAM、NAND 闪存等存储器件提供了海量数据的存储解决方案，使海量数据存储和快速访问成为可能。芯片还是通信的桥梁，微控制器和通信芯片协调设备内部的信号处理和外部的数据交换。芯片的出现彻底改变了电子设备的设计和制造方式，使电子产品变得体积更小、性能更强、功耗更低。芯片不仅推动了科技的发展，也深刻地影响了社会结构和人们的生活方式。远程办公、在线教育等新工作/学习方式的兴起，离不开高速网络和高性能芯片的支持；电子商务、数字支付、虚拟现实等新型消费体验得益于芯片技术的成熟；医疗设备的智能化，如可穿戴健康监测设备，提升了医疗服务的水平和效率。数字化时代背景下，芯片成为推动技术进步和社会变革的重要驱动力。

芯片产业是全球经济的重要支柱之一，它不仅直接创造了巨大的产值，还间接地推动了整个信息通信技术产业的繁荣。芯片的生产涉及设计、制造、封装测试等多个环节，这通常由分布在世界各地的众多公司完成，形成了一个复杂的全球供应链。芯片产业吸引了大量的高技能人才，提供了数百万的就业机会。美国作为芯片设计和制造的领头羊，拥有全球领先的芯片企业，如 Intel、AMD、NVIDIA、Qualcomm 等。中国、韩国是全球芯片制造中心，中国正在大力投资芯片产业，力求降低对进口芯片的依赖；韩国在 DRAM 方面领先；欧洲在汽车芯片、功率半导体以及部分专业领域有较强实力。

芯片技术的创新和应用催生了无数新技术，如人工智能、云计算、物联网、大数据分析等，这些新兴技术又反过来刺激了芯片技术的进一步发展。当前，针对神经网络训练和推理优化的 AI 芯片，如谷歌的 TPU、寒武纪的 MLU 系列，以及英伟达的 Ampere 架构 GPU（图形处理器），显著提高了 AI 应用的效率。结合生物传感器和微流体技术的生物医学芯片被用于疾病诊断、基因测序和药物筛选，正逐渐进入实用阶段。量子计算芯片虽然仍处于实验阶段，但 IBM、Google 和阿里巴巴等公司在量子位和量子门技术上取得突破，为未来计算范式的转变奠定了基础。

从国家安全的角度出发，芯片技术的自主可控尤为重要，许多国家将芯片视为战略资源。国防现代化中，军事系统高度依赖芯片，从导弹制导到卫星通信，芯片的安全性和可靠性直接影响到国防安全。拥有强大的芯片设计和制造能力，可以减少对外部供应链的依赖，增强经济的独立性和安全性。芯片技术的自主意味着对数据处理和存储的控制权，这对于保护国家的信息主权至关重要。

我国高度重视芯片产业的发展，将其定位为国家战略性产业，纳入制造强国战略第一个十年的行动纲领和"十四五"规划等重要战略性文件。政策支持包括财政补贴、税收优惠、研发资助以及建立国家级产业基金，如国家集成电路产业投资基金（大基金）。制造是我国芯片产业的薄弱环节，尤其是先进制程方面。中芯国际、华虹半导体等企业正不断提升制程技术，但与全球领先水平（如台积电、三星）相比，仍存在明显差距。我国在芯片封装和测试领域具有较强竞争力，多家企业在全球市场上占有一席之地。近年来，我国在芯片设计领域取得显著进步，涌现了诸如海思半导体、紫光展锐等知名芯片设计企业。在移动通信、网络设备、消费电子等领域，我国设计的芯片产品在市场上占据了一定份额。我国同时也加大了对芯片专业人才的培养力度，多所高校开设了微电子专业，与企业合作开展联合培养项目，以缓解人才短缺现象。政府和企业共同增加对芯片技术研发的资金投入，支持前沿技术的研究与开发，如量子计算、生物芯片等。

我国是全球最大的芯片消费市场之一，对 AI 芯片、5G 通信芯片、汽车电子芯片等有巨大需求。国内企业正抓住这一市场机遇，推动芯片的本土化应用。我国正在构建完整的芯片产业链，从设计、制造到封装测试，再到下游应用，涵盖了整个生态系统。各地政府也在积极打造芯片产业园区，形成产业集聚效应。我国芯片企业与国际伙伴在技术、设备、材料等方面展开合作，但同时也面临着技术封锁和出口限制的挑战。随着中美科技竞争加剧，美国对技术出口进行管制，特别是高端芯片制造设备和软件的限制，给我国芯片产业带来不确定性。我国芯片产业正努力在关键领域实现技术突破，如先进制程、新材料、新架构芯片等，持续完善芯片产业链，提升产业链各环节的协同效率，促进产业的整体升级，以提升国际竞争力。

当前，5G 基站建设与终端设备的普及推动了射频芯片、基带芯片的需求提升，云服务和大数据处理需求的增长带动了服务器 CPU、GPU 和存储芯片的销量提升。AI 芯片，尤其是用于边缘计算的 SoC（System on Chip），市场规模正在快速增长。截至 2023 年，全球半导体市场总值超过 5000 亿美元，预计在未来几年内将以每年 5%～7% 的速度增长。未来的芯片将有更小的尺寸、更高的能效、更强的计算能力，同时还要兼顾安全性、隐私保护和可持续性。

2．算力

算力，即计算能力（Computing Power），是指计算机系统、硬件设备或计算集群处理数据和执行计算任务的能力。算力可以定义为计算机在单位时间内能够处理的数据量或执行的计算量。它既包括数值运算能力，也包括数据处理、逻辑判断和信息检索等非数值运算能力。算力的常见单位有 FLOPS（每秒浮点运算次数）和 IPS（每秒指令数）。FLOPS 特别适用于衡量数值计算的性能，如科学计算和机器学习模型训练；IPS 则更普遍地用于描述一般计算任务的处理能力。算力是衡量计算机性能的重要指标，尤其是在涉及大量数据处理和复杂算法的场景中，算力的高低直接关系到计算效率和响应时间。算力是现代信息社会的基石，它推动了科技进步、促进了经济发展、提升了生活质量。随着数据量的爆炸性增长和算法复杂度的提升，算力的需求也在不断攀升。算力已成为衡量国家和企业竞争力的重要指标，同时也是推动技术创新和产业变革的关键驱动力。

算力的历史可以追溯到古代的算盘，再到机械计算器，如帕斯卡加法器和巴贝奇差分机。这些早期工具虽然简单，却是算力概念的雏形。1946 年，世界上第一台电子计算机 ENIAC 的出现标志着算力进入了电子时代。ENIAC 使用真空管作为主要元件，其计算速度比之前的机械计算器快数千倍。20 世纪 50 年代末至 60 年代初，随着集成电路的发明，计算机的体积大幅减小，性能却得到了极大提升。20 世纪 70 年代，微处理器的出现，如 Intel 的 4004 和 8080，使个人计算机成为可能，算力开始进入千家万户。20 世纪 80 年代至 90 年代，随着并行计算技术的发展，超级计算机开始崭露头角，能够执行复杂的科学计算和大规模数据分析。21 世纪初，GPU 因其出色的并行计算能力，被广泛应用于图形渲染之外的领域，尤其是深度学习和人工智能，大大加速了这些技术的进展。

算力的硬件基础包括 CPU、GPU、FPGA（现场可编程门阵列）、ASIC（专用集成电路）等。其中，CPU 擅长通用计算任务，GPU 在并行计算和图形处理上有优势，FPGA 和 ASIC 则可以针对特定任务进行优化，提供更高效的计算。除了硬件，算力还受到软件优化的影响，包括操作系统、编译器、算法设计和并行计算框架等。高效的算法和软件可以充分利用硬件资源，提高算力的利用率。

算力的应用场景非常广泛，几乎涵盖了所有行业和领域。下面是一些典型的算力应用场景及其具体例子。

- 气候变化模拟：超级计算机利用大量气象数据进行复杂的物理模型运算，预测未来天气变化和长期气候趋势。
- 药物发现与分子建模：利用算力进行分子动力学模拟，帮助科学家理解药物与生物体内的相互作用机制，加速新药研发过程。

- 大数据分析：在电商、金融、医疗等行业，进行海量数据的实时分析和挖掘，比如预测市场趋势、个性化推荐系统。
- 自动驾驶：车辆上的传感器收集大量数据，通过边缘计算和云端算力进行实时分析，使车辆能够做出即时反应和决策。
- 虚拟现实与增强现实：VR 和 AR 应用需要强大的图形处理能力和实时渲染，以实现流畅的用户体验。
- 风险评估与量化投资：金融机构利用算力进行复杂的数学模型计算，评估投资组合的风险和回报。
- 远程教育与在线课程：边缘云算力提供低延迟的视频传输和互动功能，支持大规模在线学习。
- 基因组学：进行大规模的基因数据处理和分析，如全基因组测序，用于疾病诊断和个性化医疗。
- 远程医疗与智能诊断：结合 AI 技术，利用算力进行医学影像分析，辅助医生进行疾病诊断。
- 智能交通系统：通过物联网设备收集的城市交通数据，利用算力进行实时分析，优化交通流量和公共安全。

当前，算力网络的概念正在兴起，它通过云、网、边的协同，实现算力资源的灵活调度和按需分配。例如，阿里云、腾讯云等云服务商提供的弹性计算服务，可以根据用户需求自动调整算力资源。边缘计算是另一个重要趋势，它将计算能力部署在网络的边缘靠近数据源的地方，以减少数据传输延迟，提高响应速度。例如，5G 网络的边缘计算节点可以支持低延迟的远程手术或自动驾驶。随着算力资源的多样化，管理和优化算力成为一大挑战。例如，数据中心需要高效的冷却系统来维持服务器的运行温度，同时也要考虑能源效率。此外，算力调度系统，如 Kubernetes，帮助用户在不同的计算资源间分配工作负载，以实现最佳性能和成本效益。

我国拥有多个知名的算力中心，这些中心在高性能计算、人工智能计算、大数据处理等方面扮演着重要角色。以下是一些具有代表性的算力中心。

- 国家超级计算无锡中心：运营神威·太湖之光超级计算机，其峰值性能达到每秒 93 千万亿次浮点运算，主要进行气候模拟、生命科学研究、材料科学研究等任务。
- 国家超级计算广州中心：运营天河二号超级计算机，其峰值性能达到每秒 33.86 千万亿次浮点运算，主要进行地球系统模拟、石油勘探、基因测序等研究。
- 甘肃省数据中心集群：利用"东数西算"国家级战略，围绕数字设备制造、云计算、数据服务、数字技术应用等产业，建设上下游产业链齐全的数据中心集群。
- 阿里云、腾讯云、华为云、百度智能云等云计算服务商在全国各地拥有多个数据中心，提供包括 AI 计算在内的多种算力服务。

2024 年 7 月 4 日，中国信息通信研究院（简称中国信通院）发布《中国算力中心服务商分析报告（2024 年）》（以下简称《报告》）。

《报告》指出，在政策引导和市场需求的共同推动下，我国算力中心产业正迈向高质量发展阶段。在总体规模方面，截至 2023 年，全国在用算力中心机架总规模已超过 810 万标准机架，算力总规模达到 230EFLOPS，位居全球第二。预计未来 5 年，我国算力中心服务市场将以 18.9%的复合增速持续增长，预计 2027 年市场规模达到 3075 亿元。随着 AI 大模型的快速发展，智能算力需求呈现爆发式增长态势，未来智能算力将迎来更加快速的增长，预计到 2025 年智能算力占比达到 35%。

《报告》还预测了未来算力中心发展的五大热点趋势：绿色低碳节能发展进入提质增速期、数据洪流挑战凸显数据安全重要性、人工智能技术助力智能化运维管理、算力需求激增掀起智算中心新热潮以及重大应用需求彰显超算中心价值点。

3.1.2 物联网

1．物联网的概念

物联网（Internet of Things，IoT）是连接物理世界与数字世界的网络，它通过信息传感设备，如传感器、执行器等，按照约定的协议，将任何物体与网络相连接，进行信息交换和通信，以实现智能化识别、定位、跟踪、监控和管理等功能。

物联网的组成主要包括传感器、网络、数据处理和应用层 4 个关键部分。传感器负责收集物理世界的数据，如温度、湿度、压力等，然后将这些数据转化为可以被网络传输的数字信号。物联网中的网络可以是各种有线或无线通信技术，如 Wi-Fi、蓝牙、ZigBee、LoRa 等，用于将传感器收集的数据传输到数据处理中心。在数据处理中心，对接收到的数据进行清洗、存储、分析和挖掘，提取出有价值的信息，然后将处理后的数据通过可视化界面或 API 等方式展示给用户或设备，实现智能化管理和控制。

物联网中的设备和传感器产生的大量数据，需要通过互联网进行传输和处理。可以说，物联网的核心和基础仍然是互联网。但物联网与互联网存在很多不同之处，具体如下。

（1）范围和连接对象不同

互联网主要连接的是计算机、服务器等数字设备，实现全球范围内的信息交流和资源共享；而物联网连接的是各种物理设备、传感器等，实现物理世界与数字世界的连接和互动。

（2）连接方式和协议不同

互联网主要通过 TCP/IP 进行数据传输和通信；而物联网则使用多种不同的通信协议和技术，以适应不同的物联网应用场景和需求。

（3）数据来源和应用场景不同

互联网的数据主要来自人类用户的交互和信息分享；而物联网的数据则主要来自各种物理设备、传感器等节点的感知和收集，应用场景包括但不限于智能家居、智能城市、工业自动化、农业等。

（4）规模和复杂性不同

互联网覆盖了全球范围的计算机网络，连接了数十亿的计算设备和用户，具有非常大的规模和非常高的复杂性；而物联网则是在互联网基础上构建的，连接了大量的物理设备和传感器，其规模和复杂性相对较小和较低，但随着物联网的发展，规模也在逐渐增大。

物联网通过连接物理世界的各种物体，使这些物体能够像互联网上的计算机一样进行信息交换和通信，从而实现物理世界与数字世界的互联互通。这种连接不仅提高了物体的智能化水平，也为人们提供了更加便捷、高效和智能的生活方式。

2．物联网的特征

物联网的特征主要包括感知性、互联性和智能化，这些特征共同构成了物联网的核心价值，使其能够实现物理世界与数字世界的无缝连接。

（1）感知性

物联网设备通过内置的传感器、RFID（无线射频识别）、二维码等手段，实时感知和收集环境数据。这些传感器可以监测各种物理量，如温度、湿度、光照、压力等，并将这些物理量转化为数字信号进行传输。

感知过程不仅限于单一现象或目标的监测，还能实现对实际环境中各种物理现象的全面感知。这种全面感知能力使物联网设备能够收集到多点化、多维化、网络化的数据，为后续的智能化处理提供丰富的数据源。

（2）互联性

物联网设备通过网络进行通信和协同工作，实现信息的交互和共享。这些网络可以是局域网、城域网、广域网等有线通信技术，也可以是 Wi-Fi、蓝牙、ZigBee 等近距离无线通信技术，或者是卫星通信技术、微波通信技术等远距离无线通信技术。

物联网的互联性体现在各种物体经由多种接入形式完成异构互联，形成"网中网"的结构。这种结构使物联网设备能够实时、准确地传递信息，确保信息传递的实时性和准确性。

（3）智能化

物联网通过数据分析实现智能化决策和自动化控制。利用云计算、人工智能等智能计算技术，物联网可以对海量数据进行存储、分析和处理，提取出有价值的信息。智能化的过程涉及从感知到传输再到决策使用的信息流，这些信息流最终为控制提供支持。通过智能化处理，物联网可以实现对物品的智能化识别、定位、跟踪、监控和管理等，提高物品的智能化水平。

物联网的智能化还体现在节点的自组织和自重构能力上。在无人值守的应用环境中，物联网设备可以依据现有环境进行自组织和自重构，主动处理和应对环境中节点的故障、移动及迭代升级等动态变化。

物联网的感知性、互联性和智能化特征共同构成了其独特的优势，使物联网能够成为连接物理世界与数字世界间的桥梁，为人们提供更加便捷、高效和智能的生活方式。

3．物联网的应用

物联网的应用广泛且多样化，涵盖了智能家居、智慧城市和工业互联网等多个领域。

（1）智能家居

• 智能家电

物联网技术使家电产品（如空调、洗衣机、冰箱等）变得智能。这些智能家电通过物联网连接，可以用智能手机、计算机等终端设备进行远程操控。例如，用户可以通过手机应用程序调整空调温度、控制烤箱或冰箱的运行状态等。这不仅为用户提供了便利，还实现了节能和高效的家电管理。

• 环境监测

物联网技术可以实时监测家庭环境参数，如温度、湿度、空气质量等。通过智能传感器，用户可以实时了解家庭环境状况，并据此做出调整。这不仅提升了居住舒适度，还有助于保持家庭环境的健康。

- 安全监控

物联网技术在安全监控领域的应用非常广泛。智能门锁、智能摄像头等设备通过物联网连接，可以实现远程监控和实时报警。用户可以通过手机应用程序随时查看家中情况，确保家中安全。

（2）智慧城市

- 城市规划

物联网技术可以帮助城市规划者更好地了解城市运行状况，如交通流量、能源使用情况等。通过实时数据收集和分析，城市规划者可以做出更科学的决策，优化城市布局和功能分区。

- 交通管理

物联网技术可以实现智能交通信号灯、智能交通监控和交通流优化等功能。通过实时收集和分析交通数据，系统可以调整信号灯周期、优化交通路线、缓解交通拥堵等，提高交通效率和安全性。

- 公共服务

物联网技术可以提升公共服务的智能化水平。例如，智能垃圾桶可以实时监测垃圾量，并自动通知清洁工人清理；智能停车系统可以实时显示空余车位，并引导车辆停放；智能医疗系统可以实现远程医疗咨询和健康管理等功能。

（3）工业互联网

- 工业自动化

物联网技术为工业自动化提供了基础。工业物联网平台可以实现设备的自动化控制和协同运行。例如，当某个设备出现故障或异常时，工业物联网平台可以自动发出警报，并进行设备的自动停机，以避免进一步损坏。

- 设备监控

物联网技术可以实现对工业设备的实时监控和故障诊断。安装传感器和监控设备可以实时收集设备的运行状态和参数数据，并据此进行故障诊断和预测性维护，降低设备故障率，缩短停机时间，提高生产效率。

- 远程运维

物联网技术使工业设备的远程运维成为可能。远程监控和控制系统可以实时了解设备的运行状态，并进行远程操作和维护，从而减少现场维护人员的工作量和成本，提高运维效率。

物联网在智能家居、智慧城市和工业互联网等领域的应用已经取得了显著的成果，并将继续发挥重要作用，推动社会的智能化发展。

4．我国物联网发展建设情况

我国政府对物联网发展给予了高度重视，出台了一系列支持政策和规划。"十四五"规划等国家级政策文件中的相关内容旨在推动物联网技术研发和产业化进程。各地政府也相继出台了与物联网相关的产业规划、税收优惠、资金扶持等政策，以促进本地物联网产业的发展。这些政策为物联网产业的发展提供了良好的环境和条件。

（1）产业现状

近年来，我国物联网行业规模持续扩大，增长迅速。根据中商产业研究院发布的《2022—2027 年中国物联网市场需求预测及发展趋势前瞻报告》，2022 年全国物联网市场规模约为3.05 万亿元，同比增长 15.97%。预计 2024 年全国物联网市场规模可达 4.31 万亿元，继续保持高速增长态势。

从结构上看，我国物联网产业结构日趋完善，涵盖了感知层、网络层、平台层和应用层等多个领域。其中，应用层和平台层贡献了最大的附加值，分别占比 35% 和 34%。感知层中元器件种类多，产业价值大，占比达 21%。网络层（传输层）占比较小，但随着 5G 等通信技术的普及和应用，其重要性逐渐凸显。

我国物联网产业发展呈现出以下趋势：一是技术创新持续加强，大数据、人工智能、云计算等技术与物联网深度融合，推动物联网向更高层次发展；二是应用领域不断拓展，物联网在智慧城市、智能交通、工业制造等领域的应用越来越广泛；三是产业生态日益完善，产业链上下游企业协同合作，共同推动物联网产业健康发展。

（2）挑战与机遇

我国物联网发展面临的主要挑战包括数据安全与隐私保护问题、技术标准不统一、产业生态尚不完善等。随着物联网设备数量的增加和数据量的激增，数据泄露和隐私侵犯的风险也在加大。同时，物联网技术的多样性和复杂性导致技术标准难以统一，给产业发展和应用推广带来一定困难。此外，物联网产业生态尚不完善，产业链上下游企业之间合作不够紧密，需要加强协同和整合。

尽管面临挑战，但我国物联网发展也迎来了巨大的机遇。首先，国家政策的大力支持和各地政府的积极推动为物联网产业发展提供了有力保障；其次，随着 5G、大数据、人工智能等技术的快速发展和应用普及，物联网将迎来更加广阔的发展空间；最后，物联网在智慧城市、智能交通、工业制造等领域的应用将越来越广泛，为经济社会发展和民生改善发挥更大的作用。

3.1.3 移动通信技术

1. 5G 的概念

（1）5G 的定义

5G 是第五代移动通信技术的简称，是具有高速率、低时延和大连接等特点的新一代移动通信技术。之前移动通信技术发展经历了 4 个阶段，分别为 1G、2G、3G、4G，当前为 5G。每个阶段都有各自的特点。5G 相比之前的技术有了巨大提升，不仅仅是网速的巨大提升，更是全面移动互联网化。

（2）5G 的特点

• 传输速率高

5G 网络通信的数据传输速率达到 3.6Gbit/s，不仅节省大量空间，还能提高网络通信服务的安全性。随着网络通信技术的不断发展，不久的将来数据传输速率会大于 10Gbit/s，这意味着，从理论上来说，5G 传输速度比千兆宽带快 10 倍，比 Wi-Fi 快 60 多倍。

• 网络兼容性强

5G 网络通信的兼容性强大，能在网络通信的应用及发展中满足不同设备的正常使用要求，同时有效融合类型不同、阶段不同的网络。同时，5G 有超大的网络容量，可以提供千亿设备的连接能力，大大增加应用 5G 网络通信的人数，在不同阶段实现不同网络系统的兼容，大大降低网络维护费用，节约成本，获取最大化的经济效益。

- 传输稳定性好

5G 网络通信技术不仅做到了在传输速率上的提高，在传输的稳定性上也有突出的进步，能够适应多种复杂的场景。5G 网络通信技术不会因为工作环境的场景复杂而出现传输时间过长或者传输不稳定的情况，大大提高了工作人员的工作效率。

- 低时延

5G 网络通信时延较低，约为 1ms。更低的时延意味着更及时的响应，适用于有较高精度要求的远程控制的实际应用，如车辆自动驾驶、电子医疗等。

- 低功耗

5G 具备低功耗的特点，这一特点对于各种设备的大规模部署都是有好处的，可以大大延长智能设备电池的使用时间，也能满足 5G 对物联网应用场景低功耗的要求。比如，目前的智能手表、VR 眼镜等可穿戴设备需要每天充电，甚至不到一天就需要充电，大大影响了人们的使用体验。5G 能把功耗降下来，让很多产品一周充一次电，甚至一个月充一次电，大大改善了用户体验，促进了物联网产品的快速普及。

2. 5G 相关技术

（1）频谱效率与频段扩展

频谱是频率谱密度的简称，即频率的分布曲线。频谱是无线通信传输信息的载体，没有频谱也就无法实现通信传输，就如同土地之于房地产，没有土地就无法盖房子。

频谱范围基本决定了一种无线技术的特性，5G 与前几代移动通信的本质区别就是频谱范围的不同。5G 频谱分为两个区域，一个是 FR1，另一个是 FR2，两个区域代表两个不同的频率范围。FR 即 Frequency Range，是频率范围的意思，FR1 是 5G 的主频段，频率范围是 450MHz～6GHz；FR2 是 5G 的扩展频段（毫米波），频率以 28GHz/39GHz/60GHz/73GHz 为主，这些高频段提供了极大的带宽资源，从而支持更高的数据传输速率。5G 的工作方式是高段频谱和低段频谱相互合作，5G 传播速率快、范围广，正是因为使用了频段扩展。

（2）大规模 MIMO

大规模多输入多输出（Multiple-Input Multiple-Output，MIMO）利用多天线阵列产生的高空间分辨率，为网络中的多个用户创建独立的窄波束，这些波束在空间上相互正交，几乎不会互相干扰。这意味着即使在同一时频资源上，多个用户也能同时进行通信，极大地提升了频谱效率和网络容量。通过复杂的信号处理算法，大规模 MIMO 能够对每个用户的数据流进行精确的定向传输，形成指向每个用户的定制化波束。这种波束赋形不仅增强了信号强度，还减少了对其他用户和环境的干扰。与传统 MIMO 相比，大规模 MIMO 不仅优化了水平方向的覆盖，还增加了垂直维度的覆盖，使信号辐射形状成为三维电磁波束，更有利于优化在复杂城市环境中的信号覆盖和提升网络容量。

（3）超密集网络

5G 所用的高频率信号支持更高的数据传输速率，但其"穿墙"能力弱，信号覆盖范围小，需要建立很多基站才能保证"毫米波"高频率信号的覆盖范围。5G 的超密集网络（Ultra-Dense Network，UDN）是一种网络架构，通过在较小的空间区域内密集部署大量的低功率小型基站、微型基站，满足日益增长的数据流量需求、提高系统容量、降低用户间干扰，并提升用户体验。这些基站体积小、功耗低，易于部署在各种环境中，如街道灯杆、建筑物墙面等，降低了安装和维护成本。联合调度、干扰管理和协作多点传输（CoMP）等技术，可减轻干扰并优化资源分配，让多个基站之间高度协同工作，提升整体网络性能。UDN还包括各种类型的接入节点，如微微基站、家庭基站等，这些节点共同协作，为用户提供更加灵活和个性化的服务。

（4）网络切片

网络切片是 5G 网络架构的关键技术之一，它允许在统一的物理基础设施上创建多个逻辑独立的虚拟网络。每个网络切片可以根据特定业务场景、行业或用户需求定制化设计，拥有自己的资源分配、服务质量（Quality of Service，QoS）、安全策略和功能集，如同在共享的网络平台上运行多个专用网络。首先，根据时延、带宽、安全性等业务需求定义网络切片的特性；然后，通过网络切片管理系统分配物理和虚拟资源，包括计算、存储和网络资源。从无线接入网到核心网（Core Network）再到传输网，形成端到端的逻辑网络，每个切片独立操作，互不影响。根据实际业务需求的变化，切片可以动态调整资源，以保证最佳的服务质量和效率。

网络切片适用于多种场景，比如要求低时延和高可靠性的自动驾驶、需要大量连接的大规模物联网应用、追求高速率的移动宽带服务等。

（5）网络功能虚拟化

网络功能虚拟化是将传统的网络设备功能从专用硬件中抽象出来，转变为运行在标准服务器上的软件，即虚拟网络功能。它打破了网络功能与底层硬件的绑定，使网络服务变得更加灵活、可扩展且成本效益更高。网络功能虚拟化使用虚拟机或容器等技术，实现网络功能的软硬件解耦，将诸如防火墙、路由器、负载均衡器等功能转换为可编程的软件实体；通过自动化工具和编排系统，快速部署、配置、调整或撤除网络服务；通过统一的管理和编排平台，实现虚拟网络功能生命周期管理，包括虚拟网络功能的实例化、监控、升级和故障恢复。

网络功能虚拟化具有快速响应市场和业务需求变化、缩短新服务的上市时间等特点，还能减少对昂贵专用硬件的依赖，利用通用服务器提高资源利用率，从而节约成本。在流量波动的场景下，其能够轻松增减网络功能和容量，可以实现网络的集中管理和自动化运维，降低网络运营复杂度。

3．5G 的发展与应用

5G 作为一种新型移动通信网络，不仅要解决人与人通信的问题，为用户提供增强现实、虚拟现实、超高清视频等更加身临其境的极致业务体验，更要解决人与物、物与物通信的问题，满足移动医疗、车联网、智能家居、工业控制、环境监测等物联网应用需求。

按照党中央、国务院的决策部署，工业和信息化部扎实推进 5G 等新型基础设施建设，2021 年先后印发《"双千兆"网络协同发展行动计划（2021—2023 年）》《5G 应用"扬帆"行动计划（2021—2023 年）》《"十四五"信息通信行业发展规划》等文件，全面部署新型数字基础设施，包括 5G、千兆光纤网络等新一代通信网络，促进 5G 网络建设和应用高质量发展。"十四五"时期力争建成全球规模最大的 5G 独立组网网络，力争每万人拥有 5G 基站数达到 26 个，实现城市和乡镇全面覆盖、行政村基本覆盖、重点应用场景深度覆盖，其中行政村 5G 通达率预计达到 80%。

2024 年 5 月 20 日，三大运营商公布了最新运营数据。截至 2024 年 4 月，三大运营商 5G 套餐用户数正式突破 14 亿大关，达到 14.02 亿户，其中，中国移动为 7.99 亿户，中国电信为 3.32 亿户，中国联通为 2.71 亿户。

当前，5G 已被广泛应用于经济社会的各行业各领域，成为支撑经济社会数字化、网络化、智能化转型的关键新型基础设施，其主要应用如下。

（1）工业领域

以 5G 为代表的新一代信息通信技术与工业经济深度融合，为工业乃至产业数字化、网络化、智能化发展提供了新的实现途径。5G 在工业领域的应用涵盖研发设计、生产制造、运营管理及产品服务 4 个大的工业环节，主要包括 16 类应用场景，分别为：AR/VR 研发实验协同、AR/VR 远程协同设计、远程控制、AR 辅助装配、机器视觉、AGV 物流、自动驾驶、超高清视频、设备感知、物料信息采集、环境信息采集、AR 产品需求导入、远程售后、产品状态监测、设备预测性维护、AR/VR 远程培训。当前，机器视觉、AGV 物流、超高清视频等场景已取得了规模化复制的效果，实现了"机器换人"，大幅降低了人工成本，有效提高了产品检测准确率，达到了生产效率提升的目的。未来，远程控制、设备预测性维护等场景预计将会产生较高的商业价值。

（2）车联网与自动驾驶

5G 车联网助力汽车、交通应用服务的智能化升级。5G 网络的大带宽、低时延等特性，支持实现车载 VR 视频通话、实景导航等实时业务。借助于车联网的低时延、高可靠和广播传输特性，车辆可实时对外广播自身定位、运行状态等基本信息，交通灯或电子标志标识等可广播交通管理与指示信息，支持实现路口碰撞预警、红绿灯诱导通行等应用，显著提升车辆行驶安全和出行效率，后续还将支持实现更高等级、更复杂场景的自动驾驶服务，如远程遥控驾驶、车辆编队行驶等。5G 网络可支持港口岸桥区的自动远程控制、装卸区的自动码货以及港区的车辆无人驾驶应用，显著降低自动导引运输车控制信号的时延以保障无线通信质量与作业可靠性，可使智能理货数据传输系统实现全天候全流程的实时在线监控。

位于内蒙古自治区鄂尔多斯市达拉特旗的大唐宝利矿区，率先采用 5G 矿车无人驾驶系统，成为一座高效的智慧矿山，数十辆矿车在矿区自由穿梭，并且实现 24h 不间断作业。尤其是在 2020 年疫情特殊时期，5G 无人矿车的投入对复工复产和安全生产保障发挥了重要作用。

（3）电力领域

电力生产包括发电、输电、变电、配电、用电 5 个环节，5G 在电力领域的应用主要面向输电、变电、配电、用电 4 个环节开展，应用场景主要涵盖了采集监控类业务及实时控制类业务，包括：输电线无人机巡检、变电站机器人巡检、电能质量监测、配电自动化、配网差动保护、分布式能源控制、高级计量、精准负荷控制、电力充电桩等。当前，基于 5G 大带宽特性的移动巡检业务比较成熟，可实现应用复制推广，通过无人机巡检、机器人巡检等新型运维业务的应用，促进监控、作业、安防向智能化、可视化、高清化升级，大幅提升输电线路与变电站的巡检效率；配网差动保护、配电自动化等控制类业务现处于探索验证阶段，未来随着网络安全架构、终端模组等逐渐成熟，控制类业务将会进入高速发展期，提升配电环节故障定位精准度和处理效率。

（4）教育领域

5G 在教育领域的应用主要围绕智慧课堂及智慧校园两方面开展。5G+智慧课堂凭借 5G 低时延、高速率特性，结合 VR/AR/全息影像等技术，可实现影像信息实时传输，提供全息、互动的教学服务，提升教学体验；5G 智能终端可通过 5G 网络收集教学过程中的全场景数据，结合大数据及人工智能技术，可构建学生的学情画像，为教学等提供全面、客观的数据分析，提升教育教学精准度。5G+智慧校园基于超高清视频的安防监控，可为校园提供远程巡考、校园人员管理、学生作息管理、门禁管理等功能，解决陌生人进校、危险探测不及时等安全问题，提高校园管理效率和水平；基于 AI 图像分析、GIS（地理信息系统）等技术，可对学生出行、活动、饮食安全等环节提供全面的安全保障服务，让家长及时了解学生的在校位置及表现，打造安全的学习环境。

由于地区间经济发展的差异，教育资源存在分配不均的现象，尤其是城乡之间。5G+教育很大程度上弥补了这一缺陷，通过远程音/视频会议技术，将基础教育资源在网络上共享，从而实现教育普惠化，让所有学生都享受到最优质的教育资源。2019 年 12 月 3 日，广州市教育局、贵州省毕节市教育局在两地 5 所中小学同时开展"5G+智慧教育教学现场交流活动"。广州市第六中学、广州市荔湾区沙面小学通过 5G 网络，利用 5G+双师课堂、5G+MR 智慧课堂，与贵州省毕节市民族中学、毕节市第六小学、毕节市金沙县第三小学开展了别开生面的同步教学。广州、毕节两地虽然远隔千里，但 5G 网络传送的图像和语音丝毫没有卡顿。

2022 年 8 月，面对着教学质量提不上去、教师信心不足、家长不满的困境，贵州省黔东南苗族侗族自治州三穗县探索出与重庆巴蜀中学合作办学的教学新模式。三穗县民族高级中学"云翰班"学生通过远程课堂模式，实时观看巴蜀中学线下全部课堂教学视频、定期参加巴蜀中学"云翰班"教师直播课等，实现"云上同步授课"和"云上交流"。5G+教育的模式将给教育带来巨大的变化，使家庭条件不好或者偏远地区的学生享受到同等的教学资源，真正意义上实现教育资源的均衡。

（5）医疗领域

5G 通过赋能现有智慧医疗服务体系，提升远程医疗、应急救护等服务能力和管理效率，并催生 5G+远程超声检查、重症监护等新型应用场景。

5G+应急救护等应用，在急救人员、救护车、应急指挥中心、医院之间快速构建 5G 应急救援网络，在救护车接到患者的第一时间，将病患体征数据、病情图像、急症病情记录等以毫秒级速度、无损实时传输到医院，帮助院内医生做出正确指导，并提前制定抢救方案，实现患者"上车即入院"的愿景。

在 5G 等多种技术的支持下，医疗资源共享、分摊成本有望实现。一台普通的国产彩超机售价大约为 150 万元，一年的日常维护费用大约为 10 万元。连接到 5G，实行医疗共享后，一个基层医疗机构普通超声检查项目仅需要配置一个改进超声检查探头和一台普通电脑即可，费用大约为 10 万元，一年的日常维护费用大约为 5 万元。

（6）智慧城市领域

5G 助力智慧城市在安防、巡检、救援等方面提升管理与服务水平。在城市安防监控方面，结合大数据及人工智能技术，5G+超高清视频监控可实现对人脸、行为、特殊物品、车辆等的精确识别，形成对潜在危险的预判能力和紧急事件的快速响应能力；在城市安全巡检方面，5G 结合无人机、无人车、机器人等安防巡检终端，可实现城市立体化智能巡检，提高城市日常巡查的效率；在城市应急救援方面，5G 通信保障车与卫星回传技术可实现建立救援区域海陆空一体化的 5G 网络覆盖；5G+VR/AR 可协助中台应急调度指挥人员能够直观、及时地了解现场情况，更快速、更科学地制定立急救援方案，提高应急救援效率。公共安全和社区治安成为城市治理的热点领域，以远程巡检应用为代表的环境监测也将成为城市发展的关注重点。

4．6G 简介

随着 5G 在全球范围内的逐步部署和完善，业界已经开始着眼于下一代移动通信技术——第六代移动通信技术（6G）。6G 不仅将提供前所未有的高速率和低时延服务，还将为用户带来全新的体验，从而推动经济社会各领域的深刻变革。

（1）6G 的主要特点

6G 将极大地改变人们使用移动通信的方式，并且能为虚拟现实、增强现实、自动驾驶、远程医疗等提供坚实的基础。6G 不仅可提高网络性能，还可拓展移动通信技术的应用边界，为未来的社会发展开辟新的可能性。以下是 6G 的主要特点。

- 更高的数据传输速率和超低时延

6G 预计将提供比 5G 更快的数据传输速率，理论上的峰值数据速率可以达到 1Tbit/s（1024Gbit/s）或更高。用户体验数据速率也将达到 1Gbit/s 以上，这意味着即使是复杂的数据密集型应用也能流畅运行。6G 网络的目标是实现超低时延，延迟时间将被降低到 0.1ms 以下，这对于实时应用至关重要。更低的时延将进一步提升实时应用的性能，如远程手术、自动驾驶汽车等。

- 新频段的使用

除了传统的蜂窝频谱，6G 还将利用毫米波、太赫兹等高频段，这些频段具有更大的带宽，可以支持更多的用户和更高速的数据传输。通过使用这些新频段，6G 可以提高频谱效率，更好地满足未来各领域对大带宽的需求。

- 融合多种无线接入技术的智能通信

6G 将整合不同的无线接入技术，包括卫星通信、地面无线通信等，形成一个统一的全球无缝覆盖网络。6G 将继续扩展对大规模设备连接的支持，每平方千米可以支持高达 1000 万台联网设备，极大地提升了网络容量，能满足物联网和其他大量连接的应用的需求。同时，6G 系统将集成人工智能技术，使网络能够更加智能地管理资源和优化服务。这种智能性将允许网络自我优化，以适应不断变化的环境和用户需求。

- 新型天线技术和室内外精准定位

新型天线技术将被用于提高频谱效率和容量，多用户共享频谱的方法将被用来提高频谱利用率。利用太赫兹波长短、穿透性强的特点，6G 的室内定位精度可达 10cm，室外为 1m。这将满足密集城区覆盖和特殊场景下的通信需求。

- 增强的安全性

6G 将在加密认证等方面引入更强的安全机制，保护用户的隐私和网络安全。在安全性和隐私保护方面，6G 有望设定更高级别的标准和措施。

（2）6G 的关键技术

6G 的关键技术旨在克服当前 5G 技术面临的限制，并为用户提供前所未有的连接体验。这些技术将共同推动网络容量、速率、可靠性和覆盖范围的显著提升，从而支持新兴的应用和服务，如全息通信、元宇宙、智能交通系统等。以下是未来 6G 的关键技术。

- 太赫兹通信

6G 将利用太赫兹频段（通常定义为 0.1～10THz），这一频段提供了前所未有的带宽资源。但由于太赫兹波具有较短的波长，因此需要解决传播损耗、指向性以及环境障碍物的影响等问题。目前的解决方案可采用小型化的天线阵列和智能反射面来改善信号传播条件。

- 智能反射面

智能反射面是一种可以动态调节电磁波反射相位和幅度的平面结构, 通过控制反射面改变无线信号路径, 提高信号质量, 增加传输距离, 用于改善无线信号传输。智能反射面适用于密集城市环境中的信号盲区和覆盖增强。

- 高效的频谱利用

6G 通过聚合多个不同频段的频谱资源来提高频谱效率, 允许不同类型的设备在不同的时间和地点使用相同的频谱资源。通过这种方式, 在实际应用中能够实现不同运营商和不同服务之间的频谱共享, 提高整体网络效率。

- 多天线技术

6G 将使用大规模多输入多输出天线阵列, 增加系统容量和覆盖范围。通过波束赋形技术提高定向通信的效率, 减少干扰; 利用空间维度来增加数据传输速率和网络容量。

- 非正交多址技术

非正交多址技术允许在同一频段内同时传输多个信号, 通过功率域的分割来区分不同的用户, 支持更多用户同时通信, 适用于大规模物联网设备连接。

- 空天地一体化网络

6G 将结合卫星通信、无人机通信和地面通信技术, 实现无缝连接的全球网络覆盖; 通过集成不同类型的通信系统, 确保偏远地区和海上等难以覆盖区域的通信服务; 能够为紧急救援、远程教育、远程医疗等应用场景提供更实时的网络服务。

- 量子通信技术

6G 将能够利用量子力学原理 (如量子纠缠和量子密钥分发) 确保数据传输的绝对安全性, 提供不可破解的加密通道, 增强网络安全。这为政府机构、金融机构和敏感数据传输提供了更加安全的保障。

（3）6G 的应用

6G 技术的应用领域非常广泛, 涵盖了从日常生活的各个方面到工业生产的各个环节。这些应用将极大地提高效率、便利性和生活质量, 同时也将带来新的挑战, 比如数据隐私和安全问题。随着 6G 技术的不断发展和完善, 我们可以期待越来越多创新的应用和服务出现, 为社会带来积极的变化。以下展望了 6G 的部分应用。

- 全息通信

全息通信是一种将三维图像实时传输的技术, 能够让用户在虚拟环境中进行面对面的交流。通过 6G, 人们可以使远程会议提供接近真实的面对面沟通体验; 在远程教育中, 学生能够与教师和同学在虚拟环境中互动; 用户还可以进行虚拟旅游, 远程体验世界各地的文化遗产和自然景观。

- 感官互联

感官互联是指通过传感器和生物识别技术捕捉人体感官信息, 并将其转换成数字信号进行传输。比如在远程医疗服务中, 医生可以通过患者的实时生理数据进行远程诊断; 在人机交互的体验上, 用户可以通过手势、眼神等与设备交互, 设备能基于面部表情和声音来理解用户的情绪状态。

- 通信感知

通信感知是指通信系统感知周围环境的能力, 从而智能地调整其行为。比如, 可以根据网络负载和用户需求自动调整资源分配，进行网络优化；能够自动检测和管理连接设备的状态，监测潜在的安全威胁并及时响应。

3.1.4　云计算

1．云计算概述

（1）云计算的定义

2006 年，Google 推出了"Google 101 计划"，该计划的目的是让高校的学生参与到云的开发中，为学生、研究人员和企业家们提供 Google 式的无限的计算处理能力，由此正式提出了"云计算"的概念。目前，云计算仍没有统一认定的定义，通常是指由网格计算、分布式计算、并行计算、效用计算等传统计算机技术和网络技术融合而形成的一种商业计算模式。从普通用户的角度看，云计算是一种基于互联网的服务方式，用户可以根据自己的需求，通过网络使用各种各样的服务，这些服务可以是硬件、平台或软件。云计算的目标是给用户提供像传统水、电、燃气一样的按需服务，用户通过网络能够在任何时间、任何地点最大限度地使用云平台服务处理大规模计算问题。

（2）云计算的服务模式

云计算的服务模式可以分为基础设施即服务（Infrastructure as a Service，IaaS）、平台即服务（Platform as a Service，PaaS）、软件即服务（Software as a Service，SaaS）3 类。

• 基础设施即服务

IaaS 是云计算的基础，它基于互联网或者内联网，为用户提供按需使用的存储、计算、网络、安全等资源来部署和运行操作系统及各种应用程序，并产生与之相匹配的按量租赁资源费用。IaaS 通过基于虚拟化技术和分布式调度管理实现 CPU 计算单元、块存储/对象存储、网络等资源的抽象隔离与集成，凭借灵活的弹性伸缩能力和强大的稳定性支撑上层系统（操作系统、中间件和应用等），实现按需管理与永续运行。IaaS 的典型服务有 Amazon Web Services（AWS）EC2、Microsoft Azure Virtual Machines、Google Compute Engine（GCE）、阿里云 Elastic Compute Service（ECS）、腾讯云 Cloud Virtual Machine（CVM）等。

• 平台即服务

PaaS 为软件开发者提供了一个全面的开发和部署应用程序的平台。PaaS 提供了大量的 API 和中间件供程序开发者使用，让开发者能够更加高效地创建、运行和管理应用程序，加速从概念到市场的过程，同时减少运维负担。大型企业可以使用 PaaS 来统一开发标准，提高开发效率，同时保持应用的可扩展性和安全性。PaaS 也可以为移动应用提供后台服务，如数据存储、推送通知、用户认证等，简化了移动应用的开发复杂度。PaaS 的典型服务有 Google App Engine、Microsoft Azure 服务平台、阿里云的企业级分布式应用服务、腾讯云的无服务器计算服务等。

• 软件即服务

SaaS 允许用户通过互联网访问和使用软件应用程序，而无须在本地计算机或服务器上安装和维护这些软件。用户不是一次性购买软件授权，而是按照使用时间、使用量或功能模块订阅服务，支付相应的月费或年费，从而降低初始投资成本，便于预算管理和成本控制。服务提供商负责软件的维护和故障修复，确保系统的稳定运行，只要有互联网连接，用户可以从任何地点、任何设备访问软件服务。SaaS 模式改变了传统软件许可和分发的方式，为用户提供了更便捷、灵活和经济高效的解决方案，极大地推动了企业数字化转型的进程。SaaS 的典型应用有 Microsoft Office 365、Google Workspace、Salesforce.com、Oracle CRM On Demand、Zoom 等。

在云计算的 3 种服模式中，IaaS 投入大、回报慢、风险大，但是垄断性强；PaaS 有巨大的发展潜力，年复合增长率最高；SaaS 与用户距离最近，市场规模大、利润空间高。

（3）云计算的部署方式

云计算的部署方式是指如何配置和利用云计算资源来满足组织或个人的 IT 需求，主要的部署方式有公有云、私有云和混合云。

• 公有云

公有云是指云计算提供商通过公共网络（如互联网）向公众提供计算、存储、网络、数据库服务以及其他应用程序服务等资源。用户可以根据需求租赁这些资源，无须投资和维护自己的软硬件设施。公有云的核心优势在于它的弹性伸缩性、按需付费模式以及高可用性。当前公有云服务服务商包括亚马逊的公有云服务（Amazon Web Services，AWS）、微软的公有云平台（Microsoft Azure）、谷歌的公有云服务（Google Cloud Platform，GCP）、阿里云、腾讯云、华为云等。这些公有云服务提供商不仅为企业和个人开发者提供了强大的基础设施支持，还不断推出新的服务和功能，以适应不断变化的技术和市场需求。

• 私有云

私有云是专门为企业、政府机构或其他组织构建的一种云计算环境。与公有云相比，私有云的核心特点是其资源不对外共享，而是由该组织拥有、管理和运营，可以位于组织内部的数据中心，也可以由第三方托管在特定的场所。私有云的设计旨在提供更高的安全性和控制性，同时也能根据具体需求进行定制。私有云虽然初期投资较高，但长期来看，对于大规模和复杂工作负载可能更具成本效益。在对数据安全、隐私保护和定制化有高度需求的场景中，私有云有广泛应用。当前，许多大型银行和金融机构构建了私有云，以确保金融交易数据的安全性、满足严格的法规遵从要求，同时提高内部 IT 资源的使用效率。政府机构使用私有云存储和处理敏感数据，如公民信息、国家安全数据等，确保数据不被未经授权的第三方访问。欧洲核子研究组织使用 OpenStack 构建了一个包含超过 5000 个计算节点的大型私有云，用于处理大量粒子物理实验产生的数据。

• 混合云

混合云结合了私有云和公有云的优势，通过技术手段使这两种环境协同工作，实现数据和应用程序在私有云和公有云之间的灵活迁移和交互。混合云的设计目标是充分利用公有云的弹性计算资源和成本效益，在保持数据安全性和合规性的前提下，为企业提供更加灵活和高效的 IT 解决方案。企业可以根据业务需求和工作负载的性质，将敏感数据存储在私有云中，而临时的、高计算需求的任务可以转移到公有云上执行。例如，一个零售商可能在其私有云中维护客户数据和核心业务逻辑，同时在销售高峰期利用公有云的弹性计算资源来处理额外的订单和库存管理任务，确保网站稳定运行和快速响应。银行可能将客户敏感信息存储在私有云中，同时在公有云中设置灾难恢复站点，一旦私有云出现故障，可以迅速切换到公有云继续提供服务，确保业务的连续性。

2. 云计算的关键技术

（1）虚拟化技术

虚拟化技术是云计算重要的核心技术之一，它为云计算服务提供基础架构层面的支撑。虚拟化技术通过模拟硬件层，使操作系统和应用程序能够以一种透明的方式与实际物理硬件相隔离，从而提供灵活性、效率和安全性方面的多重优势。虚拟化技术的核心是一个叫作虚拟机监控器（Virtual Machine Monitor，VMM）的软件层，它位于宿主操作系统和硬件之间，负责管理和分配物理资源给各个虚拟机，每个虚拟机都像是在独自使用底层硬件资源一样。

虚拟化技术可以虚拟出完整的硬件环境，包括 CPU、内存、硬盘和网络设备等，使每个虚拟机都能运行一个完整的操作系统；也可以进行网络虚拟化，将物理网络资源抽象化，创建逻辑网络，使网络可以像软件一样被配置和管理。当前，操作系统级的虚拟化也被广泛使用，它不需要模拟整个硬件平台，而是直接在宿主操作系统内核中提供多个隔离的用户空间实例（容器），每个实例可以运行一个或多个进程，共享宿主 OS 的内核，比如 Docker容器。

当前常用的虚拟化软件平台有 VMware vSphere、Microsoft Hyper-V、KVM（Kernel-based Virtual Machine）等。VMware vSphere 是由 VMware 公司推出的业界领先的服务器虚拟化平台，以其高稳定性和丰富的功能著称；可以直接安装在物理服务器上，无须底层操作系统。它具有高可用性、动态资源调度、分布式资源管理等高级特性。Microsoft Hyper-V 是微软提供的服务器虚拟化解决方案，集成在 Windows Server 中，也可作为独立的服务器运行，与 Windows 生态系统深度集成，特别适合运行 Windows 操作系统，支持实时迁移和复制等功能。KVM 是一个开源的、基于 Linux 内核的虚拟化基础设施，提供了硬件级别的虚拟化能力。它允许 Linux 主机转变为虚拟机监控器，直接在内核级别运行虚拟机，效率高且成本低，广泛应用于云服务提供商和企业数据中心。

（2）分布式数据存储技术

分布式数据存储是一种将数据分布在多台独立的计算机或存储设备上的技术，这些设备通过网络互相连接，共同协作，向用户提供一个统一的、高可用的存储服务。在云计算环境中，数据被分割成多个部分，并通过哈希算法等机制分配到不同的存储节点上。为了进一步增强数据的可靠性和可用性，每个数据块通常还会被复制到多个节点上，这些节点可以位于不同的地理位置，形成一个庞大的存储网络。即使单个或多个节点失效，系统仍能正常运行，确保数据不间断服务，提高了系统的可用性。这种模式不仅摆脱了硬件设备的限制，同时扩展性更好，能够快速响应用户需求的变化。利用多台存储服务器分担存储负荷，利用位置服务器定位存储信息，它不但提高了系统的可靠性、可用性和存取效率，还易于扩展。

目前，比较有代表性并获得广泛应用的分布式文件系统有 Google 推出的 GFS、Facebook推出的 Haystack、淘宝推出的 TFS 等。分布式数据存储技术是云计算的关键技术之一，它通过智能化的数据管理和高效的资源调配，为数字化时代的信息存储带来了革命性的改变。随着技术的不断演进，分布式存储将持续优化，以应对未来更加复杂多变的数据存储挑战。

（3）大规模并行计算

简单来说，并行计算就是在同一时间内，利用多个处理器或者计算单元同时执行多个计算任务，从而加速解决问题的过程。大规模并行计算技术在云计算环境中是一种关键的计算方法，它利用云计算平台提供的大量计算资源（如 CPU、GPU、TPU 等处理器，以及服务器集群、超级计算机等硬件设施）来同步或异步地执行大规模的计算任务，以解决复杂问题、处理海量数据或执行高吞吐量的工作负载。云计算环境下的并行计算主要体现在以下 4 个方面。

- 资源虚拟化：云计算的基础架构允许将物理服务器虚拟化为多个虚拟机，每个虚拟机都可以视为一个独立的计算单元，这为并行计算提供了灵活性和可扩展性，通过动态分配和释放资源，可以根据实际需求即时调整计算规模。
- 分布式计算框架：诸如 Hadoop、Spark 这样的分布式计算框架，它们能够将大型数据集分割成小块，分发给云中的多个节点进行并行处理，之后再合并结果。这些框架还支持数据的本地化处理，能够降低数据传输时延，提高效率。
- 容器化与微服务：容器技术和微服务架构进一步促进了并行计算的发展。容器可以在轻量级的隔离环境中运行应用程序，便于跨多个服务器快速部署和扩展服务，实现高度并行的微服务运行。
- 并行算法与编程模型：MapReduce、BSP（Bulk Synchronous Parallel）、OpenMP、MPI（Message Passing Interface）等编程模型和算法，为开发人员提供了在云平台上实现并行计算的工具和方法，简化了并行程序的设计和实现过程。

（4）云平台管理技术

云平台管理技术是指用于构建、运营、维护和优化云计算基础设施及服务的一系列技术和方法。这些技术确保了云平台的高效、稳定、安全、可扩展和易于使用，涵盖了资源调度、监控、自动化运维、安全管理、计费等多个层面。云计算平台管理技术主要包括以下 5 个方面。

- 资源调度与优化：通过虚拟化、资源池化、自动化调度算法以及弹性伸缩机制，根据用户需求快速、自动地分配和调整计算、存储、网络等资源，确保资源的高效利用，满足业务的动态变化需求。
- 服务可用性和稳定性：通过实时监控、告警通知、故障自动恢复等功能，对云平台进行全方位的运维管理，及时发现并处理问题，保障服务的高可用性和稳定性，降低服务中断风险，提升用户体验。
- 安全性与合规性：提供访问控制、安全组、防火墙、安全审计、合规性检查等功能，确保用户数据的安全存储、传输和处理，遵守相关法规和行业标准，保护用户隐私和企业数据资产。
- 运维效率与成本控制：通过自动化运维、配置管理、日志分析、故障排查工具等平台管理技术，能够显著提高运维团队的工作效率，减少人工干预，降低运维成本。同时，计费与成本管理功能帮助企业清晰了解资源消耗情况，进行成本优化，避免资源浪费，实现财务透明。
- 多租户支持与服务化：在公有云或多租户环境下，平台管理技术确保了不同用户（租户）间的资源隔离，提供自助服务门户和 API 管理，使用户可以自主管理其云资源，同时保证服务提供商能够有效地管理各个租户的使用情况并进行计费。

3．云计算产业及应用

（1）云计算产业的发展情况

云计算自 2006 年提出至今，大致经历了形成、发展和应用 3 个阶段。美国继"云优先""云敏捷"之后，出台了多个战略文件，将云计算应用到相关领域，并明确提出通过云战略获取全球优势，以确保其在经济、军事、科技等领域的领先地位。欧洲、亚洲的主要国家纷纷发布相关国家战略，推动云计算在各行业的应用布局，深度挖掘云计算产业价值。云计算在我国从"十二五"开始成为国家重点发展任务。2012 年国家发布《中国云科技发展"十二五"专项规划》，对云计算软件相关技术做出规划。云计算经历了从"十三五"的夯实基础，再到"十四五"时期培育壮大产业的阶段性发展。在 2021 年的"十四五"规划中，"数字中国"建设被提到新的高度，云计算成为重点发展产业。我国通过政策指引云计算应用创新，持续推动云计算与实体经济深度融合。

中国信通院发布的《云计算白皮书（2023 年）》（以下简称白皮书）显示，2022 年，全球云计算市场规模约为 3.5 万亿元，增速达到 19%，预计在大模型、算力等需求刺激下，市场仍将保持稳定增长，到 2026 年全球云计算市场将突破 10 万亿元。从区域层面看，全球云计算发展呈现"一超多强"态势。2022 年，北美洲占据全球 52.14% 的公有云市场规模，比 2021 年增长 20.4%。欧洲、亚洲市场占比分别位列第二位、第三位，份额为 23.41%、18.35%。大洋洲、南美洲、非洲则均处于"云发展中"，三大洲占比总和仅 6.1%。我国云计算市场规模在 2022 年达到 4550 亿元，较 2021 年增长 40.91%，相比于全球 19% 的增速，我国云计算市场仍处于快速发展期，预计 2025 年我国云计算整体市场规模将超万亿元。

（2）云计算应用产业

云计算在新兴行业、传统行业、社会管理、民生服务、社交沟通等多个领域有十分广泛的应用，政府上云、企业上云、个人上云已成为数字经济时代的重要特征。

我国云计算应用已从互联网拓展至政务、金融、电信、工业、交通、能源等传统行业，但各行业应用水平参差不齐，应用深度呈现阶梯状分布。第一梯队处于成熟期，已从全面上云过渡到深度用云，涵盖政务、金融、电信等行业。安全是第一梯队行业云平台建设的重中之重，随着上云程度不断加深，越来越多的企业基于安全性等因素将更加关注云平台的生态兼容程度。第二梯队主要包括工业制造、汽车、轨道交通、医疗等，这些行业上云用云处于成长期，企业上云热度持续攀升。其相比第一梯队，第二梯队上云用云起步较晚，云平台建设由外部服务系统向内部生产控制等系统过渡。第三梯队行业上云用云处于探索期，云平台建设与应用处于规划和发展阶段，如石油化工、钢铁冶金、煤矿、建筑等行业。这些行业上云一般具有业务流程长且复杂、数据来源多且流通性差、IT 技术储备不足等特点，整体信息化程度较低。

从企业规模来看，央企、国企是发展"数字中国"的主力军，而中小企业类型多、数量大，是影响整体上云进程的关键。白皮书指出，央企、国企上云覆盖率较高，深度用云和丰富云上生态是其发展重点。根据国资委数据，中央企业上云覆盖率达到了 86%，上云后的用云建设成为重点。中小企业则是我国数量最大、最具活力的企业群体，在促进经济增长、保障就业等方面发挥着重要作用。提升数字化发展水平是提高中小企业竞争力的重要举措之一。在政策指引下，中小企业上云意识和积极性显著提升，上云进度不断加快，应用程度不断加深。当前，SaaS 服务模式成为中小企业上云用云的主要选择，中小企业借助 SaaS 可以实现轻资产上云、低成本用云，从而快速便捷完成数字化转型，提高生产力。

（3）国内主要云计算服务商

国内云计算服务商在近年来迅速发展，一线云计算企业普遍拥有庞大的数据中心网络，遍布全球，能够提供强大的计算能力和海量的数据存储服务，支撑大规模业务需求。针对我国市场特性，提供定制化服务和解决方案，包括中文界面、本土化技术支持，以及适应我国市场的特定服务。

- 阿里云

阿里云在我国的市场占有率连续多年位列第一，且市场占有率超过排名 2～4 位的厂商之和。阿里云自主研发的超大规模通用计算操作系统——飞天，可以将遍布全球的百万级服务器连成一台超级计算机，以在线公共服务的方式为社会提供计算能力。近年来，阿里云通过实施"云钉一体"战略，进一步开放钉钉底层平台，聚合了更多低代码生态产品，有效助力阿里云进一步扩宽了政企市场。

- 腾讯云

早在 2013 年腾讯云正式向全社会开放前，腾讯已通过其旗下的 QQ、QQ 空间等热门应用为腾讯云积累了丰富的云服务经验。至今，腾讯云能提供包括云服务器、云存储、云数据库和弹性 Web 引擎等在内的基础云服务。通过腾讯云分析、腾讯云推送（信鸽）等腾讯整体大数据能力，以及 QQ 互联、QQ 空间、微云、微社区等云端链接社交体系，腾讯云正在利用其在互联网方面强大的行业经验和技术储备为客户提供差异化竞争优势。

- 华为云

华为云在工业互联网云服务上具有强劲的竞争优势，是目前我国工业互联网平台厂商领导者。在华为自研的 FusionPlant 工业互联网平台体系下，华为云提供工业物联平台、工业智能体、工业 aPaaS（应用程序平台即服务，是 PaaS 的一种子形式，具有软件开发更加简单等特点）三大功能，围绕企业的生产制造流、产品生命周期流和价值创造流三大业务流，帮助工业企业智能升级。

- 天翼云

天翼云隶属于中国电信，云网一体是其核心优势。依托中国电信原有的覆盖全国甚至全球的通信网络，天翼云在解决不同地域、不同网络环境情况下互联网通时延高、互联困难的问题上具有得天独厚的优势，能够向客户提供公有云、私有云、专属云、混合云、边缘云、全栈云服务，满足政府机构、大中小企业的数字化转型需求。2021 年，天翼云发布 4.0 版本，升级为分布式云，推出了高性能操作系统、智能加速卡、弹性裸金属服务器、超融合一体机与边缘盒子等一系列的分布式云产品。

- 百度云

云计算一直是百度的核心能力之一。现今百度每天响应来自 100 余个国家和地区的数十亿次搜索请求，拥有手机百度、百度地图等 20 款用户数过亿的产品稳定运行，为百度云服务的诞生奠定了深厚的积淀。目前百度智能云已为金融、制造、能源、城市、医疗、媒体等众多领域的领军企业提供服务，包括浦发银行、工商银行、国家电网、清华大学、知乎、海淀城市大脑、央视网等诸多客户。

3.1.5　数据中心

数据中心是支撑现代社会数字化转型的关键基础设施，它是专门设计和建造的物理场所，用于托管计算机系统及相关组件，如服务器、存储系统、网络设备等。这些设备共同构成了一个数据处理和存储的生态系统，为互联网服务、云计算、大数据分析、人工智能等提供必要的基础设施支持。数据中心的主要目的是确保这些设备能够高效、安全地运行，以提供不间断的服务。

1. 数据中心的组成

数据中心是一个复杂而精细的系统，由多种关键组件组成，每个组件都有其独特的功能，共同确保数据和服务的可靠性、可用性和安全性。随着技术的进步，数据中心的组件也在不断地演进和发展，以适应更高的效率、更低的能耗和更强的安全防护需求。以下是数据中心的主要组成部分。

（1）服务器

服务器是数据中心的核心组件，用于运行各种应用程序和服务。现代服务器通常采用多核处理器、大容量内存和快速存储技术。根据用途不同，服务器可以分为文件服务器、数据库服务器、Web 服务器等。

（2）存储系统

存储系统包括硬盘驱动器（Hard-Disk Drive，HDD）、固态驱动器（Solid State Drive，SSD）以及磁带备份系统，主要用于保存数据，包括操作系统、应用程序、用户数据等。常见的存储解决方案有直接附加存储（Direct-Attached Storage，DAS）、存储区域网络（Storage Area Network，SAN）、网络附加存储（Network Attached Storage，NAS）、软件定义存储（Software Defined Storage，SDS）、超融合基础设施（Hyper Converged Infrastructure，HCI）等。

（3）网络设备

网络设备使用高速以太网、光纤通道、软件定义网络（Software Define Network，SDN）等技术，连接数据中心的服务器和其他设备，并与外部网络通信。网络设备的类型主要包括交换机、路由器、防火墙和负载均衡器。

（4）环境控制

环境控制系统监测并控制数据中心内的环境条件，维持数据中心内部的温度、湿度、空气质量等，防止设备过热。环境控制系统通常使用的设备包括传感器、精密空调、冷水机组、冷却塔、报警系统、火灾探测系统、消防设备等。

（5）备份和灾难恢复

备份和灾难恢复机制确保在数据丢失或系统故障时能够迅速恢复。其主要类型有本地备份、异地备份、云备份。通常使用的备份技术包括增量备份、快照技术、数据复制等。

（6）监控与管理

数据中心需要一套完善的管理系统来监控设备状态、性能和安全。这通常会使用数据中心基础设施管理（Data Center Infrastructure management，DCIM）软件、网络监控工具进行实时监控、预测性维护、自动化管理，也会使用门禁系统、闭路电视（Closed Circuit Television，CCTV）监控、生物识别等技术防止未经授权的访问和破坏。

（7）软件与应用

数据中心还需要运行一系列软件和服务，其类型包括操作系统、中间件、数据库管理系统、安全软件等，通常采用虚拟化、容器化、云服务软件等技术。

2. 数据中心的功能与作用

数据中心提供了数据处理、存储和分发的物理环境，在各个领域中发挥着至关重要的作用。无论是支持企业的日常运营，还是提供面向消费者的互联网服务，数据中心都是不可或缺的。随着技术的发展，数据中心也在不断创新和改进，以满足不断变化的需求。以下是数据中心的主要功能与作用。

（1）数据存储与管理

数据中心提供安全可靠的存储空间，用于存放组织和个人的数据；确保数据的安全性和完整性，便于数据管理和检索。

（2）计算资源提供

数据中心提供计算能力，支持各种计算任务和应用服务；为用户提供高性能的计算资源，满足不同的业务需求。

（3）网络服务

数据中心作为网络的中心节点，支持高速数据传输和连接；促进数据的快速交换，支持云计算、内容分发网络（Content Delivery Network，CDN）等服务。

（4）灾难恢复与备份

数据中心设计考虑了冗余和容错能力，实施数据备份和灾难恢复策略，确保在发生故障或灾难时能够快速恢复服务，降低数据丢失的风险；即使在部分系统故障的情况下，也能提供不间断的服务。

（5）云计算服务与大数据分析

数据中心支持云计算基础设施，提供按需使用的计算资源，支持弹性扩展和成本优化。数据中心支持大规模数据处理和分析，帮助企业从海量数据中提取有价值的信息，支持决策制定。

（6）边缘计算支持

数据中心可以部署在靠近数据源的位置，从而降低时延，提高响应速度，能够更好地支持物联网等应用。

3．数据中心的发展趋势

随着技术的进步和社会需求的变化，数据中心的发展趋势将不断演进。未来，数据中心将更加注重能效、灵活性、智能化以及安全性，以支持不断增长的数据处理需求和新兴技术应用。以下是数据中心的 5 个关键发展趋势。

（1）绿色化与可持续性

随着全球对环境保护的关注日益增加，数据中心的能耗问题引起了广泛关注。越来越多的数据中心开始使用太阳能、风能等可再生能源供电；通过改进冷却系统、采用高效能的硬件和软件优化等措施来减少能源消耗；同时，采用环保材料和技术，设计更加节能的建筑结构。

（2）边缘计算

随着物联网设备的普及，数据生成和处理的位置越来越接近用户端。边缘数据中心将部署在更靠近数据源的位置，以降低时延并提高响应速度。5G 与 6G 网络的低时延特性将支持更多的边缘计算应用。

（3）软件定义的数据中心

软件定义技术可以提高数据中心的灵活性和效率，虚拟化技术允许在物理硬件之上创建虚拟服务器，提高资源利用率。未来，可以使用软件来管理和分配存储资源，提高存储效率和灵活性，还可以使用软件来控制网络资源，简化网络配置和管理。

（4）AI 与自动化

随着 AI 技术的发展，数据中心的管理变得更加智能化。未来，可利用 AI 进行预测性维护，减少停机时间；使用自动化工具简化任务，减少人为错误，并提高数据中心的整体性能。

（5）量子计算

作为一种全新的计算范式，量子计算可以解决经典计算机难以处理的问题。随着量子计算机的发展，未来可能会出现专门针对量子计算的新型数据中心。

数据中心是云计算得以实现的物理基础设施，而云计算则在数据中心的基础上提供了一种灵活、可扩展的服务模式。两者相互依存，共同推动了信息技术的发展和创新。国内外众多云计算服务商建有规模庞大的数据中心，如华为在贵州省贵安新区建立的贵安华为云数据中心，总建筑面积约为48万平方米，共51栋单体建筑，可容纳超过100万台服务器，是华为云业务的重要承载节点。该数据中心采用了先进的节能技术，旨在成为一个绿色、低碳的标杆项目。随着技术的不断进步，未来的数据中心将更加智能化、绿色化，并且与云计算的集成将更加紧密。

3.2 新一代数字化技术

3.2.1 大数据

1．大数据的概念

大数据（Big Data）的概念由来已久，20世纪90年代，数据仓库之父比尔·恩门（Bill Inmon）就经常提及 Big Data。2011年5月，在以"云计算相遇大数据"为主题的 EMC World 2011会议中，EMC（易安信，一家美国信息存储资讯科技公司）提出了 Big Data 的概念。如今，这个概念几乎应用到了所有人类致力于发展的领域中。

所谓大数据，狭义上可以定义为用现有一般技术难以管理的大量数据的集合。早期，研究机构和学者一般将其作为一种辅助工具或从其体量特征来进行定义。比如，高德纳（Gartner）咨询管理公司数据分析师 Merv Adrian 认为，大数据超出了常用硬件环境和软件工具在可接受的时间内为其用户收集、管理和处理数据的能力。

广义的大数据定义，主要从对大数据进行分析管理、挖掘数据背后所蕴含的巨大价值的视角，给出大数据的概念。比如维基百科认为大数据是一个体量特别大、数据类别特别多的数据集，是无法在可承受的时间范围内用传统数据库工具对其内容进行抓取、管理和处理的数据集合。大数据不仅指规模巨大的数据对象，也包含了对这些数据对象的处理和应用活动。

综合上述观点，我们认为大数据是指随着数字化技术的发展和应用所产生的海量数据。它不仅是一种数据管理和分析方式，也是将事物量化成数据，对事物进行数据化研究分析的知识发现过程。

2．大数据的特征

大数据的特征可以用4个 V 来概括，即 Volume（体量大）、Variety（多样性）、Velocity（高速性）、Value（价值性）。

（1）体量大

大数据的体量大体现为数据规模巨大。这是大数据最直观、最基础的一个特点，意味着数据集的大小超出了常规数据处理软件和系统的处理能力。数据集的大小通常以 PB（1PB = 1024TB）、EB（1EB = 1024PB）这样的量级来衡量。随着互联网的飞速发展，社交平台每天产生的数据，全球网络搜索记录，电商平台每天处理数百万用户的浏览记录、购买历史、搜索查询，城市的交通监控、环境监测、能源消耗等系统，每个时刻都在收集数据，都是 Volume 特征的具体表现。

（2）多样性

多样性是指大数据包含的数据类型、数据来源和数据格式的广泛性和复杂性。大数据涵盖了存储在关系数据库中的结构化数据，还有文本、图像、音频、视频、电子邮件和文档等非结构化数据，以及介于结构化数据和非结构化数据之间、具有某些固定格式但可能包含可变数量的字段或属性的半结构化数据。数据来源的多样性体现在大数据可以来自社交媒体、传感器、公开数据库、网页抓取、电子邮件、文档等多个渠道，可以是由传感器自动产生的数据，也可以是由用户、应用平台主动产生的数据，还可以是一些信息系统被动产生的数据。这些数据种类繁多、格式各异。

（3）高速性

高速性主要是指大数据的产生、流动和处理速度都非常快。随着科技的发展和物联网的普及，数据量正在以前所未有的速度增长，社交媒体平台上的用户每分钟都会产生大量的文本、图片和视频数据。智能设备（如智能手机、智能手表和智能家居设备）也在不断地收集和发送数据。工业设备、医疗设备和交通设备也都在不断地产生和传输数据。这些数据产生和流动的速度非常快，需要大数据系统具备快速处理和分析的能力。比如，在网络安全领域，大数据系统可以实时监测网络流量，并在发现异常行为时立即发出警报；在实时交通监控中，大数据系统可以分析交通数据，预测交通拥堵情况，并给出相应的交通建议。

（4）价值性

价值性指的是大数据中蕴含的价值密度相对较低，但整体价值高。大数据集合中包含大量冗余、无关或噪声数据，需要用数据分析、机器学习等技术进行深入挖掘，才能揭示出隐藏的规律、关联性和趋势。通过对大数据进行分析，企业可以优化运营、提升客户体验、开发新产品、预测市场趋势，从而转化为实际的经济效益。比如，电商平台通过分析用户的购物历史、浏览行为、搜索记录等数据，实现个性化商品推荐，提高用户满意度和购买转化率。大数据还对公共卫生、城市规划、环境保护等领域有深远影响，通过数据分析，可以改善公共服务、预防疾病暴发、优化资源分配等。

3．大数据相关技术

为了应对海量、高速、多样性的数据挑战，大数据处理需要一系列工作环节和相关的关键技术。这些技术共同构成了大数据处理的生态系统，支持企业或组织从海量数据中提取价值，优化业务流程，做出更明智的决策，并发现新的机会。其主要工作环节包括数据采集、数据预处理、数据存储与管理、数据分析与挖掘、数据展示。

（1）数据采集

大数据来源广泛，如内部数据库、日志文件、传感器节点、公开 API、调查问卷、第三方数据提供商等。对于不同的数据源，需要选择适当的数据采集方法，比如利用多台计算机使用软件工具协作抓取互联网上的网页内容、图片、视频等，代表性技术有 Apache Nutch 等。利用各种服务提供商的 API 集成，自动化地获取数据，例如社交媒体 API、开放天气 API 等。在物联网应用中，通过消息队列遥测传输（Message Queuing Telemetry Transport，MQTT）协议等技术，使用传感器和追踪技术收集实时数据。对于实时数据流处理，通过 Kafka、Flume 等技术收集和传输实时产生的大量数据流，确保数据的低时延处理。采集到的数据类型可能也会多种多样，有结构化数据、半结构化数据和非结构化数据，对于不同类型的数据，需要采用合理的方式进行存储和管理，以便于后续分析。

在数据采集过程中，要确保数据的正确性和可信度，避免关键信息缺失，还要遵守相关的数据保护法规，确保个人隐私不被侵犯。

（2）数据预处理

数据预处理是大数据分析过程中不可或缺的环节，它是对原始数据进行一系列校正、修正、转换和组织的操作，以提升数据质量，使其更适合于后续的分析方法。数据预处理主要包括数据清理、数据集成、数据转换以及数据规约四大部分。

数据清洗主要包含缺失值处理、噪声数据处理（数据集中存在错误或偏离期望值的数据）、不一致数据处理。代表性的清洗工具是 ETL（Extraction Transformation Loading）。数据集成是指将多个数据源中的数据合并存放到一个一致的数据存储库中。数据转换就是处理抽取上来的数据中存在的不一致的过程，涉及数据名称及格式的统一，字段的组合、分割或计算等操作。数据归约是指在尽可能保持数据原貌的前提下，最大限度地精简数据量，主要包括数据方聚集、维规约、数据压缩、数值规约和概念分层等。

（3）数据存储与管理

大数据存储与管理需要重点解决结构化、半结构化和非结构化大数据管理与处理问题。围绕大数据的可存储、可表示、可处理、可靠性及有效传输等几个关键问题，开发可靠的分布式文件系统、能效优化的存储、计算融入存储、大数据的去冗余及高效低成本的大数据存储技术；突破分布式非关系型大数据管理与处理技术，开发新型数据库技术、异构数据的数据融合技术、数据组织技术，研究大数据建模技术；突破大数据索引技术；突破大数据移动、备份、复制等技术；开发大数据安全技术，改进数据销毁、透明加解密、分布式访问控制、数据审计等技术；突破隐私保护和推理控制、数据真伪识别和取证、数据持有完整性验证等技术。

（4）数据分析与挖掘

数据分析阶段最重要的工作是采用统计学方法、机器学习算法、数据挖掘技术等手段对预处理后的数据进行深度研究。常见的分析方法包括描述性分析（揭示数据的基本特性）、推断性分析（找出影响特定变量的因素）、预测性分析（使用统计模型预测未来趋势或结果）和规范性分析（提出改进措施和策略、确定最佳的行动方案）。在具体技术方面，可以用 MapReduce、Apache Spark 等批处理框架，也可以使用 Apache Flink、Spark Streaming 实时分析数据流，处理连续不断到达的数据，还可以使用 TensorFlow、PyTorch、Scikit-learn 等机器学习库进行预测、聚类、分类、推荐等高级分析。

（5）数据展示

数据分析的结果应以易于理解和接受的方式呈现给决策者和其他利益相关者。数据可视化是一种强大的工具，可以借助 Tableau、Power BI、Grafana 等工具将复杂数据转化为图表等形式，直观地展示数据模式、趋势和关联。同时，数据分析师需要对分析结果进行详细的解读，阐释数据背后的业务含义和可能的影响。

4．大数据的应用与发展

（1）大数据的应用

数字经济时代，数据作为第五大生产要素渗透到社会经济活动的各个领域。以大数据为代表的新一代数字技术飞速发展，催生了数据交易、数据租赁服务、分析预测服务、决策外包服务等新兴服务业态。大数据能够助力传统产业与现代数字技术深入融合，作为新质生产力，推动传统产业转型升级。目前，大数据在以下领域有较广泛的应用。

* 电子商务

电商平台利用大数据分析消费者的购买历史、浏览习惯等，实现个性化推荐、库存管理优化、价格策略调整以及营销活动精准投放，提升用户体验和销售效率。

* 金融领域

大数据在金融行业中可用于风险评估、欺诈检测、信贷审批、投资策略制定、个性化服务以及高频交易等方面。通过对历史交易数据、市场动态、社交媒体情绪分析等海量数据进行处理和分析，金融机构能够更准确地预测市场趋势，提升服务效率和用户体验。

* 安防领域

安防系统通过视频监控、物联网设备收集大量数据，结合大数据分析，实现智能预警、犯罪预防和事件响应。例如，通过人脸识别、行为分析技术，系统可以及时发现异常行为，确保公共安全。

* 政府与公共服务

政府部门利用大数据进行城市管理、公共安全、交通规划、环境保护、政策制定和社会服务优化。例如，分析交通流量数据有助于优化交通信号控制，预防和缓解交通拥堵，提供更加人性化的服务。

* 医疗健康

大数据在医疗领域的应用包括病患数据分析、疾病预测与预防、个性化医疗方案制定、药物研发、基因组学研究等。通过分析患者的健康记录、遗传信息和生活习惯数据，医护人员可以提供更精准的治疗建议和健康管理方案。

* 传媒与娱乐

媒体公司使用大数据分析用户偏好，定制推荐内容，优化广告投放策略，提高用户参与度和广告效益。同时，大数据还被用来预测电影票房、音乐流行趋势等。

* 制造业

制造业相关人员利用大数据分析进行生产过程优化、质量控制、故障预测、供应链管理等，实现智能制造的目标。通过分析机器数据，企业可以预测维护需求，减少停机时间，提高生产效率。

* 教育领域

教育机构利用大数据分析学生学习行为、课程效果，以实现个性化教学、学习资源优化和教育质量评估，推动智慧教育的发展。

（2）国外大数据发展情况

大数据蕴含的战略价值已经引起众多国家政府的高度重视，其相继出台一系列大数据战略规划和配套法规促进大数据应用与发展。2009年美国政府发布了《透明与开放政府备忘录》；2012年美国白宫发布了《消费者隐私权利法案》；2018年美国通过《开放政府数据法案》，将数据开放正式确立为联邦政府的义务，要求政府数据默认为开放状态，除非有法律特别规定不能公开；2019年美国发布了《联邦数据战略第一年度行动计划》草案，从国家层面对大数据发展做出规划。2010年欧盟发布"欧洲数字议程"；2018年欧盟出台《通用数据保护条例》，希望通过建立大数据相关法律体系保障数据隐私与安全；2020年欧盟发布《欧洲数据战略》，该战略旨在建立一个欧洲单一数据市场，增强数据主权和竞争力，确保欧洲能获得更多数据，成为数字经济的全球领导者。2012年英国发布《开放数据白皮书》；2020年英国发布《国家数据战略》，概述了英国在数据领域的五大优先行动任务，旨在创建一个有利于数据创新和保护个人数据权利的环境。2012年日本总务省ICT基本战略委员会发布《面向2020年的ICT综合战略》，从国家层面对大数据发展做出规划；2021年9月，日本成立了"数字厅"，替代原有的IT综合战略本部，负责推进全国的数字社会建设和数字化转型。

（3）我国大数据发展建设情况

2014年，我国首次将大数据写入《政府工作报告》，标志着我国政府开始深切关注数字经济时代大数据及相关产业发展。2015年，我国发布《促进大数据发展行动纲要》，指出：坚持创新驱动发展，加快大数据部署，深化大数据应用，已成为稳增长、促改革、调结构、惠民生和推动政府治理能力现代化的内在需要和必然选择。这标志着我国大数据发展与应用已在原有尝试的基础上全面起步，尤其是在政府数字化治理领域。

2017年，工业和信息化部发布《大数据产业发展规划（2016—2020年）》，指出："我国经济社会发展对信息化提出了更高要求，发展大数据具有强大的内生动力。推动大数据应用，加快传统产业数字化、智能化，做大做强数字经济，能够为我国经济转型发展提供新动力，为重塑国家竞争优势创造新机遇，为提升政府治理能力开辟新途径，是支撑国家战略的重要抓手。当前我国正在推进供给侧结构性改革和服务型政府建设，加快实施'互联网+'行动计划和制造强国战略第一个十年行动纲领，建设公平普惠、便捷高效的民生服务体系，为大数据产业创造了广阔的市场空间，是我国大数据产业发展的强大内生动力"。这标志着我国大数据发展进入了以大数据应用、大数据产业为先导，并向传统产业渗透，加速传统产业数字化、智能化的落地阶段。

2022年2月，国家发展改革委、中央网信办、工业和信息化部、国家能源局联合印发通知，正式启动了"东数西算"工程，同意在京津冀、长三角、粤港澳大湾区、成渝、内蒙古、贵州、甘肃、宁夏八地启动建设国家算力枢纽节点，并规划了10个国家数据中心集群，标志着全国一体化大数据中心体系完成总体布局设计，"东数西算"工程进入全面启动阶段。

未来大数据将会如基础设施一样，有数据提供方、管理者、监管者，数据的交叉复用将大数据变成一大产业，呈现数据资源化、数据的价值凸显、数据私有化和联盟共享等特点。数据的规模将变得更大，数据的安全与隐私问题将会日益突出，这也为大数据信息安全产业的发展提供了机遇。大数据的发展会催生许多新职业，如数据分析师、数据科学家、数据工程师。

3.2.2　人工智能

1. 人工智能的起源与发展

人工智能（AI）是指由机器或软件表现出的智能行为。它涉及计算机科学、心理学、哲学和语言学等多个领域，并且与这些学科有紧密联系。从早期的概念提出到如今的应用广泛，AI 的发展历程可以大致分为以下 5 个阶段。

（1）萌芽期

最早的关于人造生命的想法出现在古希腊神话中，比如塔罗斯（Talos）自动机械人。古希腊伟大的哲学家和思想家亚里士多德创立了演绎法，他提出的三段论至今仍然是演绎推理的最基本出发点。从中世纪至文艺复兴时期，一些自动装置出现了，如水钟和音乐盒，这些都是早期自动化技术的体现。17 世纪，数学家莱布尼茨把形式逻辑符号化，奠定了数理逻辑的基础，他还提出了通用计算机器的概念，这为后来的计算机发展奠定了理论基础。19 世纪，查尔斯·巴贝奇设计的差分机和分析机被认为是现代计算机的先驱。计算机科学之父图灵也被誉为"人工智能之父"，他于 1936 年创立了自动机理论，亦称图灵机。1950 年他在其著作《计算机器与智能》中首次提出"机器也能思维"，详细论述了如何测试一台机器是否具有智能，这就是后人所称的"图灵测试"。

图灵测试的主要原则是：如果一台机器能够与人类展开对话（通过电传设备），而不能被对方辨别出其机器身份，那么这台机器就是智能的。其背后的逻辑在于人是具备智能的，而测试者无法区分人和机器，这就说明机器和人是等同的，通过"等同"的传递关系，那么机器也是有智能的。虽然这一观点至今仍有巨大争议，但图灵测试简化了对思考的评判标准，令人信服地说明"会思考的机器"是可能的，而会思考的机器自然是有智能的，图灵测试成为很多现代人工智能系统的评价标准。

（2）形成期

20 世纪 50 年代初至 70 年代初是人工智能的形成期。1956 年召开的达特茅斯会议是人工智能领域的里程碑事件，这个长达两个多月的研讨会热烈地讨论了用机器模拟人类智能的问题，涉及自动计算机、编程语言、神经网络、计算规模理论、自我改进、抽象、随机性与创造性 7 个主题。约翰·麦卡锡等人在会议上提出了"人工智能"这一术语，标志着 AI 作为一个独立学科正式诞生，具有十分重要的历史意义。

这个时期见证了人工智能领域的初步发展和许多开创性的成果。1952 年，亚瑟·塞缪尔研究出了具有自学习能力的西洋跳棋程序。这个程序既能从棋谱中学习，也能从下棋实践中提高棋艺，这是最早的学习型程序之一。这个程序曾战胜设计者本人，还击败了美国康涅狄格州的跳棋冠军。1957 年，A. Newell、J. Shaw 和 H. Simon 等组成的心理学小组编制出逻辑理论机，可证明数学定理，揭示了人在解题时的思维过程，从而编制出通用问题求解程序。1960 年，约翰·麦卡锡在 MIT 研制出了人工智能语言 LISP。这个时期也有对机器学习的初步尝试，如弗兰克·罗森布拉特在 1957 年发明了感知机，这是一种早期的神经网络模型，用于模式识别。20 世纪 60 年代末到 70 年代，专家系统（Expert System）开始出现和应用，它们能够处理特定领域的复杂问题。

（3）挫折期

20 世纪 70 年代至 80 年代对于人工智能来说是一段艰难的时期，由于技术限制和资金短缺，AI 研究在 20 世纪 70 年代中期遭遇了一次低谷。尽管如此，专家系统在这个时期仍然得到了广泛应用。专家系统能够使用一系列知识与经验，自动化地完成现实世界中的特定任务和决策。这套系统可以简单地理解为"知识库+推理机"，能够依据一组从专门知识中推演出的逻辑规则在某一特定领域回答或解决问题，特别是在商业领域。1980 年，卡内基梅隆大学为数字设备公司 DEC 设计了一个名为 XCON 的专家系统，XCON 最初被用于 DEC 公司位于新罕布什尔州萨利姆的工厂，它拥有大约 2500 条规则，号称每年为 DEC 公司节省了 2500 万美元。与此同时，研究者开始探索新的方法和技术来突破之前的局限性。机器学习技术在这个时期也开始发展，比如决策树和朴素贝叶斯分类器等。神经网络的研究转向了多层神经网络。

这一时期虽然很艰难，但为后来的技术突破提供了经验和教训。随着计算机硬件的进步和算法的革新，人工智能最终走出了低谷，重新获得了学术界和工业界的广泛关注。

（4）复苏期

20 世纪 80 年代至 90 年代，人工智能进入了复苏期，在此期间，人工智能领域经历了显著的技术进步和商业应用扩展。20 世纪 80 年代，专家系统成为人工智能领域的一个焦点。比如 MYCIN 系统用于辅助医生诊断血液感染疾病；DENDRAL 系统帮助化学家推断未知分子的结构。神经网络复兴，1982 年，约翰·霍普菲尔德（John Hopfield）发现了具有学习能力的神经网络模型，即霍普菲尔德网络；1986 年，杰弗里·欣顿（Geoffrey Hinton）和大卫·鲁梅哈特（David Rumelhart）提出了反向传播算法，极大地推动了神经网络的训练效率提升。20 世纪 90 年代，机器学习技术得到了显著的发展，特别是支持向量机（Support Vector Machine，SVM），它是一种有效的分类方法，适用于多种应用场景。随着计算能力的提升，自然语言处理技术得到了进一步的发展，包括语音识别和文本生成等技术。计算机视觉技术也取得了显著进步，尤其是在图像识别方面。1997 年，IBM 的"深蓝"超级计算机在国际象棋比赛中战胜了世界冠军加里·卡斯帕罗夫（Garry Kasparov），这是人工智能领域的一个标志性事件。

随着人工智能研究的复苏，政府和私人机构开始增加对人工智能项目的资助，人工智能技术开始在医疗、金融、制造等多个行业中应用，实现从理论研究向实用技术的转变，为 21 世纪人工智能的大爆发奠定了基础。随着硬件性能的提升、算法的创新和互联网的普及，人工智能逐渐成为一个成熟且充满活力的领域。

（5）爆发期

自进入 21 世纪以来，人工智能进入了爆发期，经历了快速的技术革新和广泛的实际应用，从学术界走向了产业界，并深刻影响着人们的日常生活。

机器学习领域，支持向量机提供了强大的分类和回归分析性能，在许多问题上表现出了极高的准确性。21 世纪初，集成学习技术（如随机森林）开始被广泛采用，提高了预测模型的准确性和鲁棒性。2006 年，杰弗里·欣顿提出了一种新的训练深层神经网络的方法——深度信念网络（Deep Belief Network，DBN），开启了深度学习的新时代。卷积神经网络（Convolutional Neural Network，CNN）在图像识别领域表现卓越，特别是在 2012 年的 ImageNet 竞赛中，AlexNet 的胜利标志着深度学习在计算机视觉中取得了重要地位。在自然语言处理领域，循环神经网络（Recurrent Neural Network，RNN）在序列建模方面取得了显著进展。2013 年，Google 推出了 Word2Vec（词嵌入）模型，这是一种将词汇转换成数值向量的有效方法，极大改善了自然语言处理的效果。注意力机制的引入显著提高了序列到序列模型的性能，特别是在机器翻译任务中。2017 年，Transformer 架构的提出彻底改变了自然语言处理的范式，使处理长序列变得更有效。强化学习被应用于游戏、机器人控制、自动驾驶等多个领域。2016 年，DeepMind 的 AlphaGo 击败了围棋世界冠军李世石，这是强化学习和深度学习结合的成功案例之一。

2022 年，OpenAI 公司推出 ChatGPT，标志着人工智能研究进入了大模型时代。ChatGPT 是一个非常庞大的神经网络系统，拥有 1750 亿个参数，训练数据为 45TB 的文本数据，硬件系统由 28.5 万个 CPU 和 1 万个高端 GPU 组成，训练一次的成本高达 1200 万美元，其主要花费为电费。ChatGPT 实现了一个以大语言模型为基础的"聊天"系统，其强大的语言理解能力和生成能力，一经推出就受到了广泛关注。ChatGPT 的特点体现在以下 4 个方面。

- 强大的语言理解能力。其表现在无论向它提出什么问题，ChatGPT 都会围绕着你的问题进行回答，很少出现答非所问的情况，虽然给出的回答不一定正确。
- 强大的语言生成能力。ChatGPT 以自然语言的形式回答问题，其结果非常通顺、流畅，达到了非常高的水平，甚至可以对人类给出的文字进行润色。
- 强大的交互能力。ChatGPT 具有很强的交互管理能力，可以很好地实现多轮会话管理，在对话过程中体现出很好的前后关联性，很少出现对话主题漂移的情况。
- 强大的多任务求解能力。ChatGPT 可以自动地适应不同类型的自然语言求解任务，实现对多种自然语言理解任务的求解，从某种程度上来说，ChatGPT 具有了通用人工智能的雏形。

ChatGPT 虽然在上述几方面取得了惊人的成绩，但也存在一个缺陷——幻觉。所谓的幻觉其实是一种"无中生有"的能力，常被人说成"一本正经地胡说八道"，比如让 ChatGPT 介绍某个人，它很可能就是拼凑出这个人的简历，很多内容可能与这个人没有任何关系。

ChatGPT 中的 Chat 是"聊天"的意思，ChatGPT 中最重要的是 GPT，聊天只是它的展现形式。GPT 是生成式预训练变换（Generative Pre-Trained Transformer）模型的英文缩写，从字母含义可以看出其包含了"生成式模型""预训练模型""变换模型" 3 部分内容。ChatGPT 强大的自然语言生成能力就是通过生成模型实现的，其本质是一个"文字接龙"，即根据当前输入信息生成下一个文字。

当前，国内外出现了很多大模型，大模型的出现标志着人工智能研究迈入了新时代，是人工智能发展史上的重要里程碑。随着大模型技术的发展，大模型中也越来越多地融入了多媒体信息，不仅可以处理文本，也可以处理图像、视频等。2024 年年初出现的 Sora 就是一个采用大模型技术实现的根据给定的文字生成视频的系统。

人工智能正经历一系列重大突破和技术革新，不仅在科学研究上取得了显著成就，也深刻改变了各行各业。随着技术的发展，人们也开始关注算法偏见、隐私保护和伦理道德等问题，各国政府开始制定相关政策来规范 AI 的发展和应用，确保其安全可靠。未来 AI 系统将更加自主，能够适应更广泛的场景和任务，AI 与人类的合作将变得更加紧密，共同解决复杂的问题，朝着通用人工智能的方向发展。

2．人工智能的研究领域

（1）机器学习

机器学习是一类算法的总称，其目标是从历史数据中挖掘出隐含的规律，并用于未来的任务处理。机器学习的过程一般包含针对现有数据集选择算法、模型训练、模型评估等环节，当模型达到要求后，再输入未知数据，通过算法模型进行预测，其学习的"经验"通常以数据形式存在。机器学习的研究方式通常是基于数据产生"模型"，在解决新问题时，使用模型帮助人们进行判断、预测。

机器学习是一门多领域交叉学科，主要分为监督学习、非监督学习和强化学习 3 类，涉及概率论、统计学、逼近论、凸分析、算法复杂度理论等多门学科。机器学习的算法有很多，例如 KNN、贝叶斯、支持向量机、决策树、逻辑回归、人工神经网络等。

（2）专家系统

专家系统是人工智能领域的一个重要分支。专家系统是一类具有专门知识的计算机智能系统。该系统根据某领域一个或多个专家提供的知识和经验，对人类专家求解问题的过程进行建模，然后运用推理技术来模拟通常由人类专家才能解决的问题，达到与专家类似的解决问题的水平。专家系统通常由知识库、推理机、综合数据库、解释器、人机交互界面和知识获取等部分构成。

最早且最著名的专家系统出现于 1965 年，是由美国斯坦福大学研制的专家系统 DENDRAL，它可以帮助化学家判断某待定物质的分子结构。1975 年斯坦福大学又发布了 MYCIN 系统，该系统可以帮助医生对住院的血液感染患者进行诊断和选用抗生素类药物进行治疗。目前，专家系统在多个领域中得到了广泛应用，如医疗诊断专家系统、故障诊断专家系统、资源勘探专家系统、贷款损失评估专家系统、农业专家系统和教学专家系统等。

（3）自然语言处理

自然语言处理研究人与计算机之间用人类自然语言进行通信的理论和方法，涵盖计算机科学、人工智能和语言学等多个领域。自然语言处理并非单纯地研究人类自然语言，而在于研制能进行自然语言通信的智能系统，特别是其中的软件系统。自然语言处理的研究通常包括 3 个方面：①计算机理解人类的语言输入，并能正确答复或响应；②计算机对输入的语言信息进行处理，生成摘要或复述；③计算机将输入的某种自然语言翻译成另一类语言，如中译英，实现口语的实时翻译。

自然语言处理的具体研究问题有语音合成、语音识别、自动分词、句法分析、自然语言生成、信息检索等。从应用的层面上看，自然语言处理能实现机器翻译、舆情检测、自动摘要、观点提取、字幕生成、文本分类、问题回答等，还能为计算机提供很吸引人的人机交互手段。例如，直接用语音操作计算机等，给人们带来了极大的便利。自然语言处理属于人工智能中较困难的研究领域，有待人们持续研究和探索。

（4）知识工程

知识工程是指研究如何在计算机系统中表示、获取、管理和利用人类专家的知识，并且能够按照某种规则推理演绎得到新知识，从而在特定领域内提供解决方案。知识工程的研究内容主要包括以下 5 个方面。

- 知识表示：使用逻辑、框架、语义网络等形式化的表示方法来编码知识，也可以使用自然语言文本或其他非正式的形式来表达知识。
- 知识获取：通过与领域专家交谈来收集知识，从已发表的文章和其他资料中提取知识，从大数据集中自动提取隐含的知识。
- 知识管理：对知识库进行管理。

- 推理机制：使用形式逻辑来进行推断，使用经验法则或直觉的启发式推理概率进行推理，推理时要考虑不确定性和概率。
- 应用开发：基于知识的软件系统，能够提供专家级别的咨询和服务的专家系统、能够自主执行任务的智能代理软件、帮助用户做出更明智决策的信息系统。

知识工程在专家系统、知识图谱、语义网、自动问答系统等方面均取得了很多应用成果。利用自然语言处理技术可以更好地获取和理解非结构化文本中的知识，将来自不同领域的知识进行整合，知识工程的发展对于推进人工智能的实际应用具有重要意义，它不仅能够提高计算机系统的智能水平，还能帮助解决现实生活中的复杂问题。

（5）智能识别

智能识别的本质是模式识别，它通过计算机技术来研究模式的自动处理和判读，主要对光学信息（通过视觉器官来获得）和声学信息（通过听觉器官来获得）进行自动识别。

智能识别的研究内容包含计算机视觉、文字识别、图像识别、语音识别、视频识别等。智能识别在实际生活中具有非常广泛的应用，根据人们的需要，经常应用于语音波形、地震波、心电图、脑电图、照片、手写文字、指纹、虹膜、视频监控对象等的具体辨识和分类。以下是智能识别的一些具体应用。

- 文字识别

文字识别指对数字图像中的文字进行识别，又称光学字符识别（Optical Character Recognition，OCR），是图像识别的分支之一，属于模式识别和人工智能的范畴。文字识别可以将手写或印刷图像中的文字转换成计算机可编辑的文本。

- 语音识别

语音识别技术是让计算机通过识别和理解，将语音信号转换为对应的文本或命令的技术。

- 其他生物信息识别

对人物的识别方面，除了声音，指纹、人脸、虹膜、掌纹、静脉、基因、步态、笔迹、颅骨等识别也是目前常见的生物识别技术。

- 物体检测

除了对人进行检测，还有针对物体的检测和识别。其任务是标出图像中物体的位置，并给出物体的类别，比如可以检测出图像中的建筑物、交通工具等各种常见物体。物体检测可以应用于以图搜物、垃圾分类、自动分拣、自动避障等方面。由于物品的多样性，物品识别系统的准确率与模型的训练数据库高度相关。

（6）机器人学

机器人学是与机器人设计、制造和应用相关的科学，又称机器人技术或机器人工程学，主要研究机器人的控制及其与被处理物体之间的相互关系。

过去机器人学属于自动化和机械专业的研究领域，或作为计算机辅助仿真的工具。很多科研公司也制造出了特殊的人形机器人，可以惟妙惟肖地模仿人类姿态和动作，如 NAO 机器人、Alpha 机器人等。近年来，随着机器人操作系统和软件开发环境的发展，人们能够对机器人进行二次开发，对其功能进行拓展。机器人的自主化程度得到了提升。

（7）人工生命

人工生命是对生命进行研究进而人工模拟生成的生命系统。人工生命首先由计算机科学家 Christopher Langton 于 1987 年的生成及模拟生命系统国际会议上提出，并将其定义为"研究具有自然生命系统行为特征的人造系统"。

人工生命是一门交叉科学，其研究领域涵盖了计算机科学、生物学、自动控制、系统科学、机器人科学、物理、化学、经济学、哲学等多种学科，目的是研制具有自然生命特征和生命现象的人造系统，重点是人造系统的模型生成方法、关键算法和实现技术。其主要研究领域包括细胞自动机、数字生命、数字社会、人工脑、进化机器人、虚拟生物、进化算法等。对人工生命的研究和应用将促进多个学科的交流和进展，对社会、生产、医疗等行业产生深远的影响。

3．人工智能的应用

人工智能在工业、医疗、金融、交通、教育、军事等领域有广泛的应用。

（1）工业领域

工业领域的应用包括智能制造与自动化、质量控制与检测、预测性维护、物流与供应链管理、生产个性化与定制化、环境与安全监测等。例如，海尔卡奥斯工业互联网平台（COSMOPlat）、菜鸟裹裹智慧物流等。

（2）医疗领域

医疗领域的应用包括智能诊疗、医学影像智能识别、医疗机器人、药物智能研发等。例如，2024 年 5 月 8 日，Google DeepMind 和 Isomorphic Labs 发布了新一代 AlphaFold3 模型，用于预测蛋白质、DNA、RNA、小分子等几乎所有生物分子的结构和相互作用。与现有的预测方法相比，AlphaFold3 至少有 50%的改进，对于一些重要的相互作用类型，预测精度提高了一倍。

（3）金融领域

金融领域的应用包括风险评估、欺诈检测、投资决策分析、客户精准化服务等。例如，平安科技集团应用人工智能技术优化了车险定损流程，通过图像识别和深度学习算法，系统能够自动分析车辆损坏的照片，快速估算维修成本，大大缩短了定损时间，提高了理赔效率，同时也降低了人为误差，提升了客户满意度。

（4）交通领域

交通领域的应用包括智能化缓解交通拥堵、智能导航和无人驾驶、智能道路养护等。例如，深圳市推出智能公交示范线路，采用自动驾驶技术的公交车在指定线路上运行。这些车辆装有先进的感知系统和智能决策算法，能够自动识别路况、遵守交通规则，提升公交服务质量，同时收集的数据有助于进一步优化公交线路和服务。百度公司在北京市开放了国内首批"共享无人车"服务，用户通过手机应用即可呼叫自动驾驶出租车。这些车辆实现了完全的无人驾驶，能够根据环境自主决策，提供安全、便捷的出行服务，展现了自动驾驶技术在我国的实际商用进程。

（5）教育领域

教育领域的应用包括智能教学平台、智能辅导机器人、个性化学习路径规划等，例如国家数字教育公共服务平台、学习通教育平台等。北京师范大学的《创新"AI+"课堂教学智能评测》案例，通过整合计算机视觉、自然语言处理等技术，构建了课堂教学过程化智能评测系统。该系统实时监测教师教学行为、学生学习行为，对教学过程进行量化评估，为教师提供即时反馈，以优化教学策略。哈尔滨工业大学电工电子实验教学示范中心将人工智能技术融入实验教学平台、资源建设和教学过程，通过制作虚拟数字人教师、建设远程在线实验教学平台、引入人工智能助教等一系列举措，实现了更加高效、便捷的实验教学，更好助力学生在自主学习模式下进行实验学习，进一步提升实践创新人才培养成效。

（6）军事领域

军事领域的应用包括自主多用途作战机器人系统、军用飞机"副驾驶员"系统、自主多用途军用航天器控制系统等。例如，我国的"海燕"系列智能无人艇，能够执行巡逻、侦察、反潜等多种任务，利用人工智能进行自主导航和目标识别，提高海上作战效能；"彩虹"系列无人机也在国际市场上展现出侦察与打击方面的智能化应用。美国国防部的"深绿"项目旨在开发一套能够辅助指挥官进行快速决策的智能系统，通过大数据分析、模拟推演等技术，为作战指挥提供更精确和全面的信息支持。

此外，人工智能还在客户服务、娱乐游戏、智能家居等不同领域中得到广泛应用，随着技术的不断进步，人工智能的应用场景也将会更加丰富和多样化。

3.2.3　区块链

1．区块链的概念

区块链起源于比特币，作为比特币的底层技术，逐渐演化为一项全球性技术，吸引了全球的关注和投资。

区块链是一种块链式存储、难以篡改、安全可信的去中心化分布式账本。它结合了分布式存储、点对点传输、共识机制、密码学等技术，通过不断增长的数据块链（Data Block Chain）记录交易和信息，确保数据的安全和透明性。

区块链具有以下特性。

- 去中心化：区块链不由任何中心化机构控制，而是由多个节点共同维护和管理，因此没有单点故障，并且不容易被攻击或篡改。
- 难以篡改：区块链中的数据只能被添加或追加，不能被删除或修改，因此数据具有难以篡改的特性。
- 透明性：区块链中的所有交易和数据都是公开的，任何人都可以查看和验证，因此交易的透明度和可信度很高。
- 安全性：区块链使用加密算法对数据进行保护，并且每个区块都包含了前一个区块的哈希值，任何人不能在不被授权的情况下篡改区块链中的数据。
- 可编程性：区块链支持智能合约，这是一种可编程的代码，可以在区块链上自动执行特定的条件和操作。

区块链分为公有链、联盟链和私有链 3 种类型。

- 公有链：世界上任何个体或者团体都可以发送交易，且交易能够获得该区块链的有效确认，任何人都可以参与其共识过程。
- 联盟链：由某个群体内部指定多个预选的节点为记账人，每个块的生成由所有的预选节点共同决定，其他接入节点可以参与交易，但不过问记账过程，其他外部节点可以通过该区块链开放的 API 进行限定查询。
- 私有链：仅仅使用区块链的总账技术进行记账，可以由一个公司，也可以由个人，独享该区块链的写入权限。

区块链在金融、供应链、医疗、不动产等领域得到广泛应用。尽管仍面临可扩展性和法规挑战，但它已经成为改变传统商业和社会模式的强大工具，具有巨大潜力。

2．区块链的发展与现状

区块链技术的起源可以追溯到 2008 年，当时一位（或一组）使用化名"中本聪"的开发者或团队发布了一篇名为《比特币：一种点对点的电子现金系统》的论文，提出了区块链的概念，并首次将其应用于比特币这一"数字货币"的底层技术中。

区块链发展经历了 3 个阶段的历程。初期阶段（2009—2013 年）：比特币作为区块链技术的首个应用诞生，并逐渐引起人们的关注，这一阶段主要聚焦区块链技术的基础建设和应用探索。探索阶段（2014—2016 年）：随着比特币价格飙升，区块链技术逐渐进入公众视野，吸引了大量的投资者和开发者；同时，以太坊等新一代区块链平台开始涌现，为区块链技术的发展提供了更多的可能性。发展阶段（2017 年至今）：区块链技术得到了快速发展，应用场景不断拓展，从最初的"数字货币"领域，逐渐扩展到金融、供应链管理、版权保护等多个领域；同时，随着技术的不断进步，区块链的性能、安全性和可扩展性也得到了显著提升。

区块链当前技术趋势如下。

- 技术融合：区块链技术正与其他前沿技术（如人工智能、物联网等）深度融合，共同推动数字化转型。
- 安全性提升：随着区块链技术的不断发展和完善，其安全性得到了显著提升。采用先进的加密算法和共识机制，区块链能够确保数据的完整性和可信度。
- 可扩展性增强：为了解决区块链技术在处理大规模交易时面临的可扩展性问题，研究者提出了多种解决方案，如分片技术、侧链技术等，有效提升了区块链的性能和可扩展性。

区块链技术正在逐渐改变各个行业的运作方式，为数字化转型提供了强大的支撑。随着技术的不断进步和应用场景的不断拓展，区块链的未来发展前景将更加广阔。

3．区块链的应用

区块链的应用非常广泛，尤其是在金融科技、供应链管理和版权保护等领域，应用较多。

（1）金融科技

支付清算：区块链技术提供了去中心化、安全且高效的支付清算解决方案。通过智能合约，支付过程可以自动化，减少人工干预和中间环节，提高交易速度和降低成本。例如，在跨境支付中，传统方式通常涉及多个中介机构，成本高、速度慢。而区块链技术可以实时清算和结算，提高了资金的使用效率。

跨境汇款：区块链技术有助于解决跨境汇款到账周期长、费用高等问题。通过去中心化的网络，跨境汇款可以绕过传统银行体系中的中介机构，实现点对点的快速转账。一些区块链项目已经成功应用于跨境汇款，提供了更快捷、更经济的汇款服务。

资产证券化：区块链技术可以提高资产证券化的透明度和可追溯性。将底层资产的信息记录在区块链上，可以确保信息的真实性和完整性，降低信息不对称和欺诈风险。智能合约还可以自动执行资产证券化的相关合同和协议，减少人工干预和错误。

（2）供应链管理

追溯产品来源：区块链技术可以实现商品的精准追溯。将每个商品的信息记录在区块链上，可以确保商品从生产到销售全过程的透明化。这有助于消费者了解产品的真实来源和质量，提高消费者对产品的信任度。

优化库存管理：区块链技术可以实现供应链中所有环节的实时信息共享。这使企业能够更准确地预测库存需求，优化库存管理，降低库存成本。同时，智能合约还可以自动触发补货等操作，进一步提高库存管理的效率。

降低欺诈风险：区块链技术的云中心化和难以篡改特性有助于降低欺诈风险。实时记录和共享交易信息可以及时发现并处理欺诈行为。同时，区块链技术还可以确保交易数据的完整性和可信度，防止数据被篡改或伪造。

（3）版权保护

数字内容版权登记：区块链技术可以为数字内容提供去中心化的版权登记服务。将版权信息记录在区块链上，可以确保版权信息的真实性和完整性。这有助于创作者维护自己的权益，防止版权被侵犯。

授权和维权：区块链技术可以实现数字内容的智能授权和维权。通过智能合约，创作者可以自动执行版权授权和维权操作，减少人工干预和纠纷。例如，一些区块链项目已经成功应用于音乐、影视等领域的版权保护和管理中。

区块链技术在金融科技、供应链管理和版权保护等领域具有广泛的应用前景和潜力。随着技术的不断发展和完善，相信区块链将在更多领域发挥重要作用。

3.3　数字化新技术前瞻

3.3.1　量子计算

1．量子计算的基本概念

量子计算（Quantum Computation）是一种遵循量子力学规律调控量子信息单元进行计算的新型计算模式。与经典计算不同，量子计算遵循量子力学规律，它是能突破经典算力瓶颈的新型计算模式。在量子计算中，基于量子叠加原理，以量子比特（Qubit）为基本运算单元，量子比特的不同状态可被同时存储和处理，从而使量子信息处理从效率上比经典信息处理具有更大潜力。普通计算机中的 2 位寄存器在某一时间仅能存储 4 个二进制数（00、01、10、11）中的一个，而量子计算机中的 2 位量子位寄存器可同时存储这 4 种状态的叠加状态。随着量子比特数目的增加，对于 n 个量子比特而言，量子信息可以处于 2 种可能状态的叠加，配合量子力学演化的并行性，处理速度比传统计算机更快。传统的通用计算机理论模型是通用图灵机，通用量子计算机理论模型是用量子力学规律重新诠释的通用图灵机。从可计算的问题来看，量子计算机只能解决传统计算机所能解决的问题，但是从计算的效率上来看，由于量子力学叠加性的存在，某些已知的量子算法在处理问题时速度要快于传统的通用计算机。

量子比特是量子计算的理论基石。在常规计算机中，信息单元用二进制的 1 个位来表示，它不是处于"0"态，就是处于"1"态。在二进制量子计算机中，信息单元被称为量子位，它除了处于"0"态或"1"态外，还可处于叠加态（Superposed State）。叠加态是"0"态和

"1"态的任意线性叠加，它既可以是"0"态又可以是"1"态，"0"态和"1"态各以一定的概率同时存在。通过测量或与其他物体发生相互作用而呈现出"0"态或"1"态，任何两态的量子系统都可用来实现量子位，例如氢原子中的电子的基态（Ground State）和第 1 激发态（First Excited State）、质子自旋在任意方向的+1/2 分量和−1/2 分量、圆偏振光的左旋和右旋等。

量子计算之所以引人注目，是因为它在解决某些特定问题时具有传统计算机无法比拟的优势。量子位的叠加态使量子计算机能够同时处理多个计算路径，从而实现并行处理。随着量子位数量的增加，量子计算机的计算能力呈指数级增长，而不是线性增长。量子搜索算法可以在未排序的数据库中以平方根的速度找到目标项，相较于经典算法有显著的加速效果。量子计算机特别适合模拟量子系统的行为，这对于化学和材料科学等领域非常重要。

2. 量子计算的发展历程

量子计算的概念最早由阿贡国家实验室的 P. Benioff 于 20 世纪 80 年代初期提出，他提出二能阶的量子系统可以用来仿真数字计算；不久后费曼也对这个问题产生兴趣而着手研究，并于 1981 年在麻省理工学院和 IBM 举办的"第一届计算物理大会"（First Conference on the Physics of Computation）上作了一场演讲，勾勒出用量子现象实现计算的愿景。1985 年，牛津大学的 D. Deutsch 提出量子图灵机（Quantum Turing Machine）的概念，量子计算才开始具备了数学的基本形式。然而上述量子计算研究多半局限于探讨计算的物理本质，停留在相当抽象的层次，尚未进一步跨入发展算法的阶段。

1994 年，贝尔实验室的应用数学家 P. Shor 指出，相对于传统电子计算器，利用量子计算可以在更短的时间内将一个很大的整数分解成质因子的乘积。这个结论开启了量子计算的一个新阶段。自此之后，新的量子算法陆续被提出来，而物理学家接下来面临的重要的课题之一，就是如何去建造一个真正的量子计算机来执行这些量子算法。许多量子系统曾被点名作为量子计算机的基础架构，例如光子的偏振（Photon Polarization）、腔量子电动力学（Cavity Quantum Electrodynamics，CQED）、离子阱（Ion Trap）以及核磁共振（Nuclear Magnetic Resonance，NMR）等。截止到 2017 年，考虑到系统的可扩展性和操控精度等因素，离子阱与超导系统走在了其他物理系统的前面。

2021 年 10 月，中国科学院量子信息与量子科技创新研究院科研团队在超导量子和光量子两种系统的量子计算方面取得重要进展，使我国成为世界上唯一在两种物理体系达到"量子计算优越性"里程碑的国家。

3. 量子计算的研究成果

早在 2007 年年初，加拿大量子计算公司 D-Wave 公司就展示了全球第一台商用实用型量子计算机"Orion"（猎户座），不过严格来说，当时那套系统还算不上真正意义的量子计算机，只是能用一些量子力学方法解决问题的特殊用途机器。D-Wave 公司于 2011 年 5 月 11 日正式发布了全球第一款商用型量子计算机"D-Wave One"，离量子计算机的梦想又近了一大步。

2018 年 10 月 12 日，华为公布了在量子计算领域的最新进展：量子计算模拟器 HiQ 云服务平台问世。平台包括 HiQ 量子计算模拟器与基于模拟器开发的 HiQ 量子编程框架两个部分，这是华为在量子计算基础研究层面迈出的第一步。

2019 年 8 月，我国量子计算研究获得重要进展：科学家领衔实现高性能单光子源。中国科学院院士、中国科学技术大学教授潘建伟等人领衔，与多位国内及德国、丹麦学者合作，在国际上首次提出一种新型理论方案，在窄带和宽带两种微腔上成功实现了确定性偏振、高纯度、高全同性和高效率的单光子源，为光学量子计算机超越经典计算机奠定了重要的科学基础。国际权威学术期刊《自然·光子学》发表了该成果，评价其"解决了一个长期存在的挑战性问题"。

2020 年 9 月 15 日，百度世界 2020 大会在线上召开，百度量子计算研究所所长段润尧发布了百度量子平台，展示了百度用量脉+量桨+量易伏赋能新基建、追逐"人人皆可量子"的愿景。他介绍，百度全新发布国内首个云原生量子计算平台量易伏，并全面升级量子脉冲云计算服务系统量脉和量子机器学习开发工具集量桨，通过构建以百度量子平台为核心的量子生态，开启量子时代的大门。百度量子平台提供了连接顶层解决方案和底层硬件基础所需的大量软件工具以及接口，百度希望这一平台扮演量子计算时代操作系统的角色，开发者和合作伙伴可以通过这一平台实现量子计算对行业的赋能。

2022 年 1 月 23 日，我国首个量子计算全球开发者平台正式上线。该平台前身为国内首个以"量子计算"为主要特色的双创平台，目前正式升级为 2.0 版，更新为"量子计算全球开发者平台"，旨在将量子计算全球开发者平台打造成国内首个"经典-量子"协同的量子计算开发和应用示范平台，推进量子计算产业落地。

2024 年 4 月 25 日，北京量子信息科学研究院联合中国科学院物理研究所、清华大学，在 2024 中关村论坛年会开幕式上发布其最新成果"大规模量子云算力集群"。5 台百比特规模的新一代量子计算系统，通过与经典计算融合，可以形成集群协同工作。

2024 年 5 月 6 日，中国科学技术大学研究团队在北京发布新成果。他们将自主研发的"光子盒"排布成阵列，在国际上首次实现了基于光子的分数量子反常霍尔态，为物理学家创造出一种研究分数量子霍尔效应的新平台。相关研究成果发表于 *Science*。论文通信作者、中国科学技术大学教授潘建伟院士介绍，该成果是量子模拟技术的重要突破，将很快用于模拟量子系统，推动量子物理研究和量子计算的发展。

4. 量子计算的未来应用

量子计算因其独特的能力，在多个领域展现出巨大的应用潜力。未来，量子计算可以加速分子模拟和化学反应的计算，从而加快新药的研发过程。通过精确模拟分子结构和性质，量子计算可以帮助人们设计具有特定性能的新材料，如高效的催化剂或轻质高强度材料。

在金融行业，量子计算可以优化金融市场的风险管理策略，提高人们对市场波动的预测精度。利用量子优化算法，金融机构可以更好地进行资产组合优化，提高投资回报率。量子机器学习技术可以提高欺诈检测系统的准确性和效率。在信息安全领域，量子计算可以实现理论上不可破解的安全通信渠道，增强数据传输的安全性。量子计算可以加速某些类型的密码破解，也能够开发出新的量子安全协议。量子随机数生成器可以产生真正的随机数，这对于加密算法和安全协议至关重要。在人工智能领域，利用量子计算的并行处理能力，可以加速训练大规模的机器学习模型。量子神经网络可以处理更复杂的模式识别任务，提高预测和分类的准确性。

虽然目前量子计算机的发展仍处于初级阶段，但随着硬件技术的成熟和量子算法的开发，量子计算将逐步走向实用化，为解决复杂问题提供强大的工具。我们可以期待它在未来对科学技术和社会经济产生深远影响。

3.3.2　星际互联网

在过去的几十年里，互联网已经深刻地改变了人们的生活，从简单的信息交换到全球范围内的即时通信，互联网的力量几乎无处不在。星际互联网是一个理论上的概念，其目标是在太空环境中建立一个全球性的、可持续的网络通信基础设施。这样的网络不仅可以连接地球上的不同点，还能将人类在太空中的各个前哨站、卫星、探测器甚至其他星球上的基地相互连接起来。

1. 星际互联网的技术基础

随着技术的不断进步，星际互联网将能够支持人类在太空中长期停留，并促使人类对宇宙进行深入探索。通过采用先进的无线通信技术、高效的编码和压缩方法、自组织和自愈的网络架构，以及安全可靠的路由技术，星际互联网有望在未来成为现实。以下是星际互联网可能会涉及的技术基础。

（1）容断网络

容断网络（Disruption-Tolerant Networking，DTN）是一种为了解决在高时延和不连续通信条件下数据传输问题而设计的网络架构。它允许在网络中断期间存储数据，并在网络恢复时转发这些数据。DTN 的关键技术包括 BP（Bundle Protocol）和流行病路由（Epidemic Routing）等。其中 BP 是一种专为 DTN 设计的协议，它将数据封装成"Bundles"，并在网络中传输这些数据包。流行病路由是一种简单但有效的路由策略，它模仿了流行病传播的方式，将数据包复制并发送给每一个遇到的节点，直到达到目的节点。

（2）无线通信技术

星际互联网也会采用传统的射频通信技术，如 X 波段和 Ka 波段，用于深空通信；还可以使用激光进行数据传输，提供更高的带宽和更低的时延。未来，还能利用量子纠缠等量子效应实现超安全的量子通信。

（3）编码与压缩技术

为了减少数据传输量，星际互联网需要使用高效的编码技术，如前向纠错（Forward Error Correction，FEC）等。对数据进行压缩可以进一步减少传输的数据量，提高网络效率。

（4）网络协议与路由

星际互联网需要新的网络协议来适应深空通信的特点。传统的 TCP/IP 可能不适用，因为它假定网络是连续可用的，而深空通信经常出现中断。星际互联网的路由技术需要考虑到高时延、信号衰减和通信中断等因素，能够根据网络状况动态选择最优路由路径，从而实现智能路由。

（5）安全性

星际互联网利用量子物理原理实现安全密钥交换，确保数据传输的安全性，防止数据被截获或篡改。

（6）卫星技术

星际互联网需要采用低轨卫星互联网组网技术，在低地球轨道上部署大量小型卫星，通过星际链路和地面站与地面网络相连，形成全球性的互联网接入和数据传输系统。

星际互联网在技术上还面临诸多挑战，比如深空通信中的信号传输需要很长时间，这要求星际互联网能够有效处理这些时延。在长距离传输过程中，信号可能会受到各种干扰，如宇宙射线、太阳风暴等。深空探测器的能源供应有限，需要高效利用能源。未来，不同国家和组织之间的技术标准需要统一，以便实现互操作。

2. 星际互联网的网络架构

星际互联网的网络架构是为了支持深空通信而设计的，需要克服距离远、信号延迟和网络中断等挑战。其网络架构可以分为地面段、轨道段、深空段和星际段 4 个层次，每个层次都服务于不同的目的，共同构成了一个能够跨越太阳系乃至更远距离的通信网络。

（1）地面段

地面段包括 3 个部分：一是地面站，它们是连接地球与深空网络的接口，负责接收和发送来自太空的信号；二是数据中心，它们负责处理和存储从深空探测器接收到的数据，并为用户提供数据访问服务；三是控制中心，它们负责监控和控制网络的运行状态，确保数据传输可靠性。

（2）轨道段

轨道段包括两个部分：一是位于地球轨道上的通信卫星，它们可以作为中继站，帮助延长信号传输距离；二是深空通信节点，它们在地球轨道以外，如月球轨道、火星轨道等，用于建立与深空探测器的直接通信连接。

（3）深空段

深空段包括 3 个部分：一是行星探测器，它们部署在不同行星的表面或轨道上，用于收集科学数据并将其发送回地球；二是星际探测器，它们是在太阳系内外执行探测任务的航天器，可以作为网络节点，与其他探测器或地球通信；三是星际中继站，它们位于太阳系的不同位置，用于增强信号传输能力和扩大覆盖范围。

（4）星际段

星际段包括两个部分：一是星际通信节点，它们是太阳系外的通信节点，用于连接不同的恒星系统；二是星际路由器，这些路由器可以作为数据包的转发点，实现跨恒星系的数据传输。

以地球到火星的通信为例，使用地球轨道上的通信卫星作为中继站，火星轨道上的通信卫星用于接收来自地球的信号，并将其转发给火星表面的探测器，火星表面探测器收集数据，并通过火星轨道卫星将数据发送回地球，从而完成通信。

3. 星际互联网的应用前景

星际互联网的应用前景非常广泛。它不仅能够极大地扩展人类在太空中的活动范围，还能促进科学研究、太空探索和商业活动等多个领域的发展。以下是星际互联网可能的应用前景。

（1）深空探测

星际互联网支持无人探测器和载人任务实现更高效的通信和数据传输，实时或近实时地传输科学数据，加速科研成果的获取，还能提供稳定的通信链路，确保探测器的安全运行。

（2）天文与环境观测

星际互联网为分布在不同地点的天文台提供无缝连接，实现联合观测，促进数据共享，提高天文学研究的效率；通过连接地球轨道上的卫星，提高全球天气预报的准确性；通过加强对地球环境变化的监测，支持环境保护和灾害预警。

（3）太空旅游与太空资源开发

星际互联网为太空游客提供实时通信服务，支持地面亲友与太空游客的视频通话等互动，增强体验感；通过实时数据传输，提高资源开发的效率和安全性；支持小行星采矿、月球基地建设和火星移民等活动中的通信需求；促进在太空中的制造活动，如制造大型结构物或利用微重力环境生产特殊材料。

（4）教育文化与物联网应用

星际互联网能够提高远程教育的质量，使偏远地区的居民能够获得高质量的教育资源；通过虚拟现实和增强现实技术，提供沉浸式的学习体验；促进不同文化和民族之间的交流与理解，更好地支持国际的艺术和文化项目合作。

星际互联网能够支持海上船只、飞机和极地考察站等的通信需求，为居住在偏远地区的人们提供宽带互联网接入，更好地提供远程医疗服务，包括诊断和治疗建议，支持医生与患者的视频咨询。通过广泛的网络覆盖范围，星际互联网支持物联网设备在全球范围内的连接，实现远程监控和控制家庭设备的功能，促进智能城市的建设和管理。随着技术的不断进步和创新，星际互联网将逐渐从概念走向现实，成为连接宇宙的重要桥梁。

3.3.3　数基生命

在自然界中，生命通常被认为是由碳基分子构成的有机体，依赖于 DNA、RNA 等生物大分子进行遗传信息的传递。在数字时代，人们开始思考生命存在的另一种形式——数基生命。数基生命是指那些完全存在于计算机或数字环境中，依靠电子数据进行生存、繁殖和进化的生命形式。这类生命形式不需要传统意义上的物质身体，通过算法、程序代码等方式表达其生命特征。

当前，计算机病毒可以被视为最简单的数基生命形式之一，它们能够自我复制，并在计算机系统中传播。另外，我们目前能够看到的数基生命的形式包括具备自主学习和决策能力的高级人工智能系统；在虚拟世界中模拟的生物，如游戏中的 NPC（非玩家角色）或虚拟宠物；还有通过互联网互相连接的智能体，它们可以在不同服务器之间迁移和交互。

1. 数基生命的特征

随着技术的进步，数基生命的潜力和应用范围将会不断扩大，可能会对未来的科学、技术、经济和社会产生深远的影响。数基生命代表了一种全新的生命形式，它们拥有如下与传统生命迥然不同的特征。

（1）非物质性与多样性

数基生命不需要实体存在，它们的存在完全基于电子数据，不受传统生物学中的物理定律（例如重力、温度等）约束。数基生命可以呈现多种形式，从简单的算法到复杂的智能体。数基生命可以执行多种任务，包括但不限于计算、决策、创造和沟通。

（2）可编程性

数基生命的形式和功能可以通过编程语言来定义和修改，可以通过软件更新来添加新功能或修复问题。数基生命可以通过算法进行快速迭代和进化，还可以通过自我学习和算法优化来适应环境的变化，不受自然选择的缓慢进程限制。

（3）分布式与跨平台交互

数基生命可以在不同的硬件和软件平台上运行，可以轻易地复制自身，复制过程中不会损失任何信息或质量，不需要消耗任何物理资源。数基生命可以快速地在不同的网络和计算环境中迁移，可以在不同的平台和环境中进行通信和协作。它们可以通过多种方式进行交互，包括文本、语音、图像等。

（4）智能性

数基生命能够快速适应不同的数字环境，可以通过机器学习和深度学习等技术来学习新技能。部分数基生命可能具备一定程度的自我意识和自主决策能力。数基生命可以检测并修复自身的错误或损坏，还能根据环境变化调整自己的修复机制。

（5）安全性与隐私

数基生命可以通过加密技术保护自身免受外部威胁；可以采取措施保护其数据隐私，避免信息泄露。

2．数基生命的技术基础

数基生命是一种完全存在于数字环境中的生命形式，它依赖于电子数据进行生存、繁殖和进化。以下是一些构成数基生命技术基础的关键技术。

（1）数据感知与数字化建模

数基生命需要具有全方位数据感知能力，这需要设计高效的数据采集系统，确保数据的质量和完整性。传感器技术会大量应用于数基生命中，比如使用微型传感器、生物传感器等收集生命体征数据，通过环境传感器监测生命体所处环境的物理化学参数。

采集到的数据需要进行数字化建模，通常使用数学公式和方程来描述生命系统的结构和功能，还需要结合微观（分子水平）、中观（细胞水平）和宏观（器官、个体水平）的不同尺度模型来构建仿真的数字模型，模拟生命体的行为和反应。

（2）数据汇集与认知

数基生命需要利用云存储、分布式文件系统等技术存储海量数据。使用新一代数据管理系统，将不同来源的数据进行整合，实现数据的高效检索和管理，形成统一的数据视图。运用数据挖掘、机器学习、模式识别、知识图谱等技术，结合大语言模型加强对数据的认知、知识的提取与应用。

（3）全方位跨层次数据感知

数基生命需要将不同尺度的数据整合在一起，形成完整的生命系统视图，还需要将不同格式的数据转换为统一的格式，便于后续处理。这其中涉及学科融合，比如研究生命体的生理和遗传特征的生物学、开发用于处理生命数据的算法和技术的计算机科学以及研究生命体的物理特性的物理学，还会用到新的数学语言和工具。

（4）沉浸式交互技术

沉浸式交互技术用于创建逼真的虚拟环境，模拟数基生命的生活条件。设计直观的用户界面，使用户能够与数基生命互动，通过触觉设备提供触觉反馈，支持声音、手势等多种输入方式，增强用户的沉浸感，实现自然的多模态交互。

（5）伦理与法律框架

我们需要认真考虑相关的伦理和法律问题，确保数基生命的开发和使用符合人类利益和社会的伦理标准。这需要确保数基生命的设计和使用尊重所有生命形式，公开数基生命的运作机制和目的，确保数基生命的使用对所有群体都是公平的；在法律监管方面，需要制定保护个人数据的法律法规，确定数基生命的所有权和使用权，界定数基生命出现问题时的责任归属。

数基生命的实现涉及广泛的领域和诸多技术，需要跨学科人员紧密合作。随着相关技术的发展，数基生命有望成为未来生命科学研究的重要组成部分，并为人类带来前所未有的机遇。

3. 数基生命的社会影响

数基生命作为一种完全存在于数字环境中的生命形式，其发展将对社会产生广泛的影响。以下是数基生命可能带来的社会影响。

（1）医疗健康领域

使用数基生命技术可以创建个人的数字孪生模型，此模型可以协助个人进行健康管理和疾病预防，提供个性化的健康建议，实现更好的个性化医疗。数基生命技术可以支持远程诊断和治疗，尤其是在偏远地区或资源匮乏的地方，通过数字生命模型进行远程监护，可减少患者往返医院的次数。数基生命还可以用于模拟药物反应，加速新药的研发过程。

（2）教育领域

数基生命可以用于创建虚拟实验室，让学生在安全的环境中进行实验操作。比如，通过模拟真实的生物系统，学生可以获得实践经验而无须担心实验失败带来的后果。数基生命可以作为智能导师，根据学生的学习进度和风格提供定制化的教学内容，通过数据分析来评估学生的学习效果，帮助教师及时调整教学计划。医生、护士和其他医疗领域人员可以通过模拟数基生命进行培训，使他们在虚拟环境中处理复杂的医疗案例，提高他们的工作技能和应对能力。

（3）科学研究领域

数基生命可以用来模拟生物系统，帮助科学家更好地理解生命的复杂机制。模拟实验可以减少对活体动物的依赖，降低实验成本。在环境监测方面，数基生命可以监测生态系统的变化，预测气候变化对生物多样性的影响，通过模拟不同环境条件下的生物反应，帮助人们制定有效的保护策略。

（4）经济影响

数基生命技术的发展将催生新的产业，如数字生命软件开发、虚拟生物制造等，为创业者提供了新的商业机会，促进了经济增长。数基生命技术可能会改变某些职业的需求，需要培养相关领域的专业人才，提高劳动力市场的适应性，同时也会创造出全新的就业机会。数基生命技术可以提高资源利用率，减少浪费；通过模拟不同方案的结果，帮助决策者做出更明智的选择。

（5）社会文化影响

数基生命可以改善人机交互体验，通过虚拟生物等形式，增进人与技术的情感联系，使技术更加人性化。数基生命可以创造新的娱乐形式，如虚拟宠物、游戏中的智能 NPC 等，为用户提供更加丰富和沉浸式的娱乐体验。数基生命可以激发艺术家的灵感，通过模拟生命过程，探索艺术与科技的融合，创造新的艺术作品。

（6）法律与伦理影响

数基生命技术的广泛应用需要严格的数据保护措施，以防止个人隐私泄露；需要制定相应的法律法规，保护用户的隐私权和个人数据安全。当数基生命技术出现问题时，需要明确责任归属，建立责任追溯机制，确保相关方承担责任，保护受害者权益。数基生命技术的应用需要经过严格的伦理审查，通过建立伦理委员会，对相关项目进行评估和监管，确保其符合伦理标准。

　　数基生命技术的发展将对医疗健康、教育培训、科学研究等多个领域产生深远的影响。随着技术的进步和社会的发展，数基生命的应用将不断拓展，为人类带来更多的便利和发展机遇。然而，伴随而来的是对隐私、伦理和法律责任等方面的挑战，需要社会各界共同努力，确保技术的发展既能服务于人类社会，又能遵循伦理原则和法律规范。

练习与思考

1. 谈一谈你对算力的认识。
2. 简述云计算的概念。
3. 简述云计算的服务模式及各自的特点。
4. 简述大数据的特征。
5. 举例说明大数据有哪些典型应用。
6. 简述人工智能的概念。
7. 简述机器学习的概念。
8. 简述物联网的特征。
9. 简述我国物联网发展建设情况。
10. 简述 5G 的概念。
11. 简述当前 5G 的应用情况。
12. 谈一谈你对未来数字化技术的畅想。

参考文献

[1] 秦永彬, 黄瑞章, 陈艳平, 等. 再造: 数字化与数字化转型[M]. 北京: 人民邮电出版社, 2023.

[2] 李刚, 周鸣乐, 李敏. 数字经济概论[M]. 北京: 清华大学出版社, 2023.

[3] 林伟伟. 云计算与 AI 应用技术[M]. 北京: 清华大学出版社, 2023.

[4] 施晨阳. 5G 商用: 商业变革+模式创新+行业应用[M]. 北京: 化学工业出版社, 2022.

[5] 林子雨. 大数据导论: 数据思维、数据能力和数据伦理[M]. 北京: 高等教育出版社, 2020.

[6] 马少平. 艾博士深入浅出人工智能: 公共课版·微课版[M]. 北京: 清华大学出版社, 2024.

[7] 张玉宏. 人工智能极简入门[M]. 北京: 清华大学出版社, 2021.

第4章

数字产业化和产业数字化

随着我国数字经济的不断创新发展，《2021 年政府工作报告》《2024 年政府工作报告》《"十四五"数字经济发展规划》以及《中华人民共和国国民经济和社会发展第十四个五年规划和 2035 年远景目标纲要》等重要文件频繁提及了"数字产业化"和"产业数字化"。这表明了数字化转型在我国经济和社会发展中日益重要的地位，以及政府对推动数字产业化和产业数字化的高度重视和大力支持。

从定义来看，数字产业化即数字经济核心产业，是指为产业数字化发展（即产业数字化转型）提供数字技术、产品、服务、基础设施和解决方案，以及依赖数字技术和数据要素的各类经济活动；产业数字化则指利用数字技术和数据资源为传统产业增加产出和提高效率，实现数字技术与实体经济的深度融合。

从二者与数字经济的关系来看，数字产业化是数字经济发展的基础和动力，是支撑我国经济复苏的重要动力。近年来，数字经济产业呈现出波动上升的趋势，具有较强的产业韧性和辐射带动作用。因此，必须重点发展数字经济核心产业，培育和壮大人工智能、大数据、区块链、大语言模型等新兴数字产业，提升通信设备、核心电子元器件、关键软件等产业水平。同时，还应聚焦关键领域，加强精准攻关，加快技术突破，增强自主可控能力，推动先进数字产业集群的国际竞争力。产业数字化则是数字经济发展的主战场。数字经济与实体经济的深度融合是我国海量数据和丰富应用场景优势的必然选择。产业数字化转型发展周期长、复杂程度高，不同行业和企业在数字化转型过程中面临着各种挑战和困难。因此，必须根据不同产业的特点和需求，把握数字化、网络化、智能化方向，利用数字技术对传统产业进行全面改造，推动制造业、服务业、农业等产业数字化，拓展新模式、新业态、新产业。特别是要充分发挥领军企业的带动作用，促进企业间的合作，搭建数字化开放平台，加快数字基础设施建设，降低中小企业的数字化转型成本。

4.1 数字产业化及产业数字化的定义、特征与现状

4.1.1 数字产业化的定义、特征与现状

1. 数字产业化的定义

作为数字经济的重要组成部分，数字产业化指利用数字技术和信息化手段，推动电子

信息制造业、软件和信息技术服务业、互联网业、电信服务及广播电视业等数字相关产业快速发展，实现这些产业的数字化、智能化和服务化转型。数字产业化不仅关注数字技术的研发和创新，还涵盖了这些技术在各产业中的应用和推广，从而推动整个经济体系的数字化转型。与产业数字化相比，数字产业化更侧重于数字技术和产品本身的发展及其产业化过程，而产业数字化则强调传统产业的数字化转型。两者相互依存，共同促进数字经济的繁荣。

2. 数字产业化的特征

数字产业化不仅代表着数字技术的飞速发展，更象征着传统产业与数字技术深度融合的必然趋势。它不仅是数字经济的重要支撑，也是推动经济社会发展的重要力量。未来，随着数字技术的不断革新和应用场景的持续拓展，数字产业化将在更广泛的领域发挥重要作用，引领传统产业进入更加智能、高效、绿色的新时代。以下是数字产业化过程中呈现出来的主要特征。

（1）技术创新驱动

数字产业化以技术创新为核心驱动力，不断推动 5G、人工智能、大数据、云计算、区块链、大语言模型等前沿技术的发展和应用。这些技术的突破和应用不仅提升了数字产业的竞争力，还为其他产业的数字化转型提供了有力支撑。

（2）产业融合加速

数字产业化促进了不同产业之间的深度融合。随着数字技术的普及和应用，传统产业与数字产业的边界日益模糊，形成了跨界融合的新业态和新模式。例如，智能制造、智慧农业、数字金融等新型产业形态不断涌现。

（3）市场需求导向

数字产业化紧密围绕市场需求进行布局和发展。随着消费者对数字化产品和服务的需求不断增加，数字产业化企业积极调整产品结构和市场策略，以满足市场的多元化和个性化需求。

（4）组织模式创新

数字产业化推动了企业组织模式的创新。在数字技术的支持下，企业可以更加灵活地调整组织架构和业务流程，实现扁平化管理、远程协作和智能化决策等新型组织模式。

（5）生态系统构建

数字产业化促进了数字生态系统的构建。在这个生态系统中，不同企业之间通过共享资源、协同创新等方式实现共赢发展。同时，政府、行业协会等也积极参与其中，为数字产业化提供良好的政策环境和发展空间。

3. 数字产业化的现状

数字产业化这个概念在当今世界已经变得越来越重要，它代表了信息技术产业的飞速发展，以及这些技术在经济和社会各个领域的广泛渗透和应用。这一现象不仅推动了传统产业的转型升级，还催生了一系列新兴的产业，成为全球经济增长的新引擎。

在当前的数字产业化现状中，我们可以观察到几个显著的趋势。互联网技术已经变得无处不在，它改变了我们获取信息、进行交流、购物消费以及接受教育的方式。电子商务平台如雨后春笋般涌现，为消费者提供了前所未有的购物便利；在线教育打破了时间和空间的限制，让知识的传播更加广泛和便捷；远程医疗服务的出现，使医疗资源得到了更合理的分配，尤其是在偏远地区。

大数据和人工智能技术的迅猛发展，为各行各业带来了革命性的变化。大数据技术的应用使企业能够通过分析海量数据来洞察市场趋势，优化运营效率。而人工智能则在图像识别、语音处理、自动驾驶等领域取得了突破性进展，为人们的生活带来了极大的便利。

云计算和物联网技术的普及，正在重塑人们的工作和生活方式。云计算提供的弹性计算资源，使企业无须大量投资于硬件设施，便能快速扩展业务；物联网技术则让设备与设备之间能够实现智能互联，为智慧城市的构建、智能制造的发展提供坚实的技术基础。

数字经济的快速发展是数字产业化最直观的体现。数字经济不仅为传统产业的数字化转型提供了动力，还催生了大量以数据为核心资产的新兴企业。这些企业通过创新的商业模式，正在改变着我们对传统行业的认知。

各国政府对数字产业化的发展给予了高度重视，纷纷出台了一系列政策来支持这一进程，并且在相关领域增加了投资。这些政策和投资不仅可促进本国经济的发展，还能使国家在全球数字经济的竞争中占据有利地位。

然而，数字产业化的发展也带来了新的挑战。数据安全和隐私保护成为公众关注的焦点，数字鸿沟问题也日益凸显，需要人们共同面对和解决。尽管如此，数字产业化无疑为经济和社会发展注入了新的活力，它的未来充满了无限可能。

4．实际案例与数据支持

（1）案例

我国 5G 产业发展：我国作为全球 5G 技术的领先者之一，积极推动 5G 技术的研发和应用。截至目前，我国已建成全球最大的 5G 网络，并在智能制造、智慧城市等多个领域实现了 5G 技术的广泛应用。这些应用不仅提升了生产效率和服务质量，还推动了相关产业的快速发展。

（2）数据支持

《中国数字经济发展白皮书》显示，我国数字经济规模持续扩大，占 GDP 比重不断提高。其中，数字产业化作为数字经济的重要组成部分，发挥了重要作用。同时，随着数字技术的不断发展和应用场景的拓展，数字产业化将继续保持快速增长态势。

综上所述，数字产业化作为数字经济的重要组成部分，正以前所未有的速度推动着全球经济的数字化转型。通过技术创新、产业融合、市场需求导向、组织模式创新和生态系统构建等特征的展现，数字产业化不仅提升了产业自身的竞争力，还推动了其他产业的数字化转型和升级。面对挑战与机遇并存的局面，我们需要积极应对挑战、把握机遇，推动数字产业化的持续健康发展。

4.1.2　产业数字化的定义、特征与现状

1．产业数字化的定义

作为数字经济的重要组成部分，产业数字化是指传统产业应用数字技术实现生产、运营、管理等各环节的数字化改造和升级。这一过程不仅提升了生产效率和产品质量，还促进了产业链上下游的协同与融合，推动了经济结构的优化和增长方式的转变。与数字产业化相比，产业数字化更侧重于传统产业的数字化转型，而数字产业化则更关注信息技术和数字技术本身的发展及其形成的新兴产业。两者相辅相成，共同构成了数字经济的完整体系。

2．产业数字化的特征

产业数字化强调的不只是单一环节的数字化，而是整个产业链上各个环节的协同与整合。它要求企业从战略层面出发，重新审视和规划自身的业务流程，通过引入先进的数字技术，对生产、管理、服务等各个方面进行深度改造，以实现更高效、更智能、更绿色的运营模式。因此，产业数字化不仅是技术上的革新，更是对产业结构和企业运营模式的深刻变革。产业数字化的过程呈现出以下显著特征。

（1）数据驱动

产业数字化以数据为核心驱动力，通过全面收集、分析各类数据，实现对企业运营、市场趋势、消费者需求等方面的精准洞察。这种数据驱动的方式使决策更加科学、高效，有助于提高企业的市场竞争力。

（2）智能化生产

在产业数字化的进程中，传统的生产方式正在向智能化、自动化方向转变。通过引入先进的智能制造技术，企业可以实现生产线的智能化控制，提高生产效率和质量，降低生产成本。

（3）网络化协同

产业数字化推动了企业在内部和外部之间建立更加紧密的联系与协作。通过数字化的信息传输和协同平台，不同部门、不同企业之间的沟通更加高效，信息的传递更加快捷，加强了企业的内部协同和外部合作。

（4）个性化服务

随着消费者需求的日益多样化，产业数字化使企业能够提供更加个性化、精准化的服务。通过对消费者数据的深入分析，企业可以了解消费者的喜好、需求等信息，从而为消费者提供更加符合其需求的产品和服务。

（5）跨界融合

产业数字化打破了传统产业的边界，推动了不同产业之间的跨界融合。通过数字技术的应用，传统产业可以与新兴产业进行深度融合，共同创造出新的商业模式和价值。

3．产业数字化的现状

产业数字化这一概念如今已深入人心，它代表着传统行业与现代信息技术深度融合的新浪潮。在这一浪潮中，云计算、大数据、人工智能、物联网等新一代信息技术，如同一股不可阻挡的力量，渗透到农业、制造业、服务业等各个领域，为它们注入了新的活力。企业通过这些技术的应用，不仅能够实现三产流程的自动化和智能化，还能对海量数据进行深度挖掘，从而洞察市场趋势，优化产品设计，提升客户体验。

数字化转型的加速是当前产业数字化现状的另一显著特征。面对激烈的市场竞争和不断变化的消费者需求，企业纷纷将数字化转型视为提升核心竞争力的关键。从制造业的智能工厂到零售业的个性化推荐系统，从金融行业的移动支付到医疗行业的远程诊疗，数字化转型正在全方位地改变着企业的运营模式和业务流程。

产业互联网的发展为产业链的整合和优化提供了新的平台和工具。通过产业互联网平台，企业能够实现更加紧密的合作，共享资源，提高效率。例如，供应链管理通过数字化手段，可以实现从原材料采购到产品交付的全程透明化，大大缩短了生产周期，降低了库存成本。

数字化服务的创新为传统产业带来了新的增长机遇。远程办公软件的普及让员工可以不受地域限制进行高效协作；在线教育平台的兴起打破了时间和空间的限制，使知识传播更加便捷；电子商务的蓬勃发展更是彻底改变了人们的购物习惯，推动了零售业的变革。

政策支持和投资增加为产业数字化提供了有力的外部保障。各国政府纷纷出台政策，鼓励企业进行数字化改造，同时加大了对相关领域的投资力度。这些政策和资金支持为产业数字化的健康发展提供了良好的环境。

然而，产业数字化的进程中也存在着不容忽视的问题。数字鸿沟问题尤为突出，不同地区、不同行业、不同规模的企业在数字化水平上存在较大差异，这不仅影响了企业的竞争力，也加剧了社会的不平等。此外，数据安全和网络安全问题也日益凸显，成为制约产业数字化发展的重要因素。企业必须在享受数字化带来的便利的同时，加强安全防护措施，确保数据和信息的安全。

总体而言，产业数字化已成为推动全球经济增长的新引擎。它不仅为传统产业带来了转型升级的机遇，也为新兴产业的发展开辟了广阔的前景。尽管面临挑战，但只要我们持续进行技术创新、加强政策引导、提高企业自身的适应能力，产业数字化的未来将是光明的。

4．实际案例与数据支持

（1）案例

案例一：我国工业数字化。据统计，自 2005 年以来，我国工业数字化规模年均增速超过 25%。2018 年，我国工业数字经济占行业增加值比重达到 18.3%，显示出工业数字化在推动我国经济增长中的重要作用。

案例二：服务业数字化转型。我国消费互联网发展迅猛，零售（电商）、金融、餐饮、交通、教育、医疗等服务行业纷纷拥抱互联网。例如，电商平台通过分析客户需求、优化供应链管理等手段提高了运营效率，金融机构利用人工智能和区块链技术提升风控能力和服务效率。

（2）数据支持

根据《中国中小企业数字化转型报告 2024》，当前我国中小企业数字化转型意愿强烈，2024 年在数字化转型上的投入稳步增长。尽管六成企业仍处于转型早期阶段，但数字化转型已成为中小企业高质量发展的"必修课"。

综上所述，产业数字化作为数字经济的重要组成部分，正以前所未有的速度改变着传统产业的面貌。通过技术深度融合、组织模式创新、市场边界拓展等方式，产业数字化不仅提升了企业的生产效率和竞争力，还推动了经济结构的优化和增长方式的转变。面对挑战与机遇并存的局面，企业需要积极拥抱数字化转型趋势，把握发展机遇，实现可持续发展。

4.2 数字产业化对经济发展的作用机理及效果

在数字经济的推动下，数字产业化正以前所未有的速度重塑全球经济格局。其核心在于技术创新与扩散，以人工智能、区块链等前沿技术为引擎，不仅提升了生产效率与质量，更催生了新兴业态与商业模式，引领产业链全面升级。同时，数据作为新生产要素崛起，重构了资源配置方式，促进了劳动力与资本的高效利用。产业间的深度融合与跨界发展拓宽了市场边界，激发了新增长点。市场需求在数字化驱动下变得更加多元化、个性化，企业得以精准响应，资源配置效率显著提升。这一系列作用机理共同促成了经济的高速增长、产业竞争力的跃升、资源配置的优化、创新生态的繁荣以及经济韧性的增强。数字产业化正成为推动全球经济高质量发展的关键力量。

1. 数字产业化对经济发展的作用机理

（1）技术创新与扩散

数字产业化以人工智能、区块链、云计算、大数据等底层数字技术为核心，这些技术的不断创新与广泛应用，不仅提升了生产效率和质量，还催生了大量新兴产业和商业模式。

（2）生产要素重构

数字产业化过程中，数据成为新的关键生产要素。数据的收集、处理、分析和应用能够优化资源配置，提高生产效率和决策的科学性。同时，数字技术的应用也促进了劳动力、资本等传统生产要素的重新组合和高效利用。

（3）产业融合与跨界发展

数字产业化打破了传统产业的边界，促进了产业间的深度融合和跨界发展。传统产业通过数字化改造，实现转型升级；新兴产业则依托数字技术，快速崛起并拓展市场。这种融合与跨界发展不仅丰富了产品种类和服务模式，还激发了新的市场需求和增长点。

（4）市场需求引导

数字技术的应用使市场需求更加多元化、个性化。企业可以通过大数据分析等手段，精准把握市场需求，及时调整生产策略和产品方向。这种市场需求引导的生产模式提高了市场响应速度和资源配置效率。

2. 数字产业化的效果

（1）促进经济增长

数字产业化通过技术创新、生产要素重构、产业融合与跨界发展等机制，推动了经济总量的快速增长。同时，数字经济的高附加值、低能耗、低污染等特点，也促进了经济结构的优化和可持续发展。

（2）提升产业竞争力

数字产业化使企业在全球范围内的竞争更加激烈，但同时也为企业提供了更多的发展机遇。通过数字化转型，企业可以降低成本、提高效率、拓展市场，从而提升自身的竞争力和市场地位。

（3）优化资源配置

数字技术的应用使资源配置更加高效、精准。通过大数据分析等手段，企业可以实时掌握市场供需信息，优化生产计划和库存管理，降低资源浪费和成本。同时，数字平台的发展也促进了资源的共享和协同利用。

（4）推动创新发展

数字产业化为企业提供了更加广阔的创新空间。通过数字技术的应用，企业可以开发出更加智能化、个性化的产品和服务，满足市场的多样化需求。同时，数字平台也为企业提供了更加便捷的创新合作和交流渠道，促进了创新资源的共享和整合。

（5）增强经济韧性

数字技术的应用提高了经济系统的适应性和抗冲击能力。在面对外部冲击时，数字经济可以迅速调整生产和服务模式，保障经济运行的稳定性和连续性。同时，数字技术的应用也促进了政府治理能力的提升，为应对各种挑战提供了有力支持。

综上所述，数字产业化对经济发展的作用机理复杂而深远，其效果体现在经济增长、产业竞争力提升、资源配置优化、创新发展和经济韧性增强等多个方面。未来，随着数字技术的不断发展和应用深化，数字产业化将继续为经济发展注入新的动力和活力。

4.3　产业数字化对经济发展的作用机理及效果

随着信息技术的飞速发展，产业数字化已成为驱动全球经济转型升级的重要引擎。通过深度融合人工智能、大数据、云计算、区块链及大语言模型等前沿技术，产业数字化正深刻改变着第一产业、第二产业、第三产业的传统面貌。这一过程不仅加速了生产流程的智能化与自动化，更引领了产品与服务的创新浪潮，推动了生产模式与组织结构的根本性变革。在全球加速迈向"万物互联、泛在智能"的数字新时代背景下，产业数字化不仅是经济高质量发展的关键路径，更是实现社会全面进步与可持续发展的强大动力。

1．产业数字化对经济发展的作用机理

（1）技术赋能与创新引领

产业数字化通过引入并深度应用人工智能、大数据、云计算、区块链、大语言模型等前沿技术，为传统产业注入了新的活力。这些技术不仅提升了生产流程的自动化和智能化水平，还推动了产品和服务的创新。技术创新成为产业数字化的核心驱动力，引领着产业向更高质量、更高效益的方向发展。

（2）生产模式与组织结构的变革

产业数字化促使生产模式从传统的线性、刚性向灵活、智能的方向转变。通过智能制造、柔性生产等模式，企业能够更快地响应市场需求变化，提高生产效率和灵活性。同时，数字化还推动了组织结构的扁平化和网络化，使决策更加迅速和精准。

（3）产业链与供应链的协同优化

产业数字化通过数字平台的建设和应用，实现了产业链上下游企业的紧密连接和协同合作。这种协同优化不仅提高了供应链的透明度和效率，还降低了运营成本和风险。同时，数字平台还促进了资源的共享和优化配置，推动了产业链的可持续发展。

（4）深度定制化与个性化生产

产业数字化使企业能够利用大数据和人工智能技术深入了解消费者的个性化需求，实现深度定制化的产品和服务。这种以消费者为中心的生产模式，不仅提高了市场响应速度，还极大地丰富了产品种类和服务形式，为经济发展注入了新的活力。

2．产业数字化的效果

（1）经济增长的新引擎

从经济增长的角度来看，产业数字化不仅推动了传统产业的转型升级和高质量发展，还培育了新的经济增长点和动能。这种新旧动能的转换和融合为经济的持续增长提供了有力支撑。

（2）促进经济结构优化升级

产业数字化不仅推动了传统产业的转型升级，还促进了新兴产业的快速发展。这种经济结构的优化升级使经济更加多元化、高端化，提高了经济的整体竞争力和抗风险能力。

（3）数字经济新业态的涌现

产业数字化催生了大量数字经济新业态和新模式，如共享经济、平台经济、远程办公等。这些新业态和新模式不仅改变了传统的生产方式和消费模式，还创造了大量的就业机会和经济增长点，为经济发展提供了新的动力源泉。

（4）创新生态的构建

产业数字化推动了创新生态的构建和发展。政府、企业、高校、科研机构等各方共同参与创新生态的建设和运营。通过协同创新、资源共享和利益共享等方式，形成了良好的创新氛围和机制。这种创新生态不仅促进了新技术的研发和应用，还推动了产业的转型升级和高质量发展。

（5）提升国际竞争力

在全球化背景下，产业数字化使企业能够更加便捷地参与国际竞争。通过数字技术的应用，企业可以实时了解国际市场动态和消费者需求，快速调整生产和服务策略，从而在国际市场中占据有利地位。这种国际竞争力的提升有助于推动经济的全球化发展和国际合作。

总之，产业数字化作为新时代经济发展的核心驱动力，其深远影响已全面显现。它不仅成功激活了经济增长的新引擎，促进了经济结构的优化升级，还催生了数字经济的新业态与新模式，为全球经济注入了前所未有的活力。更重要的是，产业数字化促进了创新生态的构建，加强了产学研用之间的紧密合作，为技术创新与产业升级提供了肥沃土壤。在全球化的浪潮中，产业数字化显著提升了企业的国际竞争力，推动了全球经济的深度融合与协同发展。综上所述，产业数字化不仅重塑了经济格局，更为未来经济发展指明了方向，是实现可持续繁荣的必由之路。

4.4　数字产业化及产业数字化应用

在当今数字化浪潮的推动下，数字产业化及产业数字化应用正以前所未有的速度改变着人们的生产生活方式。数字产业化作为数字经济发展的核心引擎，通过技术创新和模式创新，不断催生新业态、新模式，为经济增长注入强劲动力。而产业数字化则是传统产业转型升级的重要途径，它深度融合物联网、大数据、人工智能等先进技术，推动制造业、农业、服务业、金融业及艺术等领域实现智能化、高效化转型。

4.4.1　数字产业化应用

数字产业化作为数字经济发展的重要组成部分，正深刻改变着人们的生活习惯和生活方式，其在实际生活中的应用广泛且效果显著。

1. 智能家居与物联网

数字产业化在智能家居领域的应用尤为突出。通过物联网技术，家中的各种设备（如智能门锁、智能照明、智能温控系统等）能够互联互通，实现远程控制、自动化调节和智能场景设置。用户只需通过手机 App 或语音助手即可轻松管理家中设备，极大提升了生活的便捷性和舒适度。此外，智能家居系统还能根据用户习惯和环境变化自动调整设备状态，如自动调节室内温度、湿度，以及通过智能安防系统提供家庭安全保护，进一步增强了生活品质和安全性。

2．智慧医疗与健康管理

在医疗领域，数字产业化同样发挥着重要作用。智慧医疗系统通过大数据、云计算、人工智能等技术手段，实现了医疗资源的优化配置和医疗服务的智能化升级。例如，互联网医院平台为患者提供了便捷的在线问诊、远程医疗和药品配送服务，有效缓解了看病难、看病贵的问题。同时，智能穿戴设备和健康管理 App 能够实时监测用户的健康状况，提供个性化的健康建议和预警服务，帮助用户更好地管理自身健康。此外，智能医疗机器人、智能药箱等新型医疗设备也在临床应用中展现出巨大潜力，提高了医疗服务的效率和质量。

3．智慧出行与交通管理

智慧出行是数字产业化在交通领域的又一重要应用。智能交通系统可以实现对交通流量、车辆行驶轨迹等数据的实时监测和分析，为交通管理和规划提供科学依据。例如，智慧交通信号灯可以根据实时交通流量自动调整信号配时，减少交通拥堵和人们的等待时间；智能导航系统能够实时提供路况信息和最优路径规划，帮助驾驶者避开拥堵路段。此外，共享出行、无人驾驶等新型交通方式的兴起也进一步推动了交通领域的数字化转型和智能化升级，为人们出行带来了更多选择和便利。

4．智慧教育与在线学习

在教育领域，数字产业化推动了智慧教育的快速发展。在线教育平台、电子图书、虚拟实验室等新型教育资源的出现，打破了传统教育的时空限制，为学习者提供了更加灵活多样的学习方式和更加丰富的教育资源。通过在线教育平台，学生可以随时随地学习、交流和互动；电子图书和虚拟实验室则为学生提供了更加直观、生动的学习体验。这些新型教育资源的应用不仅提高了教育教学的效率和质量，还促进了教育公平和终身学习理念的普及。

5．智慧金融与支付服务

在金融领域，数字产业化也带来了深刻的变革。移动支付、数字货币、区块链等新型金融技术的应用，使金融服务更加便捷、高效和安全。移动支付已经渗透到人们日常生活的方方面面，无论是购物、餐饮还是出行，都可以轻松实现无现金支付；数字货币的推出进一步推动了金融体系的数字化和智能化升级；区块链技术则通过其去中心化、难以篡改等特性为金融交易提供了更加安全可靠的保障。这些新型金融技术的应用不仅提高了金融服务的效率和便捷性，还促进了金融创新和金融市场的健康发展。

综上所述，数字产业化在生活中的实际应用广泛，效果显著。它通过推动传统产业的数字化转型和智能化升级，为人们的生活带来了更多的便利和可能性。随着数字技术的不断发展和普及，我们有理由相信数字产业化将在未来发挥更加重要的作用，为我们的生活带来更多惊喜和改变。

4.4.2　产业数字化应用

产业数字化作为当前经济发展的重要趋势，正深刻影响着制造业、农业、服务业、金融业及艺术等多个领域的转型与发展。

1．制造业

制造业通过引入物联网、大数据、人工智能等先进技术，实现了生产流程的智能化改造。智能工厂和智能制造系统的建立使生产线能够自动调整和优化生产过程，提高生产效率和灵活性。同时，数字化技术还促进了供应链的透明化和协同化，通过实时数据共享和预测分析，降低了库存成本，提高了响应速度。

数字化转型显著提升了制造业的竞争力和创新能力。一方面，生产效率的大幅提升和成本的降低使企业能够更快地响应市场需求，提供更具竞争力的产品和服务；另一方面，数字化技术的应用还促进了产品和服务的创新，推动了制造业向高附加值、高技术含量的方向发展。此外，数字化转型还提升了制造业的可持续发展能力，通过节能减排和资源循环利用等措施，减少了环境污染和资源浪费。

2．农业

农业领域通过物联网、大数据、遥感等技术手段，实现了对农业生产全过程的精准管理和控制。智能农业装备和智能灌溉系统的应用，使农业生产更加高效、节水、节肥。同时，数字化技术还促进农产品的质量追溯和市场流通，提升了农产品的品牌价值和市场竞争力。

农业数字化显著提高了农业生产效率和农产品质量。通过精准管理和控制，农业生产过程中的资源浪费得到了有效遏制，生产成本降低，农民收入增加。同时，数字化技术的应用还提升了农产品的市场竞争力，使农产品能够更好地满足市场需求。此外，数字化转型还促进了农业与二、三产业的融合发展，推动了农村经济的多元化和可持续发展。

3．服务业

服务业的数字化转型主要体现在数字营销、智慧物流、远程服务等方面。通过大数据分析和社交媒体营销等手段，服务业企业能够更精准地把握市场需求和消费者行为，提供个性化的服务和产品。智慧物流通过物联网、人工智能、区块链等技术手段，实现物流过程的智能化和高效化。远程服务的兴起则打破了地域限制，使消费者能够随时随地享受到便捷的服务。

服务业的数字化转型显著提升了服务质量和效率。通过数字化技术的应用，服务业企业能够更好地满足消费者的多样化需求，提升客户满意度和忠诚度。同时，数字化转型还促进了服务创新和商业模式变革，推动了服务业的转型升级和高质量发展。此外，数字化转型还促进了服务业与制造业、农业等其他产业的融合发展，形成了新的经济增长点。

4．金融业

金融业的数字化转型主要体现在移动支付、智能投顾、区块链金融等方面。移动支付技术的发展使消费者能够随时随地进行支付和转账，提升了金融服务的便捷性和普惠性。智能投顾通过人工智能技术对投资者的风险偏好和投资目标进行智能分析，提供个性化的投资建议。区块链金融则通过去中心化、安全可靠的交易方式降低了交易成本，提高了资金利用率。

金融业的数字化转型显著提升了金融服务的效率和安全性。通过应用数字化技术，金融机构能够更快速地响应市场需求，并提供更加个性化的服务。同时，数字化转型还促进了金融产品的创新和发展，满足了消费者多样化的金融需求。此外，区块链金融等技术的应用还降低了金融交易的风险和成本，提高了金融市场的稳定性和透明度。

5．艺术

艺术领域的数字化转型主要体现在数字艺术、艺术电商平台和艺术数字化保护等方面。

数字艺术通过数字技术创作和展示艺术作品（如虚拟数字人、元宇宙展品等），拓宽了艺术创作的手段和表现形式。艺术电商平台为艺术家和收藏家提供了便捷的交易平台，促进了艺术品的流通和交易。艺术数字化保护则通过数字化技术对文化遗产和艺术作品进行保护和传承，避免了文化资源的流失和破坏。

艺术产业的数字化转型推动了艺术的创新和发展。数字技术的应用使艺术创作更加自由、多元和便捷，丰富了艺术作品的内涵和表现力。同时，数字化电商平台的建设也促进了艺术市场的繁荣和发展，为艺术家提供了更多的展示和销售机会。此外，艺术数字化保护还加强了对文化遗产和艺术作品的保护和传承能力，为后人留下了宝贵的文化财富。

显然，产业数字化正全面重塑制造业、农业、服务业、金融业与艺术等领域，通过物联网、大数据、人工智能等先进技术，实现了生产、管理、服务及创作的智能化与高效化。它不仅提升了生产效率、降低了成本，还促进了产品与服务的创新，增强了市场竞争力。同时，数字化转型也推动了产业间的融合与协同发展，为经济增长注入了新动力，让经济发展更加绿色、可持续。

4.5　小结

数字产业化和产业数字化是推动我国数字经济持续健康发展的重要引擎。数字产业化作为基础和动力源泉，不仅加速了新兴数字产业的成长，也提升了我国在全球数字经济中的竞争力。产业数字化则是推动传统产业转型升级的关键路径，有助于提升我国实体经济的整体效率和竞争力。总之，数字产业化和产业数字化的有机结合，将对我国产业结构升级、创新能力提升以及经济增长方式转变产生深远影响，从而为实现我国经济高质量发展的目标以及全面建成社会主义现代化强国的战略安排和任务提供重要支撑。

第 **5** 章

数字农业

5.1 数字农业概述

5.1.1 数字农业的定义

数字农业（Digital Agriculture）是一个使用数字技术来提高农业生产效率、可持续性、透明度和市场接入的综合性概念。虽然不同组织和国家对其定义可能有细微的差别，但基本形成了数字农业的一般性正式定义，如下。

数字农业指在农业生产、管理和营销的各个方面集成和应用数字技术，包括但不限于物联网、大数据分析、人工智能、机器学习、遥感技术、地理信息系统、精准农业工具和移动应用程序等。这些技术和工具的使用旨在优化资源利用，提高作物产量和质量，减少对环境的影响，增强对气候变化的适应能力，提升农产品的安全性和可追溯性，以及改善农民的生计和市场接入。

5.1.2 数字化对农业的影响

数字化对农业的影响是多方面的，涵盖了生产效率、经营方式、资源利用、生态环境以及农民生活等多个领域。

1. 提高农业生产效率

数字化技术，如物联网、大数据、云计算等，为农业生产提供了精准化、智能化的管理手段。精准农业技术能够实时监测作物病虫害、生长状态等，实现差异施肥、灌溉和植保，从而提高农业生产效率。例如，山东省临沂市兰陵县实施数字农业建设后，每亩耕种成本减少了 1800 元以上，显著降低了生产成本。

2. 改变农业经营方式

数字化推动了农村电商的发展，使农产品可以直接通过网络销售，减少中间环节，提高流通效率。农村电商打破了时空限制，实现了产地直发，重塑了农产品供应链和价值链。通过对消费端大数据的研发应用，产地可以及时调整农业产业结构，实现农产品供需精准匹配。

3. 优化农业资源利用

数字化技术能够实现对农业生产资源的有效整合和优化配置。使用物联网技术可以实时监测土壤湿度、温度、光照等环境参数，为精准施肥、灌溉提供依据。农业大数据分析能够预测天气变化、病虫害发生趋势等，为农业生产提供决策支持。

4. 改善农业生态环境

数字化技术有助于减少化肥、农药的使用，减少对环境的污染。精准施肥、灌溉等技术手段有助于实现水肥资源的合理利用，减少浪费。数字化技术还可以监测土壤健康状况，为土地资源的可持续利用提供支撑。

5. 提升农民生活质量

数字化技术为农民提供了更多的就业机会和收入来源。通过农村电商、网络直播等新型销售模式，农民可以直接参与市场竞争，提高收入水平。数字技术还提高了农村公共服务水平，如医疗、教育、社会保障等，使农民生活更加便利。

综上所述，数字化对农业的影响是全方位的，不仅提高了农业生产效率和经济效益，还优化了农业资源利用、改善了农业生态环境、提升了农民生活质量。随着数字化技术的不断发展和普及应用，相信未来农业将迎来更加广阔的发展前景。

5.1.3 农业领域国外数字化发展现状

民族要复兴，乡村必振兴。建设发展数字乡村，是催生乡村发展内生动力、推进乡村治理转型、提升乡村生活服务水平的现实需求，也是实施乡村振兴的战略需求，对筑牢数字中国根基、拓宽农民增收渠道、保障改善农村民生、促进城乡融合发展意义重大。国外对数字乡村建设探索较早，积累了大量经验，对我国数字乡村发展具有一定借鉴意义。

1. 农业数据成为农业生产新要素

当前，数据日益成为新型生产要素。部分发达国家和地区构建了自有农业科技研发系统，利用农业大数据支持现代农业发展。

欧盟委员会提出"农业生产力与可持续的欧洲创新伙伴关系计划"，建立起"地平线2020"计划与农村发展支持计划之间的联系，由政府和企业共同资助各类科研机构深入挖掘农业大数据的商业价值。

以色列凭借较高的信息化和数字化基础，充分利用农业大数据新型生产要素，将人的因素纳入农作物生长及环境状况的大数据分析范畴，实现农业管理信息化，其农业数据产品服务于多国农业生产。其中，以色列的"节水农场"蜚声海外。所谓"节水农场"，指的是根据气候、土壤、地形、水源和各种植物的生长特点具体设计的节水灌溉系统，主要采用局部滴灌、压力灌溉、水肥灌溉、加大循环水利用、水肥一体化设计等方法来提高灌溉水的利用效率。相关技术人员采用农业大数据技术，对灌溉、施肥、温度、湿度等进行控制和管理，有效提高农产品的产量、质量。同时，整个系统都可以通过计算机来进行自动调节和控制，根据土壤的吸水能力、作物种类、作物生长阶段和气候条件等定时、定量、定位为农作物供水，不仅节水、省力，而且大幅度提高了农作物单位面积产量。

比利时部分农学院和农业技术研究中心均肩负着农业科研推广工作，涉及领域包括基础研究和技术服务。其与政府各研究机构、其他院校和种植业者都保持紧密联系，多次召开各种会议进行讨论交流，给予农民种植技术指导，以推广其实用技术。例如，比利时埃诺省农产品检测中心利用计算机网络、数据库等技术，对埃诺省每片土地进行登记记载，建立土壤数据库，对土壤变化进行实时观察、记录、分析，并为农场主提供技术服务和指导。此外，比利时马铃薯产量可达每公顷 20 吨，为我国的 2～3 倍，如此高产得益于农业研究机构对马铃薯晚期疫病的研究、观测和技术援助。农学院农业研究中心与当地农场主协作，获取大量气象数据，采用实时监测分析等技术，及时向农户发布施药时间和药量信息，从而有效避免晚期疫病发生，使马铃薯产量得到很大提高。

2. 数字技术成为农业高质量发展新引擎

部分发达国家高度关注农业数字化发展，积极推进农业数字化关键技术的创新。以美国为代表的大田智慧农业、以德国为代表的智慧养殖业、以荷兰为代表的智能温室生产以及以日本为代表的小型智能装备业，已经形成相对成熟的技术产品和商业化发展模式。此外，数字农业正在推动全球各国农业产业标准化、品牌化，提升农产品价值。

美国农业主要为大型农场经营，农业高度发达，机械化程度很高，主要有畜牧业和耕作业两大部分。位于艾奥瓦州首府附近的金伯利农场始建于 1850 年，农场耕地面积为 3 万亩（2000 万平方米），主要生产玉米和大豆，它是美国高度现代化农场的典型代表，并获得"拉动粮食生产的火车头"荣誉称号。在现代机械手段和智能装备辅助下，占地 3 万亩的金伯利农场内只有 4 人在工作。现代农场的管理和运作与复合型人才密切相关，这类人才需要具备种植、农机、金融、销售等方面的知识。粮仓仓储采用先进存储技术，实现烘干和存储一体化。玉米和大豆大规模播种、收割、运输等过程也由专门的大型农机完成，与传统农业中完全依靠人力有本质性差别。

德国不仅是著名的老牌工业强国，其畜牧业也有很高的发展水平。德国的养猪场大力推进规模化发展，利用规模化的生产和经营获得较高规模效益。以州为单位，在一个州的范围内，养猪场之间有明确的分工协作和专业化生产，形成种猪场、商品猪场和自繁自养场等不同结构层次，确保每个养猪场的专业化生产和资源高效利用。养殖过程中绝大多数工序通过自动控制系统实现，生产管理方面利用现代设施和技术实现饲喂自动化。猪每天的进食量由计算机控制，根据不同生长期和生产性能对猪进行定时、定量喂养。

荷兰农业是一个资源密集型与知识密集型、技术密集型相结合的产业，具有世界领先的技术。完善的教育体系和严格的从业资质管理制度使农民具有较高的素质，为农业成为一个具有国际竞争力的产业提供人力保证。例如，对从事农业生产经营的劳动力资质具有明确标准，只有取得农业大学毕业证书即绿色证书的人，才有资格种地和养牛。荷兰的设施农业是欧洲现代农业的典范，其温室建筑面积为 11 亿平方米，占全世界玻璃温室面积的 1/4，主要种植鲜花和蔬菜，具有智能化环境控制、现代化栽培技术等特点。

日本农业以精细农场闻名，即以微耕技术、精致农业为特色，以小规模精细模式为基础，通过精细化工业种植、生态化生产，打造出高品质、高附加值、生产高端农产品的农场。这种农场强调精心包装、优质品种、细致管理以及先进生产管理模式，强调"大而专"，而非"大而全"。目前，精细农场拥有一整套相当成熟的种植规范，只要按照严格流程进行种植，即使是毫无种植基础的小农户，也能种出高品质农产品。在日本，一般农户全家只有 2～3 个劳动力，却拥有 50～70 亩（3.3～4.7 万平方米）土地。每个农户都拥有所需农机具，如收割机、喷药施肥机以及土地起垄机、产品清洗包装机等，这种农业机械设备并不大，对山地和丘陵都非常适用，而且灵活作业、使用便利。

3. 数字化成为乡村绿色发展新动能

联合国粮食及农业组织预测，到 2050 年，世界人口数将达到近 100 亿，全球粮食需求将增长 70%。由于新的农业用地前景不大，减少环境影响压力越来越大，发展绿色农业势在必行。

在数字技术应用方面，美国纽瓦克垂直农场通过对作物生长环境和长势进行监测，利用大数据技术进行智能决策，相比传统农场，其实现节水 95%、减肥 50%、农药零投入。爱尔兰 MagGrow 公司开发的农药喷洒机器人成功解决了农药漂移问题，减少农药施用量可达 65%～75%。瑞士 EcoRobotix 公司开发的田间除草机器人可以对杂草进行准确识别，通过机械手臂对杂草精准喷洒除草剂，减少 95% 的农药施用量。德国大型农业机械通过配备"3S"技术在农业生产中实现精准操控和智能决策，通过矢量施肥与喷药，显著提高药肥利用率，促进农业生产绿色发展。

在绿色意识培养方面，比利时政府大力发展生态农场，在无行政手段施压的情况下，促使农民树立尊重环境、注重产品质量和实现可持续发展的意识；政府积极创造条件，大力推动生态农业，发展生态农场。比利时绝大多数生态农场主取得了成功，他们的收入普遍高于普通农业生产者的收入，且收入相对稳定。一个较大农场中既种植甜菜也养殖奶牛，农场主可把甜菜加工转化为饲料，将奶牛排泄物制成农家肥，节省大笔化学农药费用，达到保护环境和降低种养成本的目的。生态农场农产品售价高，凡是贴有"生态农业"标签的产品价格均明显高于普通农产品，并且不受国际市场价格影响。源自生态农场的农产品具备固定消费群，可自产自销，独立性强。例如，位于比利时图尔奈市的"灰十字山羊奶酪牧场"在实行有机种植后有效恢复了整个农场生态。为降低畜牧压力，该农场主采用混合饲养方式。作物种植方面，农场主同样采用混合种植方式，有机肥用混养牲畜粪便制作而成，通过适当方式发酵、堆肥，充分利用动物排泄物制作成天然有机肥，让原本的废物转变为有价值的产物，为蔬菜提供有机营养。

5.1.4 农业领域国内数字化发展现状

1. 我国数字农业发展历程

与发达国家相比，我国数字农业起步较晚，早期发展主要依靠政府政策和资金支持。

1990 年，科技部启动 863 计划，支持"农业智能应用系统"研究，5 个专家项目研究平台已总计研发出包括"鱼病防治、苹果生产管理专家系统"在内的 200 多个实用专家系统，在全国 22 个示范区应用。

"九五"期间，全国各地开启以"数字农业"为代表的农业数字化研究。

2003 年，在国家 863 计划框架内，"现代数字农业技术应用研究与开发"被列为重大科技项目，并逐步取得成果。

2013 年，农业部（2018 年改为农业农村部）率先在天津、上海、安徽等地开展区域物联网试点，探索农业实时数据采集和物联网应用。

2015 年，随着大数据战略地位的确立，农业大数据也成为新焦点。2015 年年底，《农业部关于推进农业农村大数据发展的实施意见》发布，国家为"农业+大数据"的发展应用指明了方向。

2017 年，农业部正式设立"数字农业"专项，意图进一步加快我国农业现代化和数字化发展。

在政府对数字农业的支持和引导下，我国企业在农业信息采集技术、动植物数字虚拟设计技术、农业问题远程诊断、嵌入式手持农业信息技术产品、温室环境智能控制系统、数字化农业宏观监测系统等方面的研究和应用获得阶段性成果。我国数字农业技术框架体系、应用系统和农场管理系统已初步建成，促进了我国农业现代化和数字化转型。

在"2019 中国农业展望大会"上，《2019 全国县域数字农业农村发展水平评价报告》发布。报告显示，2018 年全国县域数字农业农村发展总体水平达到 33%，其中农业生产数字化水平达到 18.6%。而从不同农业生产领域出发，报告显示我国农作物种植数字化水平为 16.2%，设施栽培数字化水平为 27.2%，畜禽养殖数字化水平为 19.3%，水产养殖数字化水平为 15.3%。报告同时显示，截至 2018 年，正被运用的数字技术包括生产环境监测、体征监测、农作物病虫害和动物疫情精准诊断及防控等，这些技术同样也被应用于经济效益较高的行业。

2019 年年底，《数字农业农村发展规划（2019—2025 年）》发布，提出了后续数字农业、数字农村发展的多项重点任务，描绘了未来发展的新蓝图。

2．近年来我国数字农业发展的主要支持政策

我国是农业大国。长期以来，党和国家一直高度重视"三农"工作及农业发展，其中就包括近几年的数字农业工作。自 2015 年起，历年中央 1 号文件中都结合时代发展的需要对数字农业工作提出了要求。其中，2015 年，中央结合现代化建设的目标要求，提出加快转变农业发展方式，注重农业科技创新、注重可持续的集约发展，走现代农业发展道路。2016 年和2017 年，结合"互联网+"战略发展及深入推进供给侧结构性改革的需要，分别要求大力推进"互联网+"现代农业，推动农业全产业链改造升级；在供给侧结构性改革背景下，推进"互联网+"现代农业行动。2018 年和 2019 年，随着产业数字化的深入发展及物联网技术的发展应用，中央又分别提出"乡村振兴，产业兴旺是重点""大力发展数字农业，实施智慧农业林业水利工程，推进物联网试验示范和遥感技术应用""深入推进'互联网+农业'，扩大农业物联网示范应用"。2019 年 5 月，中共中央办公厅、国务院办公厅印发《数字乡村发展战略纲要》；2020 年，中央 1 号文件在该纲要的基础上提出"开展国家数字乡村试点"，依托现有资源建设农业农村大数据中心，加快现代信息技术在农业领域应用的数字乡村发展要求。

除历年中央 1 号文件提出的要求外，自 2018 年以来，我国还相继发布了多个与数字农业、数字乡村发展密切相关的专项政策文件。

2018 年，中共中央、国务院发布的《乡村振兴战略规划（2018—2022 年）》提出以下要求。

一是提升农业装备和信息化水平。推进我国农机装备和农业机械化转型升级，加快高端农机装备和丘陵山区、果菜茶生产、畜禽水产养殖等农机装备的生产研发、推广应用，提升渔业船舶装备水平。促进农机农艺融合，积极推进作物品种、栽培技术和机械装备集成配套，加快主要作物生产全程机械化，提高农机装备智能化水平。加强农业信息化建设，积极推进信息进村入户，鼓励互联网企业建立产销衔接的农业服务平台，加强农业信息监测预警和发布，提高农业综合信息服务水平。大力发展数字农业，实施智慧农业工程和"互联网+"现代农业行动，鼓励对农业生产进行数字化改造，加强农业遥感、物联网应用，提高农业精准化水平。发展智慧气象，提升气象为农服务能力。

二是夯实乡村信息化基础。深化电信普遍服务，加快农村地区宽带网络和第四代移动通信网络覆盖步伐。实施新一代信息基础设施建设工程。实施数字乡村战略，加快物联网、地理信息、智能设备等现代信息技术与农村生产生活的全面深度融合，深化农业农村大数据创新应用，推广远程教育、远程医疗、金融服务进村等信息服务，建立空间化、智能化的新型农村统计信息系统。在乡村信息化基础设施建设过程中，同步规划、同步建设、同步实施网络安全工作。

2019 年，中共中央办公厅、国务院办公厅发布的《数字乡村发展战略纲要》提出以下要求。

一是夯实数字农业基础。完善自然资源遥感监测"一张图"和综合监管平台，对永久基本农田实行动态监测。建设农业农村遥感卫星等天基设施，大力推进北斗卫星导航系统、高分辨率对地观测系统在农业生产中的应用。推进农业农村大数据中心和重要农产品全产业链大数据建设，推动农业农村基础数据整合共享。

二是推进农业数字化转型。加快推广云计算、大数据、物联网、人工智能在农业生产经营管理中的应用，促进新一代信息技术与种植业、种业、畜牧业、渔业、农产品加工业的全面深度融合应用，打造科技农业、智慧农业、品牌农业。建设智慧农（牧）场，推广精准化农（牧）业作业。

三是创新农村流通服务体系。实施"互联网+"农产品出村进城工程，加强农产品加工、包装、冷链、仓储等设施建设。深化乡村邮政和快递网点普及，加快建成一批智慧物流配送中心。深化电子商务进农村综合示范，培育农村电商产品品牌。建设绿色供应链，推广绿色物流。推动人工智能、大数据赋能农村实体店，促进线上线下渠道融合发展。

四是积极发展乡村新业态。推动互联网与特色农业深度融合，发展创意农业、认养农业、观光农业、都市农业等新业态，促进游憩休闲、健康养生、创意民宿等新产业发展，规范有序发展乡村共享经济。

2019 年，农业农村部、中央网络安全和信息化委员会办公室（简称中央网信办）发布的《数字农业农村发展规划（2019—2025 年）》明确强调了数字经济在"三农"问题中应用的重点和途径，要求加快推进农业农村生产经营精准化、管理服务智能化、乡村治理数字化，同时新增了"农业数字经济占农业增加值比重至 2025 年达 15%"的新目标。

借助上述数字农业、数字乡村发展战略规划，2020 年中央网信办、农业农村部等七部门联合印发《关于开展国家数字乡村试点工作的通知》，相关试点工作全面展开。该通知强调农业数字化建设主要包括以下 4 个方面。

一是完善乡村新一代信息基础设施。加强基础设施共建共享，打造集约高效、绿色智能、安全适用的乡村信息基础设施。加快农村光纤宽带、移动互联网、数字电视网和下一代互联网发展，提升 4G 网络覆盖水平，探索 5G、人工智能、物联网等新型基础设施建设和应用。加快推动农村水利、公路、电力、冷链物流、农业生产加工等传统基础设施的数字化、智能化转型，推进智慧水利、智慧交通、智能电网、智慧农业、智慧物流建设。

二是探索乡村数字经济新业态。深化制度机制创新，加快农业农村数字化转型步伐，加强技术研发、组织创新和制度供给，推进信息技术与农业农村各领域深度融合应用，推动农业生产智能化、经营网络化，提高农业土地产出率、劳动生产率和资源利用率。强化农业农村科技创新供给，推动信息化与农业装备、农机作业服务和农机管理融合应用。推进农业生产环境自动监测、生产过程智能管理，探索农业农村大数据管理应用，积极打造科技农业、精准农业、智慧农业。大力培育一批信息化程度高、示范带动作用强的生产经营组织，培育形成一批叫得响、质量优、特色显的农村电商品牌，因地制宜培育创意农业、认养农业、观光农业、都市农业等新业态。

三是完善设施资源整合共享机制。加大统筹协调和资源整合力度，打通已有分散建设的涉农信息系统，大力推进县级部门业务资源、空间地理信息、遥感影像数据等涉农政务信息资源共享开放、有效整合。研究制定乡村信息服务资源整合共享规范，充分运用农业农村、科技、商务、交通运输、通信、邮政等部门在农村的已有站点资源，整合利用系统、人员、资金、站址、服务等要素，统筹建设乡村信息服务站点，推广一站多用、一机多用。

四是探索数字乡村可持续发展机制。抓好网络扶贫行动和数字乡村发展战略的无缝衔接，探索建立与乡村人口知识结构相匹配的数字乡村发展模式。建设新农民新技术创业创新中心，推动产学研用合作。充分调动市场积极性，培育数字乡村发展良好生态，激发乡村自我发展动力和活力。加强基层干部和农民信息素养培训，积极利用多种渠道开展数字乡村专题培训，加快培育造就一支爱农业、懂技术、善经营的高素质农民队伍，支持农民工和返乡大学生运用网络和信息技术开展创业创新。

3. 我国数字农业发展现状以及问题与对策

立足前期数字农业发展基础，借助数字农业、数字乡村发展支持政策，我国现阶段数字农业发展呈现以下 4 个特点。

一是智能机械助推规模生产。根据《第三次全国农业普查主要数据公报（第二号）》可知，农用机械在我国农村已普遍使用，极大地节省了劳动力。但当前农业机械设计发展缓慢，存在信息资源利用率低、重复设计多、缺乏核心技术、规模化程度低等问题。应充分利用遥感、地理信息系统、全球定位系统、计算机技术、通信与网络技术、自动化技术等数字技术，用智能机械助推农业规模化生产。

二是智能系统满足多样性需求。当前，我国数字农业智能控制系统可以实现对农作物生长过程的全面智能控制，通过数据监测分析，营造农作物最优生长环境，提高农作物产量和品质。例如，温室大棚不仅能种植当季果蔬粮食，而且能种植反季果蔬，从而满足人们多种多样的需求。

三是数字平台扩大了销售市场。当前，互联网平台使农产品销售不受时间和地区的限制，在提供了广阔市场的同时，降低了销售成本。近年来，各大电商企业纷纷为农产品销售提供平台，有效地促进了数字农业的发展。

四是农业大数据为数字农业提供了支撑。当前，农业农村的数字化发展以农业大数据为基础，将大数据的理论以及处理数据的思想、方法和技术等在农业方面进行拓展和应用。农业大数据尽管存在数据标准化不足、数据不全等问题，但已在我国农业育种、生产经营、加工和销售中得到应用，农业大数据平台也在使用中。

结合现状，我国现阶段数字农业发展的问题及对策包括以下 4 个方面。

一是数字农业政策法规滞后。当前，数字农业发展对农业产销模式造成了巨大影响。我国正处于数字化转型关键时期，相关法律法规还有待完善，这在一定程度上制约了我国数字农业的发展。未来，需进一步完善数字农业法律制度建设，如出台数字农业设备相关管理政策、智能设施应用监督制度、网络安全制度体系、相关数据保护措施等，确保数字农业发展有法可依、监管到位、发展有序。

二是数字化基础设施薄弱。当前，我国数字农业在智能操控、植物生长环境模拟和大数据分析应用等方面还没有掌握核心技术，亟待寻找符合我国国情的农业与数字化融合发展方法。未来，需进一步加快基础设施数字化改造，加大对信息基础设施和物理基础设施数字化改造的研发投入，从而为农业数字化转型提供良好基础；积极引领龙头企业与农业融合，使农业产业链得以延伸、扩展、强化和完善，促进空天地一体化的网络信息技术建设。

三是专业人才匮乏。当前，我国高学历人才不断流向城市，农业管理人员主要是文化程度较低的农民。农业技术培训和学习成本高，学习时间和学习能力不足，限制了农业管理人员参加农业技术培训的积极性。未来，需进一步建立健全专业人才培养体系，聘请数字农业专家开展远程教学、田间示范等教育培训，提高农业经营者的信息化素养；鼓励高校积极开展与数字农业相关的技术教育，出台相关政策鼓励高素质人才下乡，打造、壮大高素质农业生产队伍。

四是农业大数据平台基础差。当前，我国发达地区与欠发达地区发展资源不均衡导致农业基础数据建设不够完善，数据整合不系统、不全面，数据管理不到位，数据收集、利用不成熟，数据精度低，无法满足发展精准农业的需求。未来，需进一步加快完善农业大数据平台建设，实现发达地区农业大数据的建设和共享，形成产学研一体化运行机制，建成农产品全产业链数据控制中心；专款建设与农业有关的数据库，为数字农业发展建好大数据平台。

5.1.5 我国数字农业发展的重点任务

基于我国数字农业发展的现状及政策，2019 年年底，农业农村部、中央网信办发布了《数字农业农村发展规划（2019—2025 年)》，提出以下数字农业发展的重点任务。

1. 构建基础数据资源体系

重点建设农业自然资源大数据、建设重要农业种质资源大数据、建设农村集体资产大数据、建设农村宅基地大数据、健全农户和新型农业经营主体大数据，夯实数字农业农村发展基础。

（1）建设农业自然资源大数据

利用农村土地承包经营权确权登记、永久基本农田划定、高标准农田上图入库、耕地质量调查监测、粮食生产功能区和重要农产品生产保护区划定、设施农用地备案等数据，建设耕地基本信息数据库，形成基本地块权属、面积、空间分布、质量、种植类型等大数据。开展渔业水域空间分布、渔船渔港和渔业航标等调查，形成覆盖内陆水域以及全球重要海域和渔场的渔业水域资源大数据。

（2）建设重要农业种质资源大数据

依托全国统一的国家种业大数据平台，构建国家重要农业种质资源数据库，绘制全国农业种质资源分布地图，推进农作物、畜禽、水产、微生物等种质资源的数字化动态监测、信息化监督管理。开展动植物表型和基因型精准鉴定评价，深度发掘优异种质、优异基因，构建分子指纹图谱库，为品种选育、产业发展、行业监管提供大数据支持。

（3）建设农村集体资产大数据

建立集体资产登记、保管、使用、处置等管理电子台账，推进农村集体资产清产核资信息数字化。采集全国农村集体资产清产核资、产权制度改革、集体经济组织登记赋码、集体资产财务管理等数据，建设全国农村集体资产大数据。推进全国农垦资产管理数字化，加强对国有农业资产占有、使用、收益和处置的监管。

（4）建设农村宅基地大数据

利用第三次全国土地调查、卫星遥感等数据，结合房地一体的宅基地使用权确权登记颁证、农村宅基地和农房利用现状调查等资料，构建全国农村宅基地数据库，涵盖宅基地单元、空间分布、面积、权属、限制及利用状况等信息。推进宅基地分配、审批、流转、利用、监管、统计调查等信息化建设，及时完善和更新基础数据。

（5）健全农户和新型农业经营主体大数据

以农村土地承包经营权确权登记数据库为基础，结合农业补贴发放、投入品监管、新型农业经营主体信息直报、家庭农场名录等系统，按照"部级统一部署、农业经营主体一次填报、多级多方共享利用"的方式，完善集经营主体身份、就业、生产管理、补贴发放、监管检查、投入品使用、培训营销等多种信息为一体的基础数据库，逐步实现农业经营主体全覆盖，生产经营信息动态监测。

2．加快生产经营数字化改造

推进种植业信息化、畜牧业智能化、渔业智慧化、种业数字化、新业态多元化、质量安全管控全程化发展，提升农业数字化生产力。

（1）种植业信息化

种植业信息化是指利用现代信息技术，如通信技术、计算机技术和微电子技术等，对种植业的产前、产中和产后全过程进行管理和服务，以提高农业生产的效率和质量。具体来说，种植业信息化包括以下 3 个方面。

- 数字农情监测：利用卫星遥感、航空遥感、地面物联网等手段，动态监测农作物的种植类型、种植面积、土壤墒情、作物长势、灾情虫情等，及时发布预警信息，提升种植业生产管理信息化水平。
- 病虫害测报监测网络：加快建设农业病虫害测报监测网络和数字植保防御体系，实现重大病虫害智能化识别和数字化防控。
- 数字田园建设：推动智能感知、智能分析、智能控制技术与装备在大田种植和设施园艺上的集成应用，建设环境控制、水肥药精准施用、精准种植、农机智能作业与调度监控、智能分等分级决策系统。

（2）畜牧业智能化

畜牧业智能化是指利用现代信息技术，如物联网、大数据、人工智能等，对畜牧业的养殖、管理、繁育、疾病防控等全过程进行智能化管理和控制，以提高生产效率、降低成本、优化资源利用，并保障食品安全和动物福利。具体来说，畜牧业智能化包括以下 7 个方面。

- 精准饲喂技术：智能化精准饲喂技术可以根据牲畜个体生理信息准确计算饲料需求量，并通过饲喂器进行饲料投喂，实现个性化定时定量精准饲喂，动态满足牲畜不同阶段的营养需求。

- 智能监控系统：牧场通过引入智能监控系统，可以实现全天候的监控和实时数据更新。系统能够自动发出警报，提醒牧场主或兽医及时干预，降低死亡率，提高生产效率。
- 环境监测与自动调节系统：牧场引入智能环境监测和自动调节系统。系统通过传感器实时监测环境参数，自动调节通风、加热和降温设备，确保牲畜生活在最佳环境中，降低能源消耗和人工成本。
- 大数据赋能的精准繁育：牧场将大数据技术用于牲畜的繁育管理，通过对牛群的基因数据、健康记录、产奶量和繁殖历史等多维数据进行分析，挑选出最优质的种牛进行繁育，并预测最佳配种时间，提高繁殖成功率。
- 精细化饲料管理系统：乳制品企业通过引入精细化饲料管理系统，实时监控奶牛的营养需求，并根据奶牛的身体状态自动调整饲料配比，提高产奶量，减少饲料浪费。
- 自动温湿度控制系统：现代化养猪场通过引入自动温湿度控制系统，根据猪舍内的空气质量、温湿度数据，自动调节通风和加湿设备，降低猪的患病率，提高成活率。
- 基于 AI 的牲畜健康监测系统：牧场通过 AI 技术，可以监控繁殖全过程，确保母畜在最佳的时间段进行繁殖，提升繁殖成功率，同时监控牲畜圈舍的温度、湿度、空气质量等环境参数，确保牲畜的生长环境始终处于最佳状态。

（3）渔业智慧化

推进智慧水产养殖，构建基于物联网的水产养殖生产和管理系统，推进水体环境实时监控、饲料精准投喂、病害监测预警、循环水装备控制、网箱自动升降控制、无人机巡航等数字技术装备普及应用，发展数字渔场。以国家级海洋牧场示范区为重点，推进海洋牧场可视化、智能化、信息化系统建设。大力推进北斗导航技术、天通通信卫星在海洋捕捞中的应用，加快数字化通信基站建设，升级改造渔船卫星通信、定位导航、防碰撞等船用终端和数字化捕捞装备。加强远洋渔业数字技术基础研究，提升远洋渔业资源开发利用的信息采集分析能力，推进远洋渔船视频监控的应用。发展渔业船联网，推进渔船智能化航行、作业与控制，建设涵盖渔政执法、渔船进出港报告、电子捕捞日志、渔获物可追溯、渔船动态监控、渔港视频监控的渔港综合管理系统。

（4）种业数字化

加快种业大数据的研发与深度应用，建立信息抓取、多维度分析、智能评价模型，开展涵盖科研、生产、经营等种业全链条的智能数据挖掘和分析，建设智能服务平台。针对商业化动植物育种需求，研发推广动植物表型信息获取技术装备，实现海量表型性状数据高通量获取。加大资源开发鉴定力度，建立健全品种资源基因数据库和表型数据库，为基因深度挖掘提供支撑。结合数字化智能育种辅助平台，挖掘基因组学、蛋白组学、表型组学等数据，制定针对定向目标性状的优化育种方案，加快"经验育种"向"精确育种"转变，逐步实现定制设计育种。统筹利用生产经营许可、生产备案和天空地一体化监测手段，加快数字技术在制种基地、种畜禽场区、水产苗种场区、交易市场监管中的应用，提升种业智慧化监管水平。打通数据库横向连接，提供种业数据、技术、服务、政策、法律的"一站式"综合查询和业务办理，优化国家种业大数据平台手机 App 功能，推进种业服务模式创新。

（5）新业态多元化

鼓励发展众筹农业、定制农业等基于互联网的新业态，创新发展共享农业、云农场等网络经营模式。深化电子商务进农村综合示范，实施"互联网+"农产品出村进城工程，推动人工智能、大数据赋能农村实体店，全面打通农产品线上线下营销通道。鼓励发展智慧休闲农业平台，完善休闲农业数字地图，引导乡村旅游示范县、美丽休闲乡村（渔村、农庄）等开展在线经营，推广大众参与式评价、数字创意漫游、沉浸式体验等经营新模式。推动跨行业、跨领域数据融合和服务拓展，深度开发和利用农业生产、市场交易、农业投入品等数据资源，推广基于大数据的授信、保险和供应链金融等业务模式，创新供求分析、技术推广、产品营销等服务方式。

（6）质量安全管控全程化

推进农产品生产标准化，制定农产品分类、分等、分级等关键标准，推动构建全产业链的农产品信息化标准体系。推进农产品标识化，引导生产经营主体对上市销售的农产品加施质量认证、品名产地、商标品牌等标识。推进农产品可溯化，完善国家农产品质量安全追溯管理信息平台，建立食用农产品合格证制度，推进农产品质量安全信息化监管，建立追溯管理与风险预警、应急召回联动机制。普遍推行农户农资购买卡制度，强化农资经营主体备案和经营台账管理。汇集生产经营数据以及种子（种苗、种畜禽）、农药、肥料、饲料、兽药等监督检查、行政处罚、田间施用等数据，构建以县为单位的投入品监管溯源与数据采集机制。

3. 推进管理服务数字化转型

建立健全农业农村管理决策支持技术体系，健全重要农产品全产业链监测预警体系，建设数字农业农村服务体系，建立农村人居环境智能监测体系，建设乡村数字治理体系，推进乡村治理现代化。

（1）建立健全农业农村管理决策支持技术体系

依托农业农村基础数据资源体系，构建农业农村大数据平台，利用大数据分析、挖掘和可视化等技术，建立相关知识库、模型库，开发种植业、畜牧兽医、渔业渔政、监督管理、科技教育、资源环境、国际合作、政务管理、统计填报以及农村社会事业等功能模块，为市场预警、政策评估、监管执法、资源管理、舆情分析、乡村治理等决策提供支持服务，推进管理服务线上线下相结合，促进数据融合和业务协同，提高宏观管理的科学性。

（2）健全重要农产品全产业链监测预警体系

加强重要农产品生产和市场监测，强化生产数据实时采集监测，引导鼓励田头市场、批发市场采用电子结算方式开展交易，推进农产品批发市场、商超、电商平台等关键市场交易环节信息实时采集、互联互通，构建交易主体、交易品种、交易量、交易价格一体化的农产品市场交易大数据。建设全球农业数据调查分析系统，开发利用全球农业生产和贸易等数据。完善企业对外农业投资、海外农产品交易等信息采集系统。强化农业信息监测预警，拓展和提升农产品市场价格日度监测、供需形势月度及季度分析、重要农产品供需平衡表、中长期农业展望等信息发布和服务。构建农业农村现代化监测评价体系，开发农业农村经济运行分析系统。建立农业走出去经济运行分析制度，加强对农业利用国际市场资源情况的分析。

（3）建设数字农业农村服务体系

深入实施信息进村入户工程，优化提升农村社区网上服务，加快建设益农信息社，完善社会服务管理。完善农业科技信息服务平台，鼓励农业专家在线为农民解决生产难题。引导各类社会主体利用信息网络技术，开展市场信息、农资供应、废弃物资源化利用、农机作业、农产品初加工、农业气象"私人定制"等领域的农业生产性服务，促进公益性服务和经营性服务便民化。汇集农业机械装备拥有量等管理统计和重要农时作业调度数据，加强农机作业安全在线监控和信息服务。加强国际、国内与农业科技创新主体、创新活动和创新产出等密切相关的农业科技创新大数据建设与集成整合，重点推进对农业科技文献大数据、农业科学大数据、农业科研管理大数据等的集成治理。建设一批农民创业创新中心，开展农产品、农村工艺品、乡村旅游、民宿餐饮等在线展示和交易撮合，实时采集发布和精准推送农村劳动力就业创业信息。

（4）建立农村人居环境智能监测体系

结合人居环境整治提升行动，开展摸底调查、定期监测，汇聚相关数据资源，建立农村人居环境数据库。建立秸秆、农膜、畜禽粪污等农业废弃物长期定点观测制度，研究推进农村水源地、规模化养殖场、农村生活垃圾处理点、农业废弃物处理站点远程监测。鼓励发展农村人居环境数据挖掘、商业分析等新型服务。引导农民积极参与农村人居环境网络监督，共同维护绿色生活环境。

（5）建设乡村数字治理体系

推动"互联网+"社区向农村延伸，提高村级综合服务信息化水平，逐步实现信息发布、民情收集、议事协商、公共服务等村级事务网上运行。加快乡村规划管理信息化，推动乡村规划上图入库、在线查询、实时跟踪。推进农村基础设施建设、农村公共服务供给等在线管理。

4. 强化关键技术装备创新

加强关键共性技术攻关，强化战略性前沿性技术超前布局，强化技术集成应用与示范，加快农业人工智能研发应用，提升数字化发展引领能力。

（1）加强关键共性技术攻关

瞄准农业农村现代化与乡村振兴战略的重大需求，重点攻克高品质、高精度、高可靠、低功耗农业生产环境和动植物生理体征专用传感器，从根本上解决数字农业高通量信息获取难题。突破农业大数据融合治理技术、农业信息智能分析决策技术、云服务技术、农业知识智能推送和智能回答等新型知识服务技术，构建动植物生长信息获取及生产调控机理模型。突破农机装备专用传感器、农机导航及自动作业、精准作业和农机智能运维管理等关键装备技术，推进农机农艺和信息技术等集成研究与系统示范，实现农机作业信息感知、定量决策、智能控制、精准投入、个性服务。研发农产品质量安全快速分析检测与冷链物流技术，推进品质裂变检测、农产品自动化分级包装线、智能温控系统等应用广泛落地。

（2）强化战略性前沿性技术超前布局

面向世界科技前沿、国家重大需求和数字农业农村发展重点领域，制定数字农业技术发展路线图，重点突破数字农业农村领域基础技术、通用技术，超前布局前沿技术、颠覆性技术。建立长期任务委托和阶段性任务动态调整相结合的科技创新支持机制，加强农产品柔性加工、人工智能、虚拟现实、大数据认知分析等新技术基础研发和前沿布局，形成一系列数字农业战略技术储备和产品储备。建设支持前沿性技术攻关的学科体系和创新网络，强化产学研协同攻关，构筑支撑高端引领的先发优势。加快推进农业区块链大规模组网、链上链下数据协同等核心技术突破，加强农业区块链标准化研究，推动区块链技术在农业资源监测、质量安全溯源、农村金融保险、透明供应链等方面的创新应用。积极开展 5G 技术在农业领域的应用研究，建立健全 5G 引领的智慧农业技术体系。

（3）强化技术集成应用与示范

聚焦重点地区、重点领域、重点品种，开展 3S、智能感知、模型模拟、智能控制等技术及软硬件产品的集成应用和示范，熟化推广一批数字农业农村技术模式和典型范例。加强数字农业科技创新数据与平台集成与服务。加强数字农业农村标准体系建设，建立数据标准、数据接入与服务、软硬件接口等标准规范。

（4）加快农业人工智能研发应用

实施农业机器人发展战略，研发适应性强、性价比高、智能决策的新一代农业机器人，加快标准化、产业化发展。开展关键核心技术和产品攻关，重点攻克运动控制、位置感知、机械手控制等关键技术。适应不同作物、不同作业环境，开发嫁接、扦插、移栽、耕地等普适性机器人及专用机器人。以畜牧生产高效自动化为目的，研制放牧、饲喂、挤奶、分级、诊断、搬运等自动作业辅助机器人。研制鱼群跟踪和投喂、疾病诊断等水下养殖机器人。加强无人机智能化集成与应用示范，重点攻克无人机视觉关键技术，推动单机智能化向集群智能化发展，研发人工智能搭载终端，实现实时农林植保、航拍、巡检、测产等功能。

5．加强重大工程设施建设

包括国家农业农村大数据中心建设工程、农业农村空天地一体化观测体系建设工程、国家数字农业农村创新工程等重大工程项目，这些工程可提升数字农业农村发展支撑能力。

（1）国家农业农村大数据中心建设工程

依据《国务院关于印发促进大数据发展行动纲要的通知》关于实施现代农业大数据工程的部署要求，搭建统一开放的国家农业农村大数据中心，实现数据资源共享、智能预警分析，提高农业农村领域管理服务能力和科学决策水平。

① 国家农业农村云平台。围绕增强农业农村大数据和农业农村政务业务系统的计算存储能力，构建覆盖中央、省、市、县农业农村部门的国家农业农村云。租赁利用社会公共云基础设施，构建农业农村大数据开放云，汇聚各行业各领域专题数据。整合现有硬件资源，完善信息网络、服务器等设施设备，构建农业农村大数据专有云，存储核心业务数据。按照统一标准进行数据共享交汇、运算分析等，形成跨部门、跨区域、跨行业的农业农村数据汇聚枢纽。

② 国家农业农村大数据平台。整合农业农村部门的数据资源，提升集体资产监管、农业种质资源、农村宅基地等行业数据资源管理能力，汇聚农户和新型生产经营主体大数据、农业自然资源大数据、重要农业种质资源大数据、农村集体资产大数据、农村宅基地大数据，构建全国农业农村数据资源"一张图"。建设统一的数据汇聚治理和分析决策平台，实现数据监测预警、决策辅助、展示共享，为农业农村发展提供数据支撑。

③ 国家农业农村政务信息系统。根据国家政务信息化工程建设总体部署，按照"六统一"（用户管理、接入管理、资源管理、授权管理、流程管理、安全审计）要求，健全全球农业数据调查分析、渔港综合管理、农机化管理服务、农田建设综合监测监管、农业农村科研协同创新等数据支撑能力，构建统一的国家农业农村政务信息系统。建立政务信息系统建设标准规范体系、安全保障体系和运维管理体系，促进实现技术融合、数据融合、业务融合，为农业农村运行管理和科学决策提供支撑。

（2）农业农村空天地一体化观测体系建设工程

按照中共中央办公厅、国务院办公厅印发的《关于创新体制机制推进农业绿色发展的意见》关于构建天空地数字农业管理系统的决策部署，建设空天地一体化的农业农村观测网络基础设施和应用体系，实现对农业生产和农村环境等全领域、全过程、全覆盖的实时动态观测。

① 农业农村天基观测网络建设应用项目。利用国家空间基础设施现有和规划的遥感、导航、通信卫星资源以及各类商业卫星资源，发挥红边多光谱、宽幅高光谱和雷达等技术手段在农业农村观测中的优势，重点建设满足农业农村发展需求的新型遥感卫星及地面应用设施，与在轨运行的遥感卫星进行科学组网，形成农业遥感观测星座，构建农业天基网络，形成常规监测与快速响应的农业遥感观测能力。

② 农业农村航空观测网络建设应用项目。围绕农业农村高精度调查、突发重大农业自然灾害应急监测等需求，重点建设国家中心和省级分中心组成的农业农村航空监测网络，购置长航时固定翼、高机动多旋翼等先进无人机平台，搭载专用多光谱、高光谱、激光雷达、太赫兹等新型遥感器，开发适合我国农业生产特点和不同地域需求的无人机导航飞控、作业监控、数据快速处理平台，提升区域高精度观测和快速应急响应能力。

③ 农业物联网观测网络建设应用项目。整合利用农业遥感监测地面网点县、农业物联网试验示范区（点）、农业科学观测试验（监测）站（点）、数字农业试点县、现代农业园区中的物联网数据采集设施，强化地面实时观测和数据采集能力，提高分析精度，形成全国统一的农业农村地面物联网数据调查体系。

（3）国家数字农业农村创新工程

依据《数字乡村发展战略纲要》的决策部署，加快推进重要农产品全产业链大数据建设，打造数字农业农村综合服务平台。

① 国家数字农业农村创新中心建设项目。为提升数字农业农村自主创新能力，围绕关键共性技术攻关、战略性前沿性技术超前布局、技术集成应用与示范、农业人工智能研发应用，建设数字农业集成、数字种植业、数字畜牧业、数字渔业、数字种业、数字农业装备等领域国家创新中心；围绕推进种植业管理信息化、畜牧业智能化、渔业智慧化、种业数字化、质量安全管控全程化，建设大田种植、设施园艺、果园、禽蛋类、生猪、肉牛羊类、奶牛、淡水养殖、近海养殖、海洋牧场、远洋捕捞、作物育种、动物育种、热带作物、质量安全追溯等领域专业分中心。完善专用设施和研发基地，开发技术攻关、装备研发和系统集成创新平台，推动数字技术和农业产业深度融合。

② 重要农产品全产业链大数据建设项目。为提升生产经营决策科学化水平，引导市场预期，依托技术实力雄厚、处于行业领先和主导地位的机构，建设小麦、水稻、玉米、大豆、棉花、油菜籽、糖料甘蔗、花生、天然橡胶、苹果、柑橘、蔬菜、马铃薯、茶、肉鸡、禽蛋、生猪、羊、肉牛、奶牛、鱼、虾、蟹、贝及饲料、农资等单品种全产业链大数据，建立生产、加工、储运、销售、消费、贸易等环节的数据清洗挖掘和分析服务模型，健全重要农产品市场和产业损害监测预警体系，开发并提供生产情况、市场价格、供需平衡等服务产品。

③ 数字农业试点建设项目。为加强县域重要领域和关键环节数据资源建设，构建综合信息服务体系，全面推进数字技术的综合应用和集成示范，依托县级农业农村部门或其下属企事业单位，选择在数字化水平领先的粮食生产功能区、重要农产品生产保护区、特色农产品优势区、国家农业绿色发展先行区、国家现代农业示范区以及国家现代农业产业园所在县市，建设一批数字农业试点项目，全域推进种植业、畜牧业、渔业和质量安全监管等领域的数字化改造，探索可复制可推广的建设模式。

5.2　农业数字化技术的应用

大数据、物联网、云计算和人工智能作为当前信息化浪潮的代表性技术，在农业领域已经得到越来越广泛的应用，给农业产业的各个环节带来了深远的影响。其中，大数据技术在整个技术体系中处于核心基础地位，不仅为农业物联网数据分析提供技术支撑，而且为云计算提供了"用武之地"，也为人工智能农业应用奠定了坚实基础。本节通过若干案例阐述农业数字化技术在农业生产中的各类应用。

5.2.1　物联网在农业中的应用

物联网在数字农业中的应用广泛而深入，涵盖了灌溉、虫害防治、施肥、养殖以及农产品追溯等多个方面。这些应用不仅提高了农业生产的效率和质量，还促进了农业的可持续发展。

1. 智能灌溉系统

利用物联网技术，安装土壤湿度传感器可以实时监测土壤湿度数据。系统能够准确分析作物的需水量，并根据气象预报和作物生长期的需要，自动控制灌溉系统开关。这不仅避免了水资源的浪费和过度灌溉，还提高了灌溉效率，优化了作物生长环境，从而增加了产量。有数据显示，使用联网传感器测量土壤湿度，农民可以减少多达 30%的耗水量。

【案例】内蒙古巴林左旗大良沟的节水灌溉自动化控制系统

（1）项目背景

大良沟村是一个位于内蒙古赤峰市巴林左旗的山村，该村在 2014 年开始进行美丽乡村建设，致力于土地流转和林果业的发展。由于该地区主要是山坡地，并且降水量不多，水资源相对匮乏，因此开发了节水灌溉自动化控制系统来解决果园取水的问题。

（2）项目情况

该项目的水利工程全长 9300 米，其中包括 17 处过沟和 1 处过水泥路，施工难度较大。项目水源来自 2 眼深水井，为 8 个蓄水池和 2 个景观水池提供水源。蓄水池用于大田灌溉，景观水池则用于观赏。为了实现自动灌溉，每块大田被划分为多个小块，并安装了滴灌带和电磁阀来控制灌溉。

（3）系统概述

节水灌溉自动化控制系统通过远程监测和控制水源井、水池水泵、水位、阀门开关状态、管道压力和流量等，实现了自动蓄水和根据墒情自动灌溉的目的。

（4）系统特点

- 采用 GPRS VPN 专网，解决了监控中心无固定宽带网络的问题；
- 实现了 3 种水泵控制方式，包括现场手动控制、监控中心远程手动控制、自动逻辑控制；
- 自动逻辑控制实现了蓄水池的长期自动蓄水和水泵保护；
- 根据管道来水量及墒情数据，自动控制滴灌带前端阀门的顺序开关；
- 软件界面显示整个工艺流程和工艺参数，方便监控和管理。

（5）应用效果

该系统显著改善了农业生产条件，提高了土地适宜性，有效缓解了水资源紧缺的问题。通过自动供水和灌溉，提升了灌溉水利用系数，减少了用水量和耗电量，实现了节能效益。项目实施后，促进了农村社会经济的和谐发展及美丽乡村的建设。

通过这个系统，大良沟村不仅提高了灌溉效率，节约了水资源，还为农业生产和农村生活环境的改善提供了有力支持。

2. 虫害防治

物联网传感器可以提供有关作物健康的实时信息，并清楚地显示害虫的存在。低分辨率图像传感器可以捕捉到肉眼看不见的害虫图像，高分辨率传感器则可以捕捉到作物释放的光能（光谱信号）。这些数据有助于农民决定采用何种有害生物防治策略，并根据实时信息不断调整防治方法。

【案例】哈尔滨市木兰县农作物虫害监测

（1）项目背景

哈尔滨市木兰县是一个农业大县，农作物虫害是影响农业生产的重要因素。为了提高虫害监测和防治的效率和准确性，降低农作物损失，木兰县决定引入物联网技术进行农作物虫害的实时监测。

（2）系统特点

传感器部署：在木兰县的农田中，当地选择具有代表性的地块，安装了农业物联网监测设备。这些设备包括温度、湿度、光照等环境传感器，以及专门用于虫害监测的传感器，如害虫诱捕器配备的计数传感器等。

数据采集与传输：传感器实时采集农田环境数据和病虫害信息，并通过无线网络将这些数据传输到中央控制系统或云平台。

数据分析：中央控制系统或云平台对收集到的数据进行处理和分析，通过算法模型预测虫害发生的可能性和趋势。

预警系统：当数据分析结果显示虫害风险增加时，系统会自动发出预警，通知农户和农业部门及时采取措施。

精准防治：根据预警信息和数据分析结果，农户和农业部门可以制定精准的防治策略，如定点喷药、生物防治等，以减少化学农药的使用，提高防治效果。

（3）应用效果

提高监测效率：物联网技术实现了对虫害的实时监测和数据分析，大大提高了监测效率。

减少损失：及时的预警和精准的防治策略有效减少了虫害给农作物造成的损失。

环保节能：精准防治减少了不必要的化学农药使用，降低了对环境的污染。

提升农产品质量：农药残留减少，提高了农产品的安全性和品质。

促进农业现代化：物联网技术的应用推动了木兰县农业的现代化进程，提高了农业生产的科技含量和管理水平。

木兰县通过引入物联网技术进行农作物病虫害监测，实现了对病虫害的实时监测、预警和精准防治，有效提高了农业生产的效率和效益。

3. 精准施肥系统

通过安装土壤传感器和气象站，物联网系统可以实时监测土壤中的养分含量、作物需求以及气象条件等信息。根据这些数据，系统会自动调整施肥机的喷施量和喷施时间，实现个性化的施肥操作。这不仅减少了农药和化肥的使用量，减少了环境污染，还提高了农产品的品质。

【案例】山东省兰陵县现代农业示范园

（1）项目背景

作为山东省内规模最大的现代农业示范基地，山东省兰陵县现代农业示范园近年来大力引进并应用了物联网技术，以提升其农业生产与管理的智能化水平。通过安装农业物联网监测设备，示范园在蔬菜大棚内实现了对生长环境的全面监控与管理。

（2）项目特点

实时监测环境参数：示范园内的蔬菜大棚均安装了物联网监测设备，这些设备能够实时监测并记录大棚内的温度、湿度、光照强度以及二氧化碳浓度等关键环境参数。这些数据每5分钟采集一次，通过内置的无线物联网网关传输到计算机系统进行分析处理。

智能环境调控：基于实时监测的数据，物联网系统能够自动调节温室环境。例如，当温度超过设定阈值时，系统会自动启动风机进行降温。土壤湿度传感器则用于自动控制灌溉系统，确保作物在需要时得到适量水分。

精准施肥与灌溉：通过分析土壤和作物的数据，物联网系统能够为农民提供精准的施肥和灌溉建议，从而提高肥料和水资源的利用效率。

（3）应用效果

通过应用物联网技术，示范园实现了对大棚环境的精准控制，有效提高了作物的产量和品质。自动化和智能化的管理方式减少了人力成本，提高了农业生产效率。该系统还帮助农民及时发现并解决生产中的问题，如病虫害等，从而降低损失。

山东省兰陵县现代农业示范园通过引入物联网技术，成功实现了对大棚蔬菜生长环境的智能化监测与管理。这不仅提升了农业生产的效率和品质，还为现代农业的可持续发展提供了有力支持。该案例充分展示了物联网技术在农业领域的广阔应用前景和巨大潜力。

4. 牲畜养殖监测

在奶牛养殖场中，养殖人员可以通过安装传感器监测牛群的饮水量、体温、活动量等数据。这些数据可以实时传输到云服务器中，养殖人员可以随时通过手机或计算机终端观察牛群的健康状况。当某只牛的体温异常或者饮水量过低时，系统会自动发出报警，并提供相应的处理建议。

【案例】宁夏盈科畜禽科技有限公司的牲畜体征监控系统

（1）项目背景

宁夏盈科畜禽科技有限公司是一家专注于畜禽科技领域的公司，其开发的牲畜体征监控系统是该公司的核心产品之一。该系统通过物联网技术，实现了对牲畜体征的实时监控，为养殖户提供了便捷、高效的管理工具。

（2）项目特点

实时监测：系统通过为牲畜安装传感器，实时监测体温、心率、呼吸频率等关键体征参数。这些传感器能够高精度地捕捉牲畜的生理变化，并将数据传输至云端服务器。

无线传输：无线信号传输技术可确保数据的实时性和准确性，避免了有线传输的烦琐和限制。

数据分析与预警：云端服务器对收集到的数据进行深度分析，一旦发现异常体征，如高温、低心率等，系统会立即发出预警通知，以便管理人员及时采取措施。

用户界面友好：系统提供直观的用户界面，方便管理人员随时查看牲畜的体征数据和历史记录，实现远程监控和管理。

（3）应用效果

提升管理效率：通过该系统，管理人员可以实时监控牲畜的体征，减少了巡查的频率，从而节省了人力和时间成本。据统计，使用该系统后，管理人员的工作效率提升了约30%。

降低疾病风险：由于系统能够及时发现牲畜的异常体征，因此发现疾病的及时率提高了50%，有效降低了牲畜因病死亡的风险。

数据支持决策：系统长期积累的数据为养殖户提供了宝贵的决策支持。例如，通过对历史数据的分析，养殖户可以调整饲养方案，优化牲畜的生长环境，从而提高养殖效益。

宁夏盈科畜禽科技有限公司的牲畜体征监控系统充分利用物联网技术，为畜禽养殖行业带来了革命性的变革。该系统不仅提高了管理效率，降低了疾病风险，还为养殖户提供了科学决策的依据。展望未来，随着物联网技术的不断进步和应用领域的持续拓展，该系统有望在畜禽养殖行业发挥更大的作用。

5. 农产品追溯系统

物联网技术可以实现对农产品全过程的监测和追溯，确保食品的安全和质量。通过给农产品打上标识，消费者可以查询农产品的产地、生长环境、加工过程等信息，提高了产品的透明度和消费者的信任度。

【案例】苏州市三港农副产品配送有限公司的农产品追溯系统

（1）项目背景

苏州市三港农副产品配送有限公司成立于2004年，是一家专业化的农副产品种植与配送公司。为了提升农产品质量的可追溯性，该公司积极引入了物联网技术，构建了先进的农产品追溯系统。

（2）项目实施

技术投入：公司投资建设了"蔬果种植与配送农产品全程追溯系统"，这一系统结合了物联网技术，对农产品的生产、加工、配送等全过程进行实时监控和数据记录。

数据采集与记录：通过各类传感器和监控设备，系统能够实时采集农产品的生长环境数据（如温度、湿度、光照等），并记录农产品的施肥、灌溉、病虫害防治等信息。

数据整合与展示：所有数据都通过物联网传输到中央数据库进行整合处理，并通过专门的平台或接口展示给消费者和管理部门。

（3）项目特点

全程可追溯：消费者通过扫描产品包装上的二维码，即可追溯到农产品的生产地点、生长环境、生产过程以及质量检测报告等详细信息。

质量安全保障：系统能够对农产品的生长环境和生产流程进行全面监控，及时发现并处理潜在问题，确保农产品的质量安全。

信息化管理：公司可通过系统对农产品进行信息化管理，提高管理效率，减少人为错误。

（4）应用效果

消费者信任度提升：透明的产品信息增强了消费者对公司产品的信任度。

市场竞争力增强：凭借先进的追溯系统，公司在市场上获得了竞争优势，吸引了更多对食品安全有高要求的客户。

管理效率提高：物联网技术的应用使公司能够实时监控农产品的生长和生产情况，及时调整管理策略，提高了管理效率和资源利用率。

苏州市三港农副产品配送有限公司通过引入应用物联网技术构建的农产品追溯系统，不仅提升了农产品的质量控制水平，还增强了消费者对产品的信心。这一系统的应用是苏州市三港农副产品配送有限公司对食品安全和消费者负责的重要体现，也为其在激烈的市场竞争中脱颖而出提供了有力支撑。

5.2.2 农业大数据的应用

农业大数据的收集与分析在农场管理、土壤分析、产业优化以及种植过程监控等方面具有广泛的应用。通过整合各种数据资源，利用先进的分析工具，农业大数据不仅助力提高了农业生产的效率和质量，还为政府部门和农业从业者提供了决策支持，推动了农业的可持续发展。

1. 农场云端管理

【案例】贵州省剑河县南明镇无人农场

（1）项目背景

贵州省剑河县南明镇无人农场引进了中国工程院院士、华南农业大学教授罗锡文教授团队的无人农场关键技术，选用国内先进农机装备，在无人农机上安装物联网传感器，提前设定好路线，再利用北斗卫星定位系统和互联网数据传输，远程实时获取农机的数据，实现了水稻耕、种、管、收生产环节全覆盖。

（2）项目特点

数据收集与整合：无人农场通过各种先进传感器和无人机等设备，实时收集水稻的生长环境数据（如温度、湿度、土壤养分等）和作物生长数据（如株高、叶色、生长速度等）。这些数据被自动上传至云端平台进行集中存储和管理，形成了庞大的农业大数据资源。

生长监控与预测：利用大数据分析技术，农场管理人员可以对水稻的生长情况进行实时监控，并通过历史数据和当前环境参数的对比，预测水稻的生长趋势和产量。例如，通过对稻田环境数据的持续监测，系统能够自动分析出最适宜水稻生长的环境条件，并据此调整灌溉、施肥等农事活动。

决策支持系统：基于大数据分析结果，农场管理人员可以制定更加科学的农事管理计划。系统会根据数据分析结果自动推荐最佳播种时间、施肥量、灌溉频率等，从而提高水稻的产量和质量。在病虫害预防方面，大数据分析能帮助农场管理人员及时发现病虫害发生的迹象，并提前采取措施进行防控。

优化资源配置：通过分析历史数据和当前生产情况，农场管理人员可以更加合理地配置农机设备、劳动力和其他资源，提高资源利用效率。例如，根据大数据分析预测的产量结果，农场管理人员可以提前做好收割和存储准备工作，避免资源浪费和损失。

（3）应用效果

大数据分析还能够帮助农场进行经济效益分析，通过对比投入与产出数据，优化生产策略，以降低成本并提高收益。农场可以利用这些数据与市场信息进行对比，制定更加合理的销售策略和价格定位。

贵州省首个水稻无人农场在大数据分析方面的应用涵盖了数据收集与整合、生长监控与预测、决策支持、资源配置优化以及经济效益分析等多个方面。这些应用不仅提高了农场的生产效率和管理水平，还为农业可持续发展提供了新的思路和解决方案。

2. 土壤数据分析

【案例】西宁市林业站的土壤数据分析应用

（1）项目背景

西宁市林业站位于青海省西宁市，为了满足科研和管理需求，对市内的土壤类型及数字高程模型数据进行了深入的分析和应用。西宁市地处青藏高原东部，地形复杂，土壤类型多样，因此土壤数据分析在这里显得尤为重要。

（2）项目内容

土壤类型分类与识别：利用先进的土壤数据分析技术，西宁市林业站对市内的土壤进行了详细的分类与识别。采用了 2005 年中国 1:100 万比例尺土壤类型数据，依据土壤发生学进行分类，成功识别出西宁市不同区域的土壤类型。

土壤质地与肥力评估：通过对土壤颗粒大小和分布特点的分析，西宁市林业站了解了土壤质地的差异，进一步化验分析了土壤中的有机质、氮、磷、钾等关键养分含量，基于这些数据，为农民提供了针对性的施肥建议，优化了农作物的养分管理。

生态景观林土壤功能评价：在西宁市南北山的生态景观林区，西宁市林业站利用土壤数据分析技术评估了林区土壤的渗透等关键功能；结合实地调查和实验室分析，揭示了植被覆盖率、土壤结构和质量对土壤渗透功能的影响机制。

精准农业管理实践：综合土壤数据和气象数据，西宁市林业站为农民提供了精准农业管理的指导方案，制定了个性化的施肥计划和智能化的灌溉策略，显著提高了农业生产的效率和环保性能。

支持决策制定：土壤数据分析的结果为政府部门在土地资源管理、城市规划、环境保护等方面的决策提供了科学依据。

（3）应用效果

该项目提高了西宁市林业站对土壤资源的认知水平，为科研工作提供了坚实基础；助力当地农业生产效益显著提升，农作物产量和质量均有所改善；促进了生态保护和可持续发展，为西宁市的生态文明建设作出了积极贡献。

西宁林业站的土壤数据分析应用案例展示了现代信息技术在自然资源管理和生态环境保护中的重要作用，为类似地区的土壤数据分析工作提供了有益的参考和借鉴。

3. 农产品大数据平台

【案例】全国苹果单品种大数据平台

（1）项目背景

中国作为世界苹果产量第一的国家，苹果产业对于国家经济和农民收入具有重要意义。为了将"苹果大国"提升为"苹果强国"，农业农村部信息中心联合相关企事业单位和社会组织，共同发起了全国苹果大数据发展应用协作组，并设计研发了全国苹果单品种大数据平台。

（2）项目内容

数据资源整合：平台建立了苹果全产业链数字资源体系，整合了全球主要生产国的苹果面积、产量、单产等数据。通过数据挖掘分析，平台利用可视化技术展示了苹果生产、流通、价格、消费等多方面的监测预警信息。

生产环节支持：平台汇聚了全球苹果种植的相关数据，构建了全球苹果种植一张图，为果农提供了全球视野。平台可实时监测全国主产区的气象条件，构建了 122 个主产县的气象灾害监测预警模型，提供灾害预警信息。通过构建单产预测动态模型，平台能够实时展示各省、县的产量预测信息，帮助果农做出更科学的种植决策。

流通与销售支持：平台汇聚了全国 200 家批发市场和电商平台的苹果销售数据，实时监测苹果的销售流向、数量和主产区库存变化。这些数据为果农和经销商提供了准确的市场动态，促进了苹果的产销精准对接，有助于稳定市场价格和供需平衡。

决策支持与服务：平台通过大数据分析，为政府部门提供了苹果产业发展的决策支持，有助于其制定更科学的农业政策。同时，平台也为果农和经销商提供了个性化的市场分析和销售策略建议，提高了他们的市场竞争力。

（3）应用效果

提高生产效率：通过大数据平台的精准预测和预警，果农能够更合理地安排种植计划和管理措施，从而提高生产效率。

稳定市场价格：平台提供的实时销售数据和库存信息有助于经销商和果农做出更明智的定价决策，从而稳定市场价格。

促进产销对接：通过大数据平台的流通与销售支持功能，果农和经销商能够更高效地实现产销对接，减少中间环节和浪费。

提升产业竞争力：全国苹果单品种大数据平台的应用有助于提升中国苹果产业的整体竞争力，推动"苹果大国"向"苹果强国"转变。

综上所述，全国苹果单品种大数据平台在苹果产业的生产、流通、销售等多个环节发挥了重要作用，为中国苹果产业的持续发展和现代化转型提供了有力的数据支持和决策依据。

4. 种植过程大数据应用

【案例】北京"农场云"智能系统

（1）项目背景

自北京市信息进村入户工程实施以来，依托北京市农业农村局的技术资源，通过"农场云"智能系统，京郊建立了多个优质安全的农产品供应基地。"农场云"系统通过数字化全景展示、智能化生产管理和数据驱动的科学决策，帮助农业生产者提高效率和产品质量。

（2）项目内容

环境监控与农事管理：系统包括环境监控设备和农事管理 App "农事宝"。环境监控设备能够实时监测大棚内的空气温度、湿度及土壤干湿度等，并设置预警。农事宝 App 允许农户记录农事活动，并通过手机网络上传到系统，由技术员核查。

数据驱动的决策：利用大数据分析技术，系统能够对作物的生长环境进行评价，帮助生产部门随时掌握种植信息并及时采取措施，确保大棚生产处于健康状态。

提升产品质量：通过精确的环境控制和农事管理，"农场云"系统确保作物在健康、稳定的环境中生长，从而提高农产品的品质。

产销对接：系统通过市场需求分析和智能排产，帮助合作社实现"以销定产"，减少积压和损耗，提高销售效率。

农产品追溯："农场云"系统支持农产品的"绿色履历"，即通过二维码记录和展示农产品从育苗、施肥到采摘的全过程，提供透明的产品信息，增强消费者信任。

（3）应用效果

"农场云"系统不仅提升了农产品的品质和价值，还通过信息化手段提高了农业生产的效率和精准度，促进了农业现代化和乡村振兴。

5.2.3　云计算在农业中的应用

云计算在农业中的应用涵盖了农业物联网、农作物病虫害预警、农业大数据分析和农业产业数字化等多个方面。这些应用不仅提高了农业生产的智能化水平，还优化了农业资源的利用效率，为农业的可持续发展提供了有力支持。

1．农业物联网与云计算的结合

物联网技术与云计算的结合使农业信息的实时采集和处理成为可能。例如，在温室种植中，通过在温室内部署多个传感器，人们可以实时采集温度、湿度、光照等数据，并将这些数据传输到云端。

云计算平台对这些数据进行分析和处理，提供温室管理的决策依据。比如，根据温室内的温度和湿度数据，云计算平台可以自动控制灌溉系统，保证植物的生长环境处于最佳状态。

农民可以通过手机或计算机等终端设备远程监测和管理温室，实现远程操控和自动化管理，提高作物的产量和质量。

2．农作物病虫害预警系统

云计算平台可以建立农作物病虫害的实时监测和预警系统，通过在农田中智能布设感知器，收集土壤湿度、温度、光照等数据，并上传到云端。

云计算平台利用这些数据和农作物病虫害的相关知识，建立预测模型，并根据模型分析的结果提供农作物病虫害的预警信息。农民可以及时接收到预警信息，并采取相应的防治措施，避免农作物的大面积损失。

3．农业大数据分析

云计算平台为农业大数据的存储、分析和挖掘提供了强大支持。通过采集农场和农田的各种数据，如气象数据、土壤理化性质数据、农作物生长数据等，云计算平台可以建立庞大的农业数据库。

云计算平台对这些数据进行处理和分析，挖掘出潜在的规律和趋势，为农业决策者提供科学依据。例如，通过分析土壤数据和作物生长数据，可以制定科学的种植方案和管理策略，提高农作物的产量和质量。同时，云计算平台还可以利用机器学习和人工智能技术，对农业数据进行深度学习，提高预测和决策的准确性。

4．农业产业数字化

云计算技术在农业产业数字化方面也有重要应用。例如，阿里巴巴数字农业产业中心利用生物、云计算和大数据技术，实现生产加工自动化、运用模式数字化、冷链物流智慧化，打造了一个以淄博市为轴心的现代化农产品流通枢纽。该中心通过云计算平台实现了农产品的全链条数字化管理，提高了农产品的流通效率和品质保障。

【案例】淄博市阿里巴巴数字农业产业中心

（1）项目背景

阿里巴巴数字农业产业中心由山东纽澜地数字农业科技有限公司与阿里巴巴集团合作建设，位于淄博市周村区大学城园区。该项目占地约 800 亩（约 53.3 万平方米），总投资达到 30 亿元。淄博市政府致力于打造数字农业农村中心城市，该项目作为重要组成部分，得到了政府的大力支持和推动。该项目利用生物、云计算和大数据技术，致力于推动农业农村数字化转型。

（2）项目内容

数据存储与处理：阿里巴巴数字农业产业中心利用云计算技术，对农业生产、加工、流通等环节中产生的大量数据进行存储和处理。这些数据包括但不限于气象数据、土壤数据、农作物生长数据以及农产品质量数据。通过云计算的高效处理能力，中心能够实时监控和分析这些数据，为农业生产提供科学决策支持。

农业生产指导：云计算技术使农业专家可以通过互联网平台为农民提供实时的农业生产指导服务。农民可以随时随地获取最新的农业技术、市场动态和政策信息，从而提高农业生产的科学性和效率。

智能化农业装备管理：通过云计算技术，农民可以利用智能化农业装备对农业生产过程进行智能监控和管理。这些智能化农业装备能够自动完成浇水、施肥、喷药等操作，不仅提高了农业生产的效率，还保证了农产品的质量。而云计算技术则为这些智能化装备提供了强大的数据支持和远程控制功能。

农产品流通管理：阿里巴巴数字农业产业中心利用云计算技术，实现了农产品流通的全程数字化管理。从农产品的收购、加工、贮藏到运输和销售，每一个环节都通过云计算技术进行实时监控和数据分析，确保农产品的品质和安全。同时，这也为农产品的追溯提供了可靠的技术支持。

精准农业实施：云计算技术为精准农业的实施提供了有力支持。通过对不同地块、不同作物的数据进行分析，农民可以制定出更加精准的施肥、灌溉等农业生产方案，从而提高农业生产效益，并减少资源浪费。

（3）应用效果

经济效益显著：该项目年产值达到 200 亿元，年税收约 3 亿~5 亿元，为地方经济作出了重要贡献。

就业带动能力强：该项目直接带动高端人才 500 人、技术人才 5000 人、普通工人 5000 人就业，有效缓解了当地的就业压力。

农业现代化推进：通过数智化构建农产品流通新体系，该项目实现了生产加工自动化、运用模式数字化、冷链物流智慧化，推动了农业现代化的进程。

农产品品质提升：利用先进的生物、云计算和大数据技术，该项目对农产品进行全过程差异化标准化的收集、加工、处理、存储、运输，确保了农产品的高品质。

新业态新模式孵化：阿里巴巴数字农业产业中心不仅是一个农产品生产的综合体，还成为农业新模式、新业态、新产业的孵化器，为农业农村发展注入了新的活力。

综上所述，淄博市阿里巴巴数字农业产业中心的项目应用效果显著，对当地农业农村的数字化转型和现代化发展起到了积极的推动作用。

5.2.4　人工智能与农业机器人

人工智能与农业机器人在农业中的应用，不仅提高了农业生产的智能化水平，还提高了农业资源的利用效率，降低了生产成本，提高了农产品的质量和安全性。这些技术正在逐渐改变着传统农业的生产方式和管理方式，为农业的可持续发展提供了有力支持。

1．智能农机

人工智能技术使农机具备自主感知、判断和决策的能力。例如，通过搭载传感器和摄像头，农机可以实时监测农田的土壤湿度、作物生长情况等。根据这些信息，农机可以智能调整操作，实现精确施肥、作物保护等目标，提高农业生产效率。

2．智能灌溉系统

人工智能技术可以应用于灌溉系统，实现智能化的水资源管理。通过监测土壤湿度、气象数据等信息，智能灌溉系统可以自动调整灌溉时间和水量。这不仅保证了农田的水分供应与需求相匹配，还避免了水资源的浪费和农田的过度灌溉，提高了水资源利用效率。

3．智能病虫害监测

利用图像识别和深度学习算法，智能监测系统可以自动识别作物病虫害，并及时发出预警。这提高了病虫害的检测准确率和防治效果，减少了农药的使用，降低了农业生产成本。

4．农产品质量检测

通过图像识别和机器学习算法，智能检测系统可以自动识别农产品的外观、大小、颜色等特征，并与标准进行比对，判断农产品的质量等级。这提高了农产品质量检测的速度和准确性，保证了农产品的品质和安全。

【案例】古林大田数字农业项目

（1）项目背景

古林大田数字农业项目是宁波市海曙区农业农村局、古林镇农办与浙江托普云农科技股份有限公司等合作的高标准农田无人农场样板工程。该项目占地10900亩（约726.7万平方米），致力于利用人工智能技术推动现代农业的数字化转型。

（2）项目内容

智能农机导航与操作：通过精准导航系统，农机可以完成高精度的自动作业，实时采集农田信息，并通过系统计算每台农机的作业量以实现精准分配。

数据驱动的决策支持：园区内建立了"数字农业项目数据中心"，通过大数据平台助力科学决策。数十个智能装备全方位监测土壤湿度、灌溉时间、气象变化等，数据实时显示在大屏幕上，供监管人员参考。

病虫害智能监测与预警：利用图像识别和深度学习，系统能自动识别病虫害，并及时提供预警；结合预设的科学分级防控方案，系统能选择相应的杀虫方式，有效减少农药使用。

智能灌溉系统：根据土壤湿度、气象数据等信息，智能灌溉系统可以自动调整灌溉时间和水量，确保农田的水分供应与作物需求相匹配，实现水资源的高效利用。

（3）应用效果

通过人工智能技术的应用，古林大田数字农业项目实现了全流程的自动化生产加工，显著提高了农业生产效率。项目成功减少了劳动力用工成本10%、节水10%、减少施肥8%、单产提高 2%，展现了人工智能在农业领域的巨大潜力。该项目成为浙江省乃至华南地区数字农业技术的推广示范基地，推动了周边地区农业的现代化进程。

古林大田数字农业项目通过深度融合人工智能技术，不仅提升了农业生产效率，还为农业可持续发展提供了新的路径。这一成功案例为其他地区提供了可借鉴的经验，推动了整个农业行业的数字化转型进程。

此外，农业机器人在农业生产活动中发挥着重要作用，包括以下 4 个方面。

- 种植机器人：种植机器人可以使用机械臂将种子插入土壤中，并使用传感器来确定种植深度和间距。这些机器人可以在不同的地形和气候条件下工作，提高了种植效率和一致性。
- 施肥机器人：施肥机器人可以利用传感器检测土壤的营养状况，并使用机械臂将肥料施加到需要的区域。这种机器人可以根据土壤状况精确地施加肥料，降低了过度施肥或施肥不足的风险。
- 除草机器人：除草机器人可以利用机械臂或喷嘴去除农田中的杂草，同时避免使用化学除草剂。这种机器人可以显著减少化学物质的使用，并保护环境。
- 采摘机器人：采摘机器人可以使用传感器和机器视觉技术来识别成熟的果实，并使用机械臂将其采摘下来。这种机器人可以显著提高采摘效率，减少人工采摘的成本和风险。

5.3 农业数字化的实践案例与挑战

5.3.1 国内外农业数字化实践案例

在农业数字化领域，国内外都有一些成功的实践案例，具体如下。

1．国内案例

（1）极飞智慧农业系统

概述：极飞智慧农业系统是一套完整的数字农业解决方案，涵盖农业生产的全过程，包括耕、种、管、收等环节。

技术构成：系统包括农业生产数字基础设施、智能精准农机和智慧农业生产操作系统。

实施效果：

- 实现了对农业生产的全面监管，包括对农田、农资、农艺、农事的管理；
- 助力高标准农田叠加数字新基建、智慧精准农机监管以及社会化农服补贴管理等功能；
- 提高了农业生产的自动化、智能化水平，提升了经济效益。

（2）京东农业科技与宁夏民悦农业发展有限责任公司合作

概述：京东农业科技通过引入 AI、物联网、区块链等技术，与宁夏民悦农业发展有限责任公司合作，助力当地农业数字化发展。

实践内容：

- 引入牛肉制品龙头企业龙江元盛，解决国产和牛繁育和销售问题；
- 利用智能耳标等技术，实现生物资产的数字化管理，为农民提供金融服务。

实施效果：

- 提升了当地和牛的养殖效益，帮助农民实现增收；
- 推动了当地农业金融的创新发展，提高了金融服务农业的能力。

2．国外案例

（1）美国数字乡村建设

概述：美国数字乡村建设由法规标准引导下的市场经济体制起主导作用，形成了完善的数字农业技术体系和农业信息服务网络。

技术应用：

- 应用遥感技术对作物生长过程进行监测和预报；
- 在大型农机上安装 GPS 设备，提高农机的作业精度和效率；
- 建设与农业有关的数据库，如 PESTBANK 数据库、BIOSISPREVIEW 数据库等，为农业科研和生产提供数据支持。

实施效果：

- 促进了美国现代农业的发展，提高了农业生产效率和质量；
- 形成了完善的农业信息服务网络，为农民提供了便捷的信息服务。

（2）欧盟智慧乡村行动

概述：欧盟委员会启动的"欧盟智慧乡村行动"旨在通过智慧乡村建设，释放乡村发展活力、促进乡村繁荣。

技术应用：

- 涉及大数据、物联网、物流运输、数据分享应用等关键前沿技术；
- 在居民生活、公共服务、可持续发展和乡村产业振兴等方面均有应用。

实施效果：

- 推动了欧洲乡村地区的数字化进程和智慧化转型；
- 提升了乡村地区的公共服务水平和居民生活质量。

这些案例展示了农业数字化在国内外的实践情况和应用效果，为农业生产的智能化、自动化和高效化提供了有力支持。

5.3.2　农业数字化面临的挑战与对策

农业数字化在推动农业现代化和提高生产效率方面发挥着重要作用，但同时也面临着一些挑战。

1．面临的挑战

（1）基础设施不足

问题描述：一些农村地区网络覆盖不足，4G 信号盲点较多，乡村 5G 基站、光纤宽带、物联网设施等新基建数量和布局亟待完善。

影响：限制了数字技术的广泛应用和数字化农业的快速发展。

（2）数据整合共享不充分

问题描述：农业农村数据资源分散，公共数据共享开放不足，天空地一体化数据获取能力较弱、覆盖率低，数据要素价值挖掘利用不够。

影响：导致农业信息化水平低，数据资源难以发挥最大价值。

（3）创新能力较弱

问题描述：关键核心技术创新不足，具备自主知识产权的农业专用传感器缺乏，农业机器人、智能农机装备适应性较差。

影响：制约了数字化技术在农业生产中的应用效果和推广速度。

（4）融合应用不足

问题描述：农业产业数字化、数字产业化滞后，融合应用场景不多，数字经济在农业中的占比远低于工业和服务业。

影响：导致农业数字化发展不平衡，难以形成完整的数字化农业产业链。

（5）数字化人才缺乏

问题描述：乡村数字化复合型人才不足，大部分主体数字素养不高，难以应用数字化农业技术。

影响：限制了农业数字化技术的推广和应用，影响了农业数字化的发展速度和质量。

2．对策建议

（1）加强基础设施建设

- 加大农村网络基础设施投入，扩大 5G、光纤宽带等新型基础设施建设范围；
- 提高农村地区的网络覆盖率和网络质量，为农业数字化提供坚实的网络基础。

（2）推进数据整合共享

- 建设统一的农业信息平台，实现农业数据的集中管理和共享；
- 加强空天地一体化数据采集和处理能力，提高数据资源的利用效率和价值挖掘能力。

（3）加强创新能力建设

- 加大农业科技研发投入，鼓励农业科技创新和成果转化；
- 加强自主知识产权保护，推动农业专用传感器、农业机器人等关键技术的研发和应用。

（4）促进融合应用发展

- 推动农业产业数字化和数字产业化发展，打造数字化农业产业链和生态圈；
- 加强农业与工业、服务业等产业的融合发展，推动数字经济在农业中的广泛应用。

（5）加强数字化人才培养

- 加强农村数字化人才培养和引进工作，提高农民的数字素养和应用能力；
- 加强与高校、科研机构等单位的合作与交流，培养具备数字化技术能力和创新精神的农业人才。

以上对策的实施可以有效应对农业数字化面临的挑战，推动农业数字化向更高水平发展。

5.4　农业数字化的未来趋势与展望

5.4.1　智慧农业的发展趋势

未来智慧农业的发展趋势将呈现出更加数据化、自动化、智能化、互联网化、精准化和绿色化的特点。

1. 数据化发展

智慧农业将越来越注重数据的收集、存储、处理和分析。大数据分析可以实现农业生产的优化调整，更好地满足消费者的需求。

借助先进的农业传感器，可以实时监测环境参数（如温度、湿度、光照、土壤状况等）和动植物生长状态，为农业生产提供精准的数据支持。

2. 自动化和智能化

随着自动化技术和机器人技术的不断发展，智慧农业将实现更高程度的自动化和智能化，包括自动化种植、智能化施肥、自动化收获等。例如，无人驾驶拖拉机、无人机、智能灌溉系统等智能装备将被广泛应用于农业生产中，大大提高劳动生产率，并降低人力成本。

3. 互联网+农业

智慧农业将越来越依赖互联网技术，包括无线传感器网络、云计算、移动终端等，实现农业生产的远程监控、信息共享和服务平台化。

通过互联网平台，农民可以获取最新的农业技术信息、市场信息和政策信息，提高农业生产决策的科学性和准确性。

4. 精准农业

智慧农业将实现更高精度的农业生产管理，包括精准施肥、精准灌溉、精准防治病虫害等。精准农业技术可以根据作物的实际需求和环境条件进行精细化操作，提高农业生产效率，减少环境污染。

5. 绿色农业

智慧农业将越来越注重环保和生态保护。绿色农业技术可以减少农药、化肥的使用，减少污染物的排放，促进农业可持续发展。绿色农业还包括农业废弃物的资源化利用、生态环境的修复与保护等方面。

6. 个性化与差异性营销

物联网、云计算等技术的应用将打破农业市场的时空地理限制，实现农产品个性化与差异化营销。通过农产品溯源系统，消费者可以查询到农产品的全程信息，提高消费信心。同时，农业企业可以根据消费者的需求进行定制化生产，满足市场的多样化需求。

7. 政策推动与产业融合

随着国家对智慧农业政策的重视和支持，未来将有更多的省份和地区出台相关政策文件，推动智慧农业的发展。同时，智慧农业将与工业、服务业等产业进行深度融合，形成数字化农业产业链和生态圈，推动农业产业的转型升级。

综上所述，未来智慧农业的发展趋势将更加注重数据化、自动化、智能化、互联网化、精准化和绿色化等方面的发展。这些趋势将推动农业生产的现代化和高效化，提高农业生产的竞争力和可持续性。

5.4.2 农业数字化与全球竞争

农业数字化与全球竞争之间存在着密切的关系。随着全球化和信息技术的快速发展，农业数字化已经成为推动农业生产效率提升、优化资源配置、提高农产品质量和安全性的重要手段，同时也加剧了全球农业市场的竞争。

1. 农业数字化提升生产效率与全球竞争力

提高生产效率：农业数字化通过引入物联网、大数据、人工智能等现代信息技术，实现农业生产过程的智能化、自动化和精准化。这不仅能够提高农业生产效率，降低生产成本，还能够减少资源浪费和环境污染，提升农产品的品质和产量。

增强全球竞争力：生产效率的提升使农产品在国际市场上更具竞争力。例如，美国农业通过数字化技术的应用，实现了高效、精准的农业生产，以较少的农业人口维持了庞大的农业生产体系，不仅满足了本国需求，还大量出口到其他国家，成为全球农业的主要出口国之一。

2. 农业数字化优化资源配置与全球供应链

优化资源配置：农业数字化能够实时获取并分析农业生产、市场、环境等方面的数据，为农业生产提供科学决策支持。通过精准的数据分析，农民可以更加合理地配置资源，包括土地、水、种子、化肥等生产要素，实现资源的优化配置和高效利用。

完善全球供应链：农业数字化还能够促进全球供应链的完善和优化。互联网技术可以实现农产品的远程监控、信息共享和服务平台化，使农产品从生产到销售的各个环节都能够实现高效连接和协同。这不仅能够提高农产品的流通效率，还能够降低流通成本，提升农产品的市场竞争力。

3. 农业数字化提升农产品质量与安全性的全球标准

提高农产品质量：通过精准化的管理和控制，农业数字化能够确保农产品的生长环境和生长过程符合高质量要求。例如，智能灌溉系统可以确保农作物得到充足的水分和营养；病虫害监测系统可以及时发现并处理病虫害问题，避免对农作物造成重大损害。

增强农产品安全性：农业数字化还能够提高农产品的安全性。追溯系统可以追踪农产品的生产、加工、运输等全过程信息，确保农产品的来源可靠、质量可控，还可以通过数据分析发现潜在的安全隐患并及时处理，保障消费者的健康和权益。

以美国农业为例，美国农业通过广泛应用数字化技术，实现了精准化的管理和控制：通过卫星遥感技术可以实时监测农作物的生长情况；通过智能农机可以实现精准播种、施肥和收割；通过追溯系统可以确保农产品的来源可靠、质量可控。这些数字化技术的应用使美国农业在全球市场上更具竞争力。

综上所述，农业数字化与全球竞争密切相关。通过提高生产效率、优化资源配置、提升农产品质量与安全性等，农业数字化不仅能够推动农业生产方式的变革和升级，还能提升农产品的全球竞争力。

第6章

数字工业

6.1 数字工业概述

6.1.1 数字工业的定义

数字工业（Digital Industry）通常指的是在工业领域广泛应用数字技术，以提高生产效率、产品质量、创新能力和市场竞争力的过程。数字工业涵盖了从设计、制造到产品生命周期管理的各个环节，并通过数字化转型实现工业自动化、智能化和网络化。

尽管没有统一的"正式定义"，但数字工业的核心概念通常包括以下10个方面。

- 集成的数字平台：构建集成的数字平台，实现产品设计、生产流程、供应链管理和客户服务的数字化。
- 智能制造：利用先进的传感器、机器视觉、机器人技术和自动化控制系统，实现生产过程的智能化。
- 数据分析和人工智能：应用大数据分析和人工智能技术，优化生产流程，提高产品质量，预测设备维护需求。
- 物联网（IoT）：通过物联网技术连接机器、设备和系统，实现实时监测和控制。
- 数字孪生（Digital Twin）：创建物理资产的虚拟副本，用于模拟、分析和优化产品设计和生产过程。
- 增材制造：采用3D打印等增材制造技术，实现复杂部件的快速制造和定制化生产。
- 供应链数字化：通过数字化手段优化供应链管理，提高透明度和响应速度。
- 客户体验和服务：利用数字技术改善客户体验，提供远程服务和维护，以及基于数据的客户支持。
- 网络安全：确保工业系统和数据的安全，防止网络攻击和数据泄露。
- 持续创新：鼓励创新文化，支持新技术的研发和应用，以适应不断变化的市场需求。

数字工业的目标是通过数字化转型，实现工业生产的灵活性、可持续性、个性化和智能化，从而提高企业的竞争力和市场适应能力。随着技术的发展，数字工业的定义将继续演进。

6.1.2　工业数字化在数字经济中的作用

工业数字化在数字经济中扮演着至关重要的角色，它通过集成先进技术，如物联网、大数据、云计算、人工智能和自动化等，推动工业生产的智能化、高效化和柔性化，提高生产效率，降低成本，优化供应链，实现定制化生产和柔性制造等。这些变化不仅可以提升企业的竞争力，也能为整个数字经济注入新的活力和动力。

1．智能制造

工业数字化使传统制造业转型为智能制造。通过引入自动化生产线、智能机器人和物联网设备，工厂可以实现生产过程的自动化和智能化监控。这不仅提高了生产效率，降低了生产成本，还减少了人为错误，提高了产品质量。

例如，特斯拉的超级工厂就是一个典型的智能制造案例。该工厂利用先进的自动化生产线和机器人技术，实现了汽车生产的高度自动化和智能化，大大提高了生产效率和产品质量。

2．大数据分析和预测

工业数字化使企业能够收集和分析大量的生产、销售、供应链等数据。通过对这些数据进行分析，企业可以预测市场需求、优化生产计划、降低库存成本，做出更准确的商业决策。

例如，某家制造型企业通过收集和分析生产线上的数据，发现某个生产环节的故障率较高。他们利用这些数据对生产线进行了改进，降低了故障率，提高了生产线的稳定性和效率。

3．云计算和远程服务

工业数字化使企业可以利用云计算技术，将数据和应用程序存储在云端，实现数据的远程访问和管理。这为企业提供了更大的灵活性和可扩展性，使企业能够更快速地响应市场变化。

同时，云计算还为企业提供了远程服务的能力。例如，一家制造设备的公司通过远程监控和诊断系统，实时监测设备的运行状态，并在设备出现故障时提供远程维修服务，减少了停机时间和维修成本。

4．供应链管理和优化

工业数字化通过引入物联网技术和大数据分析，使企业能够实时监控供应链的状态，包括原材料的采购、库存水平、物流运输等。这使企业能够更准确地预测供应链的变化，并采取相应的措施来优化供应链的效率和可靠性。

例如，一家零售商通过引入物联网技术，实现了对库存的实时监控和智能补货。当库存水平低于某个阈值时，系统会自动触发补货请求，从而降低库存积压和缺货的风险。

5．定制化生产和柔性制造

工业数字化使企业能够实现定制化生产和柔性制造。通过引入柔性生产线和先进的生产技术，企业可以根据客户的具体需求进行定制化生产，快速响应市场变化。

例如，某家服装制造商通过引入柔性生产线和数字化技术，实现了从设计到生产的快速转换。客户可以通过在线平台选择款式、颜色和尺寸等，并实时查看生产进度。这使制造商能够快速地满足客户的个性化需求，提高客户满意度和市场份额。

6.1.3 工业数字化对传统工业的转型意义

工业数字化对传统工业的转型意义深远，它不仅推动了生产方式的革新，还促进了企业运营模式的转变，提升了整体竞争力和可持续发展能力。以下是工业数字化对传统工业转型意义的详细阐述，并结合具体例子进行说明。

1．提升生产效率与灵活性

工业数字化通过引入先进的自动化、机器人技术和物联网设备，实现了生产过程的智能化和自动化。这大大提高了生产效率，降低了生产成本，并使生产更加灵活，可快速响应市场需求。

例如，在汽车制造行业中，特斯拉通过其先进的超级工厂和高度自动化的生产线，大幅提高了汽车的生产效率，降低了制造成本。同时，其生产线还具备高度的灵活性，能够根据不同车型和配置进行快速调整，满足市场的多样化需求。

2．优化资源配置与供应链管理

工业数字化通过大数据分析和云计算技术，实现了对生产、销售、供应链等各个环节的实时监控和优化管理。企业可以更加准确地预测市场需求，优化生产计划，降低库存成本，提高资源利用效率。

以海尔集团为例，其通过构建工业互联网平台，实现了对全球供应链的实时监控和优化管理。通过大数据分析，海尔集团能够预测不同地区和市场的产品需求，提前调整生产计划，确保供应链的顺畅和高效。同时，海尔集团还利用物联网技术实现了对产品的远程监控和故障诊断，提高了售后服务的质量和效率。

3．推动产品创新与服务升级

工业数字化为企业提供了更加灵活和高效的研发设计工具，加速了产品创新的速度和质量。同时，通过数字化技术，企业还能够提供更加个性化和智能化的产品和服务，满足消费者的多样化需求。

例如，西门子公司在工业数字化领域具有领先地位。其通过引入数字化设计和仿真工具，实现了对产品设计的快速迭代和优化。同时，西门子公司利用物联网和人工智能技术，推出了远程监控、预测性维护等智能化服务，帮助客户提高设备的运行效率和可靠性。

4．促进企业运营模式变革

工业数字化推动了企业运营模式的变革，从传统的以产品为中心向以用户为中心转变。企业更加注重与用户的互动和沟通，通过数字化手段收集用户反馈和需求，不断优化产品和服务。

例如，苹果公司通过其智能手机和应用商店平台，与消费者建立了紧密的联系。通过收集用户反馈和需求，苹果公司不断优化其产品和服务，推出了更加符合消费者需求的新产品和新功能。同时，苹果公司利用大数据和人工智能技术，为用户提供个性化的推荐和服务，提高了用户满意度和忠诚度。

综上所述，工业数字化对传统工业的转型意义在于提升生产效率与灵活性、优化资源配置与供应链管理、推动产品创新与服务升级以及促进企业运营模式变革。这些变革不仅提高了企业的竞争力和可持续发展能力，也为整个工业领域带来了更加广阔的发展前景。

6.2　工业数字化基础

6.2.1　工业 4.0 的定义与历史背景

　　工业 4.0 也被称为第四次工业革命，是基于工业发展的不同阶段而做出的划分。它指的是在工业互联网的基础上，通过信息物理系统（Cyber-Physical System，CPS），实现数字化、网络化、智能化技术与制造技术的深度融合，旨在提高生产效率、资源利用率和灵活性，同时满足客户的个性化需求。工业 4.0 的本质是实现智能制造，推动工业生产的智能化、网络化、服务化和绿色化。

1. 工业发展的历史脉络

- 工业 1.0：蒸汽时代，机械化生产开始取代手工制造，标志着第一次工业革命的到来。
- 工业 2.0：电气化时代，电力的引入为大规模生产和装配生产线提供了可能，推动了第二次工业革命。
- 工业 3.0：信息化时代，计算机化和自动化引发了第三次工业革命，信息技术开始渗透到制造业的各个环节。

2. 第四次工业革命（工业 4.0）的提出

- 提出时间：工业 4.0 的概念最早在 2011 年由德国提出，并在 2013 年 4 月的汉诺威工业博览会上被正式推出。
- 提出背景：随着全球化和信息技术的快速发展，制造业面临前所未有的挑战和机遇。为了保持德国在全球制造业中的领先地位，德国政府提出了工业 4.0 战略。
- 战略目的：工业 4.0 旨在通过应用信息通信技术和互联网，将虚拟系统信息与物理系统相结合，完成各行各业的产业升级，提高生产效率、资源利用率和灵活性，同时满足客户的个性化需求。

3. 工业 4.0 的战略意义与影响

- 国家级战略：工业 4.0 被德国政府列为《德国 2020 高技术战略》中的十大未来项目之一，并得到德国联邦教研部与联邦经济技术部的联合资助。
- 资金支持：德国政府拨款 2.22 亿美元用于支持工业 4.0 项目的研究和发展，显示出对该战略的重视和投入。
- 国际合作与竞争：工业 4.0 的提出引发了全球范围内对新一轮工业革命的关注和讨论。各国纷纷提出自己的工业发展战略，如美国的工业互联网等，共同推动全球工业向更高水平发展。

4. 工业 4.0 的技术基础与特点

- 技术基础：工业 4.0 的技术基础包括物联网、大数据、云计算、人工智能等先进技术。
- 特点：工业 4.0 强调智能制造、网络化生产、定制化服务和绿色制造等特点，旨在实现制造业的智能化、网络化、服务化和绿色化。

综上所述，工业 4.0 旨在应用先进的信息通信技术，推动制造业的产业升级和转型，提高生产效率、资源利用率和灵活性，满足客户的个性化需求。同时，工业 4.0 的提出也引发了全球范围内对新一轮工业革命的关注和讨论，推动了全球工业向更高水平发展。

6.2.2 工业数字化与传统自动化的区别

工业数字化与传统自动化在多个方面存在显著的区别。以下将详细阐述这些区别，并结合具体例子进行说明。

1. 定义与核心特点

（1）工业数字化

- 定义：基于信息技术、互联网技术和智能技术，将工业生产的各个环节实现信息化、数字化和智能化。
- 核心特点：信息化、智能化和网络化，通过数据收集、处理和分析，实现生产过程的优化和智能化决策。

（2）传统自动化

- 定义：利用先进的技术手段，对工业生产过程中的设备、系统和过程进行控制、调节和优化的一种技术手段。
- 核心特点：机械化、电气化和自动化，侧重于机械设备和电气控制系统的自动化升级和优化。

2. 技术与应用范围

（1）工业数字化

- 技术：涵盖物联网、大数据、云计算、人工智能等先进技术。
- 应用范围：不仅局限于传统工业领域，还广泛应用于新兴领域，如 AR/VR、大数据、云计算等。

例子：海尔上海洗衣机互联工厂通过数字孪生技术建设，实现智能决策、智慧管理，提升生产效率和质量。

（2）传统自动化

- 技术：主要依赖于机械、电气和自动化控制系统。
- 应用范围：主要应用于传统工业领域，如机械加工、汽车制造、冶金、化工、能源等领域。

例子：汽车制造行业的传统自动化生产线通过预设的程序和控制系统，实现生产流程的自动化。

3. 发展趋势与潜力

（1）工业数字化

- 发展趋势：向智能化、网络化、数字化生态系统方向发展，实现全生命周期数字化管理和智能化服务。
- 潜力：通过数据驱动，实现生产过程的精准控制和优化，提升生产效率和产品质量，同时推动新业态和新模式的形成。

（2）传统自动化

- 发展趋势：向高性能、低成本、柔性生产线和自适应控制等技术方向发展。

- 潜力：提高生产效率和降低生产成本，但在面对复杂多变的市场需求时，其灵活性和适应性相对较弱。

4．人的角色与影响

（1）工业数字化

- 人的角色：在数字化工厂管理中仍然扮演着很重要的角色，尤其是在数据分析、决策制定和创新研发等方面。
- 影响：提升人的工作效率和创新能力，同时要求员工具备更高的数字化技能和更深厚的知识储备。

（2）传统自动化

- 人的角色：主要负责监控和维护自动化设备和系统。
- 影响：减少人力成本和劳动强度，但可能导致某些岗位的消失和人员结构的调整。

综上所述，工业数字化与传统自动化在定义、技术与应用范围、发展趋势与潜力以及人的角色与影响等方面存在显著的区别。工业数字化通过引入先进的信息技术和智能技术，推动工业生产的智能化、网络化和服务化，为工业发展带来更大的机遇。

6.2.3 工业数字化的关键特征

工业数字化的关键特征可以详细阐述如下。后文辅以相关例子进行说明。

1．自动化与智能化

工业数字化技术的核心特征是自动化与智能化的融合。通过数字化技术，工厂和企业能够实现生产过程的自动化控制，并智能化地处理和分析大量数据。例如，某汽车制造企业引入智能机器人和自动化设备，实现了生产线的高效运作和质量控制，大大提高了生产效率，并减少了对人力资源的依赖。

2．数据驱动

工业数字化技术以数据为驱动，通过各种传感器和监测系统收集大量的生产数据和运营数据，这些数据被用于优化生产过程、预测需求和改进决策。例如，某电子产品制造企业采用物联网技术实时监控原材料的库存和运输情况，通过数据分析预测市场需求，从而调整生产计划，确保供应链的灵活性和响应速度。

3．灵活性与可定制化

工业数字化技术为企业提供了更大的灵活性和可定制化能力。企业可以根据客户的需求进行定制化生产，从而节省时间和资源。例如，海尔上海洗衣机互联工厂利用数字孪生技术，实现了对产品的个性化设计和生产，通过数字模型与实体产品的双向映射，工厂能够快速响应市场变化，满足消费者的个性化需求。

4．跨平台和互联互通

工业数字化技术能够实现不同平台之间的互联互通。通过互联网和云技术，工厂和企业可以将不同系统和设备连接到一起，实现数据的共享和交流。这种跨平台和互联互通的能力使不同部门和流程之间的协同工作更加高效，信息传递更加迅速。例如，某钢铁企业建立了工业互联网平台，实现了设备的远程监控和故障预警。通过平台，企业可以实时了解设备的运行状态，及时发现并解决问题，提高了生产效率和设备利用率。

5. 安全和可靠性

工业数字化技术对安全和可靠性有极高的要求。由于数字化技术涉及大量的数据和信息传输，保护数据的安全性显得尤为重要。企业需要采取各种措施来保护数据的机密性和完整性，防止数据泄露和黑客攻击。同时，数字化技术要具备高可靠性，以确保生产过程的稳定和持续。例如，某化工企业利用物联网技术对生产设备进行远程监测和故障诊断。通过实时收集设备数据并进行智能分析，企业可以及时发现潜在的安全隐患并进行处理，从而确保生产过程的安全和稳定。

6. 创新与发展

工业数字化技术具有持续的创新和发展能力。随着技术的进步，新的数字化技术和工具不断出现，为企业提供了更多的选择和机会。企业相关人员需要保持敏锐的洞察力和创新的思维，积极应用和探索新的数字化技术。例如，虚拟现实（VR）和增强现实（AR）技术在工业设计中的应用日益广泛，设计师可以利用这些技术对产品进行虚拟展示和交互式设计，提高设计效率和市场竞争力。

综上所述，工业数字化技术的关键特征包括自动化与智能化、数据驱动、灵活性与可定制化、跨平台和互联互通、安全和可靠性以及创新与发展。这些特征使工业数字化技术在推动企业发展、提高生产效率和打造竞争优势方面发挥着重要作用。

6.3　工业数字化技术的应用

6.3.1　物联网的应用

物联网在工业上的应用已经渗透到各个环节，从生产制造到供应链管理，再到能源管理和安全保障等方面，物联网都发挥了重要作用，不仅提升了企业的运营效率和安全性，还为企业带来了更多的商业机会和竞争优势。

1. 智能制造

在智能制造领域，物联网技术通过将设备、传感器与互联网相连，实现了对设备的实时监测和状态管理。例如，工厂中的传感器可以监测设备的运行情况，如温度、湿度、压力等关键数据，并将这些信息通过互联网实时传输到中央控制系统或云平台。管理人员可以随时随地通过移动设备或计算机查看设备的运行状态，及时发现问题并进行调整。这种应用不仅提高了生产效率，还大幅提升了产品质量和产品合格率。

2. 智能供应链

在供应链管理方面，物联网也发挥了巨大作用。通过将物流设备和运输工具与互联网相连，企业可以实时追踪货物的位置和状态。例如，在运输过程中，人们使用传感器和无线通信技术监测货物的温度、湿度以及位置信息，并将这些数据实时上传到云平台。供应链管理人员可以通过云平台随时掌握货物的最新动态，及时应对可能出现的问题，确保货物能够准时、安全地到达目的地。

3. 智能能源管理

在能源管理领域，物联网技术的应用也十分显著。智能电表是其中的一个典型代表，它能够实时监测和控制能源的使用情况。通过记录每个设备的能耗数据并将其上传到云平台，能源管理人员可以根据这些数据进行精准的分析和预测。这不仅有助于企业制定合理的能源使用计划，还能帮助企业发现潜在的能源浪费点，从而有效降低能源成本。

4. 智能安全监控

物联网技术在工业安全监控方面也发挥着重要作用。通过将安全监控设备与互联网连接，企业可以实现对工厂内部和周边环境的全面实时监测。一旦发生异常情况，如火灾、泄漏等安全事故，系统可以立即发出警报并通知相关人员进行处理。这种应用不仅提升了企业的安全保障能力，还有效降低了潜在的安全风险。

5. 资产跟踪与管理

许多大型企业，如百事可乐公司，利用物联网技术进行资产跟踪和管理。通过在库房、运输车队和包装中嵌入物联网组件，企业可以从头到尾跟踪产品库存情况。这种应用不仅提高了资产管理的透明度，还有助于企业根据市场需求及时调整补货规则，从而维持供需平衡并优化库存管理。

【案例】中冶北方智慧冶金矿山平台

（1）项目背景

中冶北方智慧冶金矿山平台是一个基于物联网技术的创新应用，它将现代信息技术与冶金矿山开采相结合，为矿山行业带来了革命性的变革。该平台通过物联网技术，实现了管理人员对矿山生产过程的全面感知、智能分析和智能决策，显著提升了矿山的生产效率和安全性。

（2）项目内容

- 全面感知：通过部署各种智能传感器，如温湿度传感器、气体传感器等，实时监测矿山生产环境的各项参数。这些传感器通过物联网技术实时传输数据至中央控制系统，为管理人员提供了准确的环境信息，有助于管理人员及时做出决策，确保生产安全。
- 智能分析与决策：采集的海量数据通过大数据分析技术进行处理，呈现数据之间的关联性和规律性，为生产决策提供科学依据。利用人工智能技术对数据进行智能分析，实现矿山生产过程的智能监控和预警。
- 自动化操作与控制：借助自动化设备和系统，如无人驾驶采矿车辆、自动化采矿系统等，可实现矿山生产过程的自动化操作和控制。使用物联网技术对这些设备进行远程监控和管理，提高了生产效率和响应速度。

（3）应用成效

- 提高生产效率：通过物联网技术的全面感知和智能分析，矿山生产过程得到了优化，提高了回采率，降低了废石混入率，从而提升了生产效率。
- 增强安全性：实时监测和预警系统能够及时发现潜在的安全隐患，并采取相应措施进行防范，确保了矿山生产的安全性。
- 降低成本：自动化设备和系统的应用减少了人工干预和现场作业人员数量，降低了生产成本和人力成本。

中冶北方智慧冶金矿山平台在物联网上的应用得到了行业的广泛认可和赞誉。该平台成功入选了工业和信息化部公布的"2023 年物联网赋能行业发展典型案例"名单，这充分证明了其在物联网技术应用方面的卓越成就和行业领先地位。

6.3.2 大数据应用

大数据在工业数字化中的应用已经渗透到生产、质量、供应链、能源以及产品创新等多个方面。这些应用不仅提升了企业的运营效率和产品质量，还为企业带来了更多的商业机会和竞争优势。同时，大数据技术的应用也推动了工业的可持续发展和绿色转型。

1．智能制造与生产线优化

大数据技术在智能制造领域发挥着重要作用。通过收集生产线上的各种数据，如设备状态、生产进度、产品质量等，结合高级分析算法，企业可以实现生产线的智能化管理。例如，利用大数据预测设备故障和维护需求，从而及时进行维护，减少停机时间，提高生产效率。

2．质量管理与控制

大数据也被广泛应用于产品质量管理和控制。通过对生产过程中产生的数据进行实时监控和分析，企业可以及时发现并处理质量问题，提高产品质量。同时，大数据还可以帮助企业进行质量追溯，快速定位问题源头，提升质量管理效率。

3．供应链优化与管理

在供应链管理方面，大数据技术的应用能够帮助企业实现供应链的透明化和优化。通过整合供应链各环节的数据，企业可以更准确地预测市场需求，优化库存和物流计划，降低运营成本。此外，大数据还可以帮助企业评估供应商绩效，助力企业选择更合适的合作伙伴。

4．能源管理与节能减排

大数据在能源管理和节能减排方面也发挥着积极作用。通过对能源消耗数据的实时监控和分析，企业可以发现能源使用的瓶颈和浪费环节，从而制定更有效的能源管理策略。这不仅有助于降低能源成本，还能提高企业的环保形象和社会责任感。

5．产品创新与个性化服务

大数据技术使企业能够更深入地了解客户需求和市场趋势，从而推动产品创新和个性化服务的发展。通过挖掘和分析客户数据，企业可以开发出更符合市场需求的新产品，并提供更加个性化的服务体验。

【案例】金风科技"风机故障智能诊断系统"

（1）项目背景

金风科技股份有限公司开发的"风机故障智能诊断系统"入选了工业和信息化部的"工业互联网+大模型试点示范"名单。这一系统集成了人工智能、云计算等技术，构建了一个智能化运维管理系统。

（2）项目内容

数据融合与分析：系统将金风科技多年沉淀的海量风机运行数据与风电行业专业知识库进行融合。这种大数据的融合使系统能够更加全面地了解风机的运行状态和可能存在的问题。

故障预测与诊断：基于深度学习、自然语言处理等技术，系统运用算法进行数据挖掘和分析。这些技术使系统能够学习风机故障的特征和规律，从而实现故障的精准诊断和主动预警。例如，系统可能通过分析振动、温度、压力等多维度数据，预测轴承、齿轮箱等关键部件的故障。

提高运维效率：通过实时监控风机运行状态，系统能够在故障发生前进行预警，从而使维护人员在故障发生前进行干预，避免停机或减少停机时间。这不仅提高了风机的运行效率，也降低了维护成本。

优化决策支持：大数据分析提供的洞察还可以帮助管理层做出更明智的决策，例如关于维护计划、部件更换周期等。这些决策能够进一步提高风电场的整体运营效率和盈利能力。

（3）应用成效

该系统通过应用大数据等技术，显著提高了风机运行的可靠性和效率，通过实时监控和预警，减少了意外停机时间，延长了风机的使用寿命，并为风电场带来了更高的经济效益。此外，该系统还为风电行业提供了一个智能化运维的范例，推动了行业的技术进步和创新。

综上所述，金风科技的"风机故障智能诊断系统"充分展示了大数据在工业领域，特别是风电行业的巨大应用潜力和价值。

6.3.3　人工智能的应用

人工智能在工业上的应用涵盖了生产、质量控制、设备维护和供应链管理等多个方面。这些应用不仅提高了企业的生产效率和产品质量，还降低了运营成本，增强了市场竞争力。

1. 智能生产与工艺优化

工艺参数优化：在某些制造业中，AI 被用于分析和优化生产过程中的参数。例如，在钢铁生产中，AI 可以通过分析生产数据，找到最佳的温度、压力和时间等参数组合，以提高产品的质量和生产效率。

生产调度优化：AI 还可用于智能生产调度。通过对生产数据的实时监测和分析，AI 可以预测生产需求和资源利用情况，从而优化生产计划和资源配置，提高生产效率。

2. 质量控制与检测

自动质量检测：在制造业中，产品质量检测是一个重要环节。人工智能结合图像识别技术，可以自动检测产品的外观缺陷、尺寸精度等质量问题，大幅提高检测的准确性和效率。例如，一些企业引入 AI 质检系统后，产品检测速度提升了数倍，同时减少了漏检和误检的情况。

质量追溯与预警：AI 技术还可以实现产品质量追溯和预警。一旦发现问题产品，可以迅速追溯到生产环节中的问题，并及时发出预警，防止问题扩大。

3. 智能设备与预测性维护

设备状态监测：人工智能可以实时监测设备的运行状态，通过数据分析预测设备可能出现的故障。例如，在机械设备中安装传感器，收集设备运行数据，然后利用 AI 算法进行分析，及时发现异常情况并预警。

预测性维护：基于 AI 的预测性维护系统可以帮助企业在设备出现故障前进行维护，避免生产中断。这种系统通过分析设备运行数据，预测设备寿命和维修需求，从而提前制定维护计划。

4. 供应链管理

库存优化：人工智能在供应链管理中的应用也十分广泛。例如，企业使用 AI 算法分析历史销售数据和市场需求预测，从而优化库存水平，避免库存积压和缺货现象出现。

物流优化：AI 还可用于优化物流路径和运输计划。通过分析交通数据和货物运输需求，AI 可以规划出最高效的运输路线和时间表，降低物流成本，提高运输效率。

【案例】宝武钢铁的"AR 智能运维系统"

（1）项目背景

作为国内领先的钢铁生产企业，宝武钢铁近年来在工业智能化方面取得了显著进展。其中，其与亮风台合作打造的"AR 智能运维系统"就是一项突出的创新实践。该系统深度融合了 AI、AR 以及 5G 等先进技术，为工业运维带来了革命性的变化。

（2）项目内容

数字信息可视化：通过 AR 技术，将设备的数字信息以虚拟标签的形式叠加在真实设备上，运维人员佩戴 AR 智能眼镜，能够直观地看到设备的运行状态、维护记录等数据。

精准远程协作：借助 5G 网络的高带宽和低时延特性，专家可以远程指导现场运维人员，进行实时的问题诊断和解决方案制定。

高效过程记录管理：系统能够自动记录运维过程中的所有操作和数据变化，为后续的故障分析、预防性维护提供有力支持。

智能预警与诊断：通过集成的人工智能算法，系统能够对设备运行状态进行实时监测和预测，一旦发现异常，立即发出预警，并给出可能的故障原因和解决方案。

（3）应用成效

提高运维效率：通过"AR 智能运维系统"，运维人员能够更快速、更准确地定位和解决问题，大大减少了停机时间，降低了维修成本。

降低企业成本：精准的远程协作减少了专家出差的次数和费用，同时，预防性的维护策略也延长了设备的使用寿命，降低了更换成本。

保障数据安全：所有的数据交换和存储都在企业内部的服务器上完成，确保了数据的安全性和完整性。

宝武钢铁的"AR 智能运维系统"不仅是人工智能在工业领域的一次成功应用，更是钢铁行业智能化转型的一个缩影。随着技术的不断进步和成本的降低，我们有理由相信，类似的智能系统将被更广泛地应用于各个工业领域，推动工业生产的持续创新和效率提升。

6.3.4　云计算的应用

云计算在工业上的应用涵盖了物联网数据分析、供应链管理、大数据分析和专业服务等多个方面。这些应用不仅提高了企业的运营效率，还为企业的持续发展和创新提供了有力支撑。

1．物联网与云计算的融合应用

物联网技术通过部署在生产线各环节的传感器，实现对设备、工件和工序的全面监控与实时数据收集。这些数据通过物联网传输到云平台上，借助云计算的强大计算和存储能力，企业可以对生产线进行全面分析和优化。例如，在汽车制造厂中，云计算被用于实时获取生产线各环节的数据，掌握工艺参数，及时发现潜在问题并进行预警。这不仅提高了生产效率，还有效地减少了成本和人力资源的浪费。

2．供应链管理中的云计算应用

在供应链管理中，云计算技术实现了上下游企业之间的信息共享和协同决策。例如，电子产品制造企业通过云计算平台连接供应商、物流公司和经销商，实时掌握产品需求和生产进度，提高生产计划的准确性。同时，物流公司可以通过云平台获取订单信息和物流跟踪，提高物流效率和准时交货率。这种应用模式减少了信息不对称和时间滞后问题，提高了供应链的整体效率和灵活性。

3．大数据分析中的云计算应用

云计算为大数据分析提供了强大的计算和存储资源。在工业领域，企业可以利用云计算对生产过程中产生的海量数据进行挖掘和分析。例如，机械制造企业通过引入云计算和大数据分析技术，优化生产流程，提高产品质量和资源利用效率。此外，云计算还可以帮助企业进行市场趋势预测和客户需求分析，为企业的战略决策提供有力支持。

4．云计算平台的专业服务

一些专门的云计算平台，如通用电气的 Predix 平台、西门子的工业物联网解决方案以及亚马逊的 AWS IoT 平台等，为企业提供了连接、数据分析和优化的综合解决方案。这些平台广泛应用于能源、制造、航空等领域，推动企业实现数字化转型和智能化生产。

【案例】苏宁智慧工厂的智能制造

（1）项目背景

作为知名的零售巨头，苏宁近年来积极拓展其业务领域，其中包括智慧工厂的智能制造。苏宁智慧工厂充分利用云计算技术，实现了生产过程的智能化、高效化和精细化管理。以下将通过该案例详细说明云计算在工业上的应用。

（2）项目内容

数据集成与分析：苏宁智慧工厂通过云计算平台，实现了对生产过程中产生的海量数据的集中管理和深度分析。这些数据包括但不限于设备运行数据、生产进度数据、产品质量数据等。通过云计算的高效处理能力，工厂能够实时监控生产状态，及时发现并解决问题。

智能制造平台建设：基于云计算的灵活性和可扩展性，苏宁构建了一个智能制造平台。该平台支持多种生产执行系统和设备之间的无缝数据交换与协作，确保了生产流程的顺畅进行。

生产调度与控制：云计算技术为苏宁智慧工厂提供了自动化的生产调度和控制功能。根据实时生产数据和市场需求，系统能够智能地调整生产计划，优化资源配置，从而提高生产效率和响应速度。

服务创新和升级：借助云计算的强大数据处理能力，苏宁能够不断挖掘用户需求，推动产品和服务的差异化与升级。例如，系统分析用户的购买和使用数据，为新产品开发提供有力支持。

安全和可靠性保证：云计算技术为苏宁智慧工厂提供了多层次的安全措施和技术手段，确保生产数据的安全性和隐私性，通过数据加密、备份和灾难恢复等机制，大大降低了数据丢失和泄露的风险。

（3）应用成效

提高生产效率：通过云计算技术的支持，苏宁智慧工厂实现了生产流程的智能化管理，显著提高了生产效率。

降低运营成本：云计算的集中化数据管理和自动化调度功能减少了人力成本和资源浪费，从而降低了整体运营成本。

增强市场竞争力：借助云计算的数据分析能力，苏宁能够更准确地把握市场需求和消费者偏好，推出更符合市场需求的产品和服务，从而提高市场竞争力。

苏宁智慧工厂的智能制造案例充分展示了云计算在工业上的广泛应用和巨大潜力。随着技术的不断进步和成本的持续降低，云计算将在未来工业生产中发挥更加重要的作用，推动企业实现数字化转型和智能化升级。

6.3.5　增材制造与3D打印

综上所述，增材制造与3D打印技术在工业上的应用已经渗透到航空航天、汽车制造、医疗器械、建筑业以及新材料开发等多个领域。这些应用不仅提高了生产效率，降低了成本，还推动了工业的创新与发展。

1. 航空航天领域

发动机部件制造：GE公司使用3D打印技术制造了LEAP引擎中的19个部件，这些部件经过数学模拟技术的设计，使发动机更加耐用。

3D打印技术可以制造出轻量化、高强度的航空零部件，如发动机喷嘴和涡轮叶片，从而提高飞行器的燃油效率。

2. 汽车制造领域

原型设计与测试：汽车制造商（如福特、戴姆勒和宝马等）利用3D打印技术快速设计和制造汽车模型、零部件，以加快整个生产流程，并降低成本。

通过3D打印技术，汽车制造商可以在数小时内完成一个完整的汽车零部件，相比传统的加工方法，大大缩短了生产周期。

3. 医疗器械领域

定制化医疗器械：医生可以使用CT扫描得到患者头颅图像，然后通过3D打印技术打印出一副符合患者头颅形状的手术模型，用于模拟手术以及优化手术轨迹。

3D打印技术还可以制造义肢、牙齿等医疗辅助设备，为患者提供个性化、安全、及时的医疗服务。

4. 建筑业

建筑模型与元件制造：建筑商可以利用3D打印技术更迅速、更高效地生产大量的建筑元件，如外墙、梁结构等。

3D打印技术不仅减少了材料的浪费，还有助于实现可持续发展和降低碳排放的目标。

5. 新材料开发与应用

新型钛合金的研发：借助3D打印技术，科学家可以探索和开发更适合特定应用的新材料。例如，通过独特的合金设计和3D打印技术，科学家研制出了一类新型钛合金，该材料具有高强度、高硬度等优点，可被广泛应用于航空航天、生物医学等领域。

【案例】中国航天科技集团有限公司利用3D打印技术制造发动机零部件

（1）项目背景

中国航天科技集团有限公司作为国内航天工业的领军企业，近年来积极探索并应用增材制造与3D打印技术，在发动机零部件制造方面取得了显著成果。

（2）项目内容

技术选择：中国航天科技集团有限公司使用激光选区熔化技术进行增材制造。这种技术具有成型精度高、适用于复杂结构件制造的特点。

产品制造：该公司成功实现了某型发动机推力室身部内壁试验件的增材制造。这个产品的直径达到 600mm 量级，高度达到 850mm 量级，是目前公开报道过的最大的整体增材制造铜合金身部产品。

技术创新：在制造过程中，该公司团队先后完成了铜合金粉末质量控制、铜合金激光选区成形工艺优化等一系列技术研究，实现了技术突破。采用该技术制造的产品性能较设计指标提高了 50% 以上，成形零件的尺寸精度也大幅提升。

生产效率与成本：通过增材制造技术，发动机零部件的生产周期从传统方法的至少 6 个月缩短至 15～20 天，显著提高了生产效率。同时，由于减少了材料浪费和简化了生产流程，生产成本也明显降低。

应用扩展：为了加速推进工程化应用进程，该公司还成立了专项工作组，预计将进一步完成多型号发动机推力室头部及身部、涡轮泵等产品的增材制造。

（3）应用成效

提升性能：使用增材制造技术制造的发动机零部件性能优于传统方法制造的产品，有助于提高航天器的整体性能。

缩短周期：增材制造技术大大缩短了生产周期，提高了生产效率，有助于快速响应市场需求。

降低成本：增材制造技术减少了材料浪费和生产成本，提高了经济效益。

推动创新：增材制造技术的应用推动了航天工业的技术创新和产业升级。

综上所述，中国航天科技集团有限公司利用 3D 打印技术制造发动机零部件的案例充分展示了增材制造与 3D 打印在工业上的广泛应用和巨大潜力。随着技术的不断进步和成本的持续降低，我们相信这些技术将在工业生产中发挥更加重要的作用。

6.4　工业数字化应用案例

6.4.1　智能制造

【案例】海尔智能工厂的大规模定制实践

海尔集团作为中国智能家居行业的领军企业，积极实践智能制造，以实现大规模定制的生产模式。以下是该案例的详细介绍。

1. 背景

为了满足市场日益增长的个性化需求，并提升生产效率，海尔集团决定对其生产线进行智能化改造，以实现从用户下单到产品交付的全流程智能化管理。

2. 智能制造实践

（1）智能化工厂规划

海尔集团建立了一座高度智能化的工厂。该工厂整合了先进的自动化生产线、机器人技术和智能物流系统。工厂内部实现了全面的数字化管理，每个生产环节都通过智能系统进行精确控制。

（2）大规模定制平台

海尔集团推出了 **COSMOPlat** 智能制造云平台，该平台允许用户通过云端下单进行个性化定制。消费者可以选择产品的颜色、款式、功能等，实现真正的定制化生产。

（3）智能组装与测试

在智能工厂内，产品经过自动化组装线进行高效组装。组装完成后，产品会进行智能测试，确保每一台产品都符合质量标准。

（4）智能物流与包装

完成测试的产品将通过智能物流系统进行分拣和打包。海尔集团采用了先进的机器人技术和自动化包装设备，大大提高了物流效率和包装质量。

（5）数据分析与优化

海尔集团利用大数据和人工智能技术，对生产过程中产生的数据进行分析，以优化生产流程、降低成本，并提升产品质量。

3．成果与影响

生产效率提升：通过智能制造技术的引入，海尔集团的生产效率得到了显著提升。自动化生产线和机器人的应用大大缩短了生产周期。

成本降低：智能化生产不仅提高了效率，还降低了人力成本，减少了物料浪费和能源消耗，从而降低了整体生产成本。

客户满意度提高：大规模定制模式满足了消费者的个性化需求，提高了客户满意度和忠诚度。

市场竞争力增强：通过智能制造的实践，海尔集团在市场上获得了更大的竞争优势，提升了品牌形象和市场份额。

4．结论

海尔集团通过智能制造的实践，成功实现了大规模定制的生产模式。这不仅提升了生产效率和质量，还满足了市场的个性化需求，进一步巩固了其在智能家居产业的领先地位。这个案例充分展示了智能制造在现代制造业中的巨大潜力和价值。

6.4.2　数字化供应链

【案例】国联股份的数字化供应链实践

1．背景

作为一家知名的产业互联网平台企业，国联股份近年来深入贯彻落实国家关于提升产业链供应链韧性和安全水平的决策部署。为了构建全产业链内外协同的运作新体系，国联股份在数字化供应链方面进行了大胆的探索和实践。

2．数字化供应链实践

平台化运营：国联股份以电商平台为基础，通过规模化交易、深度供应链和云工厂，打造了一个综合性的产业互联网平台。

科技驱动：该公司大力实施"平台、科技、数据"的产业互联网战略，运用先进的科技手段对供应链进行深度优化。例如，利用 **PTDCloud** 工业互联网平台，实现交易、物流、仓储、金融、生产等供应链各环节的高效协同。

数据链引领：该公司致力于以数据供应链引领物资链，通过数字化手段打通产业链上下游的订单、生产、库存、物流等关键环节，实现资源的高效利用。

数字云工厂：该公司实施的"千家数字云工厂"战略，将应用场景拓展至研发、生产、采购、销售、服务等多个环节，赋能工业企业进行数字化转型。

3. 成效与影响

效率提升：通过数字化供应链的实践，国联股份实现了交易、物流、仓储等各环节的高效协同，大大提高了供应链的整体运作效率。

成本降低：数字化供应链帮助企业降低了库存成本、物流成本以及运营成本，提升了企业的盈利能力。

产业链协同：国联股份的数字化供应链实践不仅提升了企业自身的运营效率，还带动了上下游企业的协同发展，为整个产业链的升级和优化作出了贡献。

4. 结论

国联股份的数字化供应链实践是一个成功的案例，它展示了数字化技术在供应链管理中的巨大潜力和价值。通过平台化运营、科技驱动、数据链引领以及数字云工厂等战略举措，国联股份不仅提升了自身的供应链管理水平，还为整个产业链的升级和优化注入了新的动力。这个案例对于其他企业探索数字化供应链道路具有重要的借鉴意义。

6.4.3　客户定制化与个性化

【案例】星巴克移动端 App 的个性化体验

1. 背景

作为全球知名的咖啡连锁店，星巴克一直致力于提升客户体验。为了更好地满足客户的个性化需求，星巴克对其移动端 App 进行了重新设计，增加了个性化功能。

2. 定制化与个性化实践

个性化推荐：星巴克 App 根据用户的购买历史、口味偏好以及常去的门店等信息，为用户推荐合适的咖啡和饮品。例如，如果用户经常购买拿铁咖啡，App 会在首页推荐新款拿铁或者相关优惠活动。

定制优惠信息：星巴克会根据用户的消费习惯和会员等级，定制专属的优惠信息。比如，对于经常购买甜品的用户，App 会推送甜品优惠券或特价活动。

智能门店选择：基于用户的地理位置和过往的到店记录，星巴克 App 能智能推荐附近的门店，并提供路线导航、店内人流情况等信息，方便用户选择合适的门店进行消费。

积分与奖励系统：用户通过 App 下单和支付可以获得积分，积分可用于兑换免费饮品或食品。此外，App 还会根据用户的积分和会员等级提供额外的奖励和优惠。

3. 成效与影响

提升客户满意度：通过提供个性化的推荐和优惠，星巴克 App 让用户感受到了更加贴心的服务，从而提升了客户满意度。

增加用户黏性：定制化的优惠和奖励系统激励用户更频繁地使用 App 进行下单，提升了用户的黏性和忠诚度。

促进销售增长：个性化推荐和定制优惠有助于引导用户尝试新产品或增加购买量，从而促进销量提升。

4．结论

星巴克 App 的个性化体验是一个成功的客户定制化与个性化应用实例。利用用户数据和智能算法，星巴克 App 为用户提供了更加精准和个性化的服务，这不仅提升了客户满意度和黏性，还有效促进了销量提升。这个案例展示了定制化与个性化服务在商业领域中的巨大潜力和价值。

6.5 工业数字的未来趋势与展望

6.5.1 工业数字化的发展趋势

工业数字化的发展趋势可以归纳为以下 5 点。

1．移动工业互联网平台的普及

随着工业应用向移动端转移，为响应工作方式的新变化，移动工业互联网平台正逐渐成为制造企业的"标配"。这种平台能够快速部署和集成各种移动工业 App 和小程序，从而提高工作效率和响应速度。预计未来将有更多针对特定、高频应用场景的移动应用涌现。

2．全栈工业 AI 能力的加速建设

骨干制造企业正在率先实现 AI 技术在核心业务场景上的落地，从局部的决策优化升级到全局的决策最优。为实现这一目标，企业正在推进工业智能的整体落地，包括数据中台、边缘计算、机器学习平台等全栈工业 AI 能力的建设。

3．数字工厂中枢平台的崛起

为减少系统"孤岛"、提高数据与应用的开发效率，制造企业倾向于采用平台化技术架构来推进数字工厂建设。数字工厂中枢平台基于云、边协同架构，能够驱动工厂的精细化运营与决策。这包括边缘计算平台、工业物联网平台、工业大数据平台和云原生应用开发平台等核心组成部分。

4．以人为中心的全面工作体验技术的推广

随着数字化转型的重点向"人"回归，企业开始优先投入以提升员工数字化能力和工作活力为目标的技术。例如，新一代协作办公工具、AR/VR、机器人流程自动化（RPA）、数字虚拟人等技术将被更多地嵌入企业日常工作中。

5．供应链和产品的深度脱碳

在可持续发展日益受到重视的背景下，制造企业正利用数字技术推动供应链和产品的脱碳。例如，通过基于科学的目标倡议和净零排放承诺，企业正努力实现环境、社会和治理目标。数字技术（如人工智能、物联网等）在此过程中发挥着关键作用，帮助企业提高效率、降低成本，并实现绿色转型。

综上所述，工业数字化的发展趋势包括移动工业互联网平台的普及、全栈工业 AI 能力的加速建设、数字工厂中枢平台的崛起、以人为中心的全面工作体验技术的推广以及供应链和产品的深度脱碳。这些趋势共同推动了工业领域的持续创新和转型升级。

6.5.2 工业互联网与生态系统

1. 工业互联网的定义与特点

工业互联网指的是新一代信息通信技术与工业经济深度融合的新型基础设施、应用模式和工业生态。它通过对人、机、物等的全面连接，构建起覆盖全产业链、全价值链的全新制造和服务体系。工业互联网不仅是工业数字化、网络化、智能化转型的基础设施，也是互联网、大数据、人工智能与实体经济深度融合的应用模式，更是一种新业态、新产业，它将重塑企业形态、供应链和产业链。

工业互联网的核心特点包括数字化、网络化、智能化和服务化。数字化是指将生产过程中的各种参数、数据、状态等通过数字化技术手段采集、传输、处理和存储，实现生产过程的数字化管理。网络化是指将各种设备、系统、工具、材料等通过网络互联互通，形成一个高效的信息交流和共享平台。智能化是指应用人工智能、大数据、云计算等技术，对生产过程中的各种数据进行分析、处理和优化，实现生产过程的智能化控制和优化。而服务化则是指将生产过程中的各种服务通过互联网、物联网等技术手段进行集成和优化，形成一个高效的服务平台。

2. 工业互联网与生态系统的关系

工业互联网正在构建一个全新的工业生态系统，这个生态系统是由智能机器和人组成的自适应系统。在这个系统中，每个机器都具备交流能力，能够主动寻求与其他机器和人的互联互通，从而实现最优的运行状态。

这个生态系统具有整体性，包含的内容多且相互之间有着紧密的联系。同时，它也具有自我调控的功能，如同自然界中生态系统一样，能够自我调整以达到平衡状态。此外，工业互联网生态系统也会受到环境的影响，并能够对环境的变化做出快速响应。

3. 工业互联网生态系统的应用与价值

工业互联网生态系统的应用广泛，涉及制造业、能源行业、物流行业、医疗行业等多个领域。在制造业中，工业互联网可以提高生产效率、质量和可靠性，推动智能制造和智能工厂的建设。在能源行业，它可以提高能源利用效率、降低能源消耗，实现能源管理的数字化和智能化。在物流行业，工业互联网可以提高物流配送效率、降低物流成本。而在医疗行业，它也可以提高医疗服务效率、降低医疗成本。

总的来说，工业互联网与生态系统深度融合，不仅推动了工业的高效发展，也为各行业的转型升级提供了新的动力和路径。

6.5.3 工业数字化与全球竞争力

工业数字化通过提升生产效率、优化数据驱动的决策、增强灵活性与定制化生产、实现跨平台和互联互通、确保安全与可靠性以及推动创新和发展等方面，显著提升了企业的全球竞争力。

1. 提升生产效率

工业数字化通过自动化与智能化的融合，显著提高了生产效率。通过数字化技术，企业可以实现生产过程的自动化控制，减少人力资源的浪费。例如，在自动化的生产线上，机器人可以连续 24 小时不间断工作，且错误率极低，这大大提高了生产效率并确保了产品质量。这种效率的提升使企业在全球市场上更具竞争力。

2. 优化数据驱动的决策

工业数字化技术使企业能够收集并分析大量的生产和运营数据。这些数据不仅可以用于优化生产过程，还可以预测市场需求和改进决策。数据成为企业管理和决策的基础，帮助企业更好地了解自己的运营状态并做出准确的决策。这种基于数据的决策方式，使企业在全球竞争中更加敏锐和灵活。

3. 增强灵活性与定制化生产

工业数字化技术为企业提供了更大的灵活性和定制化生产能力。利用数字化技术，企业可以根据客户的需求进行定制化生产，这不仅节省了时间和资源，还满足了市场的个性化需求。这种灵活性和定制化能力使企业在全球市场上更具吸引力。

4. 实现跨平台和互联互通

通过互联网和云技术，工业数字化实现了不同平台之间的互联互通。这使不同部门和流程之间的协同工作更加高效，信息传递更加迅速。企业的运营效率因此得到了极大提升，从而在全球竞争中占据有利地位。

5. 确保安全与可靠性

工业数字化技术对安全和可靠性有极高的要求。企业需要采取各种措施来保护数据的机密性和完整性，防止数据泄露和黑客攻击。这种对安全的重视使企业在全球竞争中能够保持稳健的运营状态，避免因安全问题导致的损失。

6. 推动创新和发展

工业数字化技术持续创新和发展，为企业提供更多的选择和机会。企业相关人员需要保持敏锐的洞察力和创新的思维，积极应用和探索新的数字化技术。这种创新精神使企业在全球竞争中保持领先地位。

第**7**章

数字服务业

7.1 数字服务业简介

7.1.1 服务业及数字服务业概念

服务业是当前我国国民经济第一大产业，已成为推动我国经济增长的重要动力之一，其对 GDP 的贡献率逐年上升，发展前景长期向好。服务是一项特殊的经济活动，具有无形性、同步性、异质性和不可存储性。其中，无形性是指服务多属于行为而非物品，消费者难以事先感知和评价；同步性是指服务产品的生产与消费同时进行，在空间、时间上难以割裂；异质性是指服务产品不易标准化，质量难以保持稳定一致；不可存储性是指大多数服务具有易逝性，可贸易性不足。

数字服务业是以数据为关键生产要素，通过数字技术与服务业的深度融合，推动服务业结构优化和效率提升，培育新产品、新模式、新业态，不断提升服务品质及个性化和多样化的服务能力，为客户提供便利、舒适、高效和健康等各种形式附加值的经济活动。

数字服务业主要具备以下三大特征。

一是以数据为新的生产要素。不同于以人力、财力、物力等要素投资为主的传统服务业，数字服务业将数据和数字技术融入生产服务和企业管理的全过程，加快服务创新，提高运营效率。

二是结构优化和效率提升。通过数字技术与垂直场景的结合，数字服务业正在创造新模式，衍生新业态，重新设计产业生态，实现服务业的高质量发展。

三是提升服务品质和个性化、多样化服务能力。发展数字服务业、实现服务业数字化的主要目的在于丰富服务提供方式，提高服务的品质，提升满足个性化、多样化服务消费需求的服务能力。

7.1.2 我国数字服务业发展历程

伴随着世界范围内数字服务业的发展，2019 年国家发展和改革委员会、国家市场监督管理总局联合印发《关于新时代服务业高质量发展的指导意见》，从服务业数字技术应用、传统服务业企业转型及服务业业态模式创新等角度提出"加强技术创新和应用，打造一批面向服务领域的关键共性技术平台，推动人工智能、云计算、大数据等新一代信息技术在服务领域深度应用，提升服务业数字化、智能化发展水平，引导传统服务业企业改造升级，增强个性化、多样化、柔性化服务能力。鼓励业态和模式创新，推动智慧物流、服务外包、医养结合、远程医疗、远程教育等新业态加快发展，引导平台经济、共享经济、体验经济等新模式有序发展，鼓励更多社会主体围绕服务业高质量发展开展创新创业创造"。

习近平总书记在 2020 年中国国际服务贸易交易会全球服务贸易峰会上致辞，寻求数字服务业发展国际合作，提出共同激活创新引领的合作动能，即要顺应数字化、网络化、智能化发展趋势，共同致力于消除"数字鸿沟"，助推服务贸易数字化进程。同年，《中共中央关于制定国民经济和社会发展第十四个五年规划和二〇三五年远景目标的建议》发布，提出要加快推进服务数字化、标准化和品牌化建设。

我国数字服务业发展可被划分为 3 个阶段。

第一阶段：信息在线化（1994 年—21 世纪初）。伴随着我国互联网的诞生及初步发展，包括旅游、餐饮在内的部分服务业实现了免费分类信息服务线上化，为企业及个人通过互联网获取海量服务信息提供了可能，也为后续数字服务业发展奠定了基础。

第二阶段：交易在线化（21 世纪初—2013 年）。伴随着个人计算机与宽带的普及，网络支付悄然兴起。包括京东、淘宝在内的网购平台及一大批游戏企业借助互联网普及与网络支付，推动团购网站模式、网购零售模式、网络游戏模式等新模式、新业态快速发展，极大地促进了我国数字服务业的服务技术进步、模式业态革新。

第三阶段：服务移动化（2014 年至今）。随着智能终端及移动网络的成熟，以支付宝、微信支付为代表的移动支付逐渐普及。之后，以美团、微信小程序、滴滴为代表的到家服务、到店服务数字化及共享模式下的移动出行服务蓬勃兴起，推动着我国数字服务业向全服务场景、全服务类型的移动化、信息化、智能化转型发展。

7.1.3 我国数字服务业发展现状

目前，我国已进入服务经济时代，服务业对经济增长和就业的贡献有所增加。根据《中国统计年鉴 2020》，从 GDP 比重看，从 20 世纪 80 年代至 2019 年，中国服务业增加值年均增长率超过 17%，服务业增加值占 GDP 的比重从 22.3%上升至 53.9%，增长 31.6 个百分点；从对经济增长的贡献率来看，服务业对经济增长的贡献率从 20 世纪 80 年代的 19.2%上升至 2019 年的 59.4%；从就业贡献来看，从 20 世纪 80 年代至 2019 年，服务业的就业份额从 13.1%上升至 46.3%。值得注意的是，2011 年服务业就业总量占比超过第一产业和第二产业，成为吸纳就业人员的最大产业。

综合国内对数字服务业的研究，其发展现状具体表现在以下 3 个方面。

（1）数字服务业基础设施全面升级

主要表现：一是信息通信服务业自身不断壮大；二是服务业高效可靠的底层计算基础设施初步形成；三是支撑线上线下融合应用的物流基础设施不断完善。

（2）数字服务业资源配置效率显著提升

主要表现：一是平台组织提升服务资源配置效率；二是数字技术融合应用显著降低交易成本。

（3）数字服务业实现从规模扩张向规范发展转变

主要表现：一是监管政策及时有力；二是技术手段应用广泛。

7.1.4 我国数字服务业发展趋势

基于我国数字服务业目前的发展情况，其未来发展将呈现三大趋势。

（1）生活性服务业和生产性服务业融合发展

在数字经济时代，大数据、云计算、人工智能等信息技术日益渗透到生活服务领域，生活服务技术含量不断增加，极大地改变了服务业技术薄弱、分散的传统形象。同样地，类似技术也被用于生产性服务业的技术支持。数字技术作为生产和生活领域的通用技术，是生活性服务业和生产性服务业融合发展的基础。

（2）公益性服务业潜力巨大

近年来，随着人们对公共服务效率的要求不断提高，以及政府行政支出收紧，公益事业社会化和市场化转型已成为必然趋势，政府公共服务将逐步进入市场。与需求相比，市场化公共服务的供给缺口巨大，而数字技术的广泛应用有助于弥补传统公共服务资源缺口。

（3）监管创新与服务创新并重

在数字经济时代，商业竞争正转化为平台竞争。市场中的非标准化竞争问题经常出现，并揭示出许多新特点和新问题，因而竞争执法不断加强和创新，结合服务业模式创新情况，运用大数据创新治理手段，研究建立平台协同治理机制，不断规范企业行为，创新竞争执法模式，创造良好发展环境。此外，未来行业会进一步运用大数据管理手段，共享信用信息，加大对"失信"的处罚力度，增加失信成本，让各类主体"不违反合同，不准备违约"，并建立一个值得信赖和规范有序的服务市场组织。

7.2 数字生活

生活服务指的是为满足居民日常生活需求而提供的各项服务活动，涵盖"衣、食、住、行、文、娱、感"等与人们生活息息相关的方方面面，具体包括教育医疗、文化娱乐、旅游出行、餐饮住宿、社区服务、购物活动等多个方面。生活服务领域涵盖的范围广泛，按照不同的标准有不同的划分，此处选择有代表性的行业描述其发展历程。

7.2.1 生活服务领域的数字化发展

1. 生活服务领域数字化改造背景

当前，我国服务业占经济的比重超过 50%，对经济增长的贡献率超过 50%，已经成为支撑国民经济发展的第一大产业。我国已经进入服务经济时代，生活服务市场已经逐步进入细分优化的阶段。云计算、大数据、物联网、人工智能等前沿数字技术不断投入实际应用，为生活服务领域的数字化转型与发展创造了客观条件。对生活服务领域进行数字化升级改造，将极大地提升服务产业的服务效能，为满足人民日益增长的美好生活需要提供强力支撑。

生活服务数字化升级和改造的基础是对数据的利用。将承载信息与知识的数据作为关键生产要素，不再投入大量低质量的人力资源，突破劳动密集型的困境，通过数字化技术将数据信息贯穿产业生产、流通、产出的各个环节，实现以数据为重要支撑的数字化生活服务。在生活服务数字化过程中，数据可作为新的生产要素参与价值创造，同时新产生的数据也属于创造出的新价值要素。在数据的支撑下，生活服务业的模式和形态发生了深刻变革。

改造传统生活服务的应用场景、创造新的生活服务模式是数字化生活服务领域的主要内容。不断细分生活服务的垂直领域，结合数字技术的应用，实现一个又一个的具体应用场景落地。随着对细化的垂直领域的数字化应用场景的创新，新的消费场景被创造出来，从而激发公众新的消费需求或支撑公众当前的消费需求。同时，生活服务场景新的应用场景在实际落地的过程中将带动数字化技术不断发展和不断融合，最终完成闭环，实现正反馈。

实践证明，数字化可以优化生活服务的业务流程，提供更高效、更便捷、更高质量的生活服务品质。生活服务领域数字化转型的本质就是提高服务水平和产业效能，满足人们不断升级的生活消费需求。

2. 生活服务领域数字化发展现状

伴随着移动互联网的发展，线上生活服务得到了一定的发展，线上点餐、线上订购生鲜、线上预约家政等成为不少人的生活方式。目前对生活服务的数字化改造已经进入平台社区化，超大型平台已经集成了各种生活服务的入口，极大地提升了生活服务行业的运作效率。线上外卖、网约车、到家服务、无人售货等各类生活服务的数字化应用已经深入人们的生活之中，数字化的生活服务已为人们提供了稳定的线上消费场景，同时线下应用场景转化为线上操作的速度仍在加快。

在生活服务领域，从现在的发展情况来看，餐饮、住宿、出行等行业的数字化程度相对较高，美团、携程、去哪儿、高德地图等数字化平台已经成为市场上的稳定品牌，以数字化平台整合资源，为用户提供稳定而相对优质的在线服务。而家政、养老等生活服务行业的数字化程度相对较低，短期内还需要围绕市场的具体需求进行数字化转型和升级的创新与实践探索，生活服务领域的数字化升级和再造还有很大的发展空间。

生活性服务的数字化改造大多是由市场推动的，不可避免地将发生违背市场秩序的情况，用户数据泄漏、大数据"杀熟"、刷单刷好评等恶劣现象在破坏生活服务领域数字化的进程。政府加强对互联网平台的监管将有益于生活服务领域数字化的健康转型。

3. 生活服务领域数字化改造新场景

（1）客流分析系统促进线下门店数字化转型

近年来，依托移动互联网的快速发展，以及大数据、云计算、人工智能等数字技术的普及和应用，在线电子商务蓬勃发展，在线电商平台可以根据商品的成交数据、浏览数据、评论数据等进行数据分析，依托数据分析消费者偏好，预测消费者的潜在需求。商家可以根据这些数据制定合理的销售策略，平台、商家根据用户的消费习惯、浏览行为等数据进行引流推荐。

不同于网络购物，线下销售的客流数据难以被商家获取。线下门店可以针对卖家与买家的行为进行数字化改造。比如卖家可以对门店相关数据进行分析挖掘，对用户消费行为进行可视化，进而为门店制定合理的销售策略；收集买家与商品的数据，将门店的销售经验转化为量化指标，辅助门店运营和决策制定。相关技术包括视觉与射频相关技术、人脸识别相关技术、多传感器融合技术。

（2）数字化技术助力开展智慧医疗建设

随着我国人口老龄化的加速与居民健康意识的增强，越来越多的人关心健康、养老服务，我国医疗健康领域不断创新，正处于数字化升级改造的转型时期。在传统就医模式中，患者大多选择优质医院，里面的医护工作者工作繁重而且医疗资源分配不均，导致患者就医体验较差。智慧医疗可以在 5G 的支持下解决远程医疗问题。与传统远程医疗模式相比，5G 远程医疗利用通信、大数据等信息化手段打破时空限制，促使医疗资源流动，优化了医疗服务质量，使更多人享受到优质医疗服务，加快了医疗领域的信息化进程，推动医疗行业健康发展。通过 5G 远程医疗，基层医院能够获得更高级的医疗卫生机构的远程诊断、手术、培训等服务，在一定程度上解决了医疗资源分布不均的问题，提升了基层医疗服务的质量和效率，患者就医体验直线上升。

另外，智慧病房在医疗服务数字化新应用场景中也是至关重要的一环。智慧病房是信息化、智能化的产物，是智慧医疗中关键的垂直细分领域。它是利用移动网络应用收集医务人员与患者的相关信息，结合大数据、云计算、物联网等技术打造智能工作与管理系统，进而建立的多维度数据平台。例如，诊治中无序、复杂的医疗数据通过智能终端显示、集成在病床、护士站等相关医疗节点中，医疗信息收集流程中环节重复、消息滞后、低效传播等问题得到缓解甚至解决，医务人员的工作效率和患者的就医体验都能得到提升。

（3）智慧酒店快速发展

酒店行业同样使用互联网、物联网、大数据、云计算、人工智能等技术支撑其数字化转型，实现数字化、智能化的管理和服务，满足客户快节奏的工作、生活需求。智慧酒店代表着如今酒店行业的发展趋势，迅速占领市场，冲击传统酒店的市场份额。智慧酒店在管理、运营、服务、决策等方面充分实现了电子化、信息化、数字化、智能化，取得了提升服务质量、节省管理成本、提供个性化服务等成效。

智慧酒店由智能化设施、智能化管理和智能化服务 3 个维度组成。智能化设施是智慧酒店的基础，由智能入住、智能退房、智能导航、智能门禁、智能餐饮管理、智能家居等智能化设备构成，这些智能化设施在通信网络的控制下支撑智慧酒店的管理与服务。智能化管理利用大数据、云计算、人工智能等技术手段实现酒店运营数据管理、设施管理、能源管理、营销管理、人员管理等方面的数字化、智能化，进而实现酒店整体运营与管理的自动化、高效化、智能化。客房控制系统、客户数据分析平台都属于智能化管理范畴。管理者可通过客房控制系统对客房设备的运行状态等进行监测，从而动态地调整酒店内的资源。管理者通过客户数据分析平台准确分析客流量、年龄段、客源地、消费能力等客户数据，从而制定针对性的服务和营销策略。智慧化服务包括智慧化的信息服务、预订服务、入住和退房服务、娱乐和餐饮服务、叫醒服务等，以及在线选房、刷脸入住、自助前台、行李寄送等服务举措，其简化了服务流程，节省了大量时间，给顾客带来个性化、科技化的消费体验，全面提升酒店服务质量和水平。

（4）数字餐饮成为趋势

当前，餐饮企业面临门店房租高、人工成本高、食材成本高、收入利润低的难题。同时，其他领域跨界餐饮企业不断涌现，导致行业内卷，利润空间越来越小。互联网发展，特别是移动互联网的发展，改变着餐饮行业传统的经营模式，加速了餐饮行业的数字化进程。适应消费者不断变化的消费行为和消费需求是数字化时代的需要。

传统餐饮行业正被互联网和数字化经济重塑，头部巨头与中小企业纷纷加入赛道，探索数字化转型升级之路。门店开始进行连锁标准化，相应的信息化系统出现，点餐机系统、排班系统、进销存系统普及，但却存在系统孤岛的问题，没有形成一体化。而目前，门店的数字化、智能化进程大力推进。门店的系统操作全方位实现移动化，顾客的消费活动逐渐从线下转移至线上。餐饮 O2O 模式大行其道，管理软件开始面向服务，更多的连锁企业打造自身的数字化平台，掌握销售、订货、库存、人员等信息。餐饮企业越来越依存大平台流量，各餐饮品牌开始打造自身的私域流量，不断扩充品牌的社交属性，越来越多的餐饮 IP 将餐饮场景作为一个特定流量的终端销售场景。数字化贯穿餐饮企业产品研发、组织架构、经营方式和获客模式多个流程，助力提升餐饮企业的效率和业务流程重组。

（5）智能化出行管理服务日趋成熟

城市出行服务中的重要一环是停车服务。现在无论是大城市还是小城市，停车难都是困扰出行者的一大难题。我们可以通过人工智能技术解决此项难题，比如系统使用已经训练好的模型实时分析摄像头视频流，检测区域内停车位的占用情况，从而将驾驶员导航至空位；还可集成移动支付、导航服务、停车到时通知等功能。系统与当地执法机关连接，共享车牌号和区域内的其他信息，以达到打击犯罪的目的。

智慧公交给人们的出行带来了极大的便利。公交公司通过研究公共交通信息服务模型，将 GPS 点高效匹配到实际行驶线路中，对公交车在路段上的行驶时间进行计算，并对红绿灯影响公交到站时间的情况进行预测，实现实时变化的城市公交车辆时空分布状态展示和未来发展趋势预测，支持精细化、人性化的动态信息服务。在实际的应用场景中，乘客打开手机 App，就可以看到距离自己最近的公交车的位置，准确地查询车辆实时信息。该功能让人们更好地获取到公共交通信息，减少等车时间，提高出行效率。

近年来，中国高速公路 ETC 设施的普及极大地便利了人们出行的效率。借助数字化硬件终端和数字化平台，汽车可以在高速公路卡口快速通行和无感结算。此外，现在主要城市的地下停车场基本实现了"去岗亭化"。所谓的"去岗亭化"，就是撤掉地下停车场的收费人员。随着数字化的迭代升级，便捷的在线支付使停车收费变得更加方便，微信、支付宝、ETC等支付手段都可以实现快速结算。

7.2.2　生活服务领域的未来数字化趋势

从整体上看，以"衣、食、住、行、文、娱、感"为核心的生活服务业的数字化转型升级将持续推进，数字化水平将继续提升。我国消费者线上消费的习惯已经十分稳固，餐饮外卖、酒店住宿、旅游出行等领域的互联网模式已经十分成熟，交易规模不断增长，但医疗、养老等领域的数字化改造空间还相当巨大。随着技术不断迭代，生活服务领域的新应用场景也将不断出现，之前移动定位技术的成熟催生了共享经济，引领了一波数字化高潮。而当下语音/图像识别等技术的不断发展催生了更多的无人经济，无人酒店、无人餐厅、无人商店等新商业模式在一定程度上解放了生活服务领域的生产力。而 VR/AR 技术也被应用在不同服务场景,如酒店选房的全景展览、线上虚拟试衣等,由其催生的沉浸式体验服务在生活服务领域的应用或许是行业的下一个风口。物联网、大数据等技术也将带来创新的业务模式,特别是对于养老、医疗等数字化空间巨大的产业而言,其新应用场景的消费潜力巨大。

1. 未来餐饮数字化新场景

目前餐饮行业的数字化程度很高,包括但不限于外卖、线上预点单、线下免排队、送餐机器人、机器人做菜等场景。未来,餐饮服务将结合大数据、物联网、AI 等前沿技术,不断进行升级改造。如居民的一日三餐将通过大数据进行私人定制,系统结合居民的身体数据,分析居民缺少哪些营养元素,自动推荐菜品。居民可以选择接受推荐,也可以结合设置的健身增肌、塑形减脂、维持体重等数据自行选择。同时居民还可指定所需食材,自行搭配后,由数字化后台智能进行菜肴菜谱的合成。上述场景是结合大数据技术与人工智能技术假设的场景,居民无须担心营养搭配与食品健康的问题,最重要的是不需要自己做饭,由机器人将成品菜肴送往指定地点,再由机器人回收餐具与厨余垃圾,完成环保回收,形成一套闭环的系统。此场景与外卖的区别是,居民的餐饮由一个智能化的后台监测和管理,仿佛拥有了一位私人的智能厨师兼营养师。

2. 未来出行数字化新场景

出行服务涉及的旅游服务、住宿服务、出行配套服务的数字化程度还没有涉及核心流程,没有达到智慧一体的水平,仍有很大提升空间。出行服务经由数字化改造后可能会出现如下新场景。

当你通过电子设备的屏幕或使用语音呼叫人工智能助手选择一个旅游景点或一座城市、一个省份甚至一个国家作为旅游目的地时,人工智能助手可以自动化规划好候选路线、酒店住宿、游览顺序等所有出行相关事宜,协助你预订酒店房间和景点门票,并合理规划出行路线。

未来的车联网体系将成为智慧出行的强力支撑,智能网联汽车可以协助你安全、有序地到达指定地点,可以智能地判断充电或加油时间,并对路径进行合理规划。

而在旅游方面,如果你工作繁忙不能亲自去现场,虚拟现实技术和增强现实技术可以帮助你实现远程沉浸式旅游,只要你戴上相关设备,就能足不出户地畅游各地。

无人值守的智慧酒店已经被各大科技公司成功试验,但目前无人酒店还未实现仅靠语音便能操控所有设备的目标。试想若消费者仅靠语音识别便能够完整流畅地串联从入住到退房的所有流程,实现无屏化操作,那么不仅能方便普通消费者,更能有效改善视障人士的消费体验。

3. 未来购物数字化新场景

无人超市"即拿即走,无须掏手机"的支付形式给消费者带来了新奇的数字化体验,消费者不用再提着购物篮排队结账。无人超市主要应用的是图像识别技术,将其用于识别消费者的身份。无人超市未来或许会实现网络商城的理念,通过分析消费者的购买记录、停留时间,再结合其线上的商品浏览习惯,实现线下自动为消费者推荐相关商品的目标。试想,一整栋商城都是无人店铺,消费者不断地接收到心仪商品的推荐信息,还能直接感受商品的实物质地。消费者可以在无人商城实现自由购物,同时体验网上购物和线下购物,购买的商品可以选择送货上门,也能自行提取。

4. 未来医疗数字化新场景

对于一般居民而言,医疗数字化目前体现在网上挂号、记录电子病历等场景。先进的

5G 远程医疗、智慧病房等前沿医疗数字化场景，大多数居民并未能体验到。目前困扰广大居民的可能是对就诊环节的不熟悉，往往需要多次往返询问医护人员，十分耗时费力。因此最有可能实现的新医疗数字化场景是智能化规划式的全程陪诊。患者在网上挂完号后，手机上便出现整套就诊流程，实时提醒患者下一步医疗环节。该系统可与医生端联动，若出现意料之外的医疗活动，医生端可更新患者的医疗就诊环节。该场景的实现可在很大程度上缓解患者的就诊压力，实现一站式智能陪诊。

7.3 数字商业

商业是以买卖的方式使商品流通的经济活动，其本质是交换。自古以来，商业活动就与人类社会紧密关联，从以物换物发展到以货币为媒介进行交换，从而实现商品流通。伴随着互联网和移动互联网的发展及数字技术的革新，电子商务的发展不断改变传统的商业模式。未来，数字技术的新发展必将使商业迎来新的变革。

7.3.1 当代商业的必备元素

当代商业的必备元素主要包括以下 5 个方面。

一是商品。虽然商品的内涵和外延产生了很大的变化，但是其本质是用于交换，并产生价值的任何有形或无形的产品或服务。

二是市场。市场是买卖商品的场所，是把货物的买主和卖主组织在一起进行交易的地方。

三是信息交换。在商品交换过程中，要有充足的手段保障卖方和买方之间的信息交互，实现多种形式或场景下的商业沟通。

四是流通体系。商品的交易和流通需要强大的流通体系进行支撑，其中最重要的是商业运输体系，它通过海陆空等立体化、全方位的手段实现货物的流通。

五是营销体系。现代商业模式的一个重要转变就是基于商业（商业市场）的营销体系的构建。商品有了盈余之后，从最初各取所需的等价交换，到基于市场需求的异地货物交易，再到今天的面向用户的市场营销，其本质就是面向用户进行有效的商品推广，以实现交易的最终目的。

随着经济社会的发展，商业领域发生了前所未有的变革与发展，商业模式不断创新，商业体系不断丰富，具体体现在以下 4 个方面。

1. 商业门类的丰富

汽车、冰箱、电视机、洗衣机和烘干机等大件商品开始走进千家万户，快餐店、零售店遍布大街小巷，大型超市发展迅猛。零售店和超市里面布满了琳琅满目的商品，基本能满足人们日常生活的各种需求。

2. 物流革新

随着世界贸易的发展和海陆空等交通运输工具的变革，世界范围内的货物运输和物流产业取得飞速发展。物流产业的发展经历了实物配送阶段、综合物流阶段、供应链管理阶段。物流产业的革新与发展在很大程度上推动了商品的流动和商业的发展。

3．营销手段革新

以广播、电视等传播媒介为支撑的新兴传播体系迭代发展，逐渐形成了支撑商业发展的新兴传媒行业。音频广告、视频广告等各种形式的广告不断创新，革新了商品的推广形式，促进了商品的宣传、推广和销售。营销由简单的"口碑相传"进入了"品牌营销"的新时代。

4．连接方式革新

随着有线电话、传真、无线电话、互联网等通信手段的发展，商业连接的方式发生了前所未有的改变。连接方式的进步可以有效解决"信息不对称""信用（合同）传递"等商业交易中的关键问题，实现了交易双方跨空间、跨地域的有效沟通，商业沟通的成本显著下降，商业的高效协作显著增强，从而极大地降低了交易成本。

7.3.2　现代商业的数字化变革与再造

从 20 世纪 90 年代开始，互联网及支撑互联网的各种信息技术取得了前所未有的大发展。从第一封电子邮件到 WWW 网页的浏览，从第一个购物中心上网到第一家网上银行，从第一家网上社区到第一家网上电台，互联网逐渐走向千家万户，人类社会进入了一个时刻"互联"的崭新时代。互联网改变了传统的"交互模式"，对人类社会产生了深远的影响。互联网催生了电子邮件以及语音聊天、视频聊天等实时沟通工具，实现了不受时间、空间限制的随时随地的沟通交流。电子邮件广泛代替了书信，实时聊天软件广泛代替了电报和部分电话功能。互联网的诞生为信息传递提供了一种崭新的模式，其在更大范围内有效解决了"信息不对称"的问题。互联网对信息的传递和传播真正做到了"快、准、广"。

互联网的诞生使现在商人之间、商人与顾客之间的沟通摆脱了时空限制，其可以实时交互、及时反馈，快速完成商品展示、商品营销、沟通协商、业务达成等一系列环节或流程。这种变革的影响是极为深远的。一方面，其带来的是空间藩篱的打破、时间效率的提升及成本的显著降低；另一方面，其改变了传统的商业交互模式，使信息传递的范围显著扩大、实效性明显提高。另外，互联网的诞生改变了传统的商业模式，最典型的是实体店式的展示和售卖模式发生了改变。在互联网发展的早期，一种数字化（虚拟化）的基于某个网络平台的线上店铺出现了，线上店铺的所有商品都可以在网页中展示，包括商品名称、图片、生产厂商、价格等信息，商家不需要花费大量的资金去建设或租赁房屋打造实体店铺。这样的新兴商业模式被称为电子商务，阿里巴巴、京东、苏宁易购是典型代表。它们依托强大的网络平台，为卖家提供虚拟店铺，帮助卖家进行商品展示、市场营销、商品售卖，并在此过程中提供数字金融服务、数据分析服务，同时为买家提供商品搜索、商品运输及商品售后等服务。

从改革开放到 20 世纪 90 年代中期，我国在短短的二十几年内完成了商业零售领域的"补课"：完成了现代商业需要经历的百货商店、一价商店、连锁商店、超级市场、购物中心、自动售货机、步行商业街 7 次零售革命。基于互联网的电子商务带来了零售业的革命，在这场新的商业革命中，我国可谓与世界潮流齐头并进。1998 年刘强东在北京创办京东，1999 年马云在杭州创办阿里巴巴。

2009 年 11 月 11 日，阿里巴巴的淘宝商城举办了一场特别的促销活动，尽管当时参与的商家数量和促销力度有限，但当天的线上营业额超过了 5000 万元，这预示了一个新时代的到来。电子商务的大潮以摧枯拉朽之势不断冲击和颠覆传统零售业，传统商业模式也不断被颠覆和革新。除了阿里巴巴旗下的淘宝和天猫，代表性线上平台还有以图书为特色的当当网、以家电为特色的苏宁易购、以自建物流著称的京东、以品牌特卖为特色的唯品会、以低价拼购为特色的拼多多、以生活团购为特色的美团、以餐饮点评为特色的大众点评。上述电子商务网站或平台均在各自领域快速发展，推动了我国电子商务的特色发展、创新发展，使我国电子商务从模仿起步，经历创新、探索之后，走出了一条独特的中国电商发展之路，并后来居上，实现众多的商业模式创新。我国凭借巨大的互联网网民数量优势和互联网电商领域的创新发展，稳居全球规模最大、最具活力的电子商务市场地位，我国 B2C 销售额和网购消费者人数均排名全球第一。

我国电子商务的发展引发了数字化时代商业模式的变革与再造。如前所述，我国在电子商务发展和崛起之前，才刚刚走完发达国家 150 多年走完的商业发展之路。基于互联网的商业数字化变革与再造改变了这一切。在生产环节，自动化、智能化的生产线不断代替人类的重复性工作，生产效率和质量显著提升。一条智能化生产线可以同时生产几个、几十个不同类型的产品，人类不再受到生产力的束缚，而是更多地进行创新和设计。在销售环节，传统的"生产–销售"模式被"销售–生产"模式逐渐代替。传统的"生产–销售"模式不能满足用户的个性化需求，互联网催生了新变化——不是拿着生产出来的产品去寻找用户，而是主动发现用户的需求（发现商机），根据用户的需求设计商品。另外，互联网催生了"长尾效应"。所谓"长尾效应"，就是虽然这部分个性化、差异化的需求单独看来量比较少，但是如果把这些个性化、非流行的需求加在一起，就会形成一个比流行市场还大的市场。互联网解决了"信息不对称"问题，使用户可以借助各大平台获取个性化产品的信息，满足了小众的个性化需求，从而推动了个性化"长尾市场"兴起，极大地促进了商业市场的繁荣。

上述案例深刻地体现了数字化带来的商业模式的变革，商业的各个关键环节在数字技术的"赋能"下，实现了整个商业流程再造。商品生产从传统的手工生产或"手工+半自动化"生产方式转变为全自动化、智能化的生产方式；商品运输从传统的零散、割裂的运输方式变成了全程数字化、智能化的运输方式；商品销售从传统的线下批发、零售、超市等模式变成了数字化平台支撑的互联网销售和服务模式；商品的营销方式更加精准；商品的售后服务从传统的线下烦琐、耗时的方式转变为线上即时、高效的售后服务方式；信息交互更加迅捷、高效。商业更能够"理解"商家和用户，能够依托数字化技术实现产业链各环节的整合和"透视"，由此带来了商业各个环节的流程再造。一个以数字化为"基座"、以数字化驱动的流程再造为关键过程、以数字化转型为最终结果的崭新的商业模式正在加速演进。

7.3.3　数字商业的未来

商业从最初的、简单的、淳朴的商品交换开始，历经千年演进，在数字化浪潮的"加持"下，正在加速变革和发展。但是，变化中也有不变，商业的核心要素从未改变。我们不禁要思考，商业的未来会怎样？

1. 商品生产的未来

商品是个泛化的概念，一切被生产出来、可以用于交换或交易的产品都可以被称作商品。商品的生产涉及 3 个核心要素，分别为以生产材料为核心的生产资料、以创意为核心的产品设计，以及产品的生产过程。未来，这 3 个方面都会发生深刻的变革。

未来，科技发展会不断驱动材料革命，基于新材料生产的产品日新月异，产业升级、应用更新换代步伐不断加快，加速推进商品的革新与换代。纳米材料、新能源材料、低碳材料、信息技术材料、生物材料等将迎来广阔的发展空间。

产品设计也将发生巨大变化。一方面，潮流的改变促使设计师不断根据用户需求的变化设计更加新颖的产品，例如，衣服的样式和颜色不断变化，手机的样式也在不断变化，各种商品都需要不断创新设计，使其更加贴近时代发展的潮流；另一方面，生产材料（生产资料）的革新也要求设计师不断设计更加贴合时代要求的新产品。产品生产过程中涉及的工具和方法也在不断革新。AutoCAD、SolidWorks 等软件都是常用且强大的 3D 建模软件，这些先进的设计软件可以将设计出来的产品通过 3D 打印、柔性生产等先进技术直接生产出来，大大节约生产成本，提高生产效率。

在产品生产方面，数字化将推动智能工厂的发展，智能生产、柔性生产会成为普遍性的生产方式。相较于过去标准化、批量化的生产消费模式，未来消费者对个性化、定制化产品的需求日益增强。在传统的规模化工业生产模式中，批量越大，生产效率越高，因此生产线相对固定、单一，很难满足不同客户个性化、小批量的订单需求。随着"工业 4.0"时代的到来，数字技术为制造业带来更多可能。工业互联网、人工智能、数字孪生、机器人等数字技术将不断改变传统工业的生产与管理方式，让"个性定制""一件起订"的柔性化生产模式变为现实。

2．市场营销的未来

未来，市场营销应该是一个系统工程。在数字平台的支撑下，商品生产者可以从数据分析中发现用户的需求，也许这些需求是用户自己都没有觉察到的，但是"数据不会说谎"。商品设计师也可通过大数据等技术带来的"洞察力"精准地发现市场上（用户）的产品需求，从而设计出贴近用户需求的新产品。产品上市时，商家通过平台、终端等精准地将产品广告推送给用户。这时，用户接收商品广告的媒介很多，比如，洗漱台上方的数字化镜面在用户洗漱的时候可以给用户推送商品信息，房间里的某个墙面上的柔性屏幕可以在用户走过的时候给用户推送相关商品信息，汽车上的某个多媒体终端也可以实时给用户推送相关商品信息。数字化的终端极大地延展了市场营销推送的手段，用户可能会觉得各类终端推送过来的商品就是自己需要的，是如此的"对心思"。数字平台依托庞大的数据汇聚和分析能力，可以做到"以用户为核心的商品生产"，智能化地把用户需要的产品、用户感兴趣的文章和内容等精准地推送给用户。

3．商品运输的未来

近年来，电子商务的迅猛发展极大地促进了物流运输领域的发展，物流运输领域的数字化水平也在不断提高，网上下单、智能仓储快速获取订单、智能分拣、智能配送、订单追溯等已成为现在数字物流的标配。

未来物流可能发展成如下模式：当物流平台收到某个购物平台的订单，并完成智能化生产或从仓库调出商品后，智能包装设备会自动打包商品，并自动地在包装箱上面喷涂商品的寄送地址及相关条码；而后商品被智能化地装配到某台无人运输卡车上，在车联网的综合支撑保障下，商品会被配送到用户所在地，再通过无人机或无人运输车配送到用户家里。

4．商业购物的未来

数字化将改变购物的各个环节。未来，用户可以拿起虚拟数字镜像设备，进入某虚拟化购物界面选择商品，首先选择商品功能，而后通过 App 选择想要的样式，甚至可以在 App 上传照片或自定义样式。比如，用户在 App 上设计并购买一款有趣的玩具，对它进行配色，点击确认后，选择的商品及其样式设定就通过消费互联网被传送到工业互联网连接的生产工厂。生产工厂接到订单之后，在其智能化生产决策系统中进行"任务"分派，以工业互联网为"基座"的智能生产系统接到"任务"后，根据排单（智能系统指定的加工次序）进行智能化柔性生产。在这个过程中，智能生产系统中的智能机器手臂精准地完成生产任务。商品包装完之后，通过无人配送系统，被自动配送到用户的收件地址。整个流程也许只用一天时间，并且商品能充分地满足用户的个性化需求。

对于生产商来说，数字化也带来了颠覆性的改变。商品的创意与设计变得更重要，这需要生产商投入更多的经费用于新商品的开发和设计。但是，生产的过程变得更加简单，生产商可以更加专注于产品设计。产品策划和设计部门将变得更大，更加依赖于数据的分析和数字化工具的使用。生产商原有的生产部门和物料供应部门变得更小，更加依赖于智能设备。另外，生产商需要变革原有的营销部门，也许会将营销业务外包给专业的销售企业或团队，也许会构建一个基于大数据的全数字化的"超级"营销部门。当然，商品的营销仍然需要全新的、基于各类数字化平台的营销手段和创新方式，从而使用户对商品产生有效认知和购买欲望。戴上一款特殊的"眼镜"，用户可以进入一个完全复原线下购物中心的数字化镜像购物世界，用户的"虚拟化身"可以置身其中挑选自己喜欢的商品，甚至可以用自己的"虚拟化身"试穿虚拟样式的服装，从而完成一次有趣的、"身临其境"的线上购物体验。

7.4　数字娱乐

娱乐是让人快乐或消遣时间的活动，也指快乐有趣的活动。娱乐是人的本性，是一种身心联动的体验。过程中的快乐感、体验感越强，娱乐活动的质量和效果就越高。根据不同娱乐方式的主要功能，人类的娱乐大致可分为三大类。

- 文化娱乐。文化娱乐主要是人们为了"身心舒畅"和"心灵愉悦"，根据自己的兴趣爱好选择不同文化产品来体验或消费的行为，这是人类特有的娱乐。
- 体育娱乐。体育娱乐主要是人们为了获得"身体愉悦"和"身心放松"，根据自身条件进行的简便易行、富有情趣的各种运动，如各种体育游戏或体育竞技活动等。
- 休闲娱乐。休闲娱乐主要是人们为了消除紧张、寂寞和无聊等负面情绪，调节情绪和愉悦身心而选择的各种"消费闲暇时间"的行为。当代最普及的娱乐主要通过影视、音乐、演出等实现。

7.4.1　数字娱乐的发展现状

传统的娱乐有电影、电视、音乐、歌舞、歌剧、话剧、京剧、相声、杂技、体育运动等诸多形式，这些传统的娱乐形式不断以现场或视频的方式与人们产生交互。近年来，随着互联网的发展，这些传统的娱乐形式也产生了极大的变化。

相较于其他产业，娱乐产业的数字化转型开始时间较晚。在数字化技术的推动下，娱乐产业开启了数字化转型之旅，主要受益于数字化技术背景下的互联网技术和相关娱乐载体（如手机、计算机等）的发展。互联网的发展深刻改变了大众娱乐的组织模式，电影院、KTV、音乐厅等传统的线下娱乐模式正在一步步被线上模式取代，在线影院、在线 KTV 等新的娱乐形式正在迅猛发展。

1．电影

首先，电影制作有了数字化技术的加持。数字化技术构建了一个个虚拟的、逼真的视觉图像世界，帮助各类科幻的、非科幻的电影构建出一个个乌托邦式的优美场景画面。《流浪地球》《刺杀小说家》《独行月球》等众多电影作品的成功都离不开数字化技术的支撑。数字化技术全面变革了传统电影的制作方式，实现了虚实场景的完美融合，为观众带来了良好的观影体验。其次，有了数字化手段的支撑，电影的预告、传播、售票等方式发生了深刻的改变。电影的预告视频可以通过各种数字化平台快速地传到观影者的手机上，观影者可以通过各类数字化平台购买不同电影院的电影票，并可以在线选座；电影的发行传播也不再局限于电影院，很多电影开始尝试线上首发。数字化技术不仅改变了电影的制作方式和画面，也改变了电影的传播方式、发行方式，以及人们的观影方式。

2．电视

传统的电视是一种典型的广播型传媒，播放时间和播放内容都是提前编排好的，观众没有时间选择权和内容选择权。同时，电视融合新闻报道、时事评论、电视剧、体育直播等众多新闻和娱乐形式，尽管节目众多，但观众只能通过频道的切换挑选自己想看的节目。随着互联网的深入发展，网络视频平台的崛起和互联网电视深刻改变了电视内容的传播形态，电视节目以一个个视频单元的形式统一在网络视频平台上"上架"，观众可以依据自己的喜好选择自己喜欢看的视频内容（电视节目），并且不受观看时间、观看集数等的限制，自由度显著提升。固定化的"播放–观看"模式被自由化的"超市货架"模式代替。相较于传统的电视播放模式，视频内容的可选择性和可控制性成为网络电视或网络视频的最显著标志。以观众需求为牵引，网络热度效应不断催生优秀电视内容的制作和推广，电视剧、综艺节目能够被观众快速地找到和观看，网络自制剧也如雨后春笋般爆发且出现多部爆款。电视节目开始走向以互联网、数字化为支撑的优质内容创作时代。

3．音乐

京剧、歌舞剧、通俗音乐、流行音乐等都是音乐的展现形式。传统的音乐展现形式一般是现场表演，观众需要亲临现场倾听或观看表演，其覆盖范围通常是现场观众。到了近现代，人们通过留声机唱片能较简易地大量复制和播放音乐，这极大地方便了听众，也有效地扩大了音乐的传播范围。而后广播也成为音乐传播的重要载体。随着音乐传播形式更加多元化，磁带音乐、电视音乐、电影音乐等不断地丰富音乐的传播形式，改变人们的娱乐方式，使音乐快速进入平民化和大众化阶段。电视时代到来之后，其可以融合动态的影像，以及各种各样可见的舞台表演和展现形式，使观众更能够身临其境地欣赏音乐。

互联网的飞速发展和融合带来了颠覆性变革。数字化的介质载体、互联网的传播媒介使音乐的传播形式、速度和广度发生了前所未有的变化，音乐的存储和下载更加方便，随身听等音乐播放设备大多退出历史舞台，"手机+音乐软件"成为当前的主流形式。庞大的计算机和手机存储空间可以存储更多的音乐,高速互联网络可以支撑听众快速下载或在线实时播放音乐。在线音乐模式使音乐实现随时、随地听,还可以在线翻唱。在互联网的加持下,被动式听歌变成了参与式听歌,音乐的呈现形式也变得多样化。在数字化技术的加持下,音乐变成了一种强实时性、共享性、可选择性、广泛参与性的综合性娱乐活动。

4. 游戏

传统的游戏有跳绳、丢沙包等各类户外体育类休闲娱乐活动,也有象棋、围棋等各种室内休闲娱乐活动。后来电子游戏出现,人们不断拓展各种各样的游戏内容。象棋游戏、五子棋游戏、围棋游戏都变成了电子游戏,可以实现单机人机对战,极大地丰富了人们的娱乐方式。再后来,互联网的发展和数字技术的提升催生了网络游戏,单机游戏开始向网络游戏过渡。如早期《红色警戒》的联网和《反恐精英》的联网,很多单机游戏变成了联网游戏,《英雄联盟》《梦幻西游》《王者荣耀》等联网游戏都成为影响一个时期的爆款游戏。在数字化技术的加持下,网络游戏带给游戏玩家更有参与感、画面感、科幻感及想象力的体验。

5. 体育

体育娱乐有体育竞赛、体育活动和体育节目,其多种形式可以带给人们不同的体验感。数字化对体育的影响主要体现在在线观看和数字化实时监测上,在线观看解决了随时随地观看体育节目的问题。在线体育提升了体育在非接触情况下的交互性,成为人们欣赏体育、体验体育的重要方式。另一种模式是各类围绕体育运动的可穿戴式数码产品,如带有蓝牙功能的无线手环、手表、手链等数字设备。数字设备可以实时监测人们在体育活动中的各种参数,如步数、心跳等基本身体参数,有的还可以记录睡眠情况。在线的、实时的数据反馈可以及时为用户提供运动过程中的有价值的数据反馈,通过大数据分析帮助用户了解自身运动状况和身体状况。依托数字化设备和数字技术,数字化体育和数字化运动已经成为现代体育的典型特征。

7.4.2 数字娱乐的剖析与探讨

从上述娱乐场景来看,数字化技术已经渗透到人们娱乐生活的方方面面,几乎所有的娱乐活动都离不开数字化制作、数字化传播、数字化交互。数字化引发了娱乐产业的数字化升级与重构,引领娱乐产业的数字化转型和升级改造,主要体现在产业结构的全面重塑、数字重构和镜像再造,以及技术与业务的交互创新这3个方面。

1. 数字化转型下娱乐产业的全面重塑

与传统信息化相比,数字化转型是从简单的技术应用向全面重塑转变,本质上是利用新一代数字化、网络化、智能化技术对娱乐产业、企业乃至于产品实现更深层次的重塑与再造,是利用数字化技术对传统产品、业务、管理、商业和服务模式进行全面重塑,是利用数字化技术和能力驱动围绕企业产品和业务的商业模式创新和商业生态系统重构的途径与方法。数字化驱动的产品形态创新、传播模式创新、消费模式创新等深刻改变了娱乐产业的业态。

随着数字化技术的进步与发展,娱乐产业不断转型升级,其变革不断深化,推动形成了娱乐产业平台化、社交化、人人化、消费化和生态化的发展。平台化是指娱乐变得常态化和大众化,不受时空限制,网络时刻连接着大家,一切尽在"指尖"。社交化是指人们在娱乐中社交的方式,娱乐平台的多样性使人们的选择范围更宽。志同道合的人们在平台上汇聚,在娱乐的过程中拓展人际关系，由娱乐衍生的社交关系让用户更具有黏性，不具有社交关系的娱乐应用，其用户会逐渐流失。人人化是指人们可以在平台上发布自己的作品。借助互联网，任何人只要有一技之长或有特色才艺，都可以成为网络主播。人人都可以成为网络剧创作者，人人都可能成为娱乐明星和大咖。消费化是指商家在大众娱乐中挖掘潜在用户，通过娱乐+电子商务的模式促使大众消费，这不仅让传统娱乐产业摆脱了枯燥广告的弊端，而且让娱乐产业处处充满价值。生态化是指娱乐产业价值链得到了极大的拓展，互联网让娱乐产业向平台化模式发展，使娱乐产业具有更强的资源整合能力，形成了娱乐内容服务提供商、娱乐内容集成商、娱乐渠道服务商、娱乐播控平台服务商和娱乐播控平台广告服务提供商等组成部分。

2．数字化转型下娱乐产业的数字重构和镜像再造

随着人工智能、大数据、云计算等技术的日趋成熟和扩散应用，企业得以利用这些技术把复杂的运营管理、生产制造等业务在计算机世界实现数字重构、全息重建和镜像化再造，构建一个全感知、全联接、全场景、全智能的数字企业，进而优化物理世界的业务，对传统管理模式、业务模式、商业模式进行创新和重塑。在现有技术的支撑下，数字化技术推动着沉浸式娱乐产品的发展，提升了线下娱乐产业的数字化水平。沉浸式娱乐体验产业是将娱乐消费活动与沉浸体验紧密结合而开发的消费产品。

3．数字化技术与娱乐业务的全面交互与融合创新

数字化是技术与业务的全面交互，技术赋能业务，又融入业务，成为业务的底层能力。技术和业务融合创新成为新的业务形态，技术成为驱动业务发展的核心动力，业务成为技术创造价值的主要载体，技术和业务共同构成了数字经济条件下的业务形态。在交互和融合创新的过程中，泛娱乐产业这一新兴行业出现了，它主要基于互联网的多领域共生，打造明星知识产权（IP）的粉丝经济，其核心是 IP，可以是一个故事、一个角色或其他任何大量用户喜爱的事物。这一概念最早由时任腾讯集团副总裁的程武于 2011 年提出，并在2015 年发展为业界公认的"互联网发展八大趋势之一"，通过移动互联网让内容生产者和粉丝之间的黏性与互动达到了不间断、无边界的状态。游戏、文学、动漫、影视、音乐、戏剧不再孤立发展，而是可以被协同打造为同一个"明星 IP"，进而形成一个知识产权新生态。近年来，以 IP 为核心的跨游戏、文学、音乐、影视、动漫等的娱乐内容逐渐增多，"明星 IP"成为泛娱乐产业中连接和聚合粉丝情感的核心，以 IP 为核心的泛娱乐布局成为娱乐产业的发展趋势。

7.4.3　数字娱乐新未来

随着大数据、人工智能、VR/AR 等数字技术的发展与深度应用，娱乐领域的数字化转型不断加速迭代并呈现出一些新的趋势，产生了一些新的业态。要想使娱乐产业在数字化转型的过程中得到高质量的发展，进而推动娱乐产业链的再造，从业者要以敏锐的嗅觉捕获数字化发展中的新趋势，并及时抓住新的机遇，进而实现转型与升级。

1．以 IP 为核心的泛数字娱乐新模式

IP 开发已形成全产业运作模式，其内容是泛娱乐产业的核心，精品 IP 则是内容的核心。围绕打造精品 IP 的逻辑，泛娱乐产业正在采取全新的 IP 开发策略，在此过程中产业的供求关系、商业模式、产业生态也发生了一系列变化。升级过程中最核心的 3 个变化是从观众到用户、从产购到共生、从单体到生态。文学、动漫、影视、游戏、音乐、综艺节目等业态早已不再孤立发展，而是在 IP 孵化期就开始协同培育、共同打造精品 IP，在早期就实现了资金、内容制作、演艺明星、宣传推广、发行销售、衍生产品等各个环节的贯通。未来，生态化运营的龙头企业将以制作方、投资方、运营方 3 种或以上的多重形态、角色深度介入 IP 经营的"全产业运作"，努力打造作家品牌和超级 IP，形成一条"文–艺–娱"一体化的全媒体经营产业链。

针对 IP 开发形成全产业运作模式，需要放眼整个市场，把握主流客户。近年来，"90后""95后""00后""05后""10后"等已成为各行业眼中最重要的目标用户。在用户越来越年轻化的同时，娱乐产业的从业人员需要针对新一代用户采取正确的经营方式。

2．内容创作成为数字娱乐的主流方向

娱乐产业是除新闻资讯之外最早被互联网跨界融合的产业，也是服务模式、组织模式和商业模式被互联网影响最深刻的产业。起初，互联网的应用让娱乐实现产业网络化发展，人们通过互联网可以观看电影和听音乐。随着互联网技术的不断发展，互联网对娱乐产业的影响和变革进一步深化，互联网+娱乐推动了娱乐产业向平台化、社交化、人人化、消费化和生态化方向发展，娱乐产业资源得到极大丰富，娱乐服务模式更加多样性和个性化，娱乐商业模式得到极大创新。这也成为当前娱乐产业变革创新的主要模式和路径。

随着"互联网+娱乐"的深入推进，围绕满足人们的各类需求，"互联网+娱乐"跨界融合的产业领域将越来越丰富，以人为本、以人为服务中心的娱乐产业在互联网的支撑下，正在一步步变为现实。"互联网+娱乐"的步伐正在大踏步地向前迈进，这个步伐不会停息，前进的方向也不会始终朝着现在所能预见的方向。随着互联网技术的不断演进以及人们生活需求更加多样，"互联网+娱乐"的步伐将会越走越快，前进道路上的风景也会越来越美丽。与此同时，大众对线上娱乐产品的质量要求越来越高，因此需要从业人员展现更多创意，生产出本土化且具有民族特色的娱乐作品，如自创综艺节目、历史剧、国风游戏等。在互联网的推动下，网剧独播、付费观看必将成为未来的主流形态，而能够让消费者购买的途径只有提高内容质量。因此未来的线上作品必须以提高内容质量、提高观众满意度为主要升级改造方式。

3．参与和体验是王道

如之前在对元宇宙的描述中提到的，人们对亲身体验的追求是无止境的，参与和体验是娱乐的本质，也是人类精神世界孜孜以求的东西。未来，在元宇宙的加持下，电影的形态和交互方式也许会发生深刻改变，交互式电影可能会成为现实。通过交互式设备，观影者也许可以进入电影之中，以第一视角或第三视角的方式观看电影，参与整个电影的演绎和推演过程，切身感受电影故事情节的发展。这必将带来电影发展的新时代。

另外，元宇宙也将给人们的娱乐带来前所未有的参与感。戴上头盔或 AI 眼镜，人们可以通过元宇宙不断地在现实和虚拟之间切换，体验穿梭于现实和虚拟之间的无限乐趣。借助数字化设备，人们的体验感会越来越真实，现实与虚拟之间的界限将逐渐"消失"。

最后，随着娱乐场所联网化推进，以及 AI、VR 等新技术的应用，消费者娱乐过程正在逐步走向智能化、互动化。未来，与互联网和新技术的深度结合也是娱乐行业转型升级的重要方向。

7.5　数字服务业案例

1. 贵州现代物流集团的数字化转型

贵州现代物流集团的数字化转型是一个全面、系统的工程，涉及战略规划、内控管理、科技研发、业务运营等多个方面。通过数字化转型，该集团实现了管理效率的提升、业务运营的优化及市场竞争力的增强。

该集团首先召开了"集团数字化转型研讨会"，明确了数字化转型的方向和目标；成立了由一把手牵头的"数字化转型工作领导小组"，全面加强和推动集团的数字化转型工作。

围绕内控管理数字化和业务运营数字化，该集团构建了"一体两翼"的信息数字化体系。内控管理数字化主要通过构建集团一体化行政、财务、经营等信息数字化能力，实现高效运转。例如，通过数据互通、系统互联实现集团应急调度，这在"援沪保供"和"助力贵阳抗疫保供"工作中发挥了巨大作用。

2021 年该集团成立了贵州现代数智科技有限公司。该公司专注于智慧化物流系统的研发，全面应用了北斗卫星导航系统、大数据、云计算等技术，丰富了物流科技产品的应用场景，并获得了 70 个软件著作权。智慧云仓储平台在贵州省大数据"百企引领"优秀产品中综合排名第 11 名。

该集团构建了以运管大数据平台流程管控为核心的数字化运营管理矩阵，包括全面预算信息化系统、人力资源管理系统等。运管大数据平台已上线 603 个业务项目，覆盖 1448 家客商和 1169 份合同，实现了对旗下子公司全流程的实时管控。

因数字化转型成功，贵州现代物流集团在 2022 年被评为"全国 AAAAA 级物流企业"，成为首家获得此荣誉的贵州本土企业。该集团还被评为"2022 年全国供应链创新与应用示范企业"。数字化转型不仅提升了该集团的管理效率和业务运营能力，还通过智慧物流系统的应用优化了客户服务体验，提高了市场竞争力。

2. 贵州省人民医院的数字化转型

贵州省人民医院的数字化转型方案涵盖了智慧医院建设、医疗服务流程优化及数据驱动的医疗决策等多个方面。这些措施共同推动了医院向更高效、更便捷、更人性化的方向发展。

F5G 全光网络建设：为了提升医疗服务的质量和效率，贵州省人民医院与华为合作，利用 F5G 全光网络构建高速、安全、智能的医院网络。该网络具有高带宽、超低时延等特征，能够支持高端医疗资源的深度共享，如远程 CT 阅片、医院互联网、诊疗办公等。同时，它还能为医院医疗服务、精细化管理等提供灵活可控的网络接入。

远程医疗平台：贵州省人民医院利用摄像头、移动终端设备和数字化系统，实现了"远程业务教学""云上看病""远程查房"等功能。这不仅为患者提供了便利，还提升了基层医务人员的诊疗水平。

微信公众号医保移动支付：为了方便患者支付，贵州省人民医院上线了微信公众号医保移动支付功能，患者通过手机就能完成医保结算，有效解决了挂号缴费排队时间长的问题，提升了患者的就医体验。

ITSS 运行维护通用要求体系认证：贵州省人民医院通过了 ITSS 运行维护通用要求体系

认证，这标志着医院运行维护服务能力已经符合行业内的最佳实践。这不仅能够推进医院信息标准化建设，还能提升医院信息化日常工作、项目管理、软硬件维护等多方面的水平。

数据驱动的医疗决策：贵州省人民医院在积极探索利用大数据进行医疗决策支持。

3. 微盟智慧餐饮解决方案

智慧餐饮解决方案是根据商家、顾客的实际需求定制开发的系统或平台，本身可独立为App，也可与大平台进行对接。微盟是 SaaS 服务商，其在餐饮领域推出了一站式智慧餐饮解决方案，以"技术+服务"模式助力餐饮商家转型新零售，为餐饮企业数字化运营赋能，形成"预订+外卖+扫码点餐+收银+后厨管理+会员管理+供应链管理"的一站式智慧餐饮服务能力。许多餐饮 IP 选择了微盟的智慧餐饮方案。该方案基于小程序打造堂食会员、会员外卖、会员商城三店一体的模式，在餐前、餐中、餐后为预订、排队、点餐、买单、评价打造全场景一体化的统一管理。

第一，基于小程序与公众号在移动端搭建自己的私域流量平台，帮助中小餐饮企业以低成本、高效率实现数字化改造。第二，为商家建立自有小程序外卖平台，实现多外卖平台的聚合管理，从平台的搭建、数据选品、品牌打造进行一站式运营支持。从点餐到配送，全流程覆盖外卖业务，集个性化展示和营销于一体，商户可自主配置配送参数，并实现公众号与小程序的数据互通。第三，建立会员制服务，在外卖平台设置会员价，提高转化率。商家通过会员商城模式，将品牌半成品或者衍生品销售给顾客，根据后台数据实时分析，调整商品上架策略，依托平台进行裂变式营销，包括直播、拼团、红包等营销模式，从而拓宽销售渠道、增加现金流。到店一体化移动数字操作可减少人工成本、缩短消费时间、提高翻台率，从而帮助餐饮门店提升运营效率。同时商家可通过会员信息、消费行为勾勒会员画像，利用大数据分析为会员定制个性化营销策略，培养客户的消费习惯。第四，助力商家从采购、用料、加工 3 个方面实现成本管控数字化，涵盖智能比价、成本预测、收货监控、验收规范化、价格变化追踪、物料损益分析、财务管控等功能。

4. 大兴国际机场智能出行

大兴国际机场在北京建成了首座"5G 空港"，从停车到登机，数字化和科技感满满。穿梭在人群中的"小兴"5G 智能机器人配备有智能交互功能，通过对话的形式，可以和人直接互动，为过往的旅客提供位置信息、航班信息、引导服务，从而提升出行服务效率；人脸识别技术也为人们的出行带来了便利。大兴国际机场实现了全流程无纸化登机，旅客只需要刷脸、刷身份证就能完成值机、安检和登机等动作。自助行李托运系统+"刷脸"确保旅客值机时间不超过 10 分钟，大大地提高了旅客的出行速度。在智能停车场，旅客把车停进一个类似于洗车时进入的车库，通过车库旁的信息采集屏把信息填入，就可以得到一张二维码，之后智能停车机器人会把车辆从车库移动到车位上，免去了停车时找车位和取车时找车的烦恼。随着数字化时代的来临，大兴国际机场的创新科技会为旅客带来诸多便利。

5. 淘宝网

淘宝网是阿里巴巴旗下的一家以"C2C"为主要运营模式的电子商务公司，它更像线下批发市场的线上版本。淘宝网由阿里巴巴集团于 2003 年 5 月创立，成立之初，时值"非典"肆虐，但是其逆势崛起，当年全年成交总额达到 3400 万元。可不能小看当时的这"3400 万元"！在互联网发展尤其是电商发展的早期，这是具有划时代意义的突破。2005 年，淘宝网就超过日本雅虎和沃尔玛，成为亚洲最大的网络购物平台。随后几年，在云计算、大数据等数字化技术的影响下，以淘宝网为代表的阿里巴巴集团的电商"双十一"销售额逐年提升。2021 年，阿里系电商平台的总交易额达到 5403 亿元，取得历史性突破。将传统线下批发市场的模式转换为基于数字平台支持的线上批发和零售模式，不但取得了巨大的成功，而且衍生出众多的创新之举：基于数字化平台的商品搜索，消费者可以快速找到心仪商品；基于大数据支撑，相关用户可以准确地分析商品和店铺的热度，甚至商品的需求趋势；基于人工智能的分析，商家可以更精准地判断消费者的需求和购买倾向，更好地了解和服务消费者。

6．贵州小七孔景区的数字化转型

小七孔景区的数字化转型方案涵盖了智慧旅游系统建设、分时预约与智能分流、线上预约与快速入园、网格化服务管理及多元化预约渠道等方面。这些措施共同提升了景区的管理效率和服务水平，为游客提供了更加便捷、舒适的旅游体验。

小七孔景区依托智慧旅游系统，实现了数据的实时监测和分析。该系统能够预测次日入园人数，为景区的各项接待工作提供数据支持。景区内全覆盖的高清摄像头可实时监测景区各站点游客量和运力情况，确保景区相关人员能够根据实际情况及时调整运营策略。

小七孔景区实行分时预约制度，将入园时间分为 5 个时段，通过科学设置分时预约时段库来控制游客流量。例如，每日 8 点到 12 点分为两个时段，各设置 30% 的票源；12 点到 13 点、14 点到 16 点各设置 10% 的票源；13 点到 14 点设置 20% 的票源。这种方式实现了总体限量、分段管控、错峰游览和智能分流的目标。

景区全面推行门票网上预约制度，游客可以通过线上平台进行预约购票，实现分时预约入园。同时，景区还提供了线下人脸识别及刷身份证入园的服务，实现了"零等候"入园，提高了游客的入园效率。

小七孔景区实施了网格化服务管理，将景区划分为多个网格，每个网格由志愿者、咨询员、安全员等组成，负责各自区域内的游客服务和管理工作。这种管理模式在空间上实现了全区域覆盖，在时间上实现了全天候响应，确保了游客在景区内的安全和舒适体验。

为了方便游客进行预约，小七孔景区提供了多元化的预约渠道，包括官方微信、主流OTA 平台及资深旅行社等。这些渠道为游客提供了便捷的预约方式，也为景区带来了更高的曝光度和更多的游客。

第8章

智慧城市

城市是大型人类聚居地。一般是一个有一定规模人口居住的、有行政边界的、主要从事非农劳动或工作的固定区域。城市的产生、发展、建设与社会、经济、文化等多方面因素有密切关系。

随着 21 世纪第四次工业革命的兴起，云计算、大数据、人工智能、物联网、数字孪生等数字化技术快速发展，数字化开始驱动城市的建设与发展，大规模的城镇化、中等收入群体的崛起、技术的更新迭代成为全球城市变革的重要驱动因素。城市建设开始朝着数字化方向发展。

智慧城市（Smart City）的概念于 2008 年年底被提出，自提出以来，在世界上引起广泛关注。我国高度重视智慧城市的发展，《国家新型城镇化规划（2014—2020 年）》的正式出台，意味着智慧城市成为我国城市发展的全新模式。到目前为止，我国开展智慧城市、信息消费、"宽带中国"、信息惠民等试点的城市近 600 个，近九成的地级及以上城市提及智慧城市建设。"十四五"规划进一步提出"加快数字化发展建设数字中国""加强数字社会、数字政府建设，提升公共服务、社会治理等数字化智能化水平"。站在"十四五"和党的第二个百年奋斗目标的新起点上，我国智慧城市建设将迈入全面数字化的新阶段。

8.1 智慧城市的定义和内涵

8.1.1 智慧城市的定义

智慧城市指利用各种信息技术或创新概念，将城市的系统和服务打通、集成，以提升资源使用的效率，优化城市管理和服务，改善居民生活质量。

中国智慧城市的概念最初由住房和城乡建设部提出。随着智慧城市的实践和认知不断变化，2014 年，国家发展和改革委员会从数字化与技术角度提出：智慧城市是运用物联网、云计算、大数据、空间地理信息集成等新一代信息技术，促进城市规划、建设、管理和服务智慧化的新理念和新模式。

智慧城市把新一代信息技术充分运用在城市的各行各业之中，是基于知识社会下一代创新的城市信息化高级形态。实现信息化、工业化与城镇化的深度融合，有助于缓解"大城市病"，提高城镇化质量，实现精细化和动态管理，提升城市管理成效。

8.1.2 智慧城市的内涵

智慧城市的内涵十分丰富，可以从以下 4 个方面进行归纳。

1. 高度信息化与智能化+全程服务

智慧城市以信息技术和通信技术为支撑，通过物联网、云计算、大数据等智能计算技术的应用，实现城市各领域的高度信息化与智能化。这些技术使城市管理、教育、医疗、交通运输等关键基础设施和服务更加互联、高效和便捷。

智慧城市在新一代信息技术的基础上，以增加配套的全程服务来帮助技术落地，建立有效的决策支持，完善高效合理的监督机制，为决策提供依据，实现监督管理内容的深化，提高政府决策水平，促进城市发展。

一方面，智慧城市中的新技术、新应用、新场景需要服务配合才能发挥最大效力。智慧城市已经从强调技术转向强调数据，要从服务的角度看待智慧城市，让服务贯穿于全部场景，真正服务城市的管理者和生活在城市中的每一个人。另一方面，技术+服务能够实现智慧城市的全流程响应，实现规划、技术架构搭建、设备运营、维护、信息处理、反馈等一系列活动的统一，打破"数据孤岛"，推进政府高效管理、产业快速发展、民生普遍受惠。

2. 现实空间与数字空间联动

随着传感技术和各类宽带有线、无线网络技术的发展，智慧城市能够实现对城市管理各个方面的全面感知和监测。同时，这些技术还为城市中物与物、人与物、人与人的全面互联、互通、互动提供了基础条件，推动城市中各类应用的发展。

新技术的应用拓展了城市建设与管理的范围，推动智慧城市建设进入新时期，这不仅需要相关人员对现实空间进行管理，也需要对新产生的数字空间进行管理。实现现实空间与数字空间的联动，共同推进城市发展，是智慧城市的落脚点。

数字空间是现实空间的拓展。数字空间是通过对物理世界的人、物、事件等所有要素进行数字化，在网络空间再造的一个与之对应的"虚拟世界"，形成物理维度上的实体世界和信息维度上的数字世界同生共存、虚实交融的格局。

3. 低碳环保，绿色发展

城市化进程带来了人口、资源、产业等的高度集聚，同时导致了资源/能源消耗的高度集中。为了应对气候变化、保护生态环境、增强可持续发展能力，低碳节能与绿色发展成为智慧城市的焦点。

智慧城市致力于推动绿色低碳发展，通过优化能源利用、减少资源浪费和环境污染，建立可持续的城市生态系统。这有助于保护城市环境，提高居民生活品质，并实现城市与自然环境的和谐共生。

"双碳"目标激发了智慧城市的技术创新与场景应用拓展，智慧城市建设也正成为"双碳"目标全面展开的强有力支撑。一方面，能源-传输网-负荷-储能-工业控制"源网荷储控"的绿色能源架构，可实现能源供给与传统耗能基础设施的绿色升级，从而支撑智慧城市管理、运行过程的低碳转型；另一方面，在城市生产、生活场景中积极推广应用光伏、氢能、风电等清洁能源，以车联网等新技术优化城市运营效率，将碳排放加入监控指标，这些措施也可推动城市能源结构升级和资源的优化利用。

4. 普惠民生，生态和谐

智慧城市整体上需要达到城市发展与人民生活水平提高相互协调的目标。居民即用户，城市即平台，最终实现城市经济转型发展、生态环境保护和居民的智能服务的统一，使人与自然协调发展。

一方面，智慧城市不再单纯是技术与信息基础设施的堆砌，针对城市居民的"微基建""微服务"也在不断推进，惠民作为智慧城市的建设初衷与目的将展现得更全面深入；另一方面，全流程、全链条地将平衡生态环境保护与城市发展理念贯彻到智慧城市的建设中，也正在实践中凝聚更多共识。

8.2 城市数字化发展现状

城市发展至今，已经基本完成了基础设施的建设，正在由外部建设向内部治理转变。2007年世界首次进入城市人口占50%的时代，共有33亿人生活在城市中。预计到2050年，世界城市人口将占全球人口的70%。届时，城市居民将达64亿人。随着城镇化进程加快，预计在2050年，我国将有75%的人口居住在城市，城市将具有前所未有的经济、政治、技术和环境影响力，城市的发展更关系到我国城市化和经济发展大局。

随之而来的是城市发展中面临的各种问题，如城市发展缺乏合理规划、中心城区密集、交通拥挤、资源浪费、环境质量下降、各管理部门难以协同工作。另外，随着经济的发展和生活水平的提高，居民对城市管理水平、服务水平的要求也在不断提高。

进入21世纪以来，新一代信息技术的变革式发展和普及应用对城市治理和社会运行的方式产生深刻影响。2007年，欧盟首次提出"智慧城市"的建设构想。2008年，IBM公司在全球首次提出"智慧地球"的建设思想。2012年，我国住房和城乡建设部发布《关于开展国家智慧城市试点工作的通知》，指出智慧城市是通过综合运用现代科学技术、整合信息资源、统筹业务应用系统，加强城市规划、建设和管理的新模式。2014年，我国国家八部委联合印发《关于促进智慧城市健康发展的指导意见》，这是我国智慧城市建设领域第一份系统性的文件。2016年，"智慧城市"首次被写进国家政府工作报告。2017年，中国共产党第十九次全国代表大会报告明确提出建设"数字中国"，这是"数字中国"首次被写入党和国家的纲领性文件，从此开启了势如破竹的发展历程。2022年，中国共产党第二十次全国代表大会报告再次明确提出建设"数字中国""网络强国"。国家战略驱动智慧城市建设进入一个全新的发展阶段。

近年来，随着数字技术的发展，城市数字化建设正成为推动城市功能提升、管理升级、服务提质的重要手段，数字化已经全面渗透到社会经济生活的各个领域，数字化城市建设在城市经济和创新发展中起着日趋重要的作用。国内外诸多发达城市在尝试进行城市建设的数字化转型，推进城市数字化治理。

2020 年 10 月，上海社会科学院信息研究所和复旦大学智慧城市研究中心联合发布了《全球智慧之都报告（2020）》。此报告最终的排名结果如图 8-1 所示。此报告将全球 20 个城市划分为"引领型""先进型"和"追随型" 3 种类型，伦敦、纽约和新加坡 3 个城市在数字化建设方面处于国际领先水平。除了引领型的 3 个城市，上海和北京在数字化城市建设方面处于先进水平。

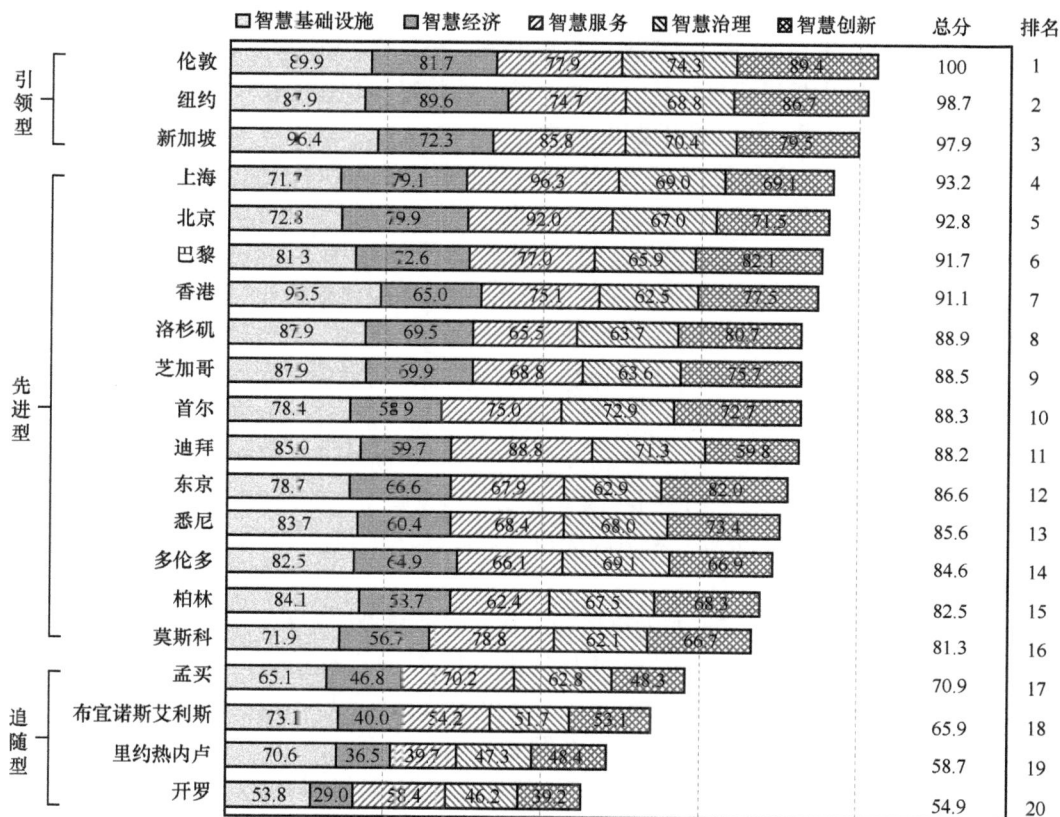

图 8-1　20 个智慧城市排名及分项指标得分情况

8.2.1　我国智慧城市的发展历程

自 2008 年智慧城市概念提出后，我国许多城市加速布局实践，经过多年的发展演进，积累了众多实践经验和落地案例，已从概念走向落地，从试点走向普及。国内的数字化城市建设热潮此起彼伏，许多一、二线城市已经有了初步轮廓。伴随着物联网、下一代通信网络等新一代信息技术的广泛应用，我国城市工业现代化和信息智能化逐步向更高层次进阶，迈入融合发展的新时期。

从 2008 年开始，我国智慧城市的发展探索经历了智慧城市探索期、智慧城市调整期、智慧城市突破期、智慧城市融合期 4 个阶段。智慧城市的服务对象、服务内容非常广泛，但核心主线是利用"新 IT"提升城市服务质量。

1．智慧城市探索期：探究建设发展实践

该阶段是从 2008 年年底智慧城市概念提出到 2014 年 8 月，其主要特征为各部门、各地

按照自己的理解来推动智慧城市建设，相对分散和无序。智慧城市概念提出后在国际上引起广泛关注，并引发了全球智慧城市的发展热潮。我国智慧城市发展初期阶段更多强调的是从技术层面解决城市的信息化问题。2012年11月，住房和城乡建设部办公厅出台《关于开展国家智慧城市试点工作的通知》，决定开展国家智慧城市试点工作，发布试点暂行管理办法和指标体系，这是我国首次发布关于智慧城市建设的正式文件。同年12月，国家测绘地理信息局下发《关于开展智慧城市时空信息云平台建设试点工作的通知》。随后，科技部和国家标准化管理委员会于2013年10月正式公布大连、青岛等20个智慧城市试点城市。至此，有关智慧城市的政策尚处于摸索阶段，既没有统一的标准，也没有牵头的归口部门。

2．智慧城市调整期：各方展开协同布局

该阶段是从2014年3月至2015年12月，其主要特征为国家层面成立了促进智慧城市健康发展部际协调工作组，各部门不再单打独斗，开始协同指导地方智慧城市建设。

2014年3月，《国家新型城镇化规划（2014—2020年）》正式出台，该规划推出"推进农业转移人口市民化""优化城镇化布局和形态""改革完善城镇化发展体制机制"等8篇具体实施内容，将智慧城市作为城市发展的全新模式，列为我国城市发展的三大目标之一。

2014年8月，我国第一份对智慧城市建设做出全面部署的权威文件《关于促进智慧城市健康发展的指导意见》由国家发展和改革委员会牵头研究制定，该指导意见提出，到2020年，建成一批特色鲜明的智慧城市，在保障和改善民生服务、创新社会管理、维护网络安全等方面取得显著成效。此外，该文件关注到我国智慧城市建设暴露出的缺乏顶层设计和统筹规划、体制机制创新滞后、网络安全隐患和风险突出等问题，注意到了"一些地方出现思路不清，盲目建设"的苗头。

2015年是我国智慧城市建设尤为重要的一年。"智慧城市"和"互联网+"行动计划首次被写进政府工作报告，《国务院关于积极推进"互联网+"行动的指导意见》强调推动移动互联网、云计算、大数据、物联网等与智慧城市相结合，鼓励工业互联网、智能电网、智慧城市等领域基础共性标准研制推广和融合发展。

2015年12月，原有的各部门司局级层面的协调工作组升级为由部级领导担任工作组成员的协调工作机制，工作组更名为新型智慧城市建设部际协调工作组，由国家发展和改革委员会、中央网络安全和信息化委员会共同担任组长单位。依托部际协调工作机制，各部委共同研究新型智慧城市建设过程中跨部门、跨行业的重大问题，推动出台智慧城市分领域建设相关政策。我国新型智慧城市建设政策体系逐步健全。

3．智慧城市突破期：战略地位开始提升

该阶段是从2015年到2020年，主要特征为提出新型智慧城市理念并将其上升为国家战略，智慧城市成为国家新型城镇化的重要抓手，重点内容是以推动政务信息系统整合分享打破"信息孤岛"和数据分割。

2016年3月17日，正式公布的"十三五"规划纲要提出，"以基础设施智能化、公共服务便利化、社会治理精细化为重点，充分运用现代信息技术和大数据，建设一批新型示范性智慧城市"。自此，新型智慧城市正式进入了人们的视野。

《2016年政府工作报告》要求深入推进新型城镇化，建设智慧城市。"十三五"规划纲要进一步将智慧城市列为"新型城镇化建设重大工程"。2016年4月，中央网络安全和信息化委员会召开的"网络安全与信息化工作座谈会"是一个具有里程碑意义的重要会议，勾勒了"网络强国"战略的宏伟蓝图，会议强调指出分级分类推进新型智慧城市建设，推行电子政务，建设新型智慧城市。

2018 年，国家市场监督管理总局、国家标准化管理委员会批准发布了《智慧城市顶层设计指南》国家标准。随后，《智慧城市 信息技术运营指南》《信息安全技术 智慧城市建设信息安全保障指南》等国家标准相继出台。

我国智慧城市建设经历了从参与主体严重缺失的独角戏阶段逐渐向导向纠偏、标准完备的转化。从"数字城市""无线城市"到"智能城市""智慧城市"，新一代信息技术正推动我国城市工业现代化和信息智能化逐步向更高层次进阶。

4．智慧城市融合期：新 IT 带动布局下沉

自 2020 年以来，人工智能、物联网、5G、云计算、边缘计算等新一代信息技术的发展与应用为智慧城市的融合发展培育了创新土壤，线上城市精细化治理成为新常态。我国进行智慧城市建设的城市数量快速增加，发展规模也在同步扩大。

据统计，我国开展的智慧城市、信息惠民、信息消费等相关试点城市超过 500 个，超过89%的地级及以上城市、47%的县级及以上城市提出建设智慧城市，初步形成了长三角、珠三角等智慧城市群（带）发展态势。2019 年新型智慧城市评价结果显示，超过 88%的参评城市已建立智慧城市统筹机制，进一步推动了新型智慧城市建设落地实施。图 8-2 所示为 2023 年智慧城市发展水平评估值 Top10 的城市情况。

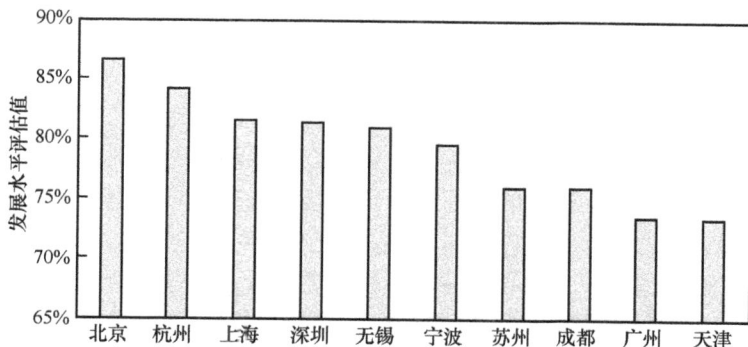

图 8-2　2023 年智慧城市发展水平评估值 Top10 的城市情况
数据来源：前瞻产业研究院

从线下服务到线上服务，从简单的电子政务逐步发展到智慧城市 1.0/2.0/3.0，智慧城市已逐渐覆盖了政务、民生、产业和城市运营等各种场景，智慧能源、无人驾驶、工业机器人等特色亮点和创新应用相继涌现。但部分农村地区由于地形复杂、交通不便，宽带网络和高速无线网络还未完全覆盖，导致智慧城市建设进程中存在不少"盲点"和"盲区"。

信息化技术在以数字经济为基础的智慧城市建设和水平提升中扮演着越来越重要的角色。开发政务 App、普及自助终端，让越来越多的事项可以通过小程序、App、自助终端等渠道自主完成，群众刷刷脸、动动手指，就可享受随手办、随时办、随地办的便捷体验。此外，基础设施智能化的快速推进也极大促进了城市的智慧化，比如智慧管网、智慧水务等基础设施的铺设推动了智慧灯杆、智慧井盖等应用，提升了市政设施的数字化水平，为加速建立城市部件物联网感知体系提供了基础。

各省市在发布实施智慧城市总体行动计划的同时，不断推进"智慧教育""智慧医疗""智慧交通"等具体领域实践，结合地理信息和人工智能等信息技术应用，将建筑、街道、管网、环境、交通、人口、经济等领域的运行情况通过数据进行实时反馈，进而涌现出了一批政务、教育、就业、社保、养老、医疗和文化的创新服务模式，提供便捷化、一体化、主动化的公共服务。新型智慧城市建设为新型基础设施、卫星导航、物联网、智能交通、智能电网、云计算、软件服务等行业提供了新的发展契机，正逐渐成为拉动经济增长和高质量发展的强劲动力。

8.2.2　我国智慧城市的实践案例

《数字中国建设整体布局规划》中明确提出了数字中国战略。加快数字中国建设，就是要适应我国发展新的历史方位，全面贯彻新发展理念，以信息化培育新动能，用新动能推动新发展，以新发展创造新辉煌。《中华人民共和国国民经济和社会发展第十四个五年规划和2035年远景目标纲要》提出"加快数字化发展，建设数字中国"，阐明了加快数字经济发展对把握数字时代机遇、建设数字中国的关键作用。数字中国战略的全面落地推动了传统城市建设向数字化城市建设的转型。自2020年以来，中共中央、国务院围绕"数据要素""数据流通""数字经济"等主题密集出台了一系列政策措施，全方位推进数字经济发展和数据赋能。

我国很多城市在积极探索数字城市建设的路径，重点围绕智慧政务、智慧交通、城市社区治理等开展具体实践和应用。

1. 北京：四梁八柱深地基，探索数字城市建设新路径

自2018年启动"北京大数据行动计划"以来，北京按照"四梁八柱深地基"的总体框架，建立了数据"汇-管-用-评"的闭环体系，为智慧城市建设打下了坚实的数字化基础。北京的智慧城市建设先后历经"数字北京""智慧北京1.0""智慧北京2.0"3个阶段。2021年3月，北京发布了"十四五"时期智慧城市行动纲要，围绕"建设全球新型智慧城市标杆城市"的总体目标，将智慧城市作为"政府变革新抓手""智慧生活新体验""万亿产业孵化器"及"科技创新策源地"，全面进入"智慧城市2.0"阶段。

北京城市数字化建设的主要思路是：在"四梁八柱深地基"框架的基础上，夯实新型基础设施建设，推动数据要素有序流动，充分发挥智慧城市建设对政府变革、民生服务、科技创新的劳动潜能，统筹推进"民、企、政"融合协调发展的智慧城市2.0建设。围绕"放管服"改革的主要矛盾，牵引政府流程再造、部门协同，创新体制机制，成为"政府变革新抓手"；聚焦高频难点民生问题，增强科技赋能，提升公共服务质量和民生保障能力，创造"智慧生活新体验"；通过全域场景开放、数据有序流动，吸引创新要素，落地创新成果，推广"灯塔"示范项目，助力建设"科技创新策源地"。

当前，北京正在全方位、立体化地推进智慧城市2.0阶段的建设，采取的关键举措包括：以四级规划管控建立内部统筹机制、以数据专区建设开放数据要素市场、以全域场景开放构建新型产业生态、以城市副中心建设打造特色示范标杆。

北京在大数据行动计划"四梁八柱深地基"的总体设计基础上，按照"统分结合、串并协同、能用尽用、能汇尽汇"的原则，进一步规划智慧城市共性基础平台的总体框架，形成

共性支撑、相互贯通的统一体系——"三七二一"的整体体系架构，同时优化产业结构，把绿色低碳发展理念纳入宏观经济治理发展大局。其中，"三京"指面向百姓的京通、面向政府部门的京办、面向领导决策的京智（城市大脑）；"七通"指"一码"（城市码）、"一图"（空间图）、"一库"（基础工具库）、"一算"（算力设施）、"一感"（感知体系）、"一网"（通信网络）及"一云"（政务云）；"两保障"指标准规范体系和安全保障体系；"一平"指大数据平台。

另外，北京城市副中心智慧城市建设正按照"骨架基础–器官系统–区域生命体"的设计思路积极推进。

骨架基础方面，进一步夯实"七通一平"的数字基础底座。器官系统方面，结合"三京"及一网通办、一网统管、城市规划建设运行管理、智慧教育、智慧交通、数字化社区、跨体系数字医疗等重大领域应用，打通市区两级应用。区域生命体方面，结合城市副中心的行政办公区、张家湾设计小镇、运河商务区、文化旅游区等"四区特色"，支撑慢行自动驾驶、智能场馆、智慧政务、数字设计、近零碳示范、金融科技、智慧建筑、智慧文旅、智慧平安社区、元宇宙等一系列场景应用，构建安全风险综合监测预警体系，最终服务于"优政–惠民–兴业–安全"的"四梁"目标；通过政策改革创新，强力吸引企业到城市副中心落户集聚。

具体落地方面，着重在四大区域打造样板城市。"十四五"时期，北京的主要规划是立足原有突出产业重点，聚焦城市副中心行政办公区、运河商务区、张家湾设计小镇、文化旅游区四大重点区域，借鉴"冬奥大脑"推进经验，赋能城市副中心"城市大脑"，并提升副中心政务协同办公工程，合力把城市副中心打造为智慧城市的"样板城市"。

一是智慧运河商务区。聚焦金融科技、绿色金融，以"金融、科技"为特色，开展数字金融科技产业培育孵化；同时在城市副中心围绕服务金融产业，打造一体化金融服务平台；加快推进数字人民币试点建设，探索设立数字人民币运营实体；支撑绿色金融发展，形成碳交易经济体系，探索碳币、碳码场景应用。二是智慧文化旅游区/环球度假区。聚焦元宇宙、数字文旅，以"文化、消费"为核心，打造首个元宇宙数字消费产业集群。依托环球影城的影响力，聚合内容制作、动漫游戏等产业生态集群；打通文旅产业数字链条，打造共建、共享、共创的文旅数字化协同供给体系。三是智慧张家湾设计小镇。聚焦数字设计、智慧城市生活实验室，以"创新、低碳"为优势，打造设计行业的数字设计创新示范样板；同时，利用人工智能设计平台与设计资源平台推动设计产业发展，将张家湾"智慧城市生活实验室"场景拓展为建筑级、园区级和街区级实验室，打造"近零碳排放智慧能源示范区"。四是智慧行政办公区。聚焦自动驾驶应用，以"政务、服务"为核心，开展自动驾驶、三大建筑、智能办公等智慧化应用试点。通过开展智能网联自动驾驶示范应用，有关部门会在城市副中心剧院、图书馆、博物馆打造智慧场馆，强化智能行政办公。

2. 上海：打造城市智能体，上海展现智慧城市新"魔力"

2010 年夏天，第 41 届世界博览会如期在上海举行，博览会的主题是"城市，让生活更美好"。作为超大型城市，上海人口多、密度大、人车流量大、城市功能密集，城市管理极为复杂，城市建设、发展、运行、治理各方面情形交织、错综复杂。围绕本次世界博览会的主题，上海一直在探索"城市如何让生活更美好？"这一主题的实践。当年，上海凝聚全市共识，正式提出"创建面向未来的智慧城市战略"，智慧城市建设序幕由此拉开，上海开启了为期 10 年的智慧城市建设。

2011 年，上海成立智慧城市建设领导小组，并发布上海推进智慧城市建设第一个三年行动计划；2014 年，上海发布第二个三年行动计划；2016 年发布《上海市推进智慧城市建设"十三五"规划》；2021 年发布《上海市全面推进城市数字化转型"十四五"规划》。上海一直保持智慧城市建设政策和实践的延续性，10 年来，历届政府班子接续探索建设智慧城市，经过 10 多年的努力，"全面推进城市数字化转型，打造具有世界影响力的国际数字之都"的愿景正在一步步从理想变成现实。十年磨一剑，2020 年 11 月，上海从全球 48 个国家的 350 座申报城市中脱颖而出，获得"世界智慧城市"大奖。

在智慧城市建设过程中，上海提出全面推进"经济、生活、治理"三大领域的城市数字化转型理念。在城市治理数字化转型过程中，上海积极打造超大城市数字化治理新范式，紧扣政务服务"一网通办"和城市运行"一网统管"，积极推进城市治理数字化的实践探索，形成智慧城市建设的"上海模式"。

上海市黄浦区南京大楼实时动态、数字孪生的新模式为城市治理数字化转型提供了范例。这是一种崭新的城市数字化治理模式探索，以一个区域为治理单元，接入多源多维数据。物理城市中的所有人、事件、建筑、道路、设施等都在数字世界形成了虚拟映像，信息可见、轨迹可寻、状态可查、虚实同步、情景交融；过去可追溯，未来可预期，虚拟服务现实，仿真支撑决策。通过城市智能体的建设，上海最终要实现"感知一栋楼，联接一条街，智能一个区，温暖一座城"的美好愿景。

2021 年 6 月 25 日，上港集团与华为联合发布了上港集团超远程智慧指挥控制中心项目成果，这是全球港口首次将 F5G 技术应用在港口超远程控制作业场景。通过该项目的实施，远程操作员可以在 100 多千米外对洋山岛上各种大型港机设备进行多点远程操控，极大提升了远程操作效率。上海港口的智慧化运行维护水平再次提升。

未来，根据发展规划，上海将以数据为核心，以"制度+技术+场景"为主要模式构建生活数字化与治理数字化、经济数字化的联动闭环，形成政府治理支撑、企业创新驱动、市民需求牵引、线上线下相融合的生活数字化转型生态机制。

3. 深圳：聚焦多维度，打造全球新型智慧城市标杆

深圳早在 2010 年便提出了"打造智慧深圳"的概念。此后，深圳在智慧城市建设过程中主要聚焦电子政务、智慧交通等方面的建设和探索。

在智慧城市建设的政策方面，深圳在 2020—2021 年制定了一系列智慧城市发展政策。例如，2021 年年初，深圳发布了《深圳市人民政府关于加快智慧城市和数字政府建设的若干意见》，意见指出：到 2025 年，打造具有深度学习能力的鹏城智能体，成为全球新型智慧城市标杆和"数字中国"城市典范。深圳市智慧城市建设的目标是：融合人工智能、5G、云计算、大数据等新一代信息技术，建设城市数字底座，打造城市智能中枢，推进业务一体化融合，实现全域感知、全网协同和全场景智慧，让城市能感知、会思考、可进化、有温度。

2022 年，深圳市政务服务和数据管理局联合深圳市发展和改革委员会发布了《深圳市数字政府和智慧城市"十四五"发展规划》（以下简称《规划》）。《规划》提出，到 2025 年，打造国际新型智慧城市标杆和"数字中国"城市典范，成为全球数字先锋城市；到 2035 年，数字化转型驱动生产方式、生活方式和治理方式变革成效更加显著，实现数字化到智能化的飞跃，全面支撑城市治理体系和治理能力现代化，成为更具竞争力、创新力、影响力的全球数字先锋城市。

（1）打造数字底座标杆城市

为率先建成数字底座标杆城市，《规划》提出构建起统筹集约、全面覆盖的通信网络基础设施体系，实现泛在高速网络连通。统筹布局以数据中心和边缘计算为主体、智能超算为特色的全市算力一张网，强化算法等科技能力支撑，实现算力的云边端统筹供给。构造城市混合云生态，实现云资源的一体化融通。全面应用 BIM/CIM 技术，建立建筑物、基础设施、地下空间等三维数字模型，建成全市域时空信息平台，建设物联感知平台，为数字政府和智慧城市建设提供有力的数字底座支撑。计划到 2025 年，城市大数据中心、政务云、政务网络全面提质扩容，构建时空信息平台，实现全域全要素叠加；每万人拥有 5G 基站数超 30 个，城市大数据中心折合标准机架超 2.6 万个，时空信息平台应用数量超 200 个，重要建筑、市政基础设施、水务工程项目 BIM 模型导入率达到 100%。

（2）率先建成数字政府引领城市

全方位打造主动、精准、整体式、智能化的政府管理和服务。《规划》提出要加快推动三个"一"，即政务服务"一网通办"全面深化、政府治理"一网统管"基本实现、政府运行"一网协同"基本形成。

在"一网通办"方面，进一步优化"i 深圳""深 i 企"等"i 系列"平台服务内容，完善一体化政务服务体系。在"一网统管"方面，以"深治慧"平台为龙头牵引，聚焦政府经济调节、市场监管、社会管理、公共服务、生态环境五大职能，针对城市运行管理中的重点难点问题，推动政府治理流程再造和模式优化，重塑数字化条件下的业务协同工作闭环。在"一网协同"方面，加强数字政府统一平台支撑能力建设，为全市各区各部门提供集约高效的平台支撑、数据支撑和业务支撑。

计划到 2025 年，政务服务"一网通办"全面深化——线上线下一体化政务服务体系更加完善，政务服务"一网通办"由"可用能用"向"好用爱用"不断深化；政府治理"一网统管"基本实现——建成城市级一体化决策指挥平台，推进跨层级、跨地域、跨系统、跨部门、跨业务协同治理；政府运行"一网协同"基本形成——各级党政机关数字化转型取得显著成效，各级、各部门协同管理更加顺畅高效。

（3）助推数字社会高品质建设

在建设数字社会方面，《规划》提出要聚焦教育、医疗、养老、抚幼、就业、文体、助残等重点领域，强化信息资源深度整合，推动线上线下服务更加高效协同，加快打造均等普惠的民生服务体系，让数字社会建设成果更好地惠及全体居民。

此外，为建设全民共享的数字社会，《规划》强调推进相关服务的适老化改造，为老年人使用智能化产品和应用提供便利，逐步消除"数字鸿沟"，让老年人更好地融入智慧社会。加强全民数字化技能教育和培训，提高智能技术运用能力和水平，提升全民数字素养。

深圳宝安区印发《宝安数字未来城建设总体规划（2021—2025 年）》和《宝安数字未来城建设导则（2021—2025 年）》。以规划为蓝图，未来，湾区核心将崛起一个"虚实共生、全真互联"的数字城区，城市运行全领域、全过程、全要素数字化，智慧智能全方位进规划、进设计、进建设、进运营，城市数字空间与物理空间的精准映射，人、产、城全面互联，政、企、民三端互通。一批全球领先的应用场景将分步落地，引领宝安打造全球城区治理现代化标杆，实现全面网络化、高度智慧化、服务一体化的多元治理新格局。

数字未来城是新型智慧城市的高阶形态。宝安数字未来城将智慧智能作为城市的基础和标配，以数字化转型整体驱动城市生产方式、生活方式和治理方式变革，构建数字空间和物理空间"同生共长、同频谐振"的城市智慧生命体。

宝安数字未来城规划范围从空间维度覆盖了宝安区数字孪生空间整体框架搭建和重点构件的建设，以及对应物理空间新基建、新城建、平台系统建设中的相关软硬件设备设施；从建设维度覆盖了宝安区数字化的未来城市基础设施、未来城市开放操作系统、数字经济体系、数字社会体系、数字政府体系、城市统一入口、数字创新微单元等平台系统建设，以及数字未来城高水平建设和高质量发展所需的管理支撑体系。

从当前城市数字化建设聚焦的重点来看，几乎所有的主要城市都将政务服务和政府管理的数字化作为城市数字化（智慧城市）建设的核心抓手，其体现的是城市的智慧化管理和智慧化服务，大多以一站式政务服务、便民数字化生活服务等为切入点。

随着 5G、云计算、大数据、人工智能、物联网、数字孪生等数字技术的快速发展，越来越多的城市希望通过数字新型基础设施建设，形成高效智能的数字化城市运维体系，而一些不可预料的突发事件和自然灾害，更让人们有了更高、更迫切的需求。城市建设朝着数字化方向发展，已经成为当今世界城市发展规划的趋势。这一过程中，形成了许多优秀的案例，杭州市建设的"城市大脑"就是其中之一。

（4）城市大脑：基于大数据的城市管理新模式

2016 年，杭州市政府和阿里巴巴集团合作，在杭州探索建设了"城市大脑"（如图 8-3 所示）。杭州"城市大脑"是为城市生活和城市管理打造的一个数字化界面，城市管理者通过它配置公共资源、作出科学决策、提高治理效能；居民通过它触摸城市脉搏、感受城市温度、享受城市服务。城市大脑包括警务、交通、文旅、健康等 11 个系统和 48 个应用场景，日均数据可达 8000 万条以上。

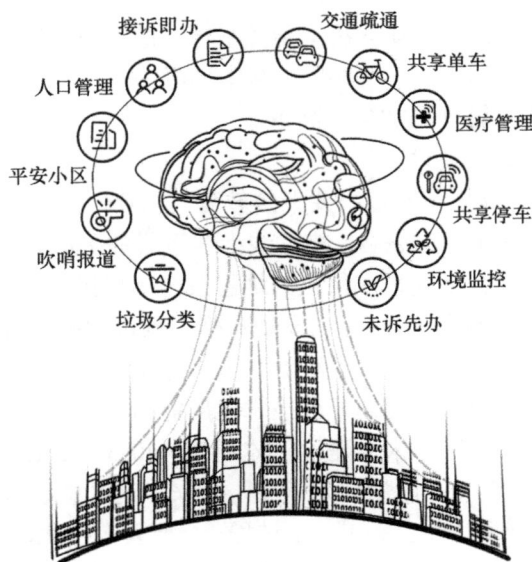

图 8-3　城市大脑

杭州"城市大脑"以推进经济、政治、文化、社会、生态等领域的智慧化管理和服务为核心。在卫生健康领域布局"舒心就医"数字化应用，其"最多付一次"服务把原来的医生诊间、自助机多次付费减少到一次就诊就付一次费。在城市管理领域布局"便捷泊车"数字化应用，"便捷泊车•先离场后付费"是停车系统首个便民服务，"先离场后付费"的车主，无须任何行为即可快速离开停车场，为车主节省离场时间。同时，车主一次绑定，全城通停，停车系统为市民提供了"全市一个停车场"的便民体验。在文化旅游领域布局"欢快旅游"数字化应用，通过多种数字化服务提升旅游服务便捷性。在道路交通领域布局"一键护航"数字化应用，使救护车在不闯红灯、不影响社会车辆的前提下，安全、快速、顺利地通过每一个路口，打通全自动绿色通道。

这些年，随着数字技术的发展和城市治理的数字化转型，"城市大脑"建设在国内外许多城市陆续启动。"城市大脑"是数字化城市的数据智能中枢，依托现有城市信息化应用系统和数字化资源基础，聚合数据资源，运用 5G、云计算、大数据、人工智能、物联网等技术，实现数据的融合分析以及基于数据的智慧决策和管理。凭借"城市大脑"的强大数据引擎，部分城市的数字化治理水平显著提高，尤其是在城市交通管理方面，通过分析城市的摄像头视频数据、交通设备监测数据和政府部门数据等各项交通数据，建立完备的数字化城市交通管理体系，在实时刻画城市交通全局态势的同时进行车道级别的有效管控，帮助交通管理部门制定合理的城市交通治理策略。在日常生活中，科学地管控出行高峰期的车流、红绿灯，制定节假日城域高速公路网交通流调控预案等，都可以有效缓解交通拥堵，提升通行效率，让城市交通变得更加智能化、灵活化。

2020 年，通过多年的实践积累，阿里云发布的"城市大脑 3.0"可以处理更多种类的数据，通过仿真推演和城市数字基医能力，在数字世界中完成对城市规划、运营、管理的探索分析，找到最优方案后在城市中实现，使城市发展和运营管理的决策变得更科学、更高效。

目前，"城市大脑"在公共交通管理、治安管理、政务便民服务等方面表现出色，毋庸置疑，它将与生活服务、社会生产和经济发展各个领域进一步全面融合，成为数字化城市建设发展的核心驱动力。

8.3 智慧城市的规划设计

相比传统城市，智慧城市利用新 IT 打破设备、组织间的"数据孤岛"，基于"端–边–云–网–智"的技术架构实现智慧出行、智慧安防、智慧社区等多领域的融合服务。因此，智慧城市的建设不仅包括云计算中心等新型基础设施建设，更应整合软硬件资源，考虑包含设计、实施、运营、维护在内的全生命周期管理，为公众提供更便捷、智慧的新服务。

我们提出以智慧城市 3.0 的理念开展智慧城市的规划和建设，其核心就是在中央"创新、协调、绿色、开放、共享"的新发展理念指导下，利用科技、人文内容、业务模式、建设模式的创新，进行智慧城市建设。

智慧城市的整体框架分为总体规划层、技术实施层和目标效用层三大层次，如图 8-4 所示。智慧城市将城市的发展定位、建设规划、实施保障、组织合作为总体规划，通过"端–边–云–网–智"的新 IT 技术架构，实现治理高效、服务便民、产业发展、生态和谐的目标效用，达成新一代信息技术与城市现代化深度融合并迭代演进的新模式、新理念。

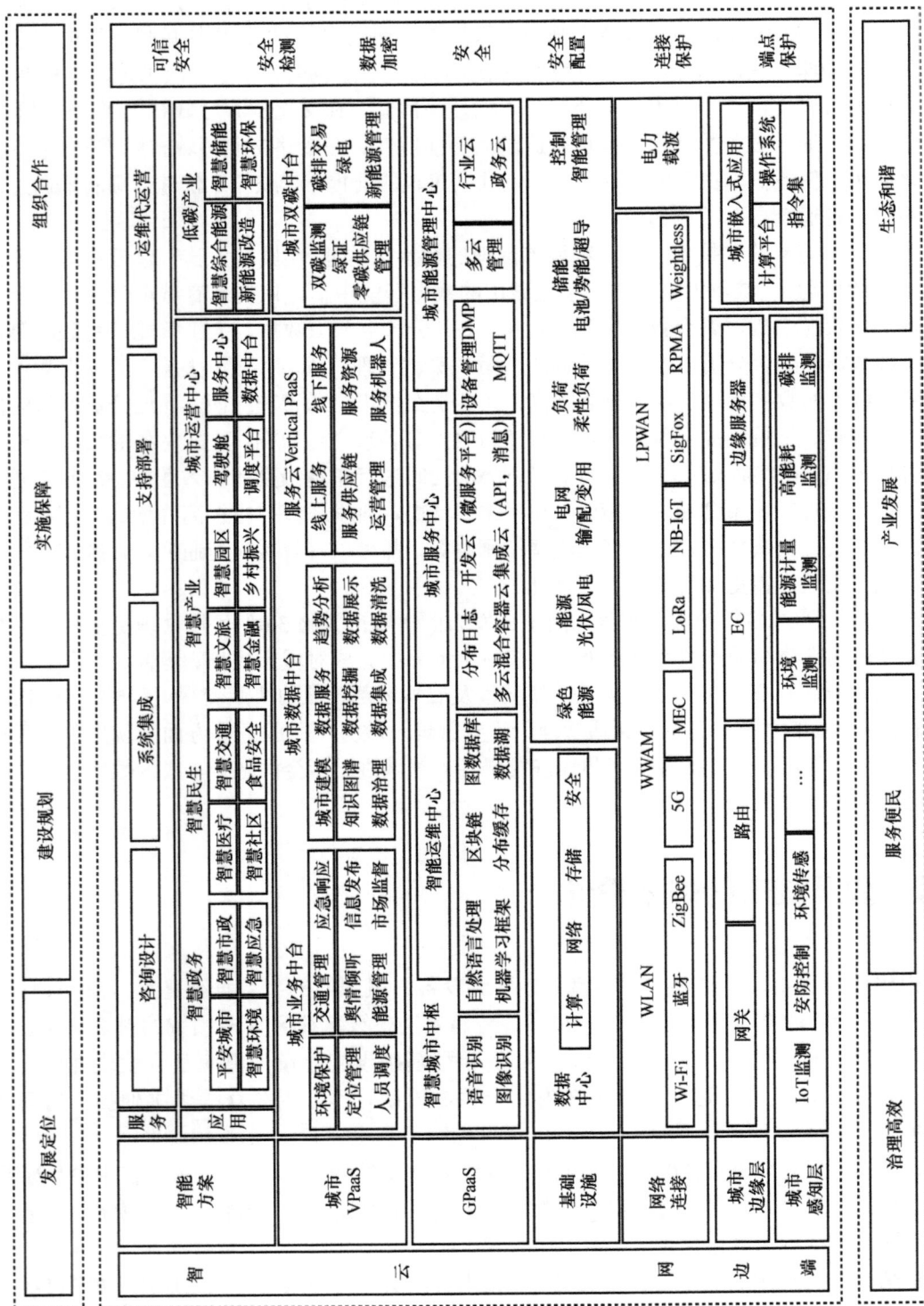

图 8-4　智慧城市整体框架

左侧纵向栏目：
总体规划：发展定位　建设规划　实施保障　组织合作
技术实施
目标效应：治理高效　服务便民　产业发展　生态和谐

智（云）：
- 智能方案：服务　应用
- 城市 VPaaS
- GPaaS
- 咨询设计：智慧政务（平安城市　智慧市政　智慧应急）　智慧环境（环境保护　定位管理　人员调度　交通管理　舆情倾听　能源调度　应急响应　信息发布　市场监督）
- 智慧民生：智慧医疗　智慧交通　食品安全　智慧文旅　智慧园区　乡村振兴　智慧社区　智慧金融
- 低碳产业：智慧综合能源　智慧储能　新能源改造　智慧环保
- 咨询设计　系统集成　支持部署　运维代运营

城市业务中台：城市建模　知识图谱　数据治理　数据服务　数据挖掘　数据展示　趋势分析　数据集成　数据清洗
服务云 Vertical PaaS：线上服务　线下服务　服务供应链　服务资源　运营管理　服务机器人
城市运营中心：驾驶舱　调度平台　服务中心　数据中台

智慧城市中枢
智能运维中心：语音识别　图像识别　自然语言处理　机器学习框架　应急响应
区块链　图数据库　分布式存储　数据湖　安全
城市服务中心：分布日志　开发云（微服务平台）　多云混合容器云集成云（API，消息）
城市双碳平台：双碳监测　碳排交易　绿证　零碳供应链管理　绿电　新能源管理
城市能源管理中心：行业云　政务云　设备管理 DMP　MQTT　控制　智能管理　储能　电池/势能调导

网（云）：
- 数据中心：计算　网络　存储　安全
- 绿色能源　光伏/风电　电网　输配/变用　能源　负荷　柔性负荷
- WLAN：Wi-Fi　蓝牙　ZigBee
- WWAM：5G　MEC
- LPWAN：NB-IoT　LoRa　SigFox　RPMA　Weightless
- 电力载波

网络连接：网关　路由　EC　边缘服务器

边（城市边缘层）：IoT 监测

端（城市感知层）：环境传感　安防控制　环境监测　能源计量　能耗监测　高能耗　碳排监测
城市嵌入式应用：计算平台　操作系统　指令集

右侧纵向安全栏：可信安全　安全　安全检测　数据加密　安全　安全配置　连接保护　端点保护

1. 总体规划层

总体规划层是城市集体智慧的集中体现，包括发展定位、建设规划、实施保障、组织合作四大部分。

发展定位是指城市根据自身条件、竞争环境、需求趋势及其动态变化，在全面分析城市发展的重大影响因素及其作用机理、复合效应的基础上，科学筛选城市定位的基本组成要素，合理确定城市在政治、产业、经济分工合作中的定位，以及未来发展的基调、特色和策略。

建设规划是对发展定位的具象化，是融合城市多主体意见后，对智慧城市建设预期的全面长远的发展计划与具体规定。智慧城市建设规划具有先进性、整体性、时效性、开放性等特征。

实施保障是推行建设规划过程中所必需的政策、资源、人才、产业等一系列与其相匹配的保障措施支持，是建设规划落地的关键。政府、企业、公众三大城市主体合作，目的是在实施保障外，借助政府、社区、企业、社会组织等的智慧、技术力量，通过外包、众包等合作方式高效连接城市关系，为城市构建要素联动、交叉立体的高效智能服务体系。

2. 技术实施层

在技术实施层，智慧城市需要的不仅仅是独立的硬件设备或者软件应用，还需要包括物联网设备、智能应用在内的"端-边-云-网-智"体系化技术架构。技术实施层是智慧城市的"智慧"基础，分为"端、边、云、网、智"5 层结构。

"端"即智能终端，负责采集、存储、传递数据，是智慧城市面向城市主体的智能化单元。随着物联网的普及与互联网的广泛应用，"端"产生的海量"数据"正与信息化时代产生的大量数据汇合，成为智能化时代的数据新油井。"端"既包括面向消费者的 AR/VR、智能门锁、智能显示器等各种新型智能终端，也包括集硬件、软件、服务于一体的商用物联网方案。

"边"即边缘计算。智能化时代，海量数据的爆发式计算需求与应用低时延、灵活部署要求使计算力下沉成为必然，边缘计算应运而生。在智慧城市中，边缘计算不仅能实现对不同厂商、不同规格、不同协议的智能设备端的就近统一管理，还能通过预制的模型算法赋能终端设备，实现端设备的智能化管理。"边"包括能提供丰富边缘计算资源的硬件设施、人工智能支持的边缘计算平台等。

"云"即云计算，是基于网络实现异质设备间数据运算与共享的设备服务。"云"打破了传统城市时间与空间的约束，通过资源按需分配、按量计费控制成本，提高城市敏捷性，是智慧城市建设必不可少的一环。基于云计算搭建智能运维中心、城市服务中心与城市能源管理中心，实现城市的智能服务、运营、管理。

"网"即以 5G 为代表的数据传输的网络，是推动端、边、云协同工作的黏合剂。"网"连接众多终端设备，基于"端边"传输特性，动态提供与之匹配的网络资源，催化更多计算在边缘进行，以达到"边"广连接、低时延的特性。此外，随着网络基础设施走向软件化、虚拟化，"云网融合"将促使网络按需被快速灵活搭建，为更高效实用的智慧城市应用场景拓展可能。

"智"即行业智能解决方案，基于"端、边、网、云"基础架构，借助海量数据、分布式算力与先进的算法模型，面向园区、交通、医疗、金融等城市典型生产、生活场景，搭建支持不同层级间分析互动的智能化方案。在数据智能驱动产业变革的智能化时代，利用咨询设计、系统集成、支持部署、运维代运营等技术服务，未来政务、民生、产业及城市运营等都将在"智能化解决方案"中产生颠覆性变化，智慧城市建设也将为智慧储能、新能源改造等低碳产业发展架桥铺路。

根据智慧城市的技术实施结构，智慧城市将呈现六大特征——精确感知、及时处理、云端处理、可靠传输、优质服务和安全稳定，即通过智能终端精确感知，通过智能边缘及时处理，通过网和云进行可靠传输和计算，形成以服务为优势、安全稳定可靠的智慧城市技术体系，最终构成新型智慧城市的六大特征。

3. 目标效用层

经由政府统筹、市场运作，智慧城市通过物联网、云计算等新一代信息技术融合数字世界与物理世界，改变城市内主体间的交流方式，对包括公共服务、城市安全、工商业活动等在内的各类需求做出快速、有效的响应，实现治理高效、服务便民、产业发展、生态和谐的目标效用。

（1）治理高效

在政府治理方面，通过电子政务手段构建"横向联动、纵向贯通"的智慧政府，为政府办公、服务、监管、决策降本增效；在企业管理方面，引导企业积极应用相关信息技术，建立智能、互联的生产、经营管理系统，提升企业经营管理效率；在社区治理方面，加强社区信息化建设，构建网格化管理、精细化服务、多主体联动的社区综合服务管理信息化平台。

（2）服务便民

智慧城市将通过物联网、互联网等新兴技术打破信息壁垒，为城市居民带来便利。一方面，政府、医院、社区等服务主体通过电子信息技术，建立不同部门、地区内部及之间的信息互认、互联互通，提高信息传递速度，为组织、民众提供快捷简便高效的服务；另一方面，智慧城市有利于建立政府和社会各主体之间互联互通的沟通机制，实现公共服务供给和需求的有效对接，以城市网络公共空间、政府问政平台等方式为公众参与政府决策、分享信息化和城市化发展成果搭建渠道，切实解决城市居民最关心、最直接相关的现实问题。

（3）产业发展

智慧城市是信息技术的创新融合应用，也将依托技术创新促进城市内新旧产业的发展。一方面，智慧城市内物联网、云计算等新兴技术的应用将带动创新产业、软件与信息服务业等新兴产业发展，加速重构以战略性新兴产业为主体的城市现代产业体系；另一方面，智慧城市也将通过数字技术建立政府、企业、公众等组织间的多维、新型协作关系，建立以企业为主体、以市场为导向的技术研发创新机制，加快传统企业转型和结构优化，通过技术创新、组织创新和服务创新等方式来提升相关产业和企业的核心竞争力。

（4）生态和谐

智慧城市的发展更要重视维护好人与自然之间的关系，构建绿色低碳的可持续发展体系，主要体现在 3 个方面：一是依托信息技术本身的"低碳排强度、高减排能力"特性，通过无纸化、共享经济等新型方式，推动生产、生活方式由"高能耗、高物耗、高污染、高排放"向"绿色、低碳、高效"转变；二是利用信息技术赋能传统行业，通过智能电网、智能建筑、智能物流等途径促进企业节能减排与产业转型；三是借助智慧城市的智慧终端，通过大数据对城市环境数据进行实时监测与分析，打好城市污染防治攻坚战。

8.4　智慧城市的未来展望

8.4.1　未来智慧城市的发展

智慧城市的核心特征在于"智慧"，是指城市能够充分利用云计算、大数据、人工智能、物联网、数字孪生等数字技术进行各类关键数据信息的感知、计算和交互，实现围绕城市治理、城市交通、城市安全、城市环保、城市服务、城市商业等的智慧化管理和服务，使城市更智慧、更宜居、更便捷，让城市更好地服务于城市居民。

智慧城市的建设离不开经济发展、技术进步和政府主导，未来城市建设的主要动力来源于政府支持、技术进步和商业驱动，是一个合力推动、持续改造的发展过程。

未来智慧城市将会更加注重人文关怀，提高城市居民的幸福感，提升城市宜居程度。例如新加坡提出要建成一个充满乐趣、令人兴奋的城市，公共绿地提供更多文化娱乐设施，进一步完善公共组屋建设；东京提出对"社会问题解决型"产业、养老产业采取扶持和培育政策，更加关注社会协调发展和社会全体成员的共同生活；巴塞罗那为了城市出行便捷化，规划了 $1km^2$ 范围内 103 个路口的高密度路网。未来，政府将会健全制度、完善政策，不断提高民生保障和公共服务供给水平，增强人民群众获得感，把让群众生活更舒适等理念融入城市建设的血脉里，让城市成为人民追求更加美好生活的有力依托。

未来智慧城市应该具有智慧的感知、智慧的调控和智慧的决策能力，具有空、天、地多平台协同能力，人、机、物多元感知和协同分析能力，智慧感知、理解、认知和决策能力，城市最终具有比较自主的自我学习、自我成长、自我调控、自我创新的综合演化能力。智慧城市应该是以数字化为支撑，以绿色、低碳、协调、智慧、安全、有序为目标的新型城市。智慧城市是一个数字化综合体，能够实时感知城市中的各类突发事件，并科学、合理、及时地做出响应；能够提供一站式、全网络化的政务服务，让公众更满意；能够进行全方位的动态监控，确保城市平稳安全运行；能够更有效地预防犯罪；能够优化交通，提高交通通行效率；能够实现资源的智能调度和优化配置，节省能源，低碳运行；能够支撑更加高效的生活环境和商业环境，使市民享有更高效、更便利的服务，拥有更健康、更便捷、更快乐的生活。

未来，智慧城市投资将会继续加码。智慧城市基础设施（如物联网、环境传感器、全光网络、5G 全覆盖、人脸识别与物体识别摄像头、智能抄表、车联网等）建设将是智慧城市的重点投向。同时，智慧城市投资将会从物理世界延伸到数字世界。智慧城市基础设施将不再只是道路、高架桥、水电等，而是承载了城市管理的信息基础设施，这些信息基础设施将与物理基础设施逐步实现物网融合。

伴随着科技设备的井喷，针对科技设备和数字空间的设计、运营、维护、培训、管理等全流程服务成为重点，如何用好智慧城市将会是下一阶段的重点任务。

未来，随着智慧城市的进一步发展，将出现更多垂直领域应用，从人与人的连接进化到万物互联。比如，医疗行业的健康平台可以在城市医院、疾控系统、社保中心、药店等系统中进行数据互通，从而及时分析判断城市中居民的健康状况，制定出城市的健康发展政策，并进行重大传染疾病应急指挥。比如,城市生态平台可以对城市环境传感器终端、卫星数据、气象数据、环境监测数据进行综合判断,并分析城市的生态质量,也可以通过复杂的科学管理手段,分析环境生态数据,预判雨季城市内涝点并及时做好灾害防范;城市信息平台可以实时分析城市内公共事件的群体反映情况,并及时采取应急措施。

8.4.2　智慧城市未来的可能场景

未来城市以城市居民为核心,围绕城市基础设施、城市管理、城市服务、城市安全、城市节能等多维度实现数字化、智能化的变革与再造。

数字化带来的改变不是对现有城市建设的改变,城市的本质和功能没有太多的改变,更多的是对现有城市建设、管理和服务的数字化再造与升级,其更多的是用数字化手段实现城市治理、城市服务、城市生活的智慧化、便捷化,其本质还是围绕城市中的人来实现运行和演进的。

1. 城市数字政务

未来城市的政务服务不再需要提供面对面的政务服务中心或服务场所。借助数字孪生技术,政府的政务服务形态会以数字政府或虚拟政府的形态呈现,政府将为城市居民或法人提供"去现场化"的政务服务。城市居民或法人办理各项业务时,不再需要到现场办理,通过数字孪生的数字化政务服务大厅,可以办理任何政务事项,即使是需要进行身份识别的事项也可以通过线上的虚拟政务服务大厅来完成。一切政务服务会变得更加快捷方便,一切政务服务都将是泛在化、实时化的。虚拟政府也许会成为直接面向公众服务的载体,政府政务服务的成本将大大降低,效率会大大提升。政务服务更多的是需要在线平台管理服务人员进行实时的在线服务和后台管理,他们的工作主要将在线上完成。

2. 城市智慧交通

未来城市中,交通将主要是由大数据、边缘计算等数字技术支撑的全智慧化交通通行体系,交通基础设施将部署大量的传感网络和边缘计算节点,构建智慧化的交通通行基础设施,以此为基础,构建服务于城市交通的"车联网"体系。智能汽车将通过"车联网"与城市道路交通数字化基础设施形成高效、安全的车路智能化协同体系,在车路协同体系的支撑下,城市出行将会变得算法化,城市交通将会以智能化算法为核心支撑,通过物联网、大数据与人工智能对城市的交通进行整体路线规划和调控引导,减缓交通拥堵,有效保障交通安全。交通管理将实现全域感知、实时感知、高效智慧化协同,交通运行将实现无缝化、智能化协同。

一方面,随着无人驾驶技术的更新迭代,无人驾驶将逐渐在地铁、火车、公交车、货运车、出租车以及私家车等领域普及应用,促使智慧交通工具产生划时代的升级迭代。人们的出行工具没有改变,但是交通工具的运行方式和形态将被重新定义和再造。智能化的无人驾驶汽车与 5G、车联网结合实现智慧调度,将使道路拥堵大大减少,并通过收集高效率、高密度的感知数据,确保行人的安全。未来城市将会出现分级街道,进行轨道交通、慢行交通等不同的街道分级设计,规划出无人驾驶专用车道。无人驾驶汽车(设施)甚至会成为空间的延伸,例如可移动的咖啡馆、办公室、医疗站、酒店等。

另一方面,基于数字化技术的车路协同体系将催动智慧网联汽车的发展,智慧网联汽车可以实现车车互联、人车互联、车路互联等智慧化场景。例如,车载智能系统可以自动与智能家居、车主个人设备互联；在行驶过程中，车载智能系统可自动地对驾驶员进行信号灯、车距、加油、检修的提醒；在到达目的地准备停车时，车载智能系统可自动推荐附近的最佳停车场并辅助驾驶员安全停车；在到达目的地时，车载智能系统可自动控制楼房住宅各种家用设备的开关。例如，一辆全自动驾驶的汽车行驶在高速公路上可以通过车路协同网络实时调整汽车的速度和方向，确保车辆行驶过程中的安全性，实现车车协同、车路协同。

未来城市在交通方面会充分利用地下空间。除了自动驾驶的地铁等地下客运体系，地下自动化货运体系也许也会兴起，物流车和快速车将会被安排在地下，例如 Boring 公司的地下无人驾驶隧道及公交系统、雄安新区的地下物流系统等都是这方面的初始尝试。

3．城市数字治理

未来城市将通过城市数字孪生汇聚 GIS 数据、影像数据、高程数据、OSGB、BIM、专题数据等多维时空数据，对接生态、交通、医疗卫生、应急管理等不同领域的系统，以城市事件综合管理、重大事件和特殊场景需求为驱动，将"自学习、自优化、自演进"功能融入城市治理中，减少影响城市安全发展的风险隐患。例如实现城市实时的智能监控、通过可视化大屏幕等设备发现问题，同时给城市管理层提供智能提醒，实现城市安全治理、环境治理的智慧化管控；通过获取城市运营数据，利用数据挖掘等技术实现有效的数据分析，为城市管理者提供综合的仪表视图和定制化支撑。

未来城市的基础设施将会更加智能，未来包括公路、地铁等交通设施，排水、供电、通信等城市市政工程在内的传统基础设施领域，都将叠加传感器及检测调度平台等数字化图层，进行自主感知、检测、反馈和预警等。城市街道两边布置的无人垃圾环卫车和智能垃圾桶将取代环卫工人。

未来，智慧城市将从城市数字化发展到数字化城市，整个城市在数字领域形成"数字巨系统"。城市经济发展的主要脉络依次为工业经济、数字经济、智能经济。其中，数字经济对工业经济能起到带动作用，并由此诞生工业数字化、工业互联网、数字孪生工厂等。当前我国致力于发展数字经济，数字经济包含数字化、互联网和物联网、数字孪生三大阶段。智能经济对数字经济也会起到推动作用，比如通过智能装备实现自我数字化，通过 AI 网络、AI 扫描形成数字孪生。虽然是巨系统，但只要抓住其主要矛盾做好长期演进，就能更好地做好智慧城市的顶层规划和实施。

4．城市数字能源

未来城市将会构建低碳节能、和谐生态的生活居住环境，居民充分利用可再生能源实现健康低碳的城市生活。例如，基于数字化技术，智慧楼宇的建设将成为支撑城市楼宇低碳节能运行的关键所在。在住宅楼和办公楼等建筑物的顶部甚至是窗户铺设太阳能光伏发电设备，利用数字化技术和平台提供能源调控，根据实际需求智慧化地为建筑物提供能源，多余的电能可以返回售电网，补贴在光照不足时向电网购电的费用。此外，可以基于环境感知，通过数字化技术智慧地调节城市楼宇的用水、用电，促进能源优化和节能减排；在道路上铺设光伏电池板来大面积吸收太阳能，存储的电能用于发热融化道路的积雪、新能源汽车的充电以及点亮道路的标识信号等；路灯通过传感设备感应路过的行人和车辆，自动调节灯光的亮度大小，并且通过太阳能进行供电；在城市供电方面，充分使用智能水表和能源检测调度平台。上述过程都将以数字化为支撑，实现数字化支撑下的能源协同和效率提升，通过"数字化"显著提升能源转化效率、能源传输效率、能源基础设施利用效率、能源与经济社会的结合效率，最终使能源系统更加高效、清洁、低碳。

5. 城市智慧社区

智慧社区将会是未来城市的一个重要应用场景。作为城市的小组成单元，社区具备了城市中的大部分功能，对城市的建设起着非常重要的作用。随着新一代数字技术的普及，智慧社区将逐渐成为新形势下面向未来城市建设创新的一种新模式，通过将社区的家居、物业、商务、医疗等进行信息整合，实现居民生活的信息化、智能化，为社区居民带来便利、安全、舒适、高效、幸福的生活体验。例如，将社区一卡通、门禁系统、电梯警报系统等使用身份证识别技术、人脸识别技术采集的数据与公安系统对接联系起来，保证社区居民的生命财产安全和城市治安；在社区内设置物业服务机器人、环境清洁机器人、AI 社区生活助手。未来智能化家居将会普及，实现对家居环境的自动检测（PM2.5、温度、湿度等），包括门厅、客厅的智能门锁、智能摄像头、扫地机器人、智能家电，厨房的烟雾报警器、自动洗碗机，阳台的风雨传感器、门窗磁，卧室的电动窗帘、起夜灯、紧急按钮等。

未来社区中将会兼备更多办公、购物、娱乐等一系列配套空间，社区的功能由单一转变为混合。例如燕京里是一个探索城市青年共享生活方式的社区，集工作、生活、文化、娱乐于一体，其中的联合办公空间为整个社区的工作者提供了见面和交流的机会，使其自由地发挥创造的天性；万科设计公社是一个"居住+办公+商业"的租赁型创业社区，其中的共享办公场所使各个不同产业与工种在一个大的共享空间里进行协同创新、高效运作、共享资源和分享价值观。

随着线上零售业、外卖餐饮、网约车等商业服务的先后崛起，未来远程医疗、在线教育、养老服务等线上公共服务也将迅速发展，线上空间将会不断向线下空间渗透，城市社区服务的供给方式将会发生颠覆性转变，社区生活圈不再局限于实体空间组织和设施配置，而转向线上线下融合的模式。

第9章

智慧教育

9.1 智慧教育的概念

2022年1月，国务院印发《"十四五"数字经济发展规划》，提出深入推进智慧教育；2022年全国教育工作会议提出实施国家教育数字化战略行动。教育数字化转型是智慧教育的实现过程，智慧教育是教育数字化转型的结果。信息社会背景下，我国教育信息化从1.0时代走到2.0时代，从"简单应用"走向"深度融合"，教育数字化转型开启新征程。从"十三五"规划纲要正式将"数字中国"上升为国家战略开始，数字技术逐渐全面应用于我国各领域的建设，教育领域的数字化改革也逐渐加速；《"十四五"数字经济发展规划》强调推进教育新型基础设施建设，推动"互联网+教育"持续健康发展。《"十四五"国家信息化规划》也提出实施全民数字素养与技能提升行动。

1. 智慧教育的概念

智慧教育是依托物联网、云计算、无线通信、人工智能等新一代数字技术打造的物联化、智能化、感知化、泛在化的新型教育形态和教育模式。智慧教育模式是整个智慧教育系统的核心组成。

作为适应新科技革命、契合数字时代的教育新形态，智慧教育是生产力发展和科技进步的必然，蕴含着未来对教育发展的目标导向。智慧教育以遵循教育规律为根本、以数字技术为手段，在教育数字化转型的基础上，推动教育理念、体系、模式、内容、治理的深层次变革和整体性重构，迈向数字教育的高级阶段。

2. 教育数字化转型的内涵

数字经济和数字社会的发展推动教育培养目标和内容的发展与变革。经过教育信息化1.0和2.0的建设，我国数字技术与教育经历了起步、应用、融合、创新4个阶段，目前正处于融合与创新并存的时期。

教育数字化转型是教育信息化的特殊阶段，目标是实现从起步、应用和融合数字技术，到树立数字化意识和思维、培养数字化能力和方法、构建智慧教育发展生态、形成数字治理体系和机制的转变。

教育数字化转型有 4 个重要目标：一是充分应用数字化技术，改变传统的工作思路和流程，树立数字化意识，实现数字思维引领的价值转型；二是培养教师、学生及教育管理者的数字化能力，这是数字化转型的基本能力；三是构建智慧教育发展新生态，涉及数字战略与体系规划、新型基础设施建设、技术支持的教学法变革、技术赋能的创新评价等；四是形成数字化治理体系和机制，即教育治理的体制机制、方式流程、手段工具进行全方位系统性重塑。

教育数字化转型的内涵包括 4 个基本方面：一是战略层面，根本任务是价值观优化、创新和重构，以形成组织和机构的数字化意识和数字化思维为目标；二是系统性变革，进行教育全要素、全流程、全业务和全领域的数字化转型，推动智慧教育生态的形成和发展；三是核心路径，即数字能力建设，既包括学生和教师的数字能力建设，也包括教育管理人员的数字能力建设；四是教育数字化转型的关键驱动要素，即数据以及易用、可用、好用的数字教学平台和工具的广泛采纳是数据采集基础，平台的互操作性是基本保证。

教育数字化转型的核心是促进全要素、全业务、全领域和全流程的数字化转型。全要素涉及教与学过程中的各个要素，包括培养目标、教育内容、教学模式、评价方式、教师能力、学习环境等；全业务涉及教育管理过程中的各个方面，包括发展规划、课程教材、教师发展、学生成长、科技支撑、教育装备、国际合作、教育督导、教育研究等；全领域涵盖基础、高等、职业、成人与继续教育以及社会培训等教育领域，同时兼顾城市和农村等地域均衡公平；全流程则是人才培养的全过程，包括招生与选拔、教学与课程、培养与管理、升学与毕业等。

9.2 我国教育信息化与智慧教育的发展

9.2.1 教育信息化 1.0 和 2.0

我国的教育信息化发展经历了教育信息化 1.0 和教育信息化 2.0 两个时期。一般把 2000 年到 2016 年称为教育信息化 1.0 时期，其发展包含建设驱动时期和应用驱动发展期两个阶段。

1. 教育信息化 1.0 时期

（1）建设驱动时期（2000—2010 年）

2000—2010 年，国家相继召开了全国中小学信息技术教育工作会议、农村工作会议等重要会议，颁布了《关于在中小学实施"校校通"工程的通知》《2003—2007 年教育振兴行动计划》《中小学教师教育技术能力标准（试行）》等相关文件，就普及信息技术教育，全面实施中小学"校校通"工程，促进信息技术与学科课程的整合，实施农村中小学现代远程教育工程，加快教育信息化基础设施、教育信息资源建设和人才培养，提升中小学教师信息技术能力等提出了新要求。

这一阶段，教育信息化建设受到充分重视，"校校通"工程、"农远工程"等项目推动了信息化建设的大潮，信息化事业得到了迅速发展，信息化基础设施逐渐建成，数字化教育资源得到丰富，中小学教师信息技术能力逐步提升，逐渐形成了中国特色的教育信息化理论，例如"双主体"教学理论、"学教并重"教学设计理论等，为今后教育信息化的发展提供了基础保障。

（2）应用驱动发展期（2010—2016 年）

2010—2016 年，我国相继召开了两次全国教育信息化工作电视电话会议，分别指出要"进行三通两平台建设""强化深度应用、融合创新，大力提升教育信息化在推进教育公平、提高教育质量中的效能"；相继颁布了《国家中长期教育改革和发展规划纲要（2010—2020 年）》《教育信息化十年发展规划（2011—2020 年）》《教育信息化"十三五"规划》等文件，提出信息技术对教育发展具有革命性影响、坚持一个理念两个方针、提升教师信息技术应用能力、充分发挥信息技术对教育的革命性影响作用，基本建成与国家教育现代化发展目标相适应的教育信息化等理念和要求。

自 2010 年以来，教育信息化在教育改革发展全局中的战略地位和作用基本确立，各项重点工作取得明显进展，教育信息化逐渐实现从建设转向深度融合。"信息技术与教育教学的深度融合"成为共识；"三通两平台"的建设取得巨大成就，全国 90% 的中小学连接了互联网，83% 的教室是多媒体教室，师生网络学习空间达 6300 多万个，基于网络进行教与学的环境逐渐建成；数字化教育资源得到极大丰富，如，"一师一优课，一课一名师"活动参与教师超过 1400 万人次，形成 1300 万堂优课资源；教师信息技术应用能力得到充分重视，近 1000 万名中小学教师得到培训。

2．教育信息化 2.0 时期（2017 年至今）

2017 年，党的十九大报告中明确提出"办好网络教育"。2018 年，《教育信息化 2.0 行动计划》提出到 2022 年基本实现"三全两高一大"的发展目标。2019 年颁布的《中国教育现代化 2035》第八项战略任务便是"加快信息化时代教育变革"。2018 年，《高等学校人工智能创新行动计划》为进一步提升高校人工智能领域科技创新、人才培养和服务国家需求的能力提供了指导。2019 年，《教育部关于实施全国中小学教师信息技术应用能力提升工程 2.0 的意见》提出基本实现"三提升一全面"的总体发展目标。2019 年，《教育部等十一部门关于促进在线教育健康发展的指导意见》为促进在线教育健康、规范、有序发展提供了指导。

这一阶段的信息化已经成为教育变革的内生变量，融合创新、智能引领是其主要特征。这时期要力争实现"三个转变"：从教育专用资源向教育大资源转变，从提升师生信息技术应用能力向提升其信息素养转变，从融合应用发展向创新发展转变。

（1）教育信息化 2.0 基本目标

实施教育信息化 2.0 行动计划，到 2022 年基本实现"三全两高一大"的发展目标，即教学应用覆盖全体教师、学习应用覆盖全体适龄学生、数字校园建设覆盖全体学校，信息化应用水平和师生信息素养普遍提高，建成"互联网+教育"大平台，推动从教育专用资源向教育大资源转变、从提升师生信息技术应用能力向全面提升其信息素养转变、从融合应用向创新发展转变，努力构建"互联网+"条件下的人才培养新模式、发展基于互联网的教育服务新模式、探索信息时代教育治理新模式。

（2）教育信息化 2.0 主要任务

继续深入推进"三通两平台"，实现 3 个方面普及应用。"宽带网络校校通"实现提速增智，所有学校全部接入互联网，带宽满足信息化教学需求，无线校园和智能设备应用逐步普及。"优质资源班班通"和"网络学习空间人人通"实现提质增效，在"课堂用、经常用、普遍用"的基础上，形成"校校用平台、班班用资源、人人用空间"的局面。教育资源公共服务平台和教育管理公共服务平台实现融合发展；信息化教与学应用覆盖全体教师和全体适龄学生，数字校园建设覆盖各级各类学校。

持续推动信息技术与教育深度融合，促进两个方面水平提高。促进教育信息化从融合应用向创新发展的高阶演进，信息技术和智能技术深度融入教育全过程，推动改进教学、优化管理、提升绩效。全面提升师生信息素养，推动从技术应用向能力素质拓展，使之具备良好的信息思维，适应信息社会发展的要求，应用信息技术解决教学、学习、生活中问题的能力成为必备的基本素质。加强教育信息化从研究到应用的系统部署、纵深推进，形成研究一代、示范一代、应用一代、普及一代的创新引领、压茬推进的可持续发展态势。

构建一体化的"互联网+教育"大平台。引入"平台+教育"服务模式，整合各级各类教育资源公共服务平台和支持系统，逐步实现资源平台、管理平台的互通、衔接与开放，建成国家数字教育资源公共服务体系。充分发挥市场在资源配置中的作用，融合众筹众创，实现数字资源、优秀师资、教育数据、信息红利的有效共享，助力教育服务供给模式升级和教育治理水平提升。

教育信息化从 1.0 时代到 2.0 时代，从学习国外经验到为世界提供中国教育信息化发展样板，从注重信息化环境建设、应用驱动到融合创新、智能引领，纵览中国教育信息化的发展历程，基础设施大幅改善，学校网络教学环境基本建成，数字化资源极大丰富，信息化教学与管理渐成常态，国家数字教育资源公共服务体系与教育管理公共服务平台正在发挥越来越大的效用。

9.2.2　智慧教育的发展阶段

联合国教科文组织将信息技术与教育融合发展的过程划分为起步、应用、融合、创新 4 个阶段，将混合式学习分为准备、应用、融合、转型 4 个阶段。我国智慧教育的发展历程也呈现出阶段性特征。立足我国智慧教育发展实际，结合联合国教科文组织的"四阶段论"、教育数字化转型成熟度等相关研究，智慧教育发展可分为 4 个阶段：资源共享阶段、数据驱动阶段、AI 融合阶段和生态重塑阶段。

1．资源共享阶段

资源共享阶段是智慧教育的基础期，核心是资源要素汇聚。该阶段的本质是打破优质教育资源应用的时空界限，将教育从学校等线下正式教育场所拓展到融通校内校外、融合线上线下的泛在学习空间，并向家庭和社区等社会性场景延伸，以规模化应用落地满足智慧教育需求。当前，世界各国智慧教育探索主要处于该阶段。以我国国家智慧教育公共服务平台等为代表，一批在线教育资源共享平台蓬勃发展，有效扩大了优质教育资源的覆盖面，引领智慧教育理念渐入人心。该阶段的主要特征是教育资源的数字化、普及化，实现数字教育资源共建共享、互联互通，提升教育基本公共服务均等化、普惠化水平。只有经过这一阶段，智慧教育的发展才能获得物质条件、完成必要准备，为后续发展奠定基础。

2．数据驱动阶段

数据驱动阶段是智慧教育的发展期，核心是数据要素驱动。该阶段的本质是完成教学范式的更迭，释放数据资源在教学资源配置和学习进阶设计等方面的效能，将集中同步的教学转变为集成全方位学习状态监测、多维度学习者画像和精准化教学决策的学习支持服务。该阶段的主要特征是实现大数据、云计算等数字技术在教育中的融合应用，建设应用教育大数据，形成学习者画像和教育知识图谱，逐步实现规模化因材施教。作为承上启下的枢纽，该阶段是智慧教育展现出代差优势的重要时期，并与全社会教育需求满足的程度和水平息息相关。

3．AI 融合阶段

AI 融合阶段是智慧教育的跃升期，核心是智能技术融汇。该阶段的本质是创生智能技术的规模化应用，以强化个性化学习和精准化教学的结合为基础，构建全链条、全过程的智慧教育生态，打造智慧教育新场景。该阶段的主要特征是通过大数据与人工智能的融合应用，催生教育新场景新模式，全息式课堂、混融式教学、体验式教学、跨学科学习、无边界学习、协作式学习、游戏化学习等新型教与学模式快速发展，教育教学场景不断创新。作为换挡提速环节，该阶段是智慧教育实现跨越式发展、取得实质性进展的关键时期，将为重塑教育形态提供重要支撑。

4．生态重塑阶段

生态重塑阶段是智慧教育的变革期，核心是人技协同创新。该阶段的本质是耦合智慧化生存的人与多模态感知、全链条分析、跨场域融通的智能技术谱系，重新塑造教育的内部循环和外部发展生态，形成数字时代的教育新形态。该阶段通过人类智慧与机器智能的优势互补、协同共生，教育理念、体系、模式、内容、治理等呈现出全新特征，逐步迈向数字教育的高级阶段。经过持续发展，智慧教育体系逐渐成熟，智能学习空间和数字资源中心高效运转，教学组织形式灵活弹性，师生数字素养与技能显著提升，社会中人才资源充分涌流，"有教无类、因材施教、终身学习、人人成才"的教育理念变成现实。

我国的智慧教育目前正处于一个多元发展阶段，这个阶段融合了资源共享、数据驱动、AI 融合和生态重塑等多个方面的特点。

资源共享阶段：我国已经实现了教育资源的广泛共享。通过建设国家智慧教育公共服务平台等举措，我国已经建成了世界最大的教育资源中心，实现了公共数字教育资源规模化应用的跨越式发展。这一阶段的成果使广大师生能够便捷地获取到丰富多样的教育资源，促进了教育公平和均衡发展。

数据驱动阶段：随着教育大数据的积累和分析能力的提升，我国智慧教育正逐步向数据驱动阶段迈进。通过收集和分析学生的学习数据，教师能够更精准地了解学生的学习状况和需求，从而提供个性化的教学指导。同时，数据驱动也为教育管理和决策提供了科学依据，推动了教育治理的现代化和科学化。

AI 融合阶段：人工智能技术在教育领域的应用日益广泛，我国智慧教育正处于 AI 融合的关键阶段。智能辅导、自动批改作业、智能测评等 AI 应用正在逐步普及，提高了教学效率和质量。同时，人机协同的教学模式也开始出现，教师与 AI 系统共同为学生提供更加高效、精准的教学服务。

生态重塑阶段：在生态重塑方面，我国智慧教育正在构建一个以学习者为中心的教育生态系统。这个系统包括学习资源、学习工具、学习社区等多个部分，旨在为学习者提供全方位、个性化的学习支持。同时，智慧教育也促进了教育与其他领域的跨界融合，如教育与科技、文化、经济等领域的深度融合，为教育的发展注入了新的活力。

综上所述，我国的智慧教育目前正处于一个多元发展阶段，既包含资源共享、数据驱动、

AI 融合等特点，也在积极构建以学习者为中心的教育生态系统。未来，随着技术的不断进步和应用场景的不断拓展，我国智慧教育的发展将更加深入和广泛。

9.3 教育数字化转型的实施路径

教育数字化转型的战略意义与数字中国、数字经济同脉，是教育主动适应新一轮科技革命趋势的表现。其从数字社会角度重新思考人才培养规格，优化和升级数字化学习环境，变革教学和评价模式，推动体制和机制创新，建立适应智能时代的包容、公平、绿色、高质量和可持续的智慧教育体系，完善时时能学、处处可学、人人皆学的终身持续学习体系。教育数字化转型还需重视地区差异和城乡差异，充分考虑数字鸿沟和数字使用鸿沟的问题，建立包容和公平的文化，考虑每一个学生的发展。

1. 加强新型基础设施建设

区域和学校要推动 5G、大数据、云计算、人工智能等新一代信息技术的应用，持续建设信息网络、平台系统、数字资源、智慧校园、创新应用、可信安全等新型基础设施；打造智慧教育公共服务平台，统筹学习、教学和管理过程中的大数据，建立教育大数据仓，促进教育数据的贯通共享，组建教育大脑，统筹推进数据融合融通，面向学生、教师和学校建立数据应用和分析模式。

2. 推进课堂教学过程数字化

教育改革的阵地在课堂，课堂教学是数字化转型的核心，但是当前多模态数据的分析与应用类技术和产品还不成熟，基于传统要素的教学数字化还存在瓶颈和障碍。要探索基于各种生态的课堂教学过程数字化方式，从教学内容、学习资源、教学过程等方面进行数据采集、分析和应用，实现教学过程的数字化；既可以借助传统纸质课本和练习本，也可以借助电子教材等数字设备，还可以应用智能化教学工具，让课堂教学过程的数据可用、好用，真正实现服务学生新型能力的培养。

3. 培养以数字能力为基础的新型能力

为了适应社会的数字化改革，更好地应对快速变化的世界，创新人才培养模式，以数字能力为核心的新型学生能力培养是关键。要加大人力资源投入，更新教师观念，提高数字化教学能力，落实面向未来的新型能力培养目标，创新技术增强的教学模式；要促进数字化领导力与治理能力的提升，增强数字化意识，培养数字化思维，促进教育治理的体制机制、组织架构、方式流程、手段工具进行全方位系统性重塑。

4. 数字技术赋能创新教育评价

学习的评价方式很大程度上影响了教与学的方式。要利用数字技术，对教育系统的评价方式进行改革，制定数据采集标准，促进数据的互操作性，推进学生综合素质数据全方位采集，制定综合素质评价体系和标准，推进学生新型能力建设；优化组合基于数据的评价方式，促进评价过程与学习过程的紧密结合，在学习过程中完成评价。

5. 形成可持续发展文化和多部门协同机制

教育数字化转型是全要素、全流程、全业务和全域的数字化过程，要建立可持续改进的文化，统筹规划建设与维护更新的关系，建立持续关注和投入的机制，同时推动组织和学校建立可持续改进的意识。数字化转型要建立多部门协同工作的机制，从政策上推进合作伙伴关系的建立，充分发挥利益相关者的积极性和主动性，协力参与数字化建设，共同推进高性能数字化教育系统的建设。

9.4　我国智慧教育探索实践

面对数字时代对教育发展提出的新要求、新挑战，在纵深推进国家教育数字化战略行动的引领下，各地纷纷出台智慧教育发展规划，在人才培养、教育服务、教育治理等领域开展教育变革与创新探索，形成了一系列生动鲜活、极具特色的实践案例。这些探索紧紧围绕创新素养培育，区域整体性推进智慧教育发展，构建数字基座，以数据驱动赋能引领教育教学创新，营造智慧教育可持续发展的良好生态，为教育的高质量发展提供了有力支撑。

9.4.1　以创新素养培育为目标导向

教育的根本目标是培养符合时代发展需要的人。智慧教育指向数字时代的人才培养，其核心是创新素养培育。"创新素养"涵盖了创新人格、创新思维、创新实践能力等数字时代公民的必备素养。创新素养培育旨在培养学习者面向未来的核心素养与关键能力，包括高阶思维能力、综合创新能力、终身学习能力等。高阶思维能力关注较高认知水平上发生的心智活动，涉及分析、综合、评价等思维或认知能力；综合创新能力聚焦个人在创造力和批判性思维、问题应对和风险管理、技术应用等方面的综合能力；终身学习能力强调个体全生命周期持续开展学习活动所需的知识、技能和态度。创新素养培育深刻诠释了智慧教育的核心目标和落脚点，围绕学生创新素养培育，以数字技术推动教育由大规模标准化向大规模因材施教转变。中国教育数字化转型锚定创新素养培育的目标，从理念重塑、体系重构、内容重建方面共同推动智慧教育发展。

（1）倡导面向未来、终身学习的教育理念

在数字技术激增、社会经济攀升、人均寿命延长的今天，教育的普及化、个性化、终身化成为趋势。我国将"推进教育数字化，建设全民终身学习的学习型社会、学习型大国"上升为国家战略，引导各地逐步树立面向未来、终身学习的教育理念，紧跟时代变革步伐，适应未来发展需要。近年来，海南、湖南、山东、甘肃等省份相继出台"十四五"教育事业发展规划，立足面向人人、适合人人、贯穿终身的教育观，对未来教育改革发展做出系统布局。同时，许多地方、学校还竞相开展了各式各样的终身学习宣传推广活动。清华大学持续推出"清华终身学习云课堂"，为全民终身学习提供前沿优质的数字学习资源；贵州省铜仁市通过多种形式的"数字课堂"系列讲座将终身学习理念植入社区生活。

（2）构建创新驱动、全面发展的育人体系

教育数字化转型通过培育学习者的创新素养和综合能力，造就适应数字时代的新型人才，持续推动人的全面发展。我国针对不同学段、教育要素做出了系统性的人才规划布局，如在基础教育阶段持续推进"中学生科技创新后备人才培养计划""校内科学教育提质计划"等，在职业教育和成人教育阶段出台《关于加强新时代高技能人才队伍建设的意见》等，在高等教育阶段推出"基础学科拔尖学生培养计划""强基计划"等，持续提升学生的创新素养和综合能力；此外，面向教师群体发布《教师数字素养》行业标准，实施"国家优秀中小学教师培养计划""中小学教师科学素养提升行动计划"等，促进教师素养提升和专业发展。各地亦广泛探索以创新素养培育为核心的育人体系建设，如广东省深圳市、山东省青岛市等陆续发布智慧教育人才培养方案，布局育人队伍建设行动，孵化和培育一批以教育行政人员、校长、教师为代表的智慧教育领航人才，构建全方位、立体式育人体系。

（3）塑造素养导向、能力为重的教育内容

我国提出人文底蕴、科学精神、学会学习、健康生活、责任担当、实践创新的学生发展核心素养框架，并围绕其建设一体化全贯通的课程体系，强化跨学科整合，促进学科交叉，构建数字化知识图谱，持续推进教育内容的重塑。2022 年国家义务教育课程方案注重强调素养导向，优化课程结构，开展基于核心概念的课程学习，重塑课程内容，并根据学生表现进行进阶设计，落实核心素养的培养；明确提出深化教学改革，强化学科实践，注重"做中学""用中学""创中学"，推进综合学习，探索大单元教学，积极开展主题化、项目式学习等综合性教学活动，创设以学习者为中心的学习环境，关注对学生思维能力、创新能力的培养。《普通高等教育学科专业设置调整优化改革方案》提出新设一批适应新技术、新产业、新业态、新模式的学科专业，并将交叉学科建设作为优化学科专业国家宏观调控机制的重点，更好适应国家和区域经济社会的发展需要。各地也在创新素养培育方面深入开展了实践探索。山东省出台《关于加强新时代学生创新素养培育体系建设的意见》，从课程、教学、实践的内容建设出发，鼓励各级各类学校设计、开发丰富多彩的创新素养培育校本课程，积极倡导问题式、情景式、探究式、主题式、跨学科等教学方式，将学生创新素养培育与各类实践活动有机融合，使创新成为学生自主发展的内在动力。江苏省苏州工业园区利用人工智能、大数据、增强现实等技术，构建学科知识图谱和核心素养图谱，建设课程超市，推广项目式、主题式、混合式、协作式学习，倡导多种有效学习方式的协同实施，全面落实创新素养培育。

9.4.2　以区域整体推进为总体思路

当前，我国教育数字化转型注重以区域为单位整体推进，建立统一标准与统筹协调制度，深化重点领域和关键环节改革，推动智慧教育有效落地。

（1）优化顶层设计

顶层设计是实施教育数字化转型这项宏大社会工程的前提和保障。各地通过优化和创新顶层设计，将从战略高度统一认识和系统布局作为发展智慧教育的关键支撑，系统制定发展规划，针对不同区域、学校、学段等推出一揽子政策举措。上海市发布《上海市教育数字化转型实施方案（2021—2023）》，将数字化转型作为推进教育现代化建设与高质量发展的重要引擎，从教育场景、数字基座、资源建设、教育治理服务等方面进行整体规划和布局，全面描绘教育数字化发展图景，为推进教育数字化提供行动指南和具体参照。浙江省印发《浙江省教育领域数字化改革工作方案》，要求以全域性数字化改革为总牵引，撬动教育领域各方面改革，强调改革需综合运用数字化技术、数字化思维、数字化认知，依托教育数字化标准规范、教育行业云网端一体化系统、教育大数据仓系统等重大项目，建设"教育魔方"工程，全力推进智慧教育可持续发展。

（2）协同一体推进

教育数字化转型的实现有赖于政府宏观规划和各级各类组织通力协作。在顶层设计的基础上，各地不断强化协同，上下贯通、横纵协调、汇聚合力，一体化推进教育数字化转型。宁夏回族自治区基于"一体化、全贯通"的顶层设计和"一把手工程、一盘棋规划、一竿子到底"的推进思路，成立省级工作专班，总体统筹教育数字化转型工作，构建部省市县校五级联动、政校研社企多方协同、幼基职高成一体推进的联动机制，汇聚攻坚合力，一体化推进全区教育数字化转型工作。安徽省蚌埠市多年来形成"市级统筹、市县一体、多方协同、融合创新"的推进机制和规划设计、培训服务、运维保障、成效评估"四统一"的工作原则；政府在各区县大力投建智慧学校，通过"总集成、总服务"的形式引导企业由"交钥匙工程"向"派驻服务工程"转变，多方协同推动城乡数字设施建设与常态化应用。

（3）保障公平与质量

各地在推进教育数字化过程中，注重通过数字技术的有效利用，不断扩大优质教育资源覆盖面，努力让每个学习者享受公平而有质量的教育。青海省通过完善全省教育数字化基础环境、搭建青海智慧平台门户、引进省外优质数字教育资源、探索数字化教学新模式等，实现全省中小学、教学点数字教育资源全覆盖，推动教与学的全过程数字化转型，促进义务教育优质均衡发展和城乡一体化，塑造优质发展"新动能"。广西壮族自治区利用数字技术"多管齐下"推进教育优质均衡：创建"高校专家团队–城市名师团队–乡村教师团队"共生长的主体联动机制、"高校–基地学校–实验学校"三级协同支持机制，强化多主体协同效能；形成"双线教学+双师团队"模式，助推乡村教育资源建设；组织双师教学竞赛活动，并向国际推介，提升教师数字素养和专业能力，促进乡村学校参与国际交流。

9.4.3　以数字基座联结为重要依托

作为数字时代教育新型基础设施的核心组成部分，数字基座是实现教育数字化转型和智慧化升级的关键。

（1）完善互联互通、智慧开放的国家公共数字基座

打造公共数字基座对于国家整体推进教育数字化转型至关重要，为推进教育公平和高质量发展提供基本保障，引领各地数字基座和智慧教育软环境的建设。近年来，我国从国家层面不断完善教育数字化基础设施建设，全力打造互联互通、智慧开放的数字基座，不断扩大优质教育资源的有效供给和普惠共享。教育部等六部门协同推进教育新基建建设，积极布局教育专网建设，推动 5G、IPv6 等网络技术落地应用。目前，各级各类学校互联网接入率达到 100%，超过 75% 的学校实现了无线网络覆盖，99.5% 的学校拥有多媒体教室；集成上线国家智慧教育公共服务平台，为全国各区域、学段、学科的教育教学提供资源服务和技术支持，实现面向广大师生和社会学习者的一站式服务，建成世界第一大教育教学资源库。在此基础上，许多地方相继推出区域智慧教育平台，对接国家平台，并根据本地区实际情况扩展开发个性化功能，实现资源共享、数据互通和功能对接。

（2）因地制宜整合拓展数字基座功能和服务

国家推进教育新基建的一系列举措为数字基座的构建提供了基本框架和标准，各地根据已有基础和发展需求积极探索创新，实现数字基座联接，助力系统功能拓展和服务升级。各地以

打造统一数字基座为关键抓手，提供"技术、数据、开放、应用"合而为一的互联网教育数字化整合服务，赋能常态化教育教学应用。上海市发布《学校数字基座需求说明与建设标准》，以教育新基建为基础，以数据为核心，以基座为关键，以生态为目标，积极打造学校数字基座，形成一数一源的数据中心、用户统一认证的组织中心、设备共享调用的物联中心、方便广泛复用的应用中心及人员设备信息互动的消息中心，实现"政府定标准、搭平台，企业做产品、保运维，学校买服务、建资源的数字建设及运营模式转型"。内蒙古自治区打造的"内蒙古教育云"完成了"教育软基建"并持续迭代，现已上线包括蒙文资源在内的各类教育教学资源，实现了全区信息平台汇聚整合、教育数据融合共享以及学校师生应用全覆盖，成为少数民族聚居区智慧教育平台建设的标杆。湖南省从数字校园、数字资源、数字治理等方面构建起系统完备的教育新基座：推动校园环境数字转型、智能升级和资源供给侧结构性改革，依托"湘教云"，实现从"专用资源服务"向"大资源服务"的转变；全面整合教育政务服务平台，基于"湘教云"建成集教育基础数据库、教育管理总线、教育服务模块于一体的"湘教通"数字治理新基座。浙江省温州市通过教育"数字大脑"建设，打造覆盖全域的"1+3+X"智能体系，即一个教育数据中枢，治理、资源和学校服务三大数字服务中心，多个应用场景，建成"好学温州"应用平台和"温州教育智治一张图"，形成"治理端""应用端""惠民端"三大数字应用终端，实现数字化综合集成的智能服务，赋能全域教育教学，提升区域教育治理能力。

9.4.4 以数据赋能引领为核心关键

数据在教育领域发挥着尤为关键的作用，贯穿智慧教育发展全过程。必须充分发挥数据要素作用，注重收集、分析和应用教育过程中产生的数据，以数据驱动赋能引领教学、评价、教研和治理变革。

（1）数据赋能教与学变革

我国倡导将数据赋能教育的重点从"统一化的教"转向"个性化的学"。以学习者为中心，创新教学范式和课堂形态，应用数字技术推进项目式、主题式、体验式、混合式教学，探索灵活弹性的教学组织方式；探索智能导师、虚拟学伴、数字助理等创新应用，推进大规模因材施教。基于教与学过程中数据的收集、分析，教师能充分了解学生的学习需求和进度，根据学生的学习风格、能力水平和兴趣特点，调整教学内容和方法，实现个性化教学。江西省打造"智慧作业"平台，通过分层作业设计系统辅助教师进行个性化作业设计，快速了解班级学生的知识掌握程度，精准分析学生的薄弱知识点，及时调整教学内容、重构教学流程，赋能个性化教学。安徽省蚌埠市开展智慧课堂、精准作业等实践应用，形成"1+M+N"的数据驱动规模化因材施教教学体系；建成"因材施教大数据服务中心"，全程采集、记录、分析教学与学习数据，智能推送资源，指导教师"精准教""高效研"，帮助学生"个性学"。天津市建设职业教育全息课堂，以模拟仿真的方式供学生体验与探索无法在课堂上开展的职业实践活动，通过采集、分析学生的模拟操作数据，进行个性化指导，创新教育教学模式。北京市东城区推进体育与健康智能化教学，根据运动负荷实时监测数据为学生开具锻炼处方，引导学生开展针对性训练。

（2）数据赋能全过程全要素评价

技术赋能和数据驱动的方式为教育教学诊断与评价提供了平台、工具和手段，让覆盖学习者各阶段学习的全过程纵向评价、包含德智体美劳全要素的横向评价成为可能。伴随式数据采集，实现了教育教学全域评价数据的采集和汇聚，在此基础上可开展多模态数据诊断分析，建立长周期、跨场域、多维度的数字画像，实现全面立体的实时反馈与调控。数字技术与评价融合将推进评价模型科学化、主体参与多元化、数据获取立体化、诊断分析最优化、评价反馈精准化，最大限度发挥评价的引领作用，促进实现个性化和精准化教学，助力加快建设高质量教育体系。江苏省苏州市将人工智能、大数据等新技术融入日常教育教学，构建"1+N"数字化教育质量评估监测体系，实现从数据采集、分析到结果报告的智能化，构建教育质量监测全环节的智能技术支持系统，不断改进结果评价，强化过程评价，探索增值评价，健全综合评价，促进区域教育生态优化。广东省广州市构建中小学教育质量综合评价平台，实现数据采集科学化、数据筛选自动化、数据分析智能化、测评报告交互化，支持大规模在线测试，自动生成区域教育发展评价年度报告，成为监测全市学校教育质量的重要参考。湖南省长沙市依托"人人通"联通综合素质评价、劳动和社会实践、体质健康及在线学习等28个系统，伴随式采集学生成长的过程性数据以及学生、教师、家长、社会等多主体评价大数据，智能生成学生数字画像，实现评价的全流程数字化，推进综合素质评价工作的智能化、常态化实施。

（3）数据赋能研修创新

数字技术的不断成熟及教育大数据获取的便利，推动教学研究向数据密集型的科学方向发展，教学研究的科学性、普适性和客观性得以提升。同时，基于数字足迹构建的教师画像为教师学习评价与队伍治理提供了客观依据，有效赋能教师专业成长。广东省建立多模型联合的课堂教学数字化评价系统，借助课堂教学数字化评价报告，在学科专家、教研员的指导下开展教师自我反思和同伴教研等多形式数字化教研活动，实现多层次、多维度、跨时空的高质量常态化深度教研，带动区域学科教师专业素养整体提升。北京市房山区智能教育公共服务平台汇聚了全区学生的过程性学习数据，为教研员指导教师的教学行为改进提供全面客观的教育数据，推动实现资源的精准匹配，不断提升教学与教研的专业性和效率；聚焦共性问题，开展数据驱动的教学研究，培养教师的科研能力。

（4）数据赋能治理转型升级

管理流程数字化可实现数据的收集共享与整合汇聚，促进流程的再造和优化，实现业务协同、教育服务一站办理，提高办事效率。各地通过深化数据的开发应用和整合共享，推选教育的科学决策、协同治理和主动服务，以数据赋能教育治理体系和治理能力现代化。广东省广州市创新数据驱动机制，建立智慧教育指挥系统，开展教育大数据主题应用，打造教育数据资源池，动态汇聚教育系统各类数据，构建"覆盖全市、统一标准、上下联动、资源共享"的数据治理体系。四川省成都市武侯区建立数据枢纽、应用中台、资源平台三合一的数据中心，实现应用"大集成"和数据"大一统"。应用大数据技术，对区域人口和教育数据进行监测管理与研究，实现学位预测和教育投入的精准化；利用教育数据中心，融通相关应用平台数据，赋能发展监测、远程督学、教学分析等多个场景应用，为重点对象、关键环节提供可视化、可预警、可调配的治理保障。

9.4.5 以良好生态建设为发展保障

推进教育数字化转型、发展智慧教育是一项复杂的系统工程，必须充分调动社会各方力量，通过生态培育形成持续发展的基础，为教育改革发展提供源源不断的动力。

（1）建立持续稳定的教育服务供给新机制

系统推进教育生态升级发展，需要以开放的原则鼓励供给模式的创新，不断丰富数字教育资源和服务供给。近年来，各地加大向社会力量购买教育数字化服务的力度，鼓励和吸引更多有资质的企业或机构参与教育数字化建设与服务，共同促进供给侧改革。上海市通过招标引入竞争机制，鼓励大企业开发数字基座产品，各级政府通过择优购买服务的方式推动数字化建设。同时，政府鼓励中小企业基于标准化数字基座开发轻应用，并促使各类学校充分参与，共同推进新技术与教育的融合。河北省将在线教育资源与服务纳入地方政府购买服务指导性目录，鼓励社会力量参与教育数字化建设，激发市场投资主体活力，引导社会资本支持智慧教育发展。

（2）健全政产学研社多元主体协同创新机制

在数智赋能和融合创新理念的指导下，各地致力于不断健全政产学研社多元主体协同创新机制。产教融合和科教融汇成为推动各个系统有机融合、协同发展的关键策略。通过引入多元主体参与，整合多方力量构建智慧教育共建网络，全方位多维度推动教育数字化转型，实现产业、教育、科技和人才系统之间的协同发展。浙江省成立"之江汇"在线教育研究中心、教育大数据研究中心等多个研究中心，共同支持建设"政产学研用一体化"的数字教育协同创新平台。该平台整合理论、技术和实践，为政策制定提供智力支持，并助力推进行业内部和省内的数字教育试点项目，旨在将浙江省打造为数字教育协同创新的标杆。采用"平台+试点"的模式，打破机构间的壁垒，促进全方位合作，同时激发各主体参与数字教育建设的主动性和创造力，形成协同创新的良好社会氛围。

（3）打造泛在学习空间，服务终身学习

各地通过汇聚数字图书馆、数字博物馆、数字科技馆等社会资源，共享社会各方开发的个性化资源，提供教育大资源服务，满足学习者多元化和个性化的学习需求。合力打造泛在可及的数字化学习空间或平台，支持全民终身学习，营造智慧教育生态。海南省基于5G技术拓展校园边界，推动"同步/专递课堂"学习场景向校外延伸，组织科学、文化、艺术等各领域专家开设线上直播课，将数字图书馆、博物馆、科技馆等资源引入学校课堂，不断丰富教学资源。上海市静安区完成"学习网"升级扩容，学习资源倍增；"网校分校"覆盖辖区全部268个居委；推出"E读静安"小程序，辅以"乐学静安"微信公众号，初步形成线上线下融合的终身学习立体网格与多维架构，基本实现全民终身学习泛在可及。

9.5 教育数字化转型的挑战与发展趋势

9.5.1 教育数字化转型的挑战

从国际经验看，数字化转型是在数字化转换、数字化升级的基础上，在战略层面进行系统规划，全面推进数字化意识、数字化思维和数字化能力的过程。

在国家教育信息化政策的推动下，在教育系统和社会各界的共同努力下，我国教育数字化转换工作在基础设施、数字资源、信息平台、应用探索等方面取得了突破性进展，如全国中小学互联网接入率已达 100%；"三通两平台""三全两高一大"等行动持续推进；数字资源供给质量显著提升等。数字化升级工作正稳步推进，从泛在互联、数据资源、平台云化等方面为教育赋能，如网络安全支撑体系持续优化；管理信息化工作机制基本建立；解决难点问题能力大大增强等。数字化转型正逐渐成为教育数字化改革的重心，从环境智联、数字孪生、形态重塑等方面，推动全领域、全要素、全流程、全业务的数字化意识和数字化思维深化。

虽然我国教育信息化取得了阶段性的成就，但当前数字技术与教育的融合仍存在诸多挑战。数字化学习环境之间缺乏沟通，学生的学习过程并非数据全覆盖；学习设备系统不兼容、网络卡顿等问题，导致学生无法顺畅地进行数字化学习；教学工作者缺少相应知识和技能以保障数字化教学等。特别是，在信息社会背景下，人才培养已成为各行各业数字化转型的关键推动力，教育需要培养出能够主动适应未来数字化社会发展的人才。

面对社会全要素、全流程和全领域的数字化，教育数字化转型迫在眉睫。教育数字化转型将助力推动实现整个社会的数字化转型发展，提升国家的竞争优势，加快建设"数字中国"。

9.5.2　我国智慧教育发展趋势

伴随着教育智慧化及教育信息化 2.0 时代的到来，2019 年中共中央、国务院印发了《中国教育现代化 2035》，对我国未来智慧教育的发展方向进行了规划，我国智慧教育未来发展趋势包括以下几方面。

第一，提升校园智能化水平。智能校园的建设需要完善的学校网络基础设施与多媒体终端相协调，并建立网络资费政策、数字教育资源等长效网络运维机制。而在实现智慧教育基础设施建设和网络机制运行的基础上，需强调全面运用大数据、物联网、云计算、混合智能等技术，构建"教管服"一体化平台，通过伴随性数据采集和信息自动分析，实现环境数据向数据环境转化。

第二，探索新型教学形式。《中国教育现代化 2035》不仅强调信息技术与教育的深度融合，更注重智能空间环境下教育的个性化、协调性和多样化。推动基于大数据的学生个性化分析，制定符合学生发展需求的个性化培训方案，以智能协作和虚拟教学等形式，将大规模教育与个性化教育有机结合，开发贯穿教育全过程的智能教育助手。

第三，创新教育服务业态。支持以在线学习形式准确提供量身定制的教育服务。互联网能够打破学校教育资源的供给壁垒，构建高质量数字资源共享机制和全民参与、内外资源相结合的公共服务体系，帮助贫困地区、边远地区和少数民族地区共享优质教育资源，实现教育公平和教育扶贫的目的。

第四，推进教育治理方式变革。以大数据为基础，追求精准的教育管理和科学决策，形成以智能信息管理系统为基础的现代教育管理和监控体系，优化信息网络安全环境，加强信息系统和数字资源标准建设，逐步消除"信息孤岛"，确保网络教育环境安全可靠，优质教育资源互连共享。

9.5.3　新技术对智慧教育发展的影响

当前各种新技术层出不穷，也取得了一定的实际应用价值，结合这些新技术，智慧教育也有一些新的发展创新。

1. 生成式人工智能教育应用前景广阔

2022年大语言模型和2023年生成式人工智能成为全球关注热点。凭借强大的自然语言处理能力，生成式人工智能能够完成多轮对话、问题解答等多个复杂任务，支持文本、图像、音频、视频等多模态信息处理。其广阔应用前景和迅速发展态势加速了国内外各类生成式人工智能模型的使用。2023年7月，联合国教科文组织发布《生成式人工智能与教育的未来》，呼吁各国实施适当的政策，确保在教育中坚持"以人为本"地使用生成式人工智能。生成式人工智能的教育应用已经成为时代的迫切需求，必将为教育带来重大变革。

2. 科技驱动沉浸式学习渐成现实

沉浸式学习以学习者为中心，以虚拟现实技术为基础，为学习者提供一个接近真实的学习环境。借助此环境，学习者通过高度参与、互动、演练而提升自身技能。随着新一轮科技革命的兴起，VR、AR、XR、元宇宙等前沿技术能够为体验者带来在虚拟世界与现实世界之间无缝转换的沉浸感。沉浸式学习理论内涵和实践应用的极大拓展，逐渐成为智慧教育领域不可忽视的现象。我国建成了一批虚拟现实课堂、教研室、实验室与虚拟仿真实训基地（中心），涵盖多个学科门类，涉及本科教育、职业教育、继续教育等。沉浸式学习将成为未来智慧教育的趋势之一，并不断迭代更新，打造全新的教育形态。

3. 面向终身学习的数字化评价转型

智慧教育能够满足不同层次、不同阶段、不同区域学习者的个性化需求，为全民终身学习提供多样化的教育服务。随着人工智能、大数据的发展，数字技术将打通全流程、各系统的认证方式，构建资源更加丰富、方式更加灵活的终身评价体系，实现评价的数字化转型，助力完善全民终身学习机制。未来可以通过微认证建立泛在终身学习的数字化评价体系，区块链等技术的发展确保了数字微认证的完整记录和合法性，大数据成为数字化评价的资源支撑，立体、即时、动态等新型评价模式成为现实，最终构筑全新的数字化评价图景。

4. 人机复合型教师的诞生

人工智能等新技术的快速发展和不同学科间的相互融合对教师提出了新的要求，教育领域需要培养兼具专业能力和人文关怀的人机复合型教师，为培养未来的复合型人才提供支撑和保障。人机复合型教师是人工智能等新技术与优秀教师智慧融合生成的教师新形态，可以实现优秀教师资源可复制、可传播、可分享，创新教学方式和人才培养模式，为每位学生提供个性化的教育方案。近年，联合国教科文组织发布《教师信息与通信技术能力框架》，我国发布《教师数字素养》标准，均强调了数字时代新型教师的培养。培养人机复合型教师有助于搭建数字化教学格局，利用智能技术进行启发、探究、讨论、参与式的教学活动，从而创造出网络化、沉浸式、智能化的智慧教育新模式。

5. 数字教育应用新生态蓬勃发展

数字教育的应用生态依托云计算、大数据等新一代数字技术，提供开放共享的教育资源，构建智能化教育新空间，促进学习者全面发展。泛在、多元、智能化的学习环境催生了数字化教与学的需求，对推进智慧教育规模化落地，形成"条件越强、应用越多、用户越广"的正向循环具有触发作用。教育应用生态建设有助于大算力、大平台、大模型、大数据发展，促进教育的公平包容，弥合数字鸿沟，推行全纳教育，扩大优质教育资源覆盖面，避免数字技术加剧教育发展失衡，保障教育高质量发展。

9.6　智慧教育典型案例

9.6.1　"国家中小学网络云平台"介绍

"国家中小学网络云平台"此前由教育部在 2020 年紧急开发，通过专题教育和课程教学资源两大类资源，在支撑疫情防控期间"停课不停学"和学生平时的自主学习、教师改进课堂教学等方面发挥了重要作用。2022 年 3 月，教育部印发《国家中小学智慧教育平台建设与应用方案》，按照关于推进教育数字化战略行动的总体部署，进一步升级建设"国家中小学智慧教育平台"，使之成为助推基础教育现代化的重要驱动和有力支撑。

1．平台建设与应用总体方案

《方案》从"四个原则""四化目标""三项任务"3 个方面阐述了"国家中小学智慧教育平台"建设与应用的总体考虑。

坚持"四个原则"，即坚持需求牵引，统筹考虑学生、教师、家长和学校等方面的使用需求，注重以用为本，大力加强资源建设与应用；坚持共建共享，注重系统谋划、整体设计、部门协同、上下联动，切实提高资源建设共享效益和运行保障水平；坚持育人为本，以促进学生全面发展、健康成长为中心，注重德智体美劳全面培养，严格制定资源质量标准和技术规范，确保资源专业化精品化体系化；坚持集成创新，适应课程教学改革和信息技术发展，加快教育资源数字转型和智能升级步伐，不断丰富完善更新资源，升级迭代服务功能。

重点实现"四化目标"，力争经过 2～3 年的努力，实现平台体系协同化，基本形成定位清晰、互联互通、共建共享的国家基础教育资源平台；网络运维顺畅化，基本具备支撑平台稳定运行、性能可靠、信息安全的基础设施条件；精品资源体系化，基本建成导向正确、科学专业、覆盖广泛的高质量基础教育资源体系；融合应用常态化，基本实现信息技术与教育教学的深度融合，利用平台资源教与学成为新常态。

重点完成"三项任务"：一是系统完善平台整体架构，平台重点承载面向中小学的各类优质教育教学资源，建立资源分发共享机制，将平台资源按各省、区、市需要分布式部署到省级平台，不具备条件的省份可直接使用国家平台；二是开发汇聚各类优质资源，聚焦服务全面育人，开发汇聚包括专题教育、课程教学、课后服务、教师研修、家庭教育、教改实践经验 6 个板块的优质资源；三是深入推进教育教学应用，充分发挥"国家中小学智慧教育平台"在教育教学中的重要作用，大力推进信息技术与教育教学深度融合。

2．不断扩充平台"六大板块"优质资源

平台六大板块分别如下。

- 专题教育资源：包括党史学习、爱国主义教育、宪法法治教育、品德教育、劳动教育、中华优秀传统文化教育、生命与安全教育、心理健康教育、生态文明教育 9 类资源。
- 课程教学资源：在原有的国家统编教材和人教版教材教学资源的基础上，新增加了北京版、苏教版、北京师大版、教科版、外研版等 7 个版本 116 册教材的课程教学资源，同时上线了 66 家出版单位的 1834 册电子版教材。

- 课后服务资源：包括科普教育、体育锻炼、文化艺术、经典阅读、研学实践、影视教育 6 类资源。
- 教师研修资源：包括思政师德、通识研修、学科研修、作业命题、幼教研修、特教研修 6 类资源。
- 家庭教育资源：包括家庭教育观念、家庭教育方法、家庭教育指导 3 个方面的资源。
- 教改实践经验：包括各地中小学党建德育、落实"双减"、学前教育、义务教育、普通高中教育、特殊教育、教学成果、教育信息化、综合改革 9 类典型经验。

3．实施效果

截至 2024 年，平台建设取得多项成果。第一，优质资源的供给能力显著提升。持续建设覆盖德智体美劳等方面的优质数字资源，目前平台资源总量达到了 8.8 万条，覆盖教材 65 个版本共 565 册；强化了中小学科普资源建设，与中国科学院联合打造了"科学公开课"，上线了"实验教学精品课""实验教学说课""给孩子们的大师讲堂"等优质资源。在国家教育数字化战略行动启动一周年之际，教育部启动实施全国青少年学生读书行动，建设开通了国家智慧教育读书平台，汇集了"青少年读书空间""老年读书社区""中国语言文字数字博物馆""中国数字科技馆"等丰富的阅读资源，并依托平台开展了读书分享活动，带动各地更加重视青少年阅读，推动全国青少年学生读书行动广泛深入开展。

第二，平台的功能服务能力显著提升。在原有支持计算机、教室大屏、手机、电视投屏等多种终端使用的基础上，新上线了 Pad 和 PC 端；开发了教师备授课工具、个人资源库、直播专区、活动专区等，提供了在线组卷、线下练习等功能，配套近 1.5 万道习题，为每道题提供了解析视频，方便学生进行随堂练习，巩固所学知识、提高学习效率。

第三，教师数字素养显著提升。开展平台应用国家级线上培训，开展寒暑期教师研修等活动，加强对试点工作的指导、跟踪和总结；发挥专家指导团队、教研员和优秀教师力量，指导一线教师用好平台提供的精品资源，学习优秀教学案例，提高教学设计和课堂教学能力；探索平台课程资源应用模式，广大教师应用国家平台的主动性和能力大幅提升。

第四，平台自上线以来服务领域和应用规模不断扩大。自试点工作启动以来，平台浏览量持续走高，截至 2024 年 5 月 15 日，平台页面浏览总量达到 405.40 亿次。

从用户类型看，学生和教师是应用平台的主体。学生用户浏览量为 125.70 亿次，教师用户浏览量为 112.08 亿次，家长用户浏览量为 37.55 亿次，社会学习者、教研员、电教人员、管理人员等其他身份用户和游客浏览量为 130.07 亿次。

从终端使用情况看，手机终端的访问量遥遥领先。手机 App 产生的浏览量最多，达 271.22 亿次；个人计算机或手机浏览器直接访问平台产生的浏览量为 131.55 亿次；通过个人计算机客户端产生的浏览量为 1.70 亿次；使用平板电脑访问浏览量为 0.93 亿次。

在资源和应用使用情况方面，课程教学板块访问量最大。平台上线至今，资源板块浏览总量为 149.72 亿次。用户浏览量排名前三位的板块分别为课程教学（94.17 亿次）、教师研修（31.81 亿次）、电子教材（4.66 亿次）；其他资源板块按浏览量排名依次是德育、体育、课后服务、基础性作业、美育、劳动教育、家庭教育、教改经验。

从功能应用情况看，备课授课和习题组卷功能得到了教师的积极响应。平台备课功能使用总人数为 96.9 万人，使用 372.1 万人次，引用资源 22.1 万条；使用授课功能总人数为 58.2 万人，使用 166.0 万人次，引用资源 8.6 万条；使用组卷功能人数为 3.1 万人，次数为 34.8 万次。

4. 平台下一步工作

一是推动互联互通，实现平台高质量集成化建设。加强各级平台与国家平台的连接与融通，有序推动平台资源整合；汇聚各地使用的应用工具，强化国家平台统一入口，构建多元参与的应用生态。二是优化平台功能，提升平台智能化服务能力。探索利用人工智能大模型等先进技术推动平台智能服务升级，上线智能工具，强化课堂互动，实现学习路径规划和个性化资源推荐。三是开展平台应用推广，增强师生用好平台的意识和能力。发挥专家指导团队、教研员和优秀教师的力量，指导一线教师用好平台提供的精品资源，及时掌握平台推出的新功能，创新平台课程资源的应用模式；引导学生利用平台资源开展自主学习和发展兴趣爱好。

9.6.2　数字教育，"下"江南

教育数字化转型已成为时代主题。将元宇宙应用于教育行业，是教育数字化转型顺应时代潮流的一大创新。作为一所具有创新精神和实践能力的高校，江南大学认识到传统教育的局限性，开始积极探索虚拟智慧校园、虚拟智慧教室和虚拟智慧实验室的建设，着力打造智慧教室和智慧实验室两大核心项目。通过探索，江南大学构建了新型智慧教育数字化赋能基座，积极探索了新工科理论实验教学的创新模式；通过打造理实一体、产教融合、协同育人的综合平台，为学生提供更加优质、高效的学习体验，推动教育事业的发展。

1. 虚拟智慧校园

通过构建虚拟校园数字驾驶舱，江南大学尝试搭建物理空间与知识空间畅通无阻的桥梁，扩展了学生的学习空间，提供了更多学习资源和机会。

通过实现课堂与实验室、工业现场的有效结合，江南大学实现了实验装备的全面数字化，为学生提供综合学习环境，提高学生的专业素养和职业能力。

通过提供资源管理器智能文档编辑工具，江南大学实现了思维空间与知识空间的融合，为学生提供更加全面和个性化的学习体验。

2. 虚拟智慧教室

依托物联网、云计算、无线通信等新一代信息技术，江南大学致力于打造物联化、智能化、感知化、泛在化的新型教育形态和教育模式，积极探索"理性、价值、实践"的教育建设模式。目前已逐步完成了虚拟教室的建设。

虚拟教室建设了满足多种场景的互动教学系统，突破了时空限制，实现互联、互教、互学和互动的开放式教学过程。

3. 虚拟智慧实验室

江南大学的虚拟智慧实验室建设为知识体系的融合创新提供了新的平台和支持，为学生提供了更加精准、便捷、高效的实验服务和创新创业环境。

三网融合实现了实验空间的数字化。通过将校园网与 5G 双域专网、物联网相结合，江南大学实现了实验空间的数字化，在多样化且复杂的实验教学业务场景融合应用。

通过数字孪生，实验室与装备数字化实现了实验真正线上化。江南大学完成实验室与装备数字化，对实验设备进行了数字化建模，真实地再现了实验过程，提供了更加灵活、实时的实验体验。通过算网合一，智算中心与边缘计算赋能知识体系融合创新。江南大学应用智算中心与边缘计算，赋能知识体系融合创新，并在此基础上，构建了虚拟智慧实验室的"一个引擎三个中心"体系，即业务引擎、智算中心、物联中心、资源中心，为虚拟智慧实验室提供强大支撑。

江南大学的"教育数字化"建设初有成果，备受关注。学校信息化处牵头，联合教务处、物联网工程学院等建设创新共同体，开展"新工科理实一体元宇宙教学创新"，取得了一系列实践成果。在优秀教学成果建设方面，江南大学累计获得国家级教学成果奖一等奖 1 项，省级教学成果奖一等奖 1 项、二等奖 1 项，国家级一流本科课程 2 门、江苏省一流本科课程 6 门，并承担多项国家级和省部级教学改革研究项目：深化新工科专业建设，联合华东五校建设教育部虚拟教研室，承担产学合作协同育人、产教融合型专业等省部级项目 11 项。在学科竞赛方面，江南大学在第七届全国大学生集成电路创新创业大赛、第十八届全国大学生智能汽车竞赛、第十七届"西门子杯"中国智能制造挑战赛全国总决赛、第十四届"蓝桥杯"全国软件和信息技术专业人才大赛总决赛、2023 年全国大学生电子设计竞赛 5 项国家级 A 级竞赛中均获得最高奖。

9.6.3 贵阳三中顺应变化寻突破，"数""智"转型助发展

贵阳三中实施教育数字化转型，依托于以下过程。

1. "数""智"转型推进策略

（1）成立领导小组，保障工作落实

学校成立校级教育信息化领导小组并建章立制，明确校长作为学校"数""智"转型工作推进第一责任人，统筹学校教育信息化工作规划与开展，负责信息化管理与监督落实。

（2）升级基础条件，构建"数""智"教育环境

一是升级校园网络。学校率先进行校园网络升级，使每个教室达到"百兆入班"宽带标准，为智能教学管理应用提供基础支撑。

二是升级硬件设备。学校建设 26 个智慧课堂班级，配备师生终端，助力教师探索课堂转型；建成 AI 创新教室，助力学生创新发展；配备个性化学习手册，为学生私人定制学习方案；建成听评课教研中心、精品录播教室，助推教师专业发展。

三是部署数字资源。首先，依托观山湖区教育云、智慧课堂、智学网等平台，汇聚优质教学资源 170 万余条、试题资源 340 万余套，形成丰富的数字资源库；其次，一键联通观山湖区教育云、国家中小学智慧教育云和贵州数字教育云三大平台，教师可直接访问并便捷调用各类资源；最后，着力研究贵阳中考命题趋势，创建校本试卷 300 余套、近 5000 题，形成校本资源库。各级各类资源形成强大的数字资源网，供教师用于备课、授课、作业和测评等教学场景，解决优质资源难查找、难整合、难应用等问题。

四是智慧教育应用全覆盖。首先，智慧教学应用全覆盖：全体教师配备智能备授课软件，辅助教师变革课堂教学模式、探索学科应用；部署大数据精准教学系统，辅助教师开展学业质量监测和学情分析；配置创新教育教材及配套资源和教具，辅助信息技术教师开设多类型人工智能创新教育课程。其次，智慧管理应用全覆盖：为教学管理者配备涵盖所有智慧教学应用的大数据洞察系统，动态监测智慧教育推进情况，为统筹推进、科学决策提供实时数据支撑。

（3）意识与能力并举，提升教师信息素养

一是强化理念更新，唤醒创新应用意识。学校借助专家讲座、访问学习等机会，更新教师智慧教育理念，唤醒全体教师智慧教育应用的主人翁意识。

二是强化应用培训，提升教师信息技术融合应用能力。学校将智慧教育培训融入日常工作，借助 AI 教研平台常态化实施线上+线下的各类培训活动，教师边学边用、边用边研究，各学科教研室以学期为单位，将以问题为导向的教师研训工作纳入教研计划，切实帮助教师理解信息化教学工具的价值与意义、与学科深度融合的路径与方式。

（4）教研为先，智慧教学工具全面应用

一是定期开展校内教研活动。学校以学期为单位开展全学科智慧课堂应用评比活动，为各学科教师搭建交流、学习平台，促进教师深度思考和研究智慧教学工具如何与各学科在课前、课中和课后各教学场景深度融合，推动数据支撑的精准教学模式在学校大规模推广与普及。

二是常态开展跨区教研交流活动。学校将跨区域教研交流纳入常态工作范畴，增进不同区域乃至不同省份教师间的对话与碰撞。

（5）请进来指导、走出去分享，智慧教育纵深发展

在"开放包容，以人为本"办学理念引领下，学校坚持"交流促发展"的思路，一方面邀请各方领导、教育同行入校交流指导，吸收有利经验，推动智慧教育更上一层楼；另一方面善总结、乐分享，让三中经验走出去。

2. "数""智"转型成效与特色

（1）课堂教学智慧变革

一是备授课方式变革——备授课减负增效。借助智能备授课系统，教师灵活融合课前、课中和课后各场景，便捷开展混合式、合作式、体验式和探究式等教学探索。课前利用可视化作业报告掌握学情，精准备课；课中灵活调用各类资源和工具，创设情境、开展多样化教学互动、伴随式采集过程性学习数据、动态调整教学策略，完善以学为中心的生本课堂教学模式；课后全场景动态数据汇集，生成含作业用时、知识点掌握情况、学科核心素养发展等多个维度的课堂报告，助力教师回溯教学过程、反思教学效果、调整教学内容。据调研了解，智能备授课系统在资源便捷调用、数据及时反馈等方面帮助教师缩短了 50% 左右的备课时间。

二是课堂互动变革——学生课堂参与度创新高。在智能授课系统的支撑下，教师通过多样化的互动最大化调动学生参与课堂：通过随机选人、抢答等方式组织课堂，提高学生学习的积极性；通过屏幕推送解决大班额教学中后排学生看不清黑板的问题；通过发起全班作答、分组作答、讨论、投票等互动，了解学生课堂知识掌握情况，针对性调整教学内容和策略，将"以学定教"落到实处。相较传统课堂中仅有少数学生参与互动的情况，智慧课堂巩固了以学生为主体的课堂教学模式。在此过程中，教师的数据意识逐步提升，借助即时数据反馈引导学生深度思考，深化课堂教学，师生参与深度互动比例相比上年同期增长 12%。

（2）课后作业突破与创新

一是作业形式更多样。基于智慧作业系统，教师根据作业目的、作业类型等选取不同的作业方式。每节课后的基础知识复习，教师使用题库试题或者答题卡自行出题，根据需要灵活调整资源难易度，整体把控题目质量；语言类学科教师则利用朗读测评的方式发现学生在发音方面的问题，针对性指导朗读进步；英语学科教师使用"智作文"进行作文训练，系统自动批改并归集数据生成作文报告，重点突出班级共性问题和学生个性问题。项目实施一年

来，教师通过智慧作业系统布置各类型作业 3500 多次，合计 30 余万份。智慧作业已逐渐替代纸质作业方式成为贵阳三中的特色作业模式。

二是作业反馈更及时、更全面。基于智慧作业系统的任何作业类型均实现自动批改并生成报告，教师可从班级提交情况、作业完成时长了解学生日常作业习惯，从得分情况、学情分布等维度了解知识点的整体掌握概况，从同一学习水平的班级对比报告中了解班级之间的差异，进而制定班级个性化的作业讲评以及薄弱知识点补救策略。

三是学生的个性化辅导更精准。每次作业后，除了生成班级报告外，还针对学生个体情况生成个性化的作业报告，呈现学生当次作业的正误情况及相关知识点掌握情况，为教师及时开展个性化辅导提供数据指引。另外，作业系统自动归集历次作业数据生成阶段性个体报告，通过与班级平均水平之间的对比反馈知识短板，辅助教师制定阶段性的个性化复习策略。

（3）精准教学高效闭环

一是人工智能助推学业质量监测高效闭环。学校基于人工智能技术开展学业质量监测全流程工作。据统计，从组卷、考试到阅卷、试卷分析，再到讲评和巩固练习，全流程在 3 天左右完成闭环，整体效率相较以往提升 55%左右。同时，通过 OCR（光学字符识别）技术、自然语言理解技术，阅卷过程实现客观题自动批改，英语、数学填空题自动评分，英语作文智能批阅，阅卷效率整体提升 33%。项目实施一年来，已高效完成 17 次学业质量监测工作，辅助教师批阅 63 万余份试卷。

二是个性化任务为学生学习减负提质。基于学业大数据采集与分析，学校为每个学生进行学习能力画像，并定制个性化学习任务，减少学生的低效重复练习，并促进其个性化发展与能力提升。系统已累计为学生提供数学、英语、物理和化学学科个性化学习内容近 30 次，精准解决个性化错题近 20 万道。从两次学业质量监测数据对比来看，各年级各学科重复考查知识点的得分率均有不同程度提升，提升率为 6%～38%，同时学生低效重复练习率相较以往平均降低了 27%左右。

（4）创新教育特色发展

一是完善的创新人才培养课程体系。学校整合中央电化教育馆人工智能教材及课程资源、华中师范大学和中山大学等高校教师资源，探索开发面向不同学生群体的人工智能三级课程体系，形成特色发展课程。

人人皆学的普适性课程——人工智能通识课程。面向七年级全体学生以每周一节课的频率开展人工智能通识教育，普及人工智能基本概念、原理、推理机制和求解技术等，旨在培养学生的人工智能兴趣、发展适应智能社会要求的责任意识。

发展兴趣的选修性课程——校本创新课程。面向各学段对人工智能学习感兴趣的学生，以每周两节走班教学的方式开设包括 Python 入门、创意智造和开源电子设计等在内的 7 门校本课程，旨在巩固学生对人工智能的学习兴趣、挖掘学生的人工智能学习潜能。

培养科技创新人才的专项课程——贵澳科创学堂。联合澳门中华创新科技发展促进会、中山大学国家超级计算广州中心等，面向有奥赛潜质的学生以双师课堂形式开设人工智能与信息学入门、信息学奥赛 C++等课程，旨在培养学生的计算思维、创新思维、批判思维等，引导其做好专项学习规划，为国家科技创新发展贡献力量。

二是师生创新素养节节攀升。基于多元化的课程体系实施，该校成为贵阳市人工智能基地示范校，承接全市人工智能培训 20 余次，师生创新素养飞速提升。近两年，多位教师在国家、省市区级竞赛中崭露头角，并受邀前往各地开展人工智能创新教育课程示范与交流；200 余位学生在各级科技赛事中脱颖而出，多名学生走上人工智能专项学习道路。

（5）教育管理效能提升

基于校级应用一体化管理平台——大数据洞察系统，学校教育管理实现数据化、科学化、便捷化。系统对学校各类智慧教育应用实行动态监测和实时数据反馈，以支撑管理者科学制定教学、教研和管理决策。数据查看与调用一键获取，相比过往的人工数据统计，便捷性提升 90%以上。

第**10**章
数据要素及数据治理

从农业社会到工业社会，再到信息社会，不同时代驱动社会发展的生产要素各不相同。在农业文明中，驱动人类文明向前发展的主要要素是土地和劳动力。而当工业革命拉开了时代的序幕，驱动社会进步的核心生产要素也从土地和劳动力逐渐转变为资本和技术。到了20世纪中期，计算机的发明和普及开启了信息时代，科学技术成为推动社会发展的主要生产要素。如今，随着信息通信技术、大数据技术、人工智能技术的发展，我们进入了数字经济时代，驱动社会前进的主要要素转变为数据。数据和社会经济中的每一个角色（政府、企业、个人）息息相关，掌握了数据就掌握了经济社会发展的命脉。随着全球走进数字经济时代，数据成为时代发展的"新石油"。

数据一直以来都蕴含着大量信息，然而过去由于技术发展水平落后，其价值一直未被发掘。随着社会进步，信息技术如井喷式发展，人们建设了数据采集、存储的基础设施，掌握了使数据自由流通的通信技术，拥有了数据分析加工的计算机基础设施以及先进算法，积累了大量行业知识。数据本身是无法创造价值的，这些科学技术是激发数据价值的基础，是驱动数据成为生产力的"炮弹"。另外，政府、企业的治理理念不断发展，市场也越来越成熟，人们已经意识到如何应用数据可以创造价值。全球各国家和地区都想在新时代发展的浪潮中争得先机。我国同样意识到发展数据要素市场的重要性，已经将数据列为五大生产要素之一。

10.1 数据要素的概念

在广泛意义上，数据就是对事实、活动等现象的记录。《辞海》（第七版）将数据定义为"描述事物的数字、字符、图形、声音等的表示形式"。按照《中华人民共和国数据安全法》中给出的定义，数据是指任何以电子或者其他方式对信息的记录。由此可见，数据本身有丰富的表现形式。

根据中国信息通信研究院的定义，数据要素指的是在特定生产需求下，通过汇聚、整理、加工等步骤形成的计算机数据及其衍生形态。

大数据时代，数据是基于二进制编码的、按预先设置的规则汇聚的现象记录。数据不仅仅是对客观现象的被动记录，人们开始主动发掘越来越多的复杂现象并将其记录成为数据。这种从被动到主动的转变昭示着一种新的观念，即物理空间中的一切事物都可以被预先设置的认知角度、记录规则和技术框架映射到数据空间，数据的创造融入了数据观察者或收集者的认知视角。

从人类认知的角度看，数据是汇聚起来用于认知的原材料，数据本身是无意义的原始事实记录，只有经过主体使用、分析和提炼，才会产生对人类有用的、具有特定功能的信息。当今技术和产业更强调数据作为原材料的独特价值，依靠数据驱动可以产生大量人类理性难以直接感知到的信息，这些信息是数据价值释放的一种结果。

因此，数据要素概念应该聚焦于数据价值释放。数据要素概念的内核是提高生产效率与资源配置效率。生产要素是对某一时期经济发展中所需重要资源的科学抽象，是对生产过程中投入成本的高度凝练。数据要素这一概念不只是对各行业各领域各类数据的指代，更是对数据所蕴藏的巨大价值的强调。数据支撑业务贯通、推动数智决策、流通对外赋能的 3 次价值是挖掘、释放数据要素价值的主要手段，而激活数据要素的根本目的是将数据以多样、创新的方式投入经济社会发展的全过程，通过数据开发利用提高生产经营活动的投入产出比，促进跨领域活动过程中资源的高效流动，从而全面提高生产效率与资源配置效率。

10.2　数据要素的特征

数据与土地、劳动力、资本、技术等传统生产要素相比有明显的独特性。产学研各界对数据的特性已有广泛讨论，总结各方观点可以发现，作为独特的技术产物，数据首先具有虚拟性、主体多元性、低成本复制性和非稀缺性。这些技术特性影响着数据在经济活动中的性质，使数据具备了非竞争性、潜在的非排他性和异质性。数据的以上特性使与传统生产要素相配套的规则体系、生态系统等难以直接沿用。

1. 数据具有虚拟性

作为技术产物，数据具有虚拟性。数据是一种存在于数字空间中的虚拟资源。土地、劳动力等传统生产要素都是看得见、摸得着的物理存在，与数据形成鲜明对比。

2. 数据具有主体多元性

数字空间中的每条数据可能记录了不同用户的信息，数据集的采集和汇聚规则又是由数据收集者设定的，用户、收集者等主体间存在复杂的关系。同时，每个企业、每个项目都可能对所用的数据资源进行一定程度的加工，每一次增删改的操作都是对数据集的改变，因而这些加工者也是数据构建的参与主体。

3. 数据具有低成本复制性

作为数字空间中的存在，数据表现为数据库中的一条条记录，而数据库技术和互联网技术又能使数据在数字空间中发生实实在在的转移，以相对较低的成本无限复制自身。

4. 数据具有非稀缺性

与传统的物理资源相比，数据在量上接近无限。随着技术的发展和普及，数据的生成速度越来越快，数据量呈指数级增长。这种增长并不是指数据随手可得或"极大丰富"，而是在存储允许的前提下，数据可以不断地生成和积累。数据参与生产过程后仍然存在，并不会被消耗掉。数据可以多次循环使用，且在使用中可能使数据量进一步变大。这种特性使数据在推动经济增长方面具有倍增效应。在共享过程中，数据会伴随数据传播链条的延伸而呈现爆发式增长。这意味着数据的价值在使用过程中不仅不会减少，反而有可能增加。

5. 数据具有高非竞争性

作为经济对象，数据具有高非竞争性。得益于数据能够被低成本复制，同一组数据可以同时被多个主体使用，一个额外的使用者不会影响其他现存数据使用者的使用，也不会产生数据量和数据质量的损耗。例如，在各类数据分析、机器学习竞赛中，同一份数据可以被大量参赛者使用。非竞争性为数据带来更普遍的使用效益与更高的潜在经济价值。

6. 数据具有潜在的非排他性

数据持有者为保护自己的数字劳动成果，会付出较高代价使用专门的人为或技术手段控制自己的数据，因而在实践中，数据具有部分排他性。然而，一旦数据持有者主动放弃控制或控制数据的手段被攻破，数据就将完全具有非排他性。排他性是界定产品权利的重要基础，土地、劳动力、资本都有明显的竞争性和排他性，可以在市场上充分实现权利流转。技术在当今专利保护制度下具有排他性，也可实现权利转让和许可。

7. 数据具有异质性

相同数据对不同使用者和不同应用场景的价值不同，一个领域的高价值数据对于另一领域的企业来说可能一文不值。与数据形成鲜明对比的是资本，资本是均质的，每份资金都有相同的购买力，对所有主体同质。

综上所述，相比其他生产要素，数据的部分特性使它难以参照传统方式进行管理和利用，但其可复制、可共享、无限增长和供给的特性打破了传统要素有限供给对增长的制约，为持续增长和永续发展提供了基础与可能。

10.3　国家对数据要素发展的战略布局

自 2014 年"大数据"首次被写入政府工作报告以来，战略重心逐步由"互联网+–大数据战略–数字化升级"向"培育数据要素市场"倾斜。相关政策由粗到细，浓度不断强化，节奏逐渐清晰。国家数据战略布局历程分为酝酿阶段、落地阶段和深化阶段。

1. 2014—2015 年，酝酿阶段

2014 年，"大数据"首次被写入政府工作报告。2015 年，国务院印发《促进大数据发展行动纲要》，开启了大数据建设新篇章。数据已成为国家基础性战略资源，大数据正式上升至国家战略层面。

2. 2016—2019 年，落地阶段

2016 年，《中华人民共和国国民经济和社会发展第十三个五年规划纲要》正式提出实施国家大数据战略。2018 年 3 月政府工作报告提出，深入开展"互联网+"行动，实行包容审

慎监管，推动大数据、云计算、物联网广泛应用，新型产业蓬勃发展。2019 年 10 月，党的十九届四中全会提出将数据作为生产要素参与分配，关于数据资源整合共享、开发利用、安全治理、市场化配置等方面的数据要素体系化顶层设计正式启动。

3. 2020 年至今，深化阶段

2020 年 4 月，中共中央、国务院颁布《关于构建更加完善的要素市场化配置体制机制的意见》，数据首次正式被纳入生产要素范围。同年 5 月，中共中央、国务院发布的《关于新时代加快完善社会主义市场经济体制的意见》提出，加快培育发展数据要素市场。2021 年 3 月，《中华人民共和国国民经济和社会发展第十四个五年规划和 2035 年远景目标纲要》对完善数据要素产权性质等进行战略部署。同年 11 月，工业和信息化部印发《"十四五"大数据产业发展规划》。2022 年 1 月，国务院印发《"十四五"数字经济发展规划》，指出数字经济是继农业经济、工业经济之后的主要经济形态。同年 12 月 19 日，正式印发的"数据二十条"为推动数据要素发展筑牢政策基础。数据基础制度建设事关国家发展和安全大局，要维护国家数据安全，保护个人信息和商业秘密，促进数据高效流通使用、赋能实体经济，统筹推进数据产权、流通交易、收益分配、安全治理，加快构建数据基础制度体系（如图 10-1 所示）。"数据二十条"的出台明确了数据基础制度体系基本架构，提出建立保障权益、合规使用的数据产权制度，建立合规高效、场内外结合的数据要素流通和交易制度，建立体现效率、促进公平的数据要素收益分配制度，建立安全可控、弹性包容的数据要素治理制度。以"数据二十条"为指导，各地各部门将制定数据要素相关细则规定，围绕"数据二十条"不断丰富完善数据要素各方面制度体系和配套政策，打造"1+N"的数据基础制度体系。

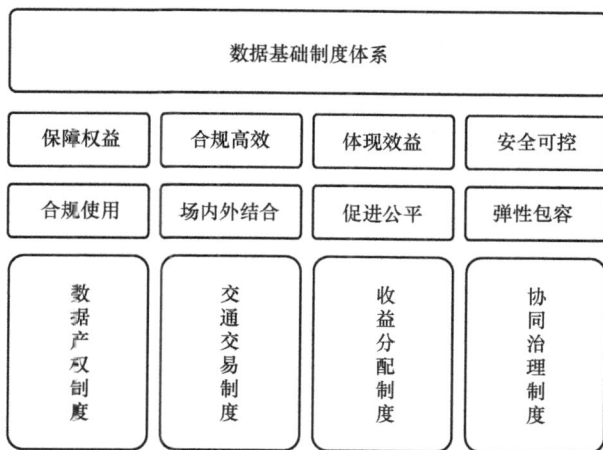

图 10-1 数据基础制度体系

2023 年，中共中央、国务院印发《数字中国建设整体布局规划》，明确了数字中国建设的指导思想、主要目标、重点任务和保障措施。同年 10 月，国家数据局正式挂牌，并于 12 月发布第一个数据要素文件《"数据要素×"三年行动计划（2024—2026 年）（征求意见稿）》（如图 10-2 所示），旨在深入贯彻落实习近平总书记关于发挥数据要素作用的重要指示精神和党中央、国务院决策部署，发挥数据要素乘数效应，赋能经济社会发展。

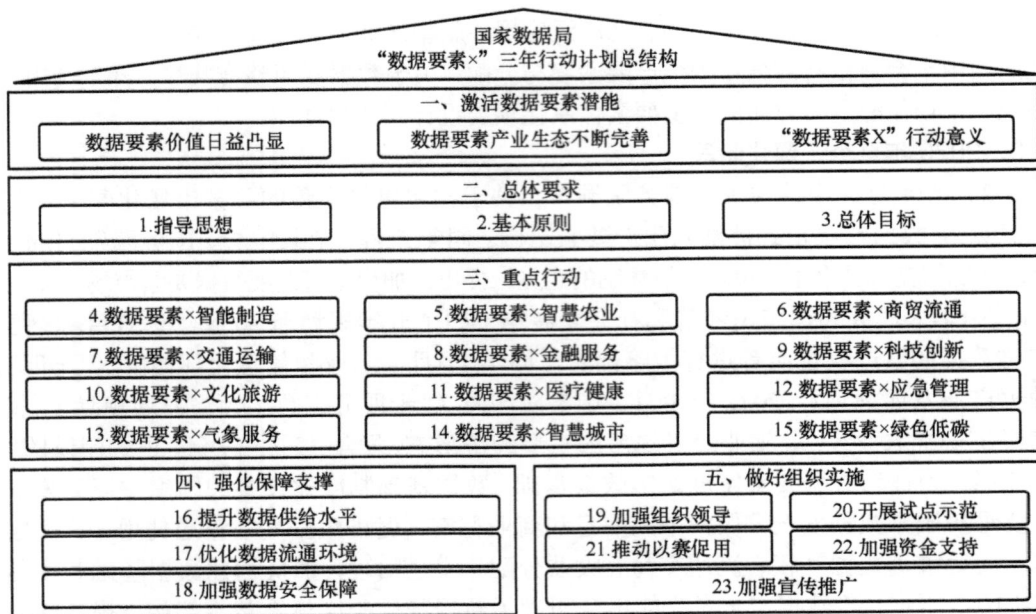

图 10-2 《"数据要素×"三年行动计划（2024—2026 年）（征求意见稿）》总览

10.4 数据要素市场化

10.4.1 数据要素实现价值的途径

激活数据要素的根本目的是以多样、创新的方式投入生产，为经济社会生产创造更大的价值。数据要素究竟如何发挥其作为生产要素的价值，需要进一步分析厘清。随着信息技术的发展和产业应用的演化，数据要素投入生产的途径可概括为 3 次价值释放过程。

（1）一次价值释放：数据支撑业务贯通

数据投入生产的一次价值体现在支撑企业、政府的业务系统运转上，实现业务间的贯通。为了推动数据的一次价值释放，企业、政府主要工作重心是业务数字化及各类业务信息系统建设。

（2）二次价值释放：数据推动数智决策

数据要素投入生产的二次价值释放体现在通过数据的加工、分析、建模揭示出更深层次的关系和规律，使生产、经营、服务、治理等环节的决策更智慧、更智能、更精准。数据二次价值释放过程对企业的数据挖掘和洞察能力提出更高要求。

（3）三次价值释放：数据流通对外赋能

数据要素投入生产的三次价值释放让数据流通到更需要的地方，让不同来源的优质数据在新的业务需求和场景中汇聚融合，实现双赢、多赢的价值利用。在数据的三次价值释放过程中，数据要素市场及其技术路径成为行业关注的焦点。

10.4.2　数据要素市场发展现状

数据要素市场是数据要素在交换或流通过程中形成的市场,既包括进行数据交易的场所,也包括数据交易或买卖关系。随着大数据、云计算、人工智能等新兴信息技术的加速发展及规模化应用,数据成为国民经济信息化、数字化、智能化的技术基础,数据要素市场成为数据产品的交易场所,是推动数据资源有序利用、数据产品价值最大化的平台和路径。

近年来,我国数据要素市场加速建设,数据要素市场规模持续扩大,市场应用不断渗透,数据活力加速释放,各区域数据要素市场化配置改革成效初显,有效支撑了全国数据要素统一大市场建设。

1. 数据要素市场总体发展情况

(1)政策与市场双轮驱动,数据要素市场发展进入快车道

政策方面,国家顶层设计持续加码,特别是 2022 年"数据二十条"的出台,明确了数据要素市场制度建设的基本框架、前进方向和工作重点,初步形成了我国数据基础制度的"四梁八柱"。2023 年 10 月,国家数据局的成立,为推进数据要素市场建设,推动信息资源跨行业、跨部门互联互通,充分发挥数据资源的基础性作用发挥了重要作用。12 月 15 日,《"数据要素×"三年行动计划(2024—2026 年)(征求意见稿)》的发布,对提高各类要素协同效率、突破产出边界、创造新产业新业态提供了有力支撑,实现推动经济发展的乘数效应。

市场方面,数字经济与实体经济加速融合发展,驱动了精细化的专业化、特色化数据要素市场需求爆发,以数据交易场所(中心)为核心,辐射带动和服务全国各地数商主体的数据要素市场加速构建。交易平台数量持续增加,场内交易持续发力。截至 2023 年 12 月,场内数据交易所(中心)超过 50 家,涵盖数据登记、确权发证(持有权、使用权、经营权)、价值评估、数据安全体系建设等方面的数据交易制度、规则持续完善,有效支撑数据合规高效流通使用。

数据供应者、数据需求方、数据交易所(中心)、数据交易技术支撑方、第三方专业服务机构、监管方等数据要素多元市场主体涌现。截至 2023 年 12 月,我国数商企业超过 200 万家,近 10 年年均复合增长率超过 30%,其中数据产品供应商超过 150 万家,占比超七成。数据安全、数据合规评估类的数商企业增速较快,推动以场外交易为主的数据要素市场交易规模持续扩大,我国场外数据交易规模达到了整个数据交易规模的 95%左右。

(2)数据要素市场规模持续扩大,产业链各环节分布均衡

数据要素市场总体规模持续扩大,预计 2025 年将突破 2000 亿元(如图 10-3 所示)。随着数据量爆发及数据要素市场化建设不断完善,数据要素市场价值加速释放,市场规模、主体规模高速壮大。从市场规模来看,2022 年,我国要素市场规模超过 1000 亿元,同比增速为 27%,2017—2022 年年均复合增长率超过 25%,预计 2025 年我国数据要素市场规模将突破 2000亿元。从主体规模来看,2022 年,我国数商企业数量达到 163 万家,近 10 年年均复合增长率超过 30%,中小企业(注册资本为 110 万~100 万元)增速近 45%,成为推动数商企业规模加速壮大的主力军。

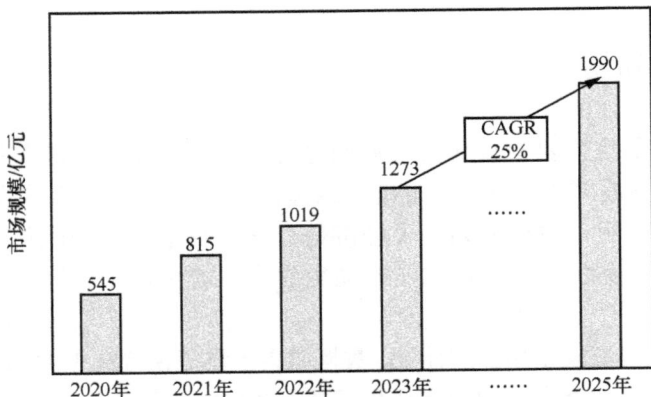

图 10-3　2020—2025 年我国数据要素市场规模

各环节市场规模分布较均衡，数据存储环节规模占比排名第一。数据要素市场涵盖数据生产（数据采集、数据储存、数据加工）、数据流通（数据交易）、数据应用（数据分析、数据服务）及生态保障四大环节。数据生产环节决定着数据产品的规模和质量，是数据要素市场中最重要的环节。2022 年，数据采集、数据加工、数据存储等数据生产环节市场规模达到 488 亿元，占比高达 47%，稳居第一。数据流通环节是数据要素市场建设的关键，是数据要素价值释放的重要途径。2022 年数据流通环节市场规模超过 150 亿元，占比 15%。数据应用环节是发挥数据价值、赋能实体经济加速转型升级的重要环节。2022 年，数据分析、数据服务等数据应用环节市场规模超过 300 亿元，占比近 30%。生态保障为数据要素市场提供数据登记、数据资产评估、争议仲裁以及跨境流动监管等服务，有效支撑数据要素市场健康、可持续发展。2022 年生态保障环节市场规模为 63 亿元，占比 6%。

（3）资源空间分布较集中，东部、中部地区集聚超 80% 的数商企业

2022 年，东部、中部地区集聚数商企业 133 万家，占比 81.6%，数据要素市场分布较集中。东部地区依托其丰富的数据资源，以及较好的政策环境和城市数字化基础，为数据化供给和数商生态发展奠定了良好基础。2022 年，东部地区集聚数商企业 95.2 万家，占比 58.4%，其中广东、江苏、山东、上海、北京、浙江六地数商企业数均超 10 万家，成为数据要素市场发展的主阵地。

中部地区把握数字经济发展机遇，立足区域产业规模优势、配套优势和部分领域的先发优势，大力培育新质生产力，强化数据要素供给，培育数商企业等主体，加速激发数据要素市场活力。2022 年，中部地区集聚数商企业 31.4 万家，占比 19.3%，其中安徽、河南、湖南、湖北四地数商企业均超 5 万家。

2．数据要素应用市场发展情况

随着数字经济的快速发展，我国信息化进程的快速推进，数据要素在各行各业中的应用不断渗透。2022 年，我国数据要素在商业、民生、工业、政务等领域中市场规模占比分别为 39%、25%、24% 和 10%。

10.4.3　数据要素市场生态体系

随着数据要素市场不断培育壮大，数据要素的基础性、战略性资源地位日益凸显，我国

数据要素市场发展进入加速期,越来越多的主体逐步参与到数据要素市场生态体系建设任务中,助力我国涵盖数据生产、数据流通、数据应用三大环节的数据要素市场生态体系初步形成,加速数据向资源化、资产化、资本化趋势推进。

（1）数据生产:数据汇聚为核心功能,推动数据资源化发展

数据生产环节是依托数据基础设施提供商、数据资源集成商、数据加工服务商等主体,通过数据采集、数据存储、数据加工,提升数据质量、形成数据价值、实现数据汇聚的过程。从规模来看,数据存储、数据加工细分市场规模总占比超九成。从主体来看,数据生产环节的企业数量占比超三成。

（2）数据流通:数据开放、共享、交易为核心功能,推动数据资产化发展

数据流通环节是依托数据交付服务商、数据经纪服务商等主体,通过使数据或数据产品在不同的环节中经过采集、存储、加工、传输和应用,从而达到数据的高效共享和互通,在保障所有者权利的前提下进行合理合规的数据流通的过程,具有数据开放、数据共享、数据交易的核心功能,推动数据资产化发展。其可细分为数据确权、数据资产定价、数据交易等阶段。2022 年,数据流通环节市场规模超 150 亿元,占比 15%。

（3）数据应用:数据使用为核心功能,推动数据资本化发展

数据应用环节以数据使用为核心功能,是数据发挥真正价值的关键环节,助力推动数据资本化发展,可细分为数据分析、数据服务等阶段。其中,数据分析阶段是对数据资源的详细研究,重点关注深度分析和挖掘数据的价值和潜力。随着实体经济与数字经济加速深度融合,数据服务和应用范围加速扩大,涵盖公共服务、影视娱乐、交通、医疗、金融、广告营销等众多领域,市场规模持续扩大。从规模来看,数据分析、数据服务市场规模超 300 亿元。从主体来看,数据应用环节企业数量近百万家,占比超五成。

（4）生态保障:数据安全、数据监管赋能构建安全、开放、高效的数据要素市场生态体系

生态保障为数据要素市场各主体提供有效的保障,可细分为数据质量管理、数据评估、融资交易监管、数据权益保护等数据监管/治理、数据安全等阶段,其中数据安全是数据要素价值释放的支撑和保障。2022 年,数据要素生态保障市场规模超 63 亿元,占比 6%。

10.4.4　我国数据要素市场未来发展趋势

我国的数据产量居世界第二,数据资源丰富。数据资产市场巨大,数据市场广阔。数据应用场景多元,数据需求丰富,数据要素市场化的发展具有很大的优势。然而,我国数据要素市场也存在许多问题:数据权属相关法律规定有待明确;数据主体发展供需不平衡;数据要素市场规则仍需完善;数据安全问题仍较突出;数据的可信度、隐私保护、数据共享三者之间仍存在矛盾;数据要素价值较难评估。我国数据要素市场将从政策层面、技术层面和生态层面不断完善和发展。

（1）国家和政府部门应持续完善现有数据要素市场体系

完善数据所有权、经营权、使用权等数据产权相关法律制度,健全数据隐私保护制度、数据分类共享制度、数据收益分配制度等,为数据要素统一市场构建提供法律支撑。完善数据要素定价机制、数据要素市场监管机制,确保数据交易的规范有序。建立健全数据要素流

通全流程合规与监管体系，制定数据产品交易合规标准，促进数据有效流通和使用。完善数据安全保障制度，提升数据要素市场的风险控制能力。

（2）数据要素市场主体应加速开展技术创新、产品创新、服务创新、场景创新数据资源集成商、数据加工初级服务商、数据分析技术服务商、数据产品供应商等各类数据要素市场主体，应持续开展数据加密、隐私计算、数据脱敏等方面技术创新，提高数据访问、流向控制、源头追溯等关键环节管控能力。加速开展数据产品创新、数据服务创新、业务创新，为用户提供更高效、便捷的专业性、定制化服务。全面拓展数据应用市场案例征集、数据产品应用大赛等市场需求挖掘方式，探索开展数据交易合规等数据交易应用场景创新，推动实现数据要素价值最大化。

（3）要充分发挥数据交易平台互联互通作用，助力数据交易

统一大市场建设，探索建设国家层面的高水平的数据交易平台，制定数据要素跨平台流通机制，建立统一的数据交易规范，统筹协调各级各区的数据交易平台，打造数据交易市场管理体系。国家级平台可为数据要素提供在全国范围内顺畅流通的市场条件，区域性平台可积极大胆创新、先行先试，承担试点和实验区的功能，挖掘数据深层价值，赋能区域数字经济发展。

10.5　数据治理

10.5.1　数据治理的定义

国际数据管理协会给出定义：数据治理是对数据资产管理行使权力和控制的活动集合。

国际数据治理研究所给出定义：数据治理是一个通过一系列与信息相关的过程来实现决策权和职责分工的系统，这些过程按照达成共识的模型来执行，该模型描述了谁（Who）能根据什么信息，在什么时间（When）和情况（Where）下，用什么方法（How），采取什么行动（What）。

数据治理的最终目标是提升数据的价值。数据治理非常必要，是企业实现数字战略的基础，它是一个管理体系，包括组织、制度、流程、工具。

随着数字化时代的到来，数据已经成为企业和社会发展的重要资源。然而，数据的获取、处理和使用过程中存在着诸多问题，如数据质量不高、数据安全隐患、数据共享难等。数据治理作为一种管理体系，旨在确保数据得到正确、有效和安全的管理，从而释放数据的最大价值。

数据要素是数字经济发展的核心，建立数据要素市场体系是我国未来几年发展数字经济的重点和难点，研究数据要素和数据确权对于我国数字经济发展具有重要意义。

数据确权和数据管理是数据治理的重点，也是数据要素市场化要解决的难题。一般而言，生产要素市场化有3个关键问题：第一，要有明晰的产权；第二，需要多样化的交易形式；第三，要有社会监督和政府管理。对于数据要素而言，数据确权旨在解决数据到底属于谁的问题，数据管理是为了实现数据合规、安全、高效地流通、交易和使用。

10.5.2　数据治理的背景

随着数字经济的不断发展，数据作为一种"新型石油资源"，其价值逐渐凸显，生产函数也随之发生改变。数据来源主要分为 TOC、TOB、TOG 共 3 个领域。其中，对消费者而言，C 端数据来源相对熟悉，例如淘宝购物记录、抖音浏览记录、地图定位轨迹等。B 端数据主要来源于工业互联网，例如工厂生产、货物、物流等数据。根据互联网数据中心的预测，与消费者相比，企业要保护的数据更多，占需要保护数据总量的 85.6%。这说明 B 端数据量远大于 C 端数据量。G 端数据主要基于政务服务采集和生成。随着各类服务的拓展和深入，数据量不断增加和迭代。

整体来看，数据要素存在于整个数字经济的全景生态里，包括 TOC、TOB、TOG 等。当前，C 端平台正在开展轰轰烈烈的反垄断治理行动，例如治理平台"用户二选一""大数据杀熟"等不利于数字经济健康可持续发展的行为。2021 年 6 月 29 日《深圳经济特区数据条例》出台，2021 年 11 月 1 日《中华人民共和国个人信息保护法》正式施行。自此，用户在互联网上的轨迹数据可以得到较好保护，但从个体到执行层面，各 App 落实效果如何还有待考察。相对而言，B 端和 G 端的数据量要远大于 C 端。随着工业、政务方面的数据不断积累，将有更多的数据需要规范管理和应用。

10.5.3　数据治理的国际比较

为促进数据要素的保护和流通，全球 76% 的国家已经或即将出台数据治理相关法律，其中最具影响力的数据治理模式主要有欧盟模式、美国模式、中国模式。

（1）欧盟实行数据保护主义

2016 年，欧盟颁布《通用数据保护条例》，倡导个人数据绝对安全，非个人数据可开放共享。其对数据要素流动的限制较强，导致欧盟在数据共享和应用方面处于滞后地位，如在改进产品方面的数据应用等。与欧盟相似的是日本，其同样也因为对数据的严格保护而阻碍了数据的价值释放。

（2）美国实行数据自由主义

美国是数字经济第一强国，主要依靠 Facebook、Amazon、Google、Apple 等多个跨国企业和机构在全球 200 多个国家和地区的布局，掌握了全世界大多数的数据。以 Google 为例，除中国、韩国等少数国家外，大部分国家和地区使用 Google 搜索引擎，因此美国可能掌握了超过 40 亿人口的数据。对于已掌握的数据，美国倾向于将其转移到美国本土，以便于充分掌控世界各地信息并作出相应的决策，因此美国有强烈的动机来倡导数据的自由主义。相比之下，我国只有本国十几亿人口的数据，可以预见，中美之间的数据竞争将非常残酷。例如，美国人也喜欢通过短视频平台开展社交，TikTok 在美国大受欢迎，成为美国下载量排行榜第一的软件后，美国多个政府部门以"安全风险"为由对 TikTok 发起围猎，包括发布下架禁令、限期转让美国企业等。可见，虽然美国一直倡导数据自由流动，但却在与我国的数据竞争中实行了彻底的"双标"政策，"美国优先"才是美国的真正意图。

（3）中国倡导数据发展主义

我国一直重视数据要素应用，积极开展数据要素市场化的实践探索，如建立贵阳大数据交易所、北京国际大数据交易所，以及各个互联网平台企业的数据交易平台等。但由于数据要素市场尚未完全建立，我国首先确立了数据市场的安全底座，颁布了《中华人民共和国个人信息保护法》等法律法规。总体来看，我国在保障数据安全的前提下倡导数据自由流通。

比较 3 种发展模式，美国基于世界第一数据强国的地位推崇数据自由主义，希望获取全世界更多数据；欧盟数字经济发展相对弱势，因而倾向于数据保护；我国处于美欧之间的第二方阵地位，倡导兼顾数据安全和应用。从全球数字经济和数据治理趋势看，中国方案将逐渐成为共识。

10.5.4 数据治理面临的挑战和应对方案

在全球数字经济发展大潮背景下，我国积极开展数据治理实践。伴随着实践推进，数据治理面临的问题逐渐凸显，各方也开启了应对数据治理挑战的探索之路。

1. 数据治理面临的主要挑战

（1）用户权益受损严重

当前，互联网平台企业市场垄断能力强，用户主体议价能力弱，出现了"你的数据不一定是你的""你的数据不知道在哪里"等现象。更让用户困惑的是"为什么总是被某些广告骚扰""数据是何时以及被谁泄露的""数据是否创造了收益以及这些收益应该归属于谁"等问题。可见，用户不仅面临着个人隐私泄露风险，而且没有得到应有的收益补偿。

（2）数据的正负双重外部性

数据具有非常显著的正负双重外部性。以 C 端数据为例，数据的负外部性主要指用户的敏感性，数据的正外部性主要指多维数据经过平台处理后能释放远超单一数据的价值，提供许多数据产品和服务。正是数据的双重外部性导致数据交易同时面临着供给不足和需求旺盛的扭曲状态。

2. 应对数据治理挑战的可行方案

（1）建立安全高效的数据要素市场

在保障数据安全和用户隐私的前提下，大力推动数据的流通和应用。比如，在数据脱敏后，充分利用数据的非竞争性特征和可复制特征，释放数据要素对提高生产力的价值倍增效应。再比如，面对数据的所有权不清晰问题，可以实行基于生成场景的数据确权方式，体现数据生成场景中各利益相关者的利益，进而通过数据分级授权促进数据要素流通，形成数据要素市场，让数据产生价值。

（2）倡导数据价值而非数据本身的流通

数据本身的交易会带来很多风险，除了数据安全和数据隐私问题，还存在数据价值稀释的问题。数据具有可复制性，只要发生交易就很难控制它的未来，且数据价值会随着复制次数增多而逐渐降低。因此，很多企业不愿意分享数据，特别是原始数据，这便从供给端给数据市场的建立带来了巨大阻力。基于此，可以倡导交易数据包含的信息而非数据本身，比如通过技术手段来约束数据价值损失的问题，进而促进数据流通和商业模式出现。

10.5.5　基于数据分类分级的数据要素市场化路径

基于数据分类分级的数据要素市场化路径包括积极培育数据生态、基于数据生成场景确权、数据分级授权、内外分级建立数据市场 4 个方面。

（1）积极培育数据生态

当前，包括数据授权、采集、加工、定价、交易、利用等环节的完整价值链还没建立起来。虽然从数据交易所的交易规模来看，我国目前的数据交易非常少，但其实场外的数据产品交易常常被忽视。以公司之间的数据产品交易为例，腾讯用自己的 App 获取的数据为麦当劳分析和寻找一个可盈利的经营场所，类似这种交易就没有被纳入统计。由于目前的数据价值链尚未形成，数据生态中都是利益相关者的集群，因此还需要探究如何授权、采集、加工等，进而能根据不同的场景连接生产伙伴，形成不同的价值链、合适的商业模式以及一系列正反馈，最后逐渐形成数据要素市场。整体来看，目前的数据生态比较混乱，需要经过长时间的动态演化形成一个健康可持续的数据价值链和数据交易市场。

（2）基于数据生成场景确权

数据确权是数据价值链和数据市场建立的前提条件，若数据权属问题不解决，后续环节必然会伴随一系列的摩擦，如交易成本高、权益纠纷频发等。以淘宝购买记录数据为例，用户认为这些数据是自身行为产生的，因而归用户所有，但淘宝则认为这些数据是在平台上产生的，不完全属于用户，因此在用户和平台之间发生了权属纠纷。进一步，在权属不明的前提下，这些数据事实上是淘宝在使用，而非用户在使用，进而在用户和平台之间又产生了对数据权益分配的纠纷问题。场景不同，确权的利益相关者也不同。

在个人数据权属划分中，有一个确定性的原则，即个人的性别、收入、手机号等数据肯定是归属个人的，但个人的行为数据，比如浏览页面、与售后的聊天记录等这些在平台服务器上的数据就不一定归属用户个人。由于平台在搭建服务器、开发 App 等方面作出的贡献更大，因此平台有理由认为这些交互数据也应该属于平台。这一类数据用户和平台都有贡献，二者应该分享数据，但具体分享的比例应该由市场决定。

对于公共数据，可以将数据分成可商业化、谨慎商业化、不可商业化等不同层级，再根据敏感性对确权进行规范。对于敏感性较高的数据，例如北京市或者全国的水文数据等涉及国家安全的机密数据不可以商业化。对于存在一定敏感性的公共数据，例如居民的燃气和电力使用数据，可以谨慎商业化，如共享给智能家居的厂商，用于研发绿色环保、节能减排的产品和程序。对于这类数据，可以采用申请审核制，例如发放资质，然后通过使用数据的计划书来约束数据使用范围。对于一些敏感性较低的公共数据，例如历代的文化宗教公共数据可以实行商业化。当前，在公共数据开放共享方面，浙江省走在全国前列，浙江省的公共数据正在慢慢流通和利用。总而言之，公共数据的开放应该要找到更多的适用场景来推动流通和应用。

（3）数据分级授权

在数据权属尚未规范前，数据确权一般通过参与者商定的方式来进行，但在经济学看来，这种方式效率较低，不符合低成本、大规模、高效率配置的要求。可以用机器解决确权问题，通过数据分级授权来降低交易成本。过去，App 基本上是霸王条款，要求用户授权全部数据

（使用 App 前要求用户勾选全部条款），否则不允许用户使用。在《中华人民共和国个人信息保护法》出台之后，这种做法已经被国家禁止，并提出"最少必要授权"的原则。例如，用户在使用百度地图 App 时，即使不授权，也可以使用该 App，如果授权地理位置就可以使用导航服务，但如果需要更多的服务，则需要授权更广的范围。基于这个思路，如何设计具有不同层次的数据授权体系具有重要意义。

（4）内外分级建立数据市场

数据的交易应该在场内交易所或数据中心进行，还是在场外直接进行？目前，以贵阳大数据交易所、北京国际大数据交易所为代表的场内交易模式影响力较大，但交易规模较小，尚未形成成熟的商业模式。以众多互联网平台企业为代表的场外企业间数据产品和服务交易需求较大，但小企业和个人的数据交易需求难以得到满足。对此，可参照金融市场设计的三级市场的数据交易体系。其中，一级市场是数据授权市场，类似股票 IPO 前的股权交易，用于确定参与方的数据权益占比；二级市场是数据权益交易市场，类似于股票上市后的二级交易市场；三级市场是数据衍生品交易市场，类似于金融衍生品交易市场。其中，数据衍生品是指通过隐私计算等方法，在原始数据基础上衍生出的数据产品和服务。相比而言，一级市场是数据的生成，目的是解决数据从 0 到 1 的问题；二级市场是促进数据要素的流通，目的是解决数据从 1 到 n 的问题；三级市场是赋能实体经济和整个经济系统，能生成丰富的数据产品，实现数据的规模报酬递增，目的是解决数据从 n 到无穷的问题。

10.6 数字政府转型

10.6.1 数字政府的概念及特征

政府是指国家进行统治和社会管理的机关，是国家表示意志、发布命令和处理事务的机关，实际上是国家代理组织和官吏的总称。政府的概念一般有广义和狭义之分，广义的政府是指行使国家权力的所有机关，包括立法、行政和司法机关；狭义的政府是指国家权力的执行机关，即国家行政机关。

传统上，政府更多地体现的是权威性、强制性，服务于阶级利益和社会管理。因此，早期政府的职能更多的是管理、协调社会内部事务和矛盾。近代以来，随着科学技术的进步和经济社会的发展，政府的职能日趋丰富和多样化，政府职能的重心也逐渐由阶级统治性职能转变为社会管理性职能。政府的经济、文化、社会职能不断扩张，政府的管理职能也逐渐向管理服务型职能转变。

长期以来，为提高数字经济时代政府数字化治理能力，世界主要国家纷纷开展数字政府建设。在我国，数字政府转型既是时代背景下对政府变革的回应，也是贯彻党的十八届三中全会和十九届四中全会精神，实现国家治理体系和国家治理能力现代化的重要举措。其有助于实现政府治理从低效到高效、从被动到主动、从粗放到精准、从程序化反馈到快速灵活反应的转变，成为近年来我国中央和地方各级政府的重要工作。

所谓"数字政府"，指的是以各种智能终端、移动网络通信和人工智能等技术为支撑，通过将政府与其他主体之间的互动交流、政务服务和社会治理等政务活动进行数字化并存储于云端，使整个政府系统变为可以用数字代码来描述和分析的数据海洋，形成一种用数字方法开展政府事务的新政府运行机制。

数字政府既是"互联网+政务"深度发展的结果，也是数字经济时代政府自觉转型升级的必然。其本身具有 5 个特征：第一是协同化，即跨层级、跨地域、跨部门、跨系统和跨业务的高效协同管理与服务；第二是云端化，即政务数据"上云"，实现政务数据的大量存储、便于提取及易于共享；第三是智能化，即人类智慧与技术智慧共融共用，实现科学决策与准确预判；第四是数据化，即用数据对话、用数据决策、用数据服务和用数据创新；第五是动态化，即从信息数字化到业务数字化，再到组织数字化，动态发展，不断演变。

10.6.2　数字政府转型的意义

实现政府治理数字化、建设数字政府具有深远意义。

第一，数字政府使决策走向科学化。科学决策不仅是国家治理现代化的目的，也是国家治理现代化的标志之一。政府在经济和政治生活中的地位和作用决定了它在任何决策中都要避免失误，而如果信息不充分或不真实，决策当然是不准确的，甚至是错误的。通过大数据、人工智能、区块链等信息技术，数字政府掌握了大量数据作为第一手资料，并利用数字技术处理和评估数据，形成更准确的决策机制，从而显著提高决策的准确性、科学性和可预测性。

第二，数字政府使社会治理实现精准化。精准治理是国家治理现代化的另一个重要特征。数字政府可以借助大数据有效发现公共服务和社会治理中的问题，为社会治理指出重难点和突破口，改变传统粗放式管理模式，实现系统协同治理，显著提高社会治理的准确性。

第三，数字政府使公共服务达到高效化。现代化国家治理必须努力实现便捷高效的公共服务，数字政府便可做到这一点。通过公共服务平台，数字政府能够提供"一站式""一体化"且即时、简化、在线的整体服务，有效避免官僚主义和推诿扯皮。目前，我国多地政府已在人才引进、高龄津贴、企业注册、网约车驾驶员证等数百个事项办理上实现了"秒批""秒办"，而且类似事项仍在持续增加。

第四，数字政府使政府治理体现民主化。数字政府与千家万户的网络连接可以让公民随时查询政府信息、反馈情况、提出建议并参与决策。政府亦可通过互联网进行民意调查、意见征集等，保障人民的知情权、参与权、表达权和监督权，集中群众智慧来提高执政水平。政府与人民、干部与群众的关系将会更加密切，人民群众支持政府、支持干部工作的现象将更加普遍。

第五，数字政府使官员腐败失去条件。在政务服务事项上，数字政府通过申办双方不见面、审批过程数字化，避免了人为干预，保证了公平公正。数字政府使权力运行全过程公开透明，数据监督取代了人为监督，过程监督取代了事后监督，群体监督取代了个体监督；权力被关进"数字"的笼子里，腐败土壤逐渐消失，廉洁权威的政府形象逐步树立。

10.6.3　数字政府转型的关键要素

在国家层面，中共中央、国务院相继出台多项支持和推动数字政府建设的政策文件，将数字政府建设作为推动国家治理体系和治理能力现代化的重要抓手。《中华人民共和国国民经济和社会发展第十三个五年规划纲要》中明确提出实施网络强国战略，加快建设数字中国；2019 年中国共产党第十九届中央委员会第四次全体会议通过的《中共中央关于坚持和完善中国特色社会主义制度推进国家治理体系和治理能力现代化若干重大问题的决定》提出要推进数字政府建设，加强数据有序共享；中国共产党第十九届中央委员会第五次全体会议通过的《中共中央关于制定国民经济和社会发展第十四个五年规划和二〇三五年远景目标的建议》，提出要坚定不移建设数字中国，加快数字化发展，加强数字社会、数字政府建设，提升公共服务、社会治理等数字化智能化水平。《中华人民共和国国民经济和社会发展第十四个五年规划和 2035 年远景目标纲要》第十七章"提高数字政府建设水平"中分 3 节对提高数字政府建设水平提出了明确要求，分别为：第一节 加强公共数据开放共享、第二节 推动政务信息化共建共用、第三节 提高数字化政务服务效能。数字政府建设已经成为新时代我国推进国家治理体系和治理能力现代化、提升政府行政效率和履职水平的必然要求。

从战略背景和政策趋势上来看，当前和今后一个时期，以数字技术驱动的"数字政府"是推进国家治理体系和治理能力现代化关键之所在。

数字技术作为驱动第四次工业革命的关键核心，正在强力推动各行各业的数字化转型，打造数字政府自然也需要推动政务服务领域的数字化转型。

从具体的实践来看，政务服务领域的数字化转型包括平台集约化建设、数据融合集成、政务流程再造、线上线下政务服务融合等关键要素。

（1）平台集约化建设

从具体的政务数字化实践来看，在政务服务数字化推进过程中，大多数政府选择的数字化支撑平台的建设路径是"平台集约化建设"。传统的政务系统都是依托各部门自建的数据中心，多数采取"分散投资，分头建设"的模式。分散建设模式的弊端显而易见：一是造成财政资金的极大浪费，设备闲置率高、算力浪费、电力浪费，网络硬件设备往往 5 年左右就要更新；二是造成条块分割的"信息孤岛"，严重制约部门数据共享与业务协同，影响行政效率的提高；三是造成线上政府公共服务碎片化和分割化，既不方便企业、市民办事，又不利于行政监察与社会监督。因此，平台集约化建设的目的是在统盘规划、统筹管理的基础上，有序建设、合理配置基础设施和资源，使之更好地满足政务服务各项应用的需要，尽量用最小的投入实现效益最大化。以云计算为核心支撑的平台集约化建设成为当前和未来政务服务数字化的关键基座，云计算技术深刻改变了电子政务建设运营的技术环境，云计算具有虚拟化、高可靠、可扩展、可计量的优势，可以充分提高资源利用率，减少重复投资建设。越来越多的政府选择云平台的集约化建设方式实现基础设施共建、共享、共用，使电子政务从粗放式、离散化的建设模式向集约化、整体化、可持续化的发展模式转变，使政府管理服务从各自为政、相互封闭的运作方式，向跨部门、跨区域的协同互动和资源共享转变。

（2）数据融合集成

从具体的政务数字化实践来看，政务服务数字化推进过程中，为了更好地实现"前端"的政务服务，"后端"的数据融合集成成为关键所在。传统上，政府部门间存在严重的"数据孤岛"问题，数出多门、互不关联、"相互打架"的现象时有发生；数据标准不一致，数据共享性差，政务服务业务由于缺乏强有力的数据支撑很难实现高效协同和便民服务，如此严重制约了政务数据价值的发挥和政务服务的效率。因此，数据融合集成的目的是通过数据汇聚共享平台实现政务数据的统一标准、统一管理、统一规范、统一安全保障，打破"数据孤岛"，消除部门间的"数据壁垒"，继而实现政务数据的汇聚、共享与应用。数据融合集成有助于实现人口、法人单位、自然资源、空间地理、宏观经济等基础数据的整合共享，有助于实现各政府部门之间政务数据的融合共用，支撑政府政务服务的业务协同和服务协同，支撑政府的科学决策和有效监管。

（3）政务流程再造

从具体的政务数字化实践来看，在政务服务数字化推进过程中，数字化只是一种支撑手段，这一过程中的一个关键核心在于政府必须以政务数字化为牵引进行政务流程再造。传统的政务服务大多基于传统的政府管理体系和机制，传统政务服务的落脚点在于"管"，政府各个部门独立为政，注重解决本部门的政务，导致形成了条块分割的管理体系，部门间缺乏协同，行政效率低，事项办理流程复杂、分散且涉及多部门。另外，以前的技术不能实现整个业务条块的联网，整个业务数据流程不得不按地理位置和人力分配被分割在多个部门，从一个部门转到另一个部门，增加了交接环节和复杂程度。在传统的业务流程中，相同的信息往往在不同的部门进行收集、存储、加工和管理，造成了大量重复劳动。随着政务数字化改革的推进，必须对政府传统工作方式、方法、程序等进行重新审视，进行必要的清理、简化、优化、整合和改造。政务流程再造要把传统以政府职能为中心（管理）的行政模式转变为以政府客户为中心的行政模式，根据政务服务的场景需求，进行政务流程再造，确定每个政务流程应该采集的信息，并通过应用系统实现信息在整个流程上的共享使用，充分授予办事人员以权限，发挥每个公务员在业务流程中的作用，将传统业务流程的串联模式变成并联模式，提高办事效率。可以依托数字化实现事项办理业务的整合和协同，不断提升政府绩效水平。

（4）线上线下政务服务融合

从具体的政务数字化实践来看，在政务服务数字化推进过程中，需要考虑公众的差异化、事项办理的差异化、公众的习惯和年龄层次，因此，以服务为导向，有效推进线上线下政务服务融合是当前和今后推进政务服务改革的有效途径。传统的政务服务聚焦线下办理，公众需要去不同的部门办理不同的业务，或者去不同的部门办理同一个业务，时间成本非常高。后来，政府设置了统一的政务服务大厅，公众去政务服务大厅可以办理各类业务。围绕政务服务大厅的线下业务办理，政府相继探索了"最多跑一趟""一窗通办""一次办成""一证通办"等改革实践；同时，推出了线上政务服务平台，相继探索了"一网通办""掌上办""指尖办""随时办"等线上政务服务创新实践。线上办理模式和线下办理模式满足了不同公众事项办理的需求。当前和今后一段时间，政府仍需根据公众的个性化需求，同步提供线下和线上政务服务业务，着力推进线上线下政务服务融合，满足公众全方位事项办理的需求。

立足上述关键要素，坚持"以人民为中心"的服务理念，相信各地各级政府一定能够进一步推进政务服务领域的数字化转型，以数字化牵引政务服务的改革创新和落地实践，更好地打造"数字政府"，更好地打造服务型政府。

10.6.4　数字政府转型的探索实践

自 2015 年以来，中央政府和各级政府不断推进政务服务领域的数字化创新。从早期对局域网内使用的政务管理系统的探索开始，到后来的政府网站的建设，再到后来的政府网站与政务服务的融合发展，中国电子政务的发展可以归纳为信息化阶段、网络化阶段、数字化阶段、智慧化阶段4个发展阶段。一系列的政策和部署不断推动中央和各级政府部门开展政务服务领域数字化应用创新和探索。贵州、上海、广东、浙江等地围绕大数据的创新应用，积极开展"互联网+政务服务"的先行先试和创新探索，形成了一系列国内首创的政务服务数字化典型应用。

1. 贵州探索

早在2014年，贵州就启动了大数据发展战略，积极推进政务大数据的发展，率先推出了全国首个省级政府和企业数据统筹存储、共享开放和开发利用的云服务平台——"云上贵州"。通过"云上贵州"系统平台建设，省级政府部门及相关事业单位等优先将自身拥有的数据迁上"云上贵州"系统平台，利用"云上贵州"云资源，建成全省统一的政务云平台，面向全省提供统一云服务，承载贵州各级各类政务数据和应用，实现数据的互联互通。2015年，作为西部欠发达省份，考虑到经济财力有限、信息化基础薄弱等问题，为了将"互联网+政务服务"推向更高水平，贵州结合实际，按照"全省一盘棋、平台一体化、办事一张网"进行谋划，以"云上贵州"为支撑，于6月23日正式建成运行贵州政务服务网。该网站覆盖省市县三级，形成了省级集约化建设、各级各部门共享共用的一体化政务服务格局。自此，贵州开始探索"进一张网办全省事"的政务服务新路径。2016年，贵州重点构建全省一体化在线政务服务平台，开始探索打造线上一站式通办的政务服务。2017年，贵州重点实现政务服务平台线上线下融合，提升标准化水平。2018年，贵州建成省级统筹、上下联动、部门协同、一网办理的"互联网+政务服务"体系，实现省市县乡村"五级覆盖"。2019年，贵州政务服务网与国家政务服务平台同期上线运行，实现"六级联动"。2020年，贵州积极推进跨层级、跨系统、跨业务数据互联互通，实现"全省通办、一次办成"。2021年，贵州实现"一窗通办"，全力推行"2+2"服务模式，强化"一窗通办"数据共享、业务协同和系统支撑，实现同标准、无差别综合受理。按照"前台综合受理、后台分类审批、综合窗口出件"的服务模式，以"自然人+法人（含非法人组织）、咨询+投诉"的"2+2"形式设置窗口，科学分区分类、规范服务管理、打造职业化辅助团队，形成部门间数据通、系统通、业务通的政务服务协同联动机制，实现"咨询、辅导、审批、评价"的闭环管理。从分散性建设、全省一体化到全国一体化，贵州跨出的每一步都有敢为人先的勇气、刀刃向内的决心，为优化营商环境、便利企业和群众办事、激发市场活力和社会创造力、建设人民满意的服务型政府提供了有力支撑。

在国务院办公厅委托国家行政学院开展的省级政府网上政务服务能力第三方评估中，2016年至2021年，贵州连续6年排名全国前三，被国务院办公厅概括为符合西部地区经济社会和电子政务发展的政务服务"贵州模式"。

"贵州模式"的典型特点如下。

贵州在推进政务服务数字化建设过程中形成了独具特色的"贵州模式"，形成了全国样板，集约化、一站式、便捷化是"贵州模式"的典型特点，并以此支撑了贵州政务服务的全面改革和突破引领。

（1）集约化

集约化本是一个经济名词，指在社会经济活动中，通过经营要素质量的提高、要素含量的增加、要素投入的集中及要素组合方式的调整增进效益的经营方式。"云上贵州"实现的是基础设施的集约化、数据的集约化、平台的集约化及信息和服务的集约化。所谓基础设施的集约化主要是以云平台为牵引，实现存储和计算资源的统筹建设。传统政府信息化基础设施的建设都是各部门自建机房，到了访问高峰期常常捉襟见肘。政务信息化基础设施的集约化有利于提高资源利用的效率，提高对政府网站的综合管理能力和政府信息安全水平。依托"云上贵州"系统平台，借助云计算的数据存储与处理能力，政府可以开展相关设施资源的共享服务和集约化管理。所谓数据的集约化就是通过云平台实现政府各部门数据的汇聚。以往，政府各部门之间大多是垂直管理的，存在严重的"数据孤岛"问题。依托"云上贵州"系统平台，政府开展数据集约化建设，实现各部门政务数据的"汇聚、融通、应用"，实现政府数据的互联互通和开放共享。数据集约化建设带来的是政务服务协同效率的提升及精准性的提升，以数据为支撑不断提升服务效能和用户体验。平台的集约化主要是构建一体化服务支撑平台。在传统建设模式下，不同政府部门为了支撑本部门的业务系统运转，通常需要建设各类支撑平台，通过平台的集约化建设可实现政务系统技术支撑体系的复用，节约技术成本和维护成本。信息与服务的集约化主要是通过一个平台实现一站式政务服务。以往政务服务多数以办事部门为单位进行申办，网上跨部门办事服务相互之间并未互联互通，需要办事人员跑多个部门进行办理，极大地影响了政务服务的效率和效果。本着"以公众为中心"的指导思想，政务服务通过信息和服务的集约化建设，由分散服务向"一站式"服务转变，真正实现了"让数据多跑路，群众少跑腿"。

（2）一站式

"一站式"诞生于互联网电商，是指通过互联网为顾客提供更多的产品及服务，且门类齐全，让顾客在家里就能实现一站式选购，这种全新的经营模式为用户带来了诸多便利和实惠。"一站式服务"指的是顾客进入某个服务站点之后所有的问题都可以解决，没有必要再找第二家，其本质是服务的集成和整合。一站式政务服务通过互联网实现各类政务服务的一站式集成，类似于互联网电商的服务理念，让公众能够在一个网站办理所有的政务服务。"贵州模式"一站式服务的初衷是提升政务服务的便捷性，提升公众办事（公共事务）的效率。围绕这一初衷，以"云上贵州"系统平台为支撑，贵州构建了全省统一的政务服务网站，实现了各类政务服务的线上汇聚，公众登录政务服务网站，就可以"一站式"办理各类事项。此后，贵州在"一站式"的基础上，相继探索了"一网通办""全省通办""一次办成""一窗通办"等政务服务数字化改革与创新。最终，"贵州模式"的"一站式"实际上聚焦的是一次性解决问题，在面向公众的政务服务网站上实现这些数字化服务创新。这是需要进行政务管理和服务的流程再造和过程改革的，前台看似一个小小的变化和调整，其实后台需要进行大范围的调整和协同。

（3）便捷化

便捷化其实不是一个技术问题，而是一个最终结果。便捷化体现的是"贵州模式"在政务服务的数字化转型和探索过程中，始终坚持"以人民为中心"的数字化建设原则，力求实现"标准化、规范化、便利化"的目标，政务服务数字化力求支撑优化办理流程、精简办事材料、缩短办理时限、降低办事成本，推进政务服务便利化。而"贵州模式"的便捷化主要体现在两个方面：一是通过数据集成和业务集成，致力于实现"让数据多跑路，群众少跑腿"，能用数字化代替或实现的，坚决用数字化去解决；二是积极开展流程再造和过程改革，简化政务服务流程，提升政务服务效能，提升公众的满意度和获得感。

2. 上海探索

上海也是全国最早开始探索政务服务数字化转型的城市之一。2018年3月，上海市委、市政府印发《全面推进"一网通办" 加快建设智慧政府工作方案》，提出了智慧政府建设的总目标。该方案提出应用大数据、人工智能、物联网等新技术，提升政府管理科学化、精细化、智能化水平。上海政务服务推行的"一网通办"改革旨在践行和落实"以人民为中心"的发展理念，在提供政务服务的过程中融入互联网思维，推进政务服务的线上汇聚和数字化；通过整合办事部门、优化政府办事流程、推进政务服务流程再造等方式构建统一整合的一体化在线政务服务平台，推动政府公共信息的互联互通、互享互助，促进线上线下政务服务融通；在线下整合公共服务的同时，为民众提供线上政务服务新路径，促进不同区域不同政府部门在相同事项上的无差别受理、零差别办理，努力做到让民众办事减材料、减证明、减时间、减跑动次数，实现在一定区域内跨区域、跨部门通办；推进政府在理念、结构、流程、效能、监督等方面的全面再造，优化营商环境，打造整体性政府。在此改革与探索过程中，"上海模式"逐渐形成。

上海模式的典型特点如下。

"上海模式"聚焦"一网通办"。其中"一网"充分体现了以互联网为依托，融合互联网价值和思维，依托互联网和数字化实现政务服务的整合性与整体性，努力打造整体性政府；"通办"充分彰显了"以人民为中心"的价值取向和建设服务型政府的本质要求。"一网通办"充分体现了以智慧政府建设构筑服务型政府的新路径。从目标取向看，"一网通办"并非简单地减跑动次数，而是努力集成多个价值目标，通过电子政府的建设倒逼政务服务流程再造，推动政府部门信息共享和业务协同。"上海模式"的典型特点体现在整体性、协同性和服务性3个方面。

（1）整体性

"上海模式"的整体性主要体现在结构再造和流程再造。一是依托结构再造，实现政务服务从金字塔形向扁平化转变，整合部门政务服务，体现政务服务的整体性，"一网通办"通过一体化在线政务服务平台的构建，促进政府部门的结构再造。线上明确规定除法律规定的或涉密的以外，政务服务均应纳入统一的政务服务平台，促进政府在结构上的再造。线下提出"四个集中"（即在一个政府部门内部，将与行政相对人密切相关的行政审批事项集中到单一处室，将各个部门的审批处室向统一的行政服务中心集中，将涉及企业的行政审批事项向行政服务中心集中，将重点审批事项和建设审批项目向单一窗口集中），通过事项集中，推进政府部门在结构上的扁平化，继而实现在政务服务上的整体性。二是通过政务流程再造，实现政务服务从碎片化向整体性转变。上海充分认识到，"一网通办"改革的痛点和堵点主要体现在线下政府各部门的职能整合和机制调整，根子在政府管理和政务服务流程的优化和完善上。

（2）协同性

"上海模式"的协同性是整体性的延伸，想要打造整体性政府，就需要实现政府各部门的线下协同和线上协同，上海在推进"一网通办"的过程中积极推进信息协同、材料协同、信用协同，继而实现部门协同和事项办理协同。第一，强调政府部门之间数据与信息共享，推进政府部门间的信息协同；第二，推进电子证照的应用实施，推动电子证照的互通互认，明确政府部门可以共享的材料不再重复提交，促进事项办理过程中的材料协同；第三，促进信用信息的互联互通互认，为信用管理基础上的事中事后监管提供支撑，实现事项办理过程中的信用协同，最终实现减环节、减证明、减材料、减跑动次数的目标，促进政务服务效能的全面提升，提升公众的满意度。"一网通办"最大限度发挥出了数据和信息本身的价值，使整个结构朝着扁平化的方向发展，以用户满意为中心，减少部门办公事务的各类瓶颈问题，实现传统政务资源的合理配置，确保政务事项办理的协同性和高效化。

（3）服务性

"上海模式"的服务性主要体现在上海充分贯彻"以人民为中心"发展理念，全方位推进政务服务改革的新探索，有效实施理念再造，推进政务服务从政府本位向服务本位转变。"一网通办"改革强调的不是从政府部门管理的角度出发，而是从行政相对人的角度出发，对政府如何提供公共管理和公共服务进行整体谋划和思考，实现民众办事从找部门到找政府的转变，实现从政府导向到民众导向的转变。同时上海在各个行政服务中心推进"一窗通办"，前台负责综合受理，后台负责分类审批，最终以窗口出件的方式，实现"一窗通办"。这些方式都极大地提升了线上线下服务的协同性，提升了政务服务的服务性及公众的满意度。"上海模式"将民众和服务结果反馈作为政府开展公共服务的核心，根据民众要求，为他们提供更加便捷的政务服务，实现"我能提供什么服务"到"民众需要什么样的服务"的转变。以数字化推进政务服务效能提升顺应技术发展趋势，符合现阶段我国的基本国情，能够把民众对政府服务的需求紧密结合起来，同建设服务型政府要求保持一致。

3．广东探索

广东将数字政府改革建设列为全省全面深化改革的 18 项重点任务之首。广东的"数字政府"建设采取"省级统筹统建，地区分类协同"的建设模式，"数字政府"改革不断完善数据共享平台架构与功能，在省级层面，全面推行统建模式，建设统一政务云平台、统一的数据中心，对部门系统实行统一接管，为公众提供统一服务入口；在地市层面，按照经济发展水平和信息化基础实行分类推进，做好应用系统与省级平台的对接和数据共享。在推进"数字政府"建设的过程中，广东致力于从优化营商环境、推进粤港澳大湾区建设、解决形式主义等方面着手，积极探索政府数字化转型的创新办法，形成了政务服务数字化转型的"广东模式"。"广东模式"聚焦的是以市场化改革推进"数字政府"建设，更多从整体性层面进行统筹和改革，自上而下统筹建设，借助系统性思维从管理、业务和技术 3 个层面对数字政府的构建进行顶层设计，推进管理改革、数据融合、业务融合和技术融合，全方位推进跨层级、跨地域、跨系统、跨部门、跨业务的协同管理和服务，促进部门业务协同融合、数据资源流转通畅、决策支撑科学智慧、社会治理精准有效、公共服务便捷高效、安全保障可管可控，以"理念创新+制度创新+技术创新"推动广东"放管服"改革向纵深发展，促进政府职能转变，以集约化、一体化建设模式降低行政成本，提高行政效率，以数据开放释放"数字红利"，提升政府治理体系和治理能力现代化水平。

广东模式的典型特点如下。

"广东模式"以解决政务服务的突出问题为核心，其典型特点主要体现为管运分离、整体协同及多元协作。

（1）管运分离

"广东模式"的管运分离主要体现在分设数字政府的管理机构与运营机构，数字政府建设进入企业和社会组织，开展政企合作。其中，"管理者"为改组后的政务服务数据管理局，

"运营者"为"数字广东"公司。管运分离是广东数字政府建设的重要模式,其体现的是市场化的"数字政府"建设思维。管运分离作为广东省政府数字化改革的一部分,着力于实现数字政府建设中政府与市场间的合作。广东"数字政府"运营中心,即数字广东网络建设有限公司由腾讯公司和三大运营商共同出资组建,并与华为公司签订战略合作协议,形成"1+3+1"的"政企合作"模式。该模式既强调政府在规划引导、业务协调、监督管理等方面的重要作用,又充分发挥互联网企业和基础电信运营商的技术优势,改变了以往政府部门既是使用者又是建设者的双重角色的情况,将政府部门变成服务的使用者、评价者,把原来分布在各个部门的建设能力集中起来,统一建设、统一运营、统一调度,形成建设能力的集约效应。

(2)整体协同

"广东模式"的整体协同主要体现在广东省积极推进部门协同、数据协同、业务协同乃至服务协同:推进政府部门间协同,打破"信息孤岛",整合资源,打造整体政府;构造"1+N+M"政务云平台,政务云平台力求最大限度实现广东全省信息基础设施和公共数据的互联互通,构建广东政务服务的人口、法人、电子证照、信用信息、地理信息系统(Geographic Information System,GIS)信息五大基础信息库,实现公安、民政、人社、卫生等55个部门1.4万个信息项数据的互联互通,实现数据整合;建立统一的在线政务服务平台"广东政务服务网"以及"粤省事""粤商通""粤政易"移动政务服务平台,实现服务融合。以数据融合支撑系统和协同的办公平台为依托,广东撤并调整省信息中心和省直各部门44个内设信息化机构,统一到政务数据管理局一个部门,实现部门整合。以上述不同维度的整合为基础,广东积极搭建"整体协同"的业务架构。"整体协同"的业务架构大大突破了传统业务条线垂直运作、单部门内循环的模式,以数据整合、应用集成、服务融合及部门整合为目标,以服务对象为中心,以业务协同为主线,以数据共享交换为核心,构建"纵向到底、横向到边"的整体型"数字政府"业务体系,聚焦各地各部门核心业务职能,不断推动业务创新和改革,充分彰显了政务服务的整体协同。

(3)多元协作

"广东模式"的多元协作主要是指推进运营多元化、技术多元化、服务多元化、评价多元化,推进打造多元协作体系,积极探索构建 "政府主导、政企合作、社会参与、法治保障"的共建共享"数字政府"改革新格局。在运营多元化方面,广东充分发挥企业的技术优势和专业运营服务能力,由腾讯、三大运营商和华为合作,形成"1+3+1"的"政企合作"模式,实现政务服务运营的企业多元协作。在技术多元化方面,广东通过App、政务网和协调办公平台,实现数据集约化和平台集约化,避免材料重复提交、审核,节约了大量的时间成本,实现了"只进一扇门""最多跑一次"的政务服务目标。在服务多元化方面,政务服务平台汇聚各类服务,极大地满足了公众的政务服务需求,还激励政府相关职能部门进一步拓展和创新服务,促进政府服务的多样化。在评价多元化方面,广东大力推动政务服务"好差评"管理工作,让更多的社会公众参与到"数字政府"改革建设中去,实现了政府、企业、公众之间的良性互动,使公共权力更加公开透明。其中,差评形成工单,要求政府部门限期回访整改,评价结果定期通报,并纳入各级政府年度目标考核和绩效考核,促使各部门不断改善和提升政务服务质量。同时,公众也可以通过"用户体验"就平台在使用上存在的不足及改进措施提出意见和建议,通过反馈来优化平台建设。无论是运营主体的多元协作,还是信息技术的广泛运用,无论是政府组织机构的优化重组,还是对多元治理主体的吸纳,这些措施都仅仅是推进"数字政府"改革建设的手段，其最终目的是通过多重因素的协同作用形成治理合力，有效提升公共服务的效能和水平。

4．浙江探索

浙江省于 2014 年开始探索政务服务领域的数字化改革，在之前"数字浙江"建设的基础上，浙江省围绕"放管服"改革，梳理政府的权力清单，重新认识和厘清政府与市场、社会的关系，重点对行政审批领域进行了一次自我革命和重新设计，提出和开展"四张清单一张网"改革。"四张清单"指政府权力清单、政府责任清单、企业投资项目负面清单、政府部门专项资金管理清单；"一张网"指浙江政务服务网。2017 年至 2018 年期间，浙江提出"最多跑一次"改革，这一改革强调以数据为中心，从企业和群众的需求出发，探索和收集各类不同数据。在数据汇聚的基础上创新服务流程，浙江以数据驱动推进政务服务改革，不断改进和完善政务服务，坚持"以人民为中心"的理念，以企业和群众办事"最多跑一次"为政府目标，主要围绕省级 100 个高频事项，通过标准化、数字化、资源共享化等机制真正解决企业和群众办事"最后一公里"问题，积极推进"一证通办""一窗受理""一网通办"等改革创新，取得显著成效，形成了政务服务数字化转型的"浙江模式"。"浙江模式"的落脚点是"最多跑一次"政务服务改革，其政务服务的数字化转型与改革由群众的需求引发，从优化审批流程切入，以数字化推进透明化和规范化，积极建设人民满意的服务型政府，促进治理体系和治理能力现代化。

浙江模式的典型特点如下。

"浙江模式"以实现政务服务数字化为核心，其典型特点主要体现为场景化、数据驱动及移动化和智慧化。

（1）场景化

浙江在推进政务服务数字化转型过程中的一个突出特点就是以便民服务场景化为牵引，以实施服务渠道平台基础设施创新为起点，全面撬动政府组织架构、运行体制和权力使用规范化改革，以便民服务和优化审批流程为切入点，优选商事登记、投资审批、不动产登记、社会事务 4 个方面的 100 个高频政务服务事项为突破口，实现围绕这些高频政务服务事项的数据全归集、全打通、全共享、全对接。后续过程中，浙江不断拓展事项、层次和机构，逐步实现政务服务数字化场景全覆盖，通过事项拓展全面覆盖所有行政权力事项，通过层级拓展全面加强基层治理体系"四个平台"建设；全面推行村（社区）代办制，实现省市县乡村五级"最多跑一次"改革全覆盖；通过机构拓展，向涉政中介机构、各类公共服务机构延伸，提高全社会的运行效率和服务质量。由此，浙江以场景带动政务服务数字化变革，由重点事项、重点区域、重点领域逐步变革为全部事项、全部区域、全部领域，最终实现围绕政务服务、流程、组织的一系列改革创新，有效落实"以人民为中心"的理念，有效达成让企业和群众办事"最多跑一次"的政务服务目标。

（2）数据驱动

浙江在推进政务服务数字化过程中坚持数据驱动服务的建设原则，围绕政务服务的应用需求，着力打破"信息孤岛"，推进部门间数据共享，推动信息系统全面整合和公共数据共享开放，让数据多跑路、让群众少跑腿或不跑腿，从企业和群众的需求出发，融合和汇聚各类数据，实现政务数据的自由流动和融通共享，最终实现数据赋能政务服务，以数据驱动实现"最多跑一次"的政务服务改革。

（3）移动化和智慧化

浙江充分发挥移动支付、移动商务的基础力量，加快推进政务服务事项"网上办""移动办"，全面提升"一网通办"水平，探索"移动办事之城"，打造"移动办事（移动政务服务）省份"。浙江充分发挥技术平台的赋能优势，推动从"找部门"转向"找政府"：一是实现场景导服智能化；二是实现服务路由精准化；三是实现部门协同敏捷化。把移动办事原理扩展到企业投资项目审批"最多跑一次"改革，建设投资项目在线审批监管平台，努力实现竣工验收前"最多跑一次"；商事制度改革则全面推行"证照分离""多证合一""证照联办"，最终实现工商登记全程电子化。开发智慧化服务功能，为群众和企业提供更友好的导引服务、更精准的搜索服务与更贴心的推荐服务，加快推动"一证通办"，从老百姓最关心、最常办的民生事项入手，梳理每个事项的办事材料，通过数据共享免交其他材料，实现凭一张身份证明即可查房产、办驾照、提公积金、办出生证明等目标。大力推进"一件事"，围绕群众与企业两个生命周期，通过数据共享简化材料表单，推进业务流程优化，提升群众和企业的办事体验，在浙江政务服务网、"浙里办" App 上线运行 40 件"一件事"，包括企业开办、用水报装、转外就医等高频群众和企业的"一件事"。

相关政府机构和部门在探索政务数字化转型的过程中，做了诸多的尝试与探索，产生了很多经典数字化案例，举例如下。

（1）交管 12123 App

交管 12123 App 是一款由公安部推出的全国统一的互联网交通安全综合服务软件，用户注册成功后就可以自助查询车辆违法情况、处理交通违法、缴纳罚款，以及办理预选机动车号牌、考试预约、换领驾照等各项车驾管业务，无须再跑到交管部门的执法站窗口和银行现场办理，极大地方便了公众。交管 12123 App 界面如图 10-4 所示。

图 10-4　交管 12123 App 界面

（2）个人所得税 App

个人所得税 App 是国家税务总局推出的官方税收管理、个税申报系统手机应用。用户实名注册后，就能进行专项附加扣除信息的填报。纳税人通过人脸识别，再注册个人身份证号、手机、地址等信息，就能实时查询自己可享受的税收优惠。

个人所得税 App 可以提供个人信息采集功能，便于建立办税联系渠道；通过子女教育、继续教育、大病医疗、住房贷款利息、住房租金，以及赡养老人、3 岁以下婴幼儿照护支出等专项附加扣除信息，为税收部门和纳税人之间搭建"桥梁"，极大地便利了纳税企业和纳税人。个人所得税 App 界面如图 10-5 所示。

（3）云上贵州多彩宝 App

云上贵州多彩宝 App 是贵州最大的数字服务平台，是贵州覆盖范围最广、功能最全、用户最多、体验最好的数字商务平台、数字民生平台、数字政务平台，能够提供比较健全的政务服务、民生服务和商务服务。云上贵州多彩宝 App 界面如图 10-6 所示。

图 10-5　个人所得税 App 界面

图 10-6　云上贵州多彩宝 App 界面

"数字政府"彰显的不仅仅是数字化，更彰显了未来政府对外的一种形态或趋势。数字化是未来经济社会发展的必然趋势，数字化驱动的"数字政府"也必然是未来政府转型的必然趋势。

第**11**章
贵州省的数字化实践

11.1 贵州省数字经济发展情况

贵州省是一个不临海、不临边的多民族大省，是我国唯一没有平原支撑的省份，素有"八山一水一分田"之说，道路崎岖交通不便，进而影响着当地经济的发展，自古以来都是经济落后省份。同时，由于其特殊的喀斯特地貌，贵州省四季分明、雨量充沛、气候宜人，拥有丰富的自然资源和独特的工业体系。近些年贵州省不断在提升区域经济发展程度方面努力探究，十余年地区生产总值平均每年增加 10%，地区生产总值也增加了将近 3 倍。贵州省的工业发展经历了从弱小到强大的过程，形成了具有地方特色的工业体系。未来，贵州省将继续坚持新型工业化道路，推动经济高质量发展。

11.1.1 贵州省产业经济发展

新中国成立初期，贵州省经济基础十分薄弱，主要以农业为主，工业基础几乎为零，道路交通建设条件极其恶劣，是国内著名的贫困大省。至 1978 年，贵州省形成以"一二三"为主的产业结构，按照国际经济发展的一般经验，从"一二三"到"二三一"，再到"三二一"，稳步发展。改革开放后，贵州省经济实现了快速增长，农业基础地位得到巩固，同时工业和服务业也得到了不同程度的发展。1983 年，"三线"企业由"三线"区域转移到了贵阳、遵义和安顺等几个主要区域，并以此作为基地和支柱产业，进行产业结构的调整，促进了这些区域的工业发展。先行发展的地区在其自身的优势经济的基础上，产生了大量的工业集聚效应，从而使其在一定程度上实现了对资本的有效利用，促进了全省的经济发展。在国家实施西部大开发战略的背景下，贵州省的经济增速进一步加快。2012—2018年，全省地区生产总值年均增长 11.0%，增速高于同期全国水平 3.8 个百分点，连续 8 年位居全国前三位。

在探索特色工业发展期间，因地理位置和资源条件不同，贵州省不同区域并没有简单套用"成功"的区域发展模式，而是各区域找到自己的优势，制定科学的发展策略，以防止不同地区之间出现经济"趋同化""同质化"的现象。

- 省会城市贵阳支持高科技产业，激发产业园区的动力，促进专业化的分工与协作，用信息化促进工业化，促进第二产业的发展。贵阳积极推动互联网和信息技术产业的发展，建设了大数据中心和云计算中心，引入了一大批互联网企业和创新团队，进一步推动了城市经济的升级和转型，提升了贵阳在高科技产业领域的竞争力。

- 黔北综合经济区把农业现代化作为重点，改变传统的小农户生产模式，通过网络、电子商务等手段，大力发展白酒等产业，促进农业生产的专业化、集约化和规模化。同时，黔北地区依托其丰富的煤炭资源，积极推进新型综合能源基地的建设，新能源、新材料等产业迅速发展，与贵阳产业发展联动，促进高技术转移。

- 黔东南州高度重视林下经济的发展，通过扩大利用面积和提升产值，取得了显著成效。在工业方面，重点发展铝加工、玻璃制造、钡化工、新能源电池、木材加工、生态食品、优势轻工等优势资源型产业。同时，黔东南地区有丰富的民族文化资源、生态资源，当地积极发展生态旅游业，促进生产和生活性服务业的发展，打造景点连线、具有规模的旅游基地，如西江千户苗寨、镇远古镇等。

- 在黔西、晴隆、织金、七星关、兴义和兴仁等重点交通枢纽上，建立具有"科技""制造""流通"和"销售"功能的综合服务中心，提升区域内的特色农产品开发效能，推动区域经济跨越式发展，缩小贵州省与其他省份的差距。比如，毕节市重点发展蔬菜、高山生态茶叶、中药材、生态畜牧业、核桃、精品水果加工等产业；布依族苗族自治州以优质水果、早熟蔬菜、水产养殖、惠仁米、中药材和食用菌为主要特色优势产业。

贵州省各地区产业发展联动体现在总体产业发展策略与规划、地区间的联动发展以及跨地区合作与联动等多个方面。各地区根据自身的资源优势和产业特点，形成了各具特色的产业发展格局，并通过加强合作和联动，共同推动贵州省经济高质量发展。

11.1.2　贵州省数字基础设施

"要致富，先修路。"贵州省连续 21 年将农村公路建设纳入全省"十件民生实事"加以推进，相继实施了"四在农家·美丽乡村"——小康路行动计划、农村公路建设三年会战、农村公路"建养一体化"、农村"组组通"硬化路三年大决战、基础设施"路网会战"、县乡公路路面改善提升工程等攻坚行动，全力改善农村交通运输条件。截至 2023 年年底，全省农村公路总里程达 18.5 万千米，路网密度 99.3 千米每百平方千米，便捷高效、普惠公平的农村公路路网体系加快完善，从根本上改变了贵州省农业农村发展条件。全省累计完成农村公路投资 1593 亿元，新改建农村公路 9.2 万千米，建成 7.87 万千米通组硬化路，创建"四好农村路"全国示范县 28 个，率先实现"县县通高速，村村通公路"。农村居民人均收入较 10 年前翻两番，农村公路成为过去 10 年老百姓获得感最强的领域之一。

交通飞速发展，时空距离缩短，让人员、物资、信息等资源更加便捷地流动，为数字基础设施建设提供了极大的便利。作为全国首个大数据综合试验区，贵州省开始探索数字基础设施建设。2014 年，贵州省建成全国首个政府数据一体化大数据平台——"云上贵州"系统平台，其承载省、市、县政府部门的应用系统和数据，实现贵州省公共数据资源一体化。此后，以"东数西算"工程为牵引，包括 5G、数据中心、城市轨道交通、新能源充电桩等在内的新型信息基础设施持续强化。

至 2023 年，在 5G 网络建设方面，贵州省累计建成 5G 基站超过 3 万个，互联网出省带宽达到 3.1 万 Gbit/s，光缆线路长度突破 191 万千米，互联网普及率为 74.6%，全省互联网网民增长态势进入平稳增长阶段。全省所有乡镇实现 5G 网络全覆盖，行政村 5G 通达率达到 60.8%。贵阳、遵义等"千兆城市"已实现各区（市、县）及乡镇 5G 连续覆盖，重要交通枢纽、5A 级景区、三甲医院、高校等重要场景也实现 5G 全覆盖。

在数据算力建设方面，贵阳贵安国家级互联网骨干直联点带宽扩容至 700Gbit/s，率先在全国搭建数据中心网络质量监测系统。贵安超算中心以每秒钟 1.3 亿亿次的超级运算能力累计为多个省市提供算力科研服务 1000 次以上。新增国家算力网络贵州主枢纽中心、国电投、建行、美的云、南网能源等 11 个大型以上数据中心，累计落地大型以上数据中心 18 个，其中超大型数据中心有 8 个。贵安数据中心集群 PUE 平均值为 1.3，数据中心绿色化发展处于领先水平。

在农村数字基础建设方面，全省所有行政村实现有线光纤宽带和 4G 网络全覆盖，30 户以上自然村 4G 网络基本覆盖，全省乡乡通 5G 信号，行政村 5G 网络通达率超 50% 以上。省级应急广播体系建设持续深化，建成省级平台 1 个，市州平台 6 个，县级平台 87 个，乡镇平台 1304 个，行政村平台 15247 个，终端 14.5 万套，其中已建设应急广播终端的 20 户以上自然村组数量有 8.2 万个。

在交通设施智能化建设方面，沪昆高速扩容工程贵阳到安顺段智慧高速建设顺利推进，长大桥梁健康监测系统建设逐步展开；安全生产监控监测"十张网"共建成监控视频 37373 路。完成充电设施乡镇全覆盖项目 495 个，新建 488 台 60kW 直流充电桩，覆盖 482 余个乡镇，累计完成充电设施乡镇覆盖点 1059 个；完成公共（示范）充电站项目 10 个，建设 54 台直流充电桩。

在传统基建升级建设方面，贵州省水库运行及安全监测监管系统持续优化，监测数据平均上线率达 95% 以上；智能水表覆盖率逐年提升，已在 29 个县区安装农村智能水表 53.72 万块。智能电网建设持续推进，城乡配电网自动化覆盖率达到 60% 以上。完成贵州 110 群众端的小程序、App，转接员端的网络报警接线台，民警端（个人计算机、App）接处警反馈系统的升级改造。

在数字政府建设方面，贵州省实施数字政府建设大行动，获批开展国家电子政务外网创新发展试点、国家数据直达基层试点项目，优化完善"云上贵州政务云"，推动政府决策科学化、社会治理精准化、公共服务高效化水平进一步提升，数字政府建设水平排名全国第五，省域政府数据开放综合指数排名全国第三；推动云上贵州政务云信创平台建设；推动云服务优化；完成 75 家单位 168 个系统云服务优化，释放 6275 核 CPU、18893GB 内存，节约云服务费用约 900 万元；省共享交换平台上架数据目录达到 3.46 万个，人口、法人、电子证照等基础库、主题库汇聚数据超过 9.38 亿条，按时高质量完成国家数据直达基层试点工作任务。

贵州省还出台了一系列支持数字基础设施建设的政策法规，如《贵州省信息基础设施条例》《贵州省公共数据资源开发利用收益分配机制》《贵州省数据流通交易管理办法（试行）》

等，为数字基础设施的建设和发展提供了制度保障。

11.1.3 贵州省数字经济发展

贵州省自 2013 年开始正式布局大数据产业，并在同年 9 月，中关村贵阳科技园揭牌，标志着贵州发展大数据产业的序幕正式拉开。2015 年贵阳市委、市政府在贵阳举办了首届中国国际大数据产业博览会（数博会），成为贵州省开启数字经济高速发展的契机。作为全国首个以大数据为主题的博览会，数博会吸引了全球大数据领域的领军企业、知名企业家和专家学者参与，显著提升了贵州省在国际舞台上的知名度和影响力。会议期间，各大媒体争相报道，发布了《大数据贵阳宣言》，并签署了总投资 200 多亿元的大数据及相关项目，促进了大数据相关企业和机构的集聚，为贵州大数据产业的发展提供了良好的土壤。此后，高速发展的产业集群与平台建设使贵州省成为全球超大型数据中心集聚最多的地区之一，其中腾讯贵安七星数据中心是全国乃至全球第一个特高级的民用数据中心。

2013—2022 年 10 年间，贵州省各地级市的数字经济均取得了显著发展，是推动全省经济转型升级的重要力量。从表 11.1～表 11.3 可以看出，贵州省各地级市数字经济自数博会后都有长足的发展，积极推动大数据与实体经济深度融合，在工业、农业、服务业等多个领域取得显著成效。贵州省依托华为云盘古大模型等先进技术，聚焦酱酒、煤矿、化工等重点行业以及城镇智慧化改造、乡村数字化建设等重点领域，大力推动行业龙头企业改造升级；推动大数据与农业生产深度融合，将数字技术融入农产品的生产、管理、销售全过程，实现传统农业的增产增收，从全国的"脱贫主战场"一跃成为"数字新高地"，数字经济增加值占地区生产总值的比重超过 35%。

表 11.1 贵州省各地级市数字经济指数

城市	2013 年	2014 年	2015 年	2016 年	2017 年	2018 年	2019 年	2020 年	2021 年	2022 年	平均
贵阳市	0.35	0.38	0.40	0.38	0.40	0.45	0.42	0.41	0.45	0.49	0.413
六盘水市	0.35	0.40	0.36	0.43	0.44	0.45	0.44	0.47	0.48	0.45	0.427
遵义市	0.35	0.35	0.41	0.43	0.39	0.46	0.43	0.41	0.44	0.48	0.415
安顺市	0.40	0.39	0.40	0.37	0.38	0.41	0.44	0.48	0.41	0.44	0.412
毕节市	0.39	0.35	0.41	0.39	0.41	0.39	0.44	0.47	0.46	0.47	0.418
铜仁市	0.37	0.36	0.42	0.38	0.43	0.41	0.40	0.42	0.48	0.42	0.407
黔西南布依族苗族自治州	0.36	0.40	0.41	0.42	0.41	0.39	0.43	0.46	0.42	0.44	0.414
黔东南苗族侗族自治州	0.39	0.37	0.36	0.43	0.39	0.39	0.39	0.42	0.45	0.45	0.404
黔南布依族苗族自治州	0.35	0.38	0.36	0.40	0.37	0.39	0.42	0.44	0.44	0.48	0.403

注：数据来源于北京大学数字普惠金融指数及鸥维数据

表 11.2 贵州省各地级市数字普惠金融指数

城市	2013 年	2014 年	2015 年	2016 年	2017 年	2018 年	2019 年	2020 年	2021 年	2022 年	平均
贵阳市	94.40	204.00	200.06	180.44	204.46	251.06	203.79	191.09	235.06	250.06	201.442
六盘水市	82.00	190.51	169.70	222.09	217.33	248.91	220.99	239.65	238.27	208.35	203.78
遵义市	97.38	190.90	212.26	233.50	205.35	209.8	210.87	192.26	211.12	258.22	202.166
安顺市	98.82	187.1	207.86	204.26	195.12	225.70	222.01	244.81	200.31	210.79	199.678
毕节市	96.27	184.15	229.19	203.90	191.44	190.08	237.92	237.73	259.29	252.55	208.252
铜仁市	95.31	182.15	206.78	184.94	220.36	189.15	198.50	241.62	246.70	213.46	197.897
黔西南布依族苗族自治州	87.92	218.92	232.17	215.30	224.18	194.03	233.39	221.17	197.14	220.67	204.489
黔东南苗族侗族自治州	93.91	174.37	183.09	214.87	217.69	204.17	208.07	208.64	215.73	230.48	195.102
黔南布依族苗族自治州	97.82	192.45	194.37	222.63	193.23	217.95	212.42	233.66	242.59	245.95	205.307

注：数据来源于北京大学数字普惠金融指数及鸥维数据

表 11.3 贵州省各地级市数字经济发展增速

城市	2013 年	2014 年	2015 年	2016 年	2017 年	2018 年	2019 年	2020 年	2021 年	2022 年
贵阳市	—	3.10%	57.14%	4.94%	−2.80%	5.12%	2.90%	3.64%	3.90%	0.03%
六盘水市	—	−23.39%	88.52%	−10.33%	−4.48%	5.49%	3.04%	0.64%	4.96%	−0.04%
遵义市	—	3.87%	51.36%	7.38%	−5.34%	7.66%	1.56%	1.58%	2.51%	−2.50%
安顺市	—	29.32%	15.91%	−3.84%	−1.55%	3.58%	4.19%	−0.73%	4.33%	−0.85%
毕节市	—	37.41%	14.87%	10.72%	−3.43%	8.21%	0.09%	−1.66%	3.89%	−1.58%
铜仁市	—	−6.65%	59.67%	8.29%	−1.77%	7.94%	1.25%	2.62%	0.38%	−2.55%
黔西南布依族苗族自治州	—	−11.11%	62.19%	3.31%	−2.82%	7.40%	1.03%	−0.50%	2.88%	−1.50%
黔东南苗族侗族自治州	—	−7.33%	64.12%	6.50%	−4.14%	6.23%	0.96%	1.07%	3.58%	−0.26%
黔南布依族苗族自治州	—	69.33%	23.17%	10.91%	1.43%	5.90%	0.34%	0.38%	4.52%	−1.30%

注：数据来源于北京大学数字普惠金融指数及鸥维数据

　　贵州省率先开展大数据领域地方立法探索，颁布全国首个大数据地方法规——《贵州省大数据发展应用促进条例》，并出台了一系列省级专项数据立法，形成"1+N"地方立法体系，有效推动全国大数据地方立法进程。贵州省还出台了多项政策文件，如《在实施数字经济战略上抢新机》《贵州省建设数字经济发展创新区实施方案》等，初步形成了完备的大数据政策体系。

　　据《中国数字经济发展白皮书（2022 年）》显示，2021 年贵州省数字经济增速达 20.6%，高于全国平均 4.4 个百分点。5 年来数字经济规模复合增速高达 18.1%，排名全国第一。贵州省以算力"筑基"为基础让产业集聚，从而推动产业数字化转型，是全国聚集超大型数据中心最多的地区之一，综合算力位居全国第一方阵，在用算力规模位居全国前列、西部第一。

目前，贵阳大数据科创城已招引注册华为云、中航发、满帮、中软国际等大数据相关企业700 余家。2024 年，贵州省要抓住人工智能的重大机遇，推动数字经济实现质的突破，数字经济占比达 45%以上、规模突破万亿元。

党的二十大提出"加快发展数字经济，促进数字经济和实体经济深度融合，打造具有国际竞争力的数字产业集群"等战略要求，为我国数字经济高质量发展指明了前进方向，提供了根本遵循。《国务院关于支持贵州在新时代西部大开发上闯新路的意见》（国发〔2022〕2 号文件）更是赋予贵州省"数字经济发展创新区"的战略定位，为贵州省开创高质量发展新的"黄金十年"提供了政策支持，激发了全省上下在新时代征程中再创辉煌、续写新篇章的坚定信念与昂扬斗志。

11.2 贵州省数字经济发展对策

贵州省坚持以高质量发展统揽全局，围绕"四新"主攻"四化"，抓住"数据"核心生产要素和"算力"核心生产力，聚焦数字产业、数字融合、数字基建、数字治理、数字生态"五大创新"，全面建设数字经济发展创新区；围绕"在实施数字经济战略上抢新机"，抓住算力、赋能、产业 3 个关键，提出实施"六项工程"。历年来，贵州省在数字经济发展对策上可分为以下 6 个方面。

11.2.1 加快推进数字产业创新

贵州省坚持以培育新产业新业态为着力点，抓住"产业"这个"根本"，大力推进数字产业创新，加快培育创新发展新引擎。2018 年，贵州省人民政府印发了《贵州省实施"万企融合"大行动打好"数字经济"攻坚战方案》，提出用 5 年的时间带动超过 1 万户实体经济企业和大数据深度融合。这一行动覆盖了工业、农业、服务业等多个领域，旨在通过大数据赋能传统产业，提升企业的生产效率和创新能力，推动经济高质量发展。"万企融合"可以实现大数据与实体经济的深度融合，促进传统产业转型升级，同时培育新的经济增长点。

2019 年，贵州省启动实施了"百企引领"行动。该行动聚焦于人工智能、区块链、5G、物联网、云计算、信息安全六大领域，旨在通过支持企业、科研院所、高校开展产学研协同创新，充分发挥创新引领型企业、创新型人才团队、创新创业平台、产业集聚区的示范带动作用，推动大数据技术在各行业的广泛应用和深度融合，从而加速主导产业集群的形成，提升优强企业的引领作用，显著增强重大项目的支撑力度，并促进新业态、新模式的蓬勃发展。通过"百企引领"行动，贵州省在贵阳、遵义、贵安及有条件的市州，打造了一批省级特色产业集聚区，并推进了国家级产业集聚区的建设。这些产业集聚区有效整合了生产企业、软硬件配套、生产要素等资源，为大数据产业的发展提供了有力支撑。

2022 年，贵州省进一步深化和拓展了"百企引领"行动的内涵，通过开展"大数据企业服务年"活动，进一步聚焦和强化大数据企业的服务能力和创新能力。在这一活动中，"百企引领"优秀产品围绕基础算法、系统平台、行业应用等自主研发的软件技术产品进行申报和评选；"百企引领"行业应用解决方案则围绕大数据政用、民用、商用领域的主要需求和行业痛点，以及自主研发的行业应用解决方案进行申报和评选。评选出的优秀产品和应用解决方案突出自主创新、示范引领、融合应用的特点，对培育新兴产业、赋能传统产业具有重要意义。这些成果为国家大数据综合试验区建设提供了有力支撑，助力优化营商环境、推动经济社会高质量发展。

"百企引领"和"万企融合"是贵州省推动大数据与实体经济深度融合、加快推进数字产业创新的两大重要战略举措。"百企引领"和"万企融合"相互促进、相辅相成。"百企引领"通过培育领军企业和优秀产品，为"万企融合"提供了示范和引领；"万企融合"的广泛实施也为"百企引领"提供了更广阔的应用场景和市场空间。"百企引领"和"万企融合"的有机结合形成了强大的发展合力，推动贵州省数字经济实现跨越式发展。

11.2.2　大数据赋能"四化"推进

贵州省以推动传统产业全方位全链条数字化转型为关键点，聚焦"8+4"行业和领域（即酱酒、煤矿、化工、新材料、钢铁、有色金属、电力、建材 8 个重点行业和城镇智慧化改造、乡村数字化建设、旅游场景化创新、政务便捷化服务 4 个重点领域），推动工业智能化转型、城镇智慧化改造、乡村数字化建设、旅游场景化创新、政务便捷化服务等；同时，依靠大数据赋能"四化"纵深推进，为产业转型升级和数字中国建设探索了宝贵经验。

（1）赋能新型工业化

贵州省深入实施"千企改造"工程，加快工业互联网建设，推动 5G 在工业数字化转型领域的应用：通过建设工业互联网平台，促进产业链上下游企业的协同创新和资源共享；推动行业龙头企业打造数字产线、无人车间、智能工厂、"灯塔工厂"，提升"专精特新"等重点企业数字化应用能力，并推动中小企业数字化普及应用；聚焦大数据电子信息、健康医药、装备制造、现代能源、新能源汽车及电池材料等优势产业，培育一批典型智能制造应用场景，推动工业企业全方位、全链条数字化转型。

（2）赋能新型城镇化

贵州省印发实施《贵州省"十四五""智慧黔城"建设发展规划》，加快推动省会城市和中心城市的数字化基础设施建设，提升数字化融合应用的基础保障：通过建设"城市数据大脑"，推动城市运行"一网统管"，提高城市的管理效率和服务水平；围绕购物、文娱、健身、出行等城市生活服务，打造智能体验馆、智慧博物馆、智慧健身房、智能停车场等数字化消费场景；同时，建设一批智慧商店、智慧街区、智慧商场，培育发展新零售、数字文娱等新业态；加快贵阳市国家特色型信息消费示范城市建设，发展"智慧+"信息消费新业态，满足人民群众日益增长的多样化、个性化信息消费需求。

（3）赋能农业现代化

贵州省积极推进"智慧农场"科技重大专项建设，建设了一批数字农业产业园区、智慧农业示范基地，推动农业企业数字化改造提升：通过推广农业大数据平台，提升农业生产经营全链条数字化水平；完善和推广"贵州农产品大数据平台""一码贵州"等平台，促进农业产销智慧对接；实施"互联网+"农产品出村进城工程，大力发展农村电商，建立省市县电商智慧云仓供应链体系，实现行政村电商服务功能全覆盖；发展农产品直播带货等新业态，推动"黔货出山"，拓宽农产品销售渠道，增加农民收入。

（4）赋能旅游产业化

贵州以 A 级以上景区为重点，加快完善智慧旅游基础设施，推动旅游景区数字化转型，通过建设智慧旅游服务平台，提供便捷的旅游信息服务；深度推广"贵州旅游·一码游贵州"智慧旅游综合服务平台，推动全省景区、餐饮、住宿、交通等相关服务接入贵州全域智慧旅游服务平台；培育云旅游、云直播等业态，发展旅游消费新模式；通过打造沉浸式旅游体验新场景，提升游客的旅游体验；加快优秀文化和旅游资源的数字化转化与开发，培育一批具有影响力的数字文化和旅游品牌；通过数字化手段保护和传承文化遗产，推动文化和旅游产业融合发展。

11.2.3　数字基础设施建设有序升级

贵州省以打造面向全国的算力保障基地为立足点，抓住"算力"这个"动力"，大力推进高速泛在、天地一体、云网融合、智能敏捷、绿色低碳、安全可控的数字基建创新，加快拓展创新发展新空间，形成"云算数网"融合与协同创新的数字算力服务体系。贵州省深入贯彻落实国发〔2022〕2 号文件精神，坚持适度超前、系统推进，以"东数西算"工程为牵引，加快全国一体化算力网络国家枢纽节点建设，加快推动以 5G 为代表的新型基础设施建设，有序推进传统基础设施智能化改造升级和创新基础设施建设，综合水平实现跨越式发展。

贵安新区作为贵州枢纽节点的核心起步区，在"东数西算"工程的推动下，展现出了强大的吸引力和发展潜力。该区域不仅成功吸引了众多大型数据（智算）中心的入驻，而且其综合算力水平已经跻身全国前列，成为数字经济发展的重要支撑点。中国联通贵安智·云数据中心作为其中的佼佼者，充分体现了中国联通在南方地区数据中心的战略布局和雄厚实力。该数据中心以其超大的规模和先进的设施，为中国联通乃至整个行业提供了强大的算力支持。总规划可容纳服务器数量约 60 万台，一期项目标准机架已投产 4600 架，并实现了 60%的上架率，这些数据都彰显了其强大的承载能力和高效的运营水平。贵州省累计落地了超过 20 个大型、超大型数据中心，这些数据中心共同构成了贵州省数字经济发展的坚实基础。这些数据中心提升了贵州省的服务器承载能力，使其达到 225 万台以上，并且这一数字还在持续增长中。预计到 2025 年，贵州省的数据中心标准机架数量将达到 80 万架，服务器数量将达到 400 万台，这将为贵州省乃至全国的数字经济发展提供更加强劲的动力。

贵州省在算力资源的开发与利用上展现出了前瞻性的战略眼光和高效的执行力。通过构建算力运营调度平台，贵州省成功地将算力资源转化为可交易的商品，为省内外企业提供了一个便捷、高效的算力产品"商城"。算力交易平台的成功运营体现了贵州省在算力产业化道路上的坚实步伐。目前，该平台累计算力交易额已超过 27 亿元，这一数字不仅彰显了算力市场的巨大潜力，也证明了贵州省算力资源的吸引力和竞争力。越来越多的企业开始关注并利用这一平台，寻找适合自身需求的算力产品，从而实现业务的快速增长和创新发展。贵州省还积极探索算力并网技术方案和商业模式，营造充满活力的算力产业生态环境，促进算力与各行业的深度融合发展。

贵州省发布了跨域算力调度、多源异构数据可信流通、公共数据增值运营等"十二大场景"，加大低成本、高品质、易使用的算力供给，切实提升计算资源的整体使用率。在算力基础设施建设过程中，贵州省坚持绿色低碳的发展理念，积极推动数据中心节能降耗。通过采用先进的节能技术和设备、优化数据中心布局和运营管理等方式，贵州省在保障算力供给的同时，有效减少了能源消耗和碳排放，为可持续发展作出了积极贡献。同时，贵州省高度重视网络安全和数据安全保护，通过加强网络安全防护体系建设、完善数据安全管理制度、提升应急响应能力等措施，确保算力服务的安全可控。

11.2.4　数字政府建设奋力争先

贵州省坚持以提升社会治理科学化、精准化、智能化为出发点，大力推进数字治理创新，推动数字政府建设，加快构建数字化服务新模式，形成即时感知、科学决策、主动服务、高效运行、智能监管的新型治理体系，充分发挥数据的基础和创新引擎作用。贵州省先后实现政务服务"一网通办""跨省通办"，让数据多跑路、群众少跑腿；通过数据共享、开放和利用，政府、企业和社会各界能够更好地协同合作，共同解决社会治理中的难题。这不仅提升了政府服务的便捷性和透明度，也增强了公众的满意度和信任度。

2022年，贵州省实施数字政府建设大行动，获批开展国家电子政务外网创新发展试点、国家数据直达基层试点。省信息中心按照省大数据发展管理局党组工作部署，主动对接国家信息中心，创新应用MPLS VPN+5G切片技术实现政务外网与业务专网之间的安全互通，推动全省司法专网整合迁移电子政务外网。全省一体化政务外网安全运维平台体系基本建立，全省外网安全事件率同比下降45%。政务外网省级城域网、省市（州）广域骨干网网络IPv6改造基本完成，数字政府基础设施底座进一步夯实。同时，贵州省认真贯彻《国务院关于加强数字政府建设的指导意见》（国发〔2022〕14号）文件精神，按照全省"一体化""一盘棋"思路，以"基础设施一体化、数据资源一体化、业务应用一体化、运营管理一体化"为目标，主动顺应数字化发展趋势，加快推进贵州省数字政府建设。贵州省数字政府建设水平排名全国第五，省域政府数据开放综合指数排名全国第三。

11.2.5　加快数据要素市场培养

贵州省以充分释放数据要素价值为突破点，加快构建数据资源"要素化"治理体系，大力推进数字生态创新，加快释放创新发展新活力，打造开放、健康、安全的数字生态。贵州省将数据要素市场化发展作为数字经济发展的新动力，自贵阳大数据交易所投资重组以来，交易额显著增长，集聚了大量交易主体和数据产品。贵阳大数据交易所累计交易额已达44亿元，上架数据产品超过2000个，入驻数据商超过800家。以贵阳大数据交易所投资重组为突破，贵州省持续推进数据要素流通交易领域改革探索，在创新数据要素交易流通制度、积极探索交易规则标准体系、培育数据流通交易产业生态等方面取得新的成效。

（1）数据要素交易流通制度

贵州省出台了多项政策文件，如《贵州省数据流通交易管理办法(试行)》《贵州省数据流通交易促进条例》等，规定了数据交易场所建设和管理、数据授权使用、数据权益保护、收益分配、数据流通交易生态培育等内容，并首次对"数据要素型企业"作出归纳，为数据流通交易提供了法律保障和政策支持。

（2）交易规则标准体系

贵阳大数据交易所发布了全国首套数据交易规则体系，包括数据要素流通交易规则、数据产品成本评估指引、数据产品交易价格评估指引等一系列文件，从核心上探索解决"数据确权难""数据定价难""数据监管难"等难题。围绕数据交易规则体系，贵州省数据流通交易服务中心对流通交易平台进行了迭代升级，实现了原始数据"可用不可见"、数据产品"可控可计量"、流通行为"可信可追溯"。

（3）数据流通交易产业生态

贵阳大数据交易所积极探索产业生态服务模式，通过政策创新突破、试点开展数据要素型企业认定、企业采购数据费用纳入研发投入等措施，吸引市场主体进场交易；同时，构建了一个由数据商、数据中介机构、数据消费者等组成的多元化产业生态体系。例如，在金融服务领域，其通过数据交易赋能征信业务、银行信贷等场景；在物流领域，其通过物流大数据为供应链画像提供支持等。

11.2.6　营造良好的数字生态环境

贵州省围绕完善数据基础制度、提升数字技术创新能力、加强数字经济人才培育、深化国内外交流合、提升数据安全应用水平等方面，持续提升数字经济发展环境。2022 年，全省数字经济产业共引进项目 423 个、合同投资总额 1459 亿元。其中数据中心项目 11 个，新招引数据中心一期总投资达 208.47 亿元、规划用地 3020 亩（约 201.3 万平方米）、厂房 6.86 万平方米；数据应用产业类项目 264 个、约定投资总额 476 亿元、到位资金 404 亿元。

（1）加快数据基础制度建设

颁布《贵州省数据流通交易促进条例》和修订《贵州省大数据发展应用促进条例》是贵州省在数据流通、交易、应用等方面的重要立法举措，为贵州省数据流通交易提供了法律保障，促进了数据资源的有效配置和高效利用。同时，贵州省还主导、参与研制大数据领域各类标准 20 项，增强了贵州省在大数据领域的国际影响力和话语权。

（2）提升数字科技创新能力

贵州省一方面积极争取国家在贵安新区布局建设大数据区域科技创新中心，吸引和集聚高端人才、研发机构和创新资源；另一方面，支持龙头企业建设数字经济创新中心，带动产业链上下游企业协同发展，形成创新合力。

（3）加强数字经济人才培育

贵州省大力实施百千万人才引进计划和重点人才倍增计划，通过平台引才、以才引才、柔性引才等方式，持续打造行业导师团队，建立专家智库，集聚一批国家万人计划专家、国务院政府特殊津贴专家、科技部创新创业领军人才、国家百千万人才工程"有突出贡献中青年专家"等称号的特殊人才，引进（全职或柔性）数字经济领军人才（团队）10 个，引进重点人才 49 名。贵州省高校以学科为引领，统筹专业建设，大力推动大数据复合型、应用型人才培养，推进大数据人才实训基地建设，积极打造产教联盟，推动产教融合发展。

（4）深化国际交流合作

贵州省致力于高水平办好中国国际大数据产业博览会，积极参与"数字丝绸之路"建设，加强与"一带一路"合作伙伴数字经济合作，打造一批"数字服务出口"品牌典型案例，培育具有竞争力的数字服务出口企业，从而提升贵州省在全球数字经济产业链中的地位和影响力。2022 年，贵州省大数据融合产业引进世界 500 强企业项目 5 个（建设银行、兴业银行、美的集团、国家电投、联通公司二期数据中心项目）；引进中国 500 强企业项目 6 个（涉及网易、华润电力、中国铁建、海康威视、同方股份）；引进超大型数据中心 9 个（国电投、建行、兴业银行、美的云、研祥、网易、鸿云、南网、广电云），超过历年引进超大型数据中心（8 个）的总和；引进国家电投能源大数据产业基地、华为（贵阳贵安）数字经济创新中心等带动性强的项目 70 余个。

（5）提升数据安全防护能力

贵州省优化提升贵阳国家大数据安全靶场，制定省级政务信息化建设安全管理制度，确保政务数据的安全性和可靠性，建设贵州政务云平台备份节点，保障政务信息系统在突发情况下的正常运行。

11.3　贵州省数字化发展成就

11.3.1　数字产业

（1）贵阳大数据交易所运营平台

贵阳大数据交易所于 2015 年 4 月 14 日正式挂牌运营，并完成首批大数据交易。贵阳大数据交易所遵循"开放、规范、安全、可控"的原则，面向全国提供数据交易服务，旨在促进数据流通，规范数据交易行为，维护数据交易市场秩序，保护数据交易各方合法权益，并向社会提供完整的数据交易、结算、交付、安全保障、数据资产管理和融资等综合配套服务。2018 年 8 月 1 日，贵阳大数据交易所跻身为国家高新技术企业。2022 年，贵阳大数据交易所进行了优化重组，构建了"贵州省数据流通交易服务中心"和"贵阳大数据交易所有限责任公司"的创新组织架构体系，进一步面向全国提供高效便捷、安全合规的数据流通交易服务。截至 2022 年年底，重新上线的贵阳大数据交易所平台集聚数据商 402 家，上架数据产品 660 个，实现交易额 3.6 亿元。

贵阳大数据交易所经过优化重组后，在数据定价、交易流程、安全交付、便捷结算以及安全保障等关键环节上，展开了深入且富有成效的创新探索。该交易所围绕政务管理、金融服务、电力供应、交通运输、气象预测、能源调配及医疗健康等核心领域，不仅成功孵化出一批具备"专业化、精细化、特色化、新颖化"特点的数据服务供应商及第三方专业服务机构，开拓了数据流通交易产业，还加速了数据流通交易市场中各类生态伙伴之间的商业互联与协作，实现了公共数据与企业数据在更广阔范围内的自由流通与价值释放，展现出了显著的实际经济效益与社会效益，为数据要素市场的繁荣发展树立了新的标杆。

（2）基于遥感卫星解译技术的高光谱影像系统

贵阳欧比特宇航科技有限公司是专业从事卫星遥感数据采集、分析及应用增值服务的高科技企业，也是我国唯一实现高光谱商业卫星组网运营的民营企业。它开发基于遥感卫星解译技术的高光谱影像系统，运用卫星与物联网、云计算、大数据等融合应用技术，开展高光谱卫星遥感大数据产品增值加工、高光谱遥感影像样本库和波谱库搭建、生态林种植监管平台开发，为政府、企业等用户提供精确、可靠的地表信息支持和卫星遥感监测服务。

欧比特宇航科技股份公司开发出自主知识产权的高端芯片，研制发射了 12 颗对地观测遥感卫星，其中包括为贵州发射的"贵阳一号"和"飞天茅台号"两颗卫星。由 8 颗高光谱卫星组成的高光谱卫星星座是世界上唯一的高光谱卫星星座，其技术指标处于国际一流水平。欧比特高光谱卫星空间分辨率等参数处于领先地位；目前全球共有 28 颗高光谱卫星，欧比特有 8 颗，占比达 28.6%。2022 年，贵阳欧比特宇航科技有限公司依托该系统为各行各业提供高精准的卫星大数据技术服务，实现销售收入近千万。

（3）"汇辰一家"工程领域产业互联网平台

"汇辰一家"是汇辰技术服务（贵州）有限公司以"数据引擎"为核心生产底座，构建的工程领域的信息技术综合服务平台，是集全国招标信息、企业商业信息、工程行业咨询、工程行业公共服务供需互联为一体的大型垂直性工程综合服务平台，为工程行业的甲方、乙方提供有价值的工程服务，帮助甲方更好地管理项目招标风险和乙方更好地中标拿标。平台依托数字化技术，提供知识汇、资源汇、服务汇三大价值服务。

通过"汇辰一家"小程序，该平台提供了找方案、找政策、找模板、找标准、找法规、找商机、找客户、找项目、找招标、找投标、找人脉、找合作、找甲方、选乙方、查企业、查竞争对手等多维度商业信息综合查询服务。小程序上线不到 3 个月，平台用户数量已经突破了 10 万，平均每天新增 2000 位客户；平台收费从 100 多元至 3.98 万元不等，客户可以根据自己的需求选择。

预计到 2025 年年底，平台将在全国所有省份完整布局，用户突破 200 万人，收入超过 6 亿元，净利润超过 1 亿元；同时形成全过程核心技术能力，健全信用体系，服务企业超过上万家，建立有效的 B2B 供应链。

11.3.2　数字融合

（1）贵州玉蝶电器工业数字化生产基地

贵州玉蝶电工股份有限公司（简称贵州玉蝶）老厂区始建于 1958 年，由三线建设时期上海 6 家线缆生产企业内迁至贵阳小河区（现贵阳经开区）金竹镇组建而成。刚落地时，该企业也曾经历过辉煌时期，位列电器行业全国 500 强，但随着时代的发展，因厂房破旧、机器老化、生产效率低，该企业逐渐被市场淘汰，老厂一度被戏称为"烂泥沟"。2017 年，贵州玉蝶决定搬迁，并借助"千企改造"工程，加快推进智能化改造，打造玉蝶电线电缆智能制造车间、玉蝶智能仓储系统 APS 管理应用平台、OSC 数据协同工作中心，实现关键环节数字化、数据汇集和创新应用。

生产基地通过在车间所有生产线上安装智能数据采集器、能源数据采集器，实现关键环节的数字化；采用智能机器人及机械臂等智能制造装备，建立高效灵活的生产模式，实现 MES（生产执行系统）在 24 个核心生产业务上的应用，简化电线生产工序流程；基于工业大数据云平台，实现智能报价、工序跟踪、高级排程、订单成本核算、库存管理等功能；通过系统集成，实现生产与管理层的实时数据交换，形成支持执行、决策、控制等的良性数据流循环。

　　智能制造让原本的 6 道工序合成 1 道工序，生产人员由 132 人缩减至 70 人，电耗由每班 3500 千瓦时降至每班 2880 千瓦时。得益于智能制造的高度自动化和数十年来始终如一的产品质量，玉蝶电工在消费者中赢得良好的口碑，在贵州省的市场占有率达到 60%～70%，在贵阳的占有率更是高达 80%，销量稳居省内行业第一。2023 年，贵州玉蝶产值达到 23 亿元，销售收入达到 14 亿元。

　　（2）氧化铝行业工业互联网平台

　　2012 年建成投产的贵州广铝氧化铝有限公司，一直致力于集铝土矿山开采、氧化铝生产、铝冶炼及铝精深产品研发、生产加工、贸易销售一体的铝全产业链发展，在生产技术和产品上一直处于行业领先地位。随着企业的发展，成本高、能耗大、数据调配不及时等问题也渐渐暴露。贵州广铝氧化铝有限公司精准定位痛点，毅然决然地踏上了数字化转型与智能化升级的征途。

　　贵州广铝氧化铝有限公司构建了专属于氧化铝行业的工业互联网平台，这一平台以公司 DCS（分布式控制系统）为基础，利用 OPC 协议进行数据采集、传输，并建立实时数据库，有效打破了设备、系统、人员、物流、环境及工艺之间的信息壁垒，将数据全面采集存储后接入智能生产管理系统，通过对设备 1000 个以上数据点位进行实时监控和数据分析，实现了对生产过程的全面感知以及生产可监控、可分析、可调度、可管理。智能化的深度融入不仅让整体生产流程焕发新生，实现了从原材料到成品的全面自动化，更在成本控制、能效提升及数据实时分析等方面取得了显著成效。设备综合效率提高 20%，综合产能提升 12%，而生产成本降低了 20% 以上，仅这一项数据，就让企业跻身全国同行业前五。减排成效也很显著，1 年减少 1530 万千克标准煤能耗，按国家发展和改革委员会公布的每节约 1 千克标准煤减排 2.493 千克二氧化碳来计算，公司每年至少减少 3814 万千克二氧化碳的排放。

　　同时，氧化铝生产智慧工厂也发挥带动示范效果，入选 2020 年度贵州省"万企融合"标杆项目。该企业实施产业横向集成及整合，提升整体行业制造水平；实施企业内纵向集成，带动相关产业快速发展；依据完整的铝业产业链，为其他行业提供示范，不断推进新型工业化发展迈上新台阶。

　　（3）"黔货云仓"智慧物流供应链平台

　　"黔货云仓"是贵州省商务厅为进一步实现产业聚集、推动全省电商快递物流深度融合而建设的贵州电商供应链云仓服务体系，运用大数据技术将全省村级电商服务站点、基地汇聚成团，然后利用人工智能技术对商品订单、仓配物流进行智能调度，将零散产品化零为整统一对外销售，形成智慧物流供应链系统。"黔货云仓"的全面铺开标志着全省智慧仓配网络的进一步完善，为推动全省电商产业升级、助力贵州乡村振兴起到了积极作用。

　　该平台由 1 个省级中心仓、8 个市级枢纽仓、60 个县级节点仓组成，运用"农户+合作社+服务中心+黔货云仓+渠道"一体化的运营模式，汇聚全省农产品产销两端资源，打通贵州省农产品"最后一公里"通路，助力黔五福猪肉干、贵牌湿厕纸、刺梨系列等全类产品在"一码贵州""拼多多"等电商平台热销，拓宽了"黔货出山""贵品出山"的途径，提升了贵州省农产品的市场竞争力，形成一套体系完善、机制灵活、实效显著的"贵州模式"。

　　截至 2024 年 7 月初，"黔货云仓"在全省已建成实体仓 14.73 万平方米，累计入驻企业 2530 家，服务产品 5.74 万个，交易订单达到 2436.5 万单，发货量达到 3083 万件，带动交易额 20.24 亿元。

11.3.3 数字基建

（1）贵州省算力运营调度平台

贵州省算力运营调度平台 1.0 的成功实施，不仅积极响应了国家"东数西算"战略，还有效推动了贵州省作为全国一体化算力网络国家枢纽节点的建设与发展。这一平台的建立，标志着贵州省在算力资源管理和调度方面迈出了重要一步，对于促进数字经济发展、优化资源配置、提升产业竞争力具有重要意义。

该平台实现了对多品类算力（通用算力、智能算力、超算算力等）的统一管理、编排和调度，大大提高了算力资源的利用效率和灵活性。通过提供算力交易场所，平台促进了算力资源的商品化，使算力供给方和需求方能够便捷地进行交易，推动了算力市场的形成和发展。平台已统筹全省多家算力供应商的算力商品，形成了规模可观的算力资源池，为各类用户提供了多样化的算力选择，不仅支持算力交易，还具备用户管理、订单查看、审批、计费等基础运营功能，为用户提供了便捷、高效的服务体验。

平台于 2022 年 5 月上线，得到国家发展和改革委员会的肯定。截至 2022 年年底，平台已统筹全省 5 家算力供应商的算力商品，算力规模达 29.712PFLOPS，存储资源约 84PB，网络出口带宽达 60Gbig/s，算力增值服务产品约有 27 种。

（2）铜仁市马拉松智慧赛道

2024 贵州铜仁·梵净山春季马拉松于 2024 年 3 月 31 日成功举办，不仅展示了铜仁市在体育赛事组织方面的卓越能力，也充分体现了铜仁智慧马拉松赛道的独特魅力和创新价值。这条总投资约 11 亿元、全长 43.742 千米的全封闭式智慧马拉松赛道，以其"无接触、非聚集、全天候、自助式、智能化"的核心特色，为参赛者提供了前所未有的跑步体验。

铜仁智慧马拉松赛道起点位于铜仁市碧江区八官溪河岸，全程途经 20 多个村寨，是国家 5A 级旅游景区梵净山和铜仁中南门历史文化旅游区的重要纽带，终点位于江口县两河口河岸，沿途设有 39 个芯片数据采集点，可通过人脸识别和芯片识别两种方式自动记录运动成绩。同时，赛道配置陪跑灯光、自动感应淋浴系统、智慧 AED 救援站、智能心率柱、智能存包柜等设备设施，实现科技、生态、体育和旅游的深度融合，让广大运动爱好者乐在其中，获得更好的参与感和体验感。该赛道入选全国 6 个典型智慧健身步道项目之一，还被列为全国全民健身典型案例、贵州省 2022 年数字民生省级示范项目。

铜仁市以体旅融合为抓手，做强品牌赛事，以智慧马拉松赛道为载体，积极打造环梵净山公路自行车赛、梵净山马拉松赛等赛事。比赛吸引了省内外众多爱好者参赛，带动了餐饮、住宿、交通等消费增长。

（3）安顺市"安心干"数字服务平台

贵州省安顺市为认真落实省委省政府"两增一保"的安排部署，坚持就业优先战略，聚焦农村劳动力高质量充分就业，通过大数据赋能，创新打造推出"安心干"人力资源开发和价值提升数字服务平台，实现了农民工、用工企业的高效链接。

"安心干"平台聚焦于"精准找人、暖心稳岗、服务安心、全力维权"，向全市外出务工人员提供精准智能就业、技术能力提升、权益保障、家乡人文关怀等服务。安顺市始终把全力保障农民工权益放在突出位置，通过平台安排 100 万元作为"欠薪代偿资金"，当发现用工企业拖欠平台内就业农民工工资时，平台第一时间垫付给农民工，再由平台向欠薪企业讨薪，从而及时有效地保障农民工工资收益。通过"安心干"平台，安顺市实现了农民工稳岗就业、优岗转化、就业增收、就地就业的有机结合，让老百姓安心干、稳增收，巩固拓展脱贫攻坚成果，推动乡村实现全面振兴。

"安心干"平台先后获评第二届全国人力资源服务业发展大会人力资源服务创新创业大赛三等奖、首届贵州省人力资源服务大赛创新金奖，并入选"中国改革 2023 年度地方全面深化改革典型案例"。自 2022 年 11 月正式上线以来，"安心干"平台注册人数达 79.5 万，实现农民工就业服务 30.6 万人次。通过资源的高效匹配聚合，平台聚集了比亚迪、奇瑞汽车等优质企业 100 余家，帮助 1.18 万人实现月均 5000 元以上的优岗就业。

11.3.4　数字治理

（1）贵州省机关事务云

机关事务云是贵州省"政务云"的组成部分，是以法治化、标准化、信息化"三化"为支撑，建立健全机关事务规章制度、标准体系，深化运用机关事务信息化建设的试点成果。机关事务云依托信息化手段推进机关事务管理创新，推进公务用车管理、国有资产管理、办公用房管理、公共机构节能、机关运行成本统计、后勤服务保障等工作的数据化治理，扎牢机关事务治理的"数据铁笼"，推动机关运行保障的数字化，打造智慧机关事务。

贵州省机关事务云构建了"1+1+1+N"的整体框架，具体如下。

- 1 套标准规范体系：构建机关事务信息化的新体系，建立机关事务管理业务应用系统接入标准、数据标准和业务流程规范。
- 1 个机关事务大数据中心：将其作为数据调度管理的新机制，整合机关事务国有资产、公务用车等业务平台数据，推动机关事务数据的汇聚、存储、治理，并与"贵州数据共享交换平台"进行充分交互。
- 1 个"机关事务云"一体化平台：搭建"一网通办"的新模式，主要包括数据资源管理平台与应用支撑平台，实现融合应用、聚焦业务、互联互通、打通壁垒，为机关事务业务"一网通办"奠定基础。
- N 个机关事务管理业务应用系统：接入多个机关事务管理业务应用系统，实现各项具体业务的信息化管理和服务。

截至 2022 年年底，全省依托该平台累计取消一般公务用车 26209 辆，节省公务交通总支出约 5.88 亿元；督促 117 个省直单位、24 所高校、9 个市州和贵安新区完成了办公用房清理整改，实现了集中管理的国有资产管理信息化。全省外设办事机构精简 39 个，压减率为 44.32%。

（2）"贵商易"平台

为全面提升营商环境质量，贵州省积极加大助企纾困力度，致力于推动全省企业实现持续、健康、平稳的发展态势。针对当前企业服务平台存在的规模小、分布散、功能弱等现状，贵州省精准施策，聚焦于"政策精准找企业，企业便捷找政策"的核心理念，创新性地构建了"贵商易"这一综合性企业服务平台。2022 年 5 月，贵州省企业综合服务平台——"贵商易"正式上线，通过信息平台，创新制定政策标签体系，根据企业精准画像，实现政策企业双向匹配。

"贵商易"平台集政策推送、政务服务、融资对接、市场开拓、企业培训等多功能于一体，通过大数据、云计算等现代信息技术，实现了政策信息的精准推送和企业需求的快速响应。企业用户只需登录平台，即可轻松获取最新的政策资讯、享受便捷的政务服务、参与融资对接活动、拓展市场资源，以及参加各类企业培训，全面提升自身的竞争力和发展水平。

截至 2024 年 7 月，平台已汇聚各级政策文件 2289 份、政策拆解 9110 份、政策事项 60128 件，全省企业通过平台共计申报政策事项 178822 次；"贵商易"下载量达 495 万次，拥有 136 万市场主体注册用户，占全省市场主体用户的 29.4%，平台累计汇聚国家、省市县惠企政策文件 1800 多份，市场主体通过平台累计兑现 2.7 万余件，兑现资金 12.63 亿元，惠及市场主体 2.96 万户次。

11.3.5 数字生态

（1）大数据国家工程研究中心

大数据国家工程研究中心，即"提升政府治理能力大数据应用技术国家工程研究中心"，是贵州唯一一家国家工程研究中心，其成立标志着贵州省在大数据技术应用和政府治理能力提升方面迈出了重要一步。大数据国家工程研究中心的设立是经过国家发展和改革委员会严格评价并纳入国家工程研究中心新序列的。作为贵州省的唯一代表，该中心承载着推动大数据技术在政府治理领域深入应用的重要使命。

大数据国家工程研究中心围绕大数据技术在政府治理中的应用，开展前沿技术研发和关键技术攻关，形成具有自主知识产权的核心技术和产品；推动大数据技术创新成果的转化应用，促进产学研深度融合，加速科技成果向现实生产力转化。经过 5 年的建设，大数据国家工程研究中心承担了 10 余项国家级重点研发任务和科研课题，设立"大数据+政府治理"开放基金，培养科研团队 34 支，形成发明专利受理 105 项，软件著作权登记 77 项，发表论文 135 篇；作为国家技术标准创新基地（贵州大数据）建设发展委员会秘书处承担单位，牵头或参与编制国际标准 3 项、国家标准 14 项、地方标准 18 项、团体标准 10 项。2022 年 8 月，大数据国家工程研究中心"科创中国"政府治理大数据创新基地通过认定，成为全国首批 194 个"科创中国"创新基地之一。

（2）数据要素安全可信流通技术标准

《数据要素安全可信流通技术标准》是由贵阳大数据交易所牵头组织多家单位制定的一项重要标准，该标准在全国范围内首发，并于 2022 年 12 月 29 日起正式实施。

随着数字经济的快速发展，数据已成为新的生产要素，其安全可信流通对于促进数字经济发展、保障国家安全和社会稳定具有重要意义。然而，数据交易过程中存在着数据交易难、数据泄露、数据滥用等安全问题，严重制约了数据要素市场的健康发展。为了解决这些问题，贵州省数据流通交易服务中心联合中国信息通信研究院、云上贵州大数据产业发展有限公司等单位编写了《数据要素安全可信流通技术标准》，由贵州省标准化协会、贵州轻工职业技术学院、贵州省机械电子产品质量检验检测院等行业内专家评审通过。标准分为范围、规范性引用文件、术语和定义等 14 个部分，规定了数据要素安全可信流通过程中数据要素的采集、处理、质量、分类分级、描述、目录、准入、流通方式、流通安全保障和流通安全监管的要求。

《数据要素安全可信流通技术标准》的发布和实施是贵阳大数据交易所深入贯彻落实《中共中央、国务院关于构建数据基础制度更好发挥数据要素作用的意见》的重要举措之一。该标准的实施将为困扰数据交易行业的"交易难"问题及推动要素安全可信流通标准化提供样板，为数据要素市场的健康发展提供有力保障。